suhrkamp taschenbuch
wissenschaft 787

Der Titel des Buches ist ein Zitat von Nietzsche. Er erklärte die Kunst zur »höchsten Aufgabe und eigentlich metaphysischen Tätigkeit dieses Lebens«. In seiner umfassendsten Schrift zur ästhetischen Theorie, einem Essay über Proust, spricht auch Samuel Beckett der Kunst einen metaphysischen Vorrang zu. Allein die Kunst sei fähig, die Oberfläche der Erscheinungen abzutragen und »das Geheimnis, das Wesen, die Idee, die in der Materie gefangen sind«, freizulegen. Diese frühe Schrift Becketts ist ein selbständiger kunstphilosophischer Entwurf, der Prousts *Auf der Suche nach der verlorenen Zeit* als ein Stück metaphysischer Forschung deutet, die mit künstlerischen Mitteln betrieben wird. Wo Beckett in diesem Entwurf sich philosophisch verhält, nimmt er seine wichtigsten begrifflichen Werkzeuge aus Schopenhauers System.

Die eigentlich metaphysische Tätigkeit gibt eine Rekonstruktion von Schopenhauers Ästhetik unter den Gesichtspunkten, die für ihr Weiterleben bei ›modernen‹ Autoren, vor allem bei Beckett, entscheidend waren.

Im zweiten Teil geht Ulrich Pothast der Vermutung nach, daß Beckett in seiner eigenen Kunstproduktion sein frühes metaphysisches Konzept von Kunst nicht nur beibehalten, sondern auch resolut fortgeschrieben hat.

Ulrich Pothast

Die eigentlich metaphysische Tätigkeit

Über Schopenhauers Ästhetik und ihre Anwendung durch Samuel Beckett

Suhrkamp

Großen Gewinn hatte ich von der kritischen Lektüre des Manuskripts durch Kurt Tetzeli von Rosador. Ich habe nicht allen seiner Hinweise Rechnung getragen; deshalb denke ich, daß er mit der gedruckten Fassung nicht in allen Punkten einverstanden sein kann.
Ich danke Friedhelm Herborth für die Arbeit des Lektorts, Achim Dobschall für die beiden Register, Ilse von Hunnius für organisatorische Hilfe in allen Phasen meiner Tätigkeit.

U. P.

CIP-Titelaufnahme der Deutschen Bibliothek
Pothast, Ulrich:
Die eigentlich metaphysische Tätigkeit :
Über Schopenhauers Ästhetik und ihre Anwendung
durch Samuel Beckett /
Ulrich Pothast. – 1. Aufl. –
Frankfurt am Main :
Suhrkamp, 1989
(Suhrkamp-Taschenbuch Wissenschaft ; 787)
ISBN 3-518-28387-1
NE: GT

suhrkamp taschenbuch wissenschaft 787
Erste Auflage 1989

Satz und Druck: Wagner GmbH, Nördlingen
Printed in Germany
Umschlag nach Entwürfen von
Willy Fleckhaus und Rolf Staudt

1 2 3 4 5 6 – 94 93 92 91 90 89

Inhalt

Notiz für den Anfang

Erster Teil
Zur Philosophie der Kunst

II. Becketts Entwurf einer Kunstphilosophie in »Proust«

Zweiter Teil

Über einige Einzelheiten in Becketts Dichtung

III. Belacqua

IV. Murphy

V. Moran

VI. Der Unnennbare

VII. Gogo und Didi, Hamm und Clov

Notiz für den Anfang

1. »Metaphysische Tätigkeit«

Der Titel dieses Buches ist ein Zitat. Als Friedrich Nietzsche seine erste philosophische Druckschrift, Die *Geburt der Tragödie aus dem Geiste der Musik*, Richard Wagner widmete, schrieb er dazu ein Vorwort. Darin erklärt er, die Kunst sei nicht, wie einige meinen, ein »lustiges Nebenbei, ein wohl auch zu missendes Schellengeklingel zum ›Ernst des Daseins‹«, sondern vielmehr die »höchste Aufgabe« und »eigentlich metaphysische Tätigkeit dieses Lebens«.[1] Die Begründung dieser These liefert Nietzsche in der Arbeit, der sie vorangestellt wurde. Es ist bekannt, daß die wichtigsten begrifflichen Mittel dieser Begründung teils aus Nietzsches eigenwilliger Deutung einiger Erscheinungen der griechischen Kunst stammen, und teils ohne Umweg aus Schopenhauers Ästhetik. Die Philosophie, sofern sie Wissenschaft sein will, ist für den Nietzsche dieser Periode eine der optimistischen Illusionen, die der unablässig aktive Wille zum Leben seinen Kreaturen anbietet, um sie über den wahren Charakter eben dieses Lebens im unklaren zu halten. Wo die Philosophie glaubt, selbst als eine Wissenschaft unter anderen »bis in die tiefsten Abgründe des Seins« reichen zu können, orientiert sie sich für Nietzsche an nichts anderem als einer »tiefsinnigen Wahnvorstellung«[2], genauso wie jede sonstige theoretische Tätigkeit, die über ihre wahren Grenzen und ihren wahren Zweck nicht ins Bild gesetzt worden ist.

Als Samuel Beckett seine bei weitem ausführlichste und ihrem Anspruch nach umfassendste Schrift zur ästhetischen Theorie, das Buch über Proust, veröffentlichte, sprach er darin ebenfalls der Kunst einen metaphysischen Vorrang vor der Philosophie zu. Die Kunst sei notwendig, wenn es dar-

1 Friedrich Nietzsche, *Werke* in drei Bänden, hg. v. Karl Schlechta, [2]München 1960, Bd. I, S. 20. Alle Zitate aus Nietzsche nach dieser Ausgabe.
2 Nietzsche, W I, 84

um gehe, die Oberfläche der Erscheinungen abzutragen und »das Geheimnis, das Wesen, die Idee, die in der Materie gefangen sind«, freizulegen.[3] *Nur* von der Kunst seien Leistungen dieser Art zu erwarten. Die Philosophie zählt der Autor implizit zu den bewußten intellektuellen Anstrengungen, die mit Plan und Absicht unternommen werden, aber zur Freilegung der wahren, hinter den Erscheinungen verborgenen Realität nicht tauglich sind, weil sie sich unangemessener Mittel bedienen. Beckett wiederholt bis zur Sättigung, daß jeder Versuch scheitern müsse, durch Gebrauch von *Begriffen* diejenige Realität zu erfassen, die nicht Erscheinung ist, aber das Wesen der Erscheinung ausmacht. Die künstlerische Wahrnehmung dagegen, welche die allein adäquate Zugangsweise zu dieser Realität darstelle, beschreibt Beckett mit Ausdrücken, die fast ohne Veränderung aus Schopenhauers Ästhetik entnommen zu sein scheinen. Sie wird wörtlich gekennzeichnet als eine Wahrnehmung, »die das Urbild, die Idee und das Ding an sich einfangen kann.«[4] An anderer Stelle heißt es, sie sei eine Wahrnehmung, die »das ideale Reale, das Wesentliche, das Außerzeitliche« erfaßt.[5]

Das Urbild, die Idee und das Ding an sich einfangen: Das klingt wie das Arbeitsprogramm einer Metaphysik, die sich als Erkenntnis von etwas versteht, was jenseits der Erscheinungen liegt, aber die Erscheinungen in einem angebbaren

3 Grundlage für die hier in Übersetzung wiedergegebenen Zitate aus Becketts Schrift *Proust* ist die gleichnamige englische Ausgabe bei John Calder, London 1965. Beigedruckt in demselben Band sind Becketts *Three Dialogues* mit Georges Duthuit. Seitenzahlen der Zitate beziehen sich auf diese Ausgabe. (Dieses Zitat S. 76.) Die Übersetzungen stammen in der Regel von mir. Punktuell habe ich mich dabei, ohne das ausdrücklich zu erwähnen, der bisher einzigen deutschen Übersetzung von *Proust*, hergestellt von Marlis und Paul Pörtner, Arche Verlag, Zürich 1960, angeschlossen. Im ganzen erscheint mir diese Übersetzung aber so problematisch, daß ich ein durchgängiges Zitieren nach dieser deutschen Edition für nicht vertretbar halte.

4 *Proust* 90 5 *Proust* 75

Sinn begründet. Es ist nicht selbstverständlich, daß gerade die Kunst zu diesem Unternehmen fähig sein soll. Denn die Kunst bedient sich in der Regel des sinnlich Wahrnehmbaren, des Nicht-Begrifflichen. Und wenn man, wie Beckett im Essay über Proust, einen Unterschied machen will zwischen der scheinbaren Realität der Erfahrung und dem, was jenseits dieser Erscheinung liegt[6], aber das Wesen der Erscheinung ausmacht, fallen dann nicht die Kunstwerke, weil sie sinnlich Wahrnehmbares sind oder darstellen, selbstverständlich in den Bereich der Erscheinung? Wie kommt es, daß das Merkwürdige behauptet wird, nämlich daß die Kunst, die selbst ganz und gar Erscheinung ist, den Bereich jenseits der Erscheinung erschließen soll, während der philosophische Begriff, das klassische Erkenntnisinstrument metaphysischer Systeme, als unzureichend abgelehnt wird?
Es steht außer Zweifel, daß Beckett Schopenhauers Ästhetik sehr früh gelesen hat. Es steht meiner Ansicht nach ebenfalls außer Zweifel, daß die ganze Schrift über Proust ein Versuch ist, Prousts *A la recherche du temps perdu* als ein Stück metaphysischer Forschung zu deuten, die mit künstlerischen Mitteln betrieben wird. Zu dieser Deutung kommt Beckett, indem er zentrale Thesen aus Schopenhauers Ästhetik herauslöst und sie als Prämissen für eine eigene metaphysische Kunstphilosophie benutzt – und zwar so, daß nicht nur Prousts Werk mit einer bestimmten Interpretation versehen wird, sondern auch so, daß sich der Autor selbst im Gang dieser Interpretation eine eigene metaphysisch orientierte Ästhetik erwirbt. Diese ästhetische Theorie des fünfundzwanzigjährigen Samuel Beckett haben nicht sehr viele der Autoren, die über Beckett schreiben, wirklich ernst genommen. Soweit ich sehen kann, ist es nur unzureichend gelungen, die zentralen Thesen dieser Ästhetik aus ihrer aggressiv-elliptischen Form zu lösen, im Zusammenhang darzustellen und selbständig diskutierbar zu machen. Obwohl Fragmente

6 vgl. *Proust* 33. Beckett konfrontiert auf schroffe Weise »the mock reality of experience« mit dem, was wahrhaft ist: »the real«.

der Schrift über Proust häufig zitiert werden, ist nicht oft versucht worden, Teile von Becketts Werk im ganzen von dieser Ästhetik (die sich an ihren wichtigsten Punkten mit der Schopenhauers deckt) her zu verstehen. Man hört zwar wiederholt, es gebe eine Verbindung zwischen Schopenhauer und Beckett (oder wie man es nennen soll), und die Biographin Bair weiß sogar zu sagen: »Schopenhauers Ideen sollten in späteren Jahren zu dem philosophischen Fundament von vielem werden, was Beckett dachte, und zu dem System, mit dem er sich am wohlsten fühlte . . .«.[7] Aber dann vergißt sie schon wieder, was sie gesagt hat, und gedenkt Schopenhauers nur noch einmal, im Vorbeigehen. Eine Beziehung zwischen Schopenhauer und Beckett, wenn man sie nicht ganz übersieht, wird gewöhnlich nicht in Angelegenheiten der Ästhetik, sondern in solchen des Weltbildes wahrgenommen. Das ist nicht verwunderlich. Denn die Beschreibungen, die Schopenhauer für die im Bann des individuellen Willens verharrende, sich selber bejahende Existenz bereithält, passen mit merkwürdiger Genauigkeit zu der Weise, wie Becketts bekannteste Bühnencharaktere, die der großen Dramen, sich und ihre Situation in der Welt verstehen. Dagegen sind Becketts direkte Bemerkungen zur Ästhetik im Lauf der Jahre immer knapper, ironischer und undurchsichtiger geworden, und seit langer Zeit äußert er sich zur *Theorie* der Kunst, mindestens im Druck und durch positive Thesen, gar nicht mehr. Die Arbeiten, die man als erstes mit seinem Namen verbindet, haben mit Schopenhauer zunächst nur dadurch etwas zu tun, daß in ihnen Personen auftreten, auf die (und deren Lebensform) bestimmte Aussagen zutreffen, die man im vierten Buch der *Welt als Wille und Vorstellung* lesen kann. Man vergleicht Schopenhauer und Beckett gelegentlich unter dem Stichwort ›Pessimismus‹.

Ich möchte eine Vermutung aussprechen. Für Nietzsche war die *Geburt der Tragödie* das erste Hauptstück seiner eigenen philosophischen Tätigkeit. Er entwarf darin, gestützt auf

7 Deirdre Bair, *Samuel Beckett*, London 1978, S. 79. (Übersetzg. von mir)

Schopenhauer, eine eigene Ästhetik mit metaphysischen, erkenntnistheoretischen, kulturphilosophischen Voraussetzungen und Ergänzungen. Diese frühe Ästhetik hat Nietzsche sehr bald zurückgelassen. Trotzdem kann man seine philosophische Geschichte als schrittweise Veränderung des frühen Standpunktes lesen; man kann noch späteste Äußerungen dieses Philosophen von dem Punkt her deuten, auf den er sich gleich zu Anfang seiner Laufbahn stellte. Meine Vermutung ist, daß es sich mit Beckett *in Fragen der Ästhetik* ähnlich verhält. Die am weitesten reichende und entschiedenste Äußerung zur Kunst, die Beckett als junger Mann tat, die Schrift über Proust, zeigt eine mit Schopenhauers Mitteln formulierte Verbindung von Elementen, die sich ähnlich wie bei Nietzsche durch die Stationen der kritischen Ablösung von dieser Stufe weiter verfolgen läßt, und von der her man vielleicht nicht über alles, aber doch über sehr Wichtiges in späteren Arbeiten des Autors eine Orientierung gewinnen kann. Becketts Schrift ist nicht ein Stück Forschung auf dem Gebiet der Literaturgeschichte, romanischen Philologie oder Literaturwissenschaft. Sie ist, in dieser Hinsicht ähnlich wie die *Geburt der Tragödie*, eine originelle und resolute Stellungnahme zur Theorie der Kunst (mit einigen Behauptungen zur Erkenntnistheorie und zur Anthropologie). Der wichtigste Zug dieser knappen Ästhetik ist die Deutung von Kunst als eine Form metaphysischer Erkenntnis – eine Erkenntnisweise, die den metaphysischen Versuchen der Philosophie überlegen ist. Damit darf man wahrscheinlich auch sagen: Becketts Auffassung seiner eigenen Kunst ist am Anfang seiner Laufbahn eine *nachdrücklich metaphysische*. Es fällt angesichts des Charakters von Becketts Kunst leicht zu mutmaßen, daß sie es immer geblieben ist.

Der Betonung von Schopenhauers Gegenwärtigkeit in Becketts Reflexionen muß eine Einschränkung folgen: Es hätte etwas Unangemessenes, wollte man behaupten, daß Schopenhauers Philosophie allein den philosophischen Ausgangspunkt von Becketts Arbeit bilde. Schon die früher als *Proust* verfaßte (aber auch gedanklich primitivere) Schrift *Dante ... Bruno. Vico ... Joyce* zeigt den Autor als jemanden, der sehr verschiedenartige, scheinbar unvergleichbare Gedankengänge aufnehmen, für seine Zwecke umschreiben und verwenden kann. Becketts Verhältnis zum Bestand der philosophischen Tradition ist frei und respektlos. Er nimmt, was er brauchen kann, und vergißt, was ihm nicht paßt. Und er nimmt sich vieles; die Menge der philosophischen Autoren, deren er sich im Vorbeigehen bedient, ist fast unbestimmbar groß. Becketts Beschäftigung mit Philosophie und sein Gebrauch philosophischer Lehrstücke kann hier nicht vollständig rekonstruiert werden.

Es gibt eine wahrnehmbare Dominanz von Schopenhauers Gedanken in Becketts philosophischem Umgang mit der Kunst. Trotz dieser Dominanz bedeutet die Konzentration auf die damit gegebene Perspektive ein Zurückstellen anderer. Dieses Buch, das Schopenhauers Ästhetik, Teile seiner Metaphysik und Becketts Anwendung von beiden betrachtet, ist also notwendig einseitig. Es ist auch mit Überlegung und Absicht einseitig.

2. Schopenhauer aus der Mode

Daß Schopenhauers Philosophie sich abgelebt habe, ist eine besiegelte Übereinkunft. Die Philosophen vom Fach finden seine wichtigsten Lehrstücke unplausibel oder schlecht begründet oder mindestens weniger ergiebig als die entsprechenden Teile anderer Systeme. Mir ist in der Gegenwart keine philosophische Arbeitsrichtung bekannt, die Schopenhauer als einen ihrer Vorläufer ansähe. Er ist nicht, wie andere, von neuem in Besitz genommen und als einer proklamiert worden, dessen Ideen man weiterführen will. Und dies verhält sich so, obwohl wir in einer Epoche leben, deren historische Unselbständigkeit sich an vielen Punkten durch ›Aktualisieren‹ vergangener Philosophien kundtut. Es gibt kaum einen Klassiker des 19. Jahrhunderts, der nicht irgendeine ›Renaissance‹ gehabt hätte oder für den eine solche nicht mindestens verkündet worden wäre. Das gilt nicht für Schopenhauer. Spätestens seit dem Zweiten Weltkrieg ist seine Philosophie für die Mehrzahl derer, die sich berufsmäßig mit diesem Gebiet befassen, totes Bildungsgut. Es hat den Anschein, als werde Schopenhauer, nachdem man ihm den Rang eines ›klassischen Philosophen‹ nicht verweigern kann, noch einmal auf neue Weise das Sekretieren (Wegschließen, Verschweigen) angetan, über das er sich, als er noch völlig unbekannt war, beklagte. Nur wird es ihm jetzt nicht mehr in der Weise angetan, die man bei Namenlosen, sondern in der, die man bei unliebsamen Laureaten verwendet: Durch die Suggestion, alles, was sie gesagt hätten, sei sattsam bekannt, und alles, was es dazu noch zu sagen gebe, sei gesagt.

Die Gründe, die das haben mag, interessieren hier nur so weit, wie sie zugleich verstehen lassen, daß Schopenhauers Wirkung außerhalb der professionellen Philosophie ganz anders ist. Man braucht sich nicht auf Wagner, Hebbel oder Strindberg zu berufen. Sie gehören in die Phase von Schopenhauers Entdeckung. Autoren, die uns zeitlich oder in ihrer Arbeitsweise näher stehen, wie Thomas Mann, Gide, Proust, Rilke, Musil, Broch, Borges, Arno Schmidt, Thomas Bernhard und natürlich Beckett, kannten (kennen) Schopenhauer gut; einige von ihnen haben mit Entschiedenheit versucht, sich durch Gebrauch von Schopenhauers Thesen über die Kunst als Künstler selbst zu verstehen. Die Art, wie Schopenhauer in jüngerer Zeit zur Geltung kam, war gänzlich asymmetrisch: Er besitzt Leser, Parteigänger und Fortsetzer unter solchen, die die Philosophie nicht als Beruf betreiben; und bei den Berufsphilosophen ist er der Gegenstand gelangweilter Höflichkeit. (Selbst Wittgenstein, der ihm zu Anfang seiner Arbeit nahestand, verwendet seine Gedanken so sehr in der Weise des distanzierten Abwandelns, daß von einer ›Wirkung‹ Schopenhauers bei ihm nur in abgeschwächtem Sinn gesprochen werden kann. Immerhin hat Theodor W. Adorno ihm energische Kritik entgegengebracht. Aber es ist bezeichnend, daß Schopenhauer auch diese Reaktion primär als Theoretiker der Kunst erfährt, und zwar durch einen anderen Theoretiker der Kunst).[8]

Die Ursachen für die ungleiche Art von Aufnahme, die Schopenhauers Philosophie fand, sind am ehesten in seinem System selbst zu suchen. Die Erkenntnistheorie des ersten Bandes der *Welt als Wille und Vorstellung* nimmt ihren Ausgang bei einigen Prämissen aus der Philosophie Kants. Gleichzeitig werden andere zurückgelassen oder stark vereinfacht. Auch in der entfalteten Fassung vollzieht Schopenhauers Erkenntnistheorie bestimmte Kantische Grundunterscheidungen mit: Die Unterscheidung zwischen erkennendem Subjekt und der Vorstellung als Objekt; die Unterscheidung zwischen Erscheinung und Ding an sich; die Unterscheidung zwischen sinnlichem Material der Erfahrung und apriorischen Formen der Erfahrung; die Grenzbestimmung zwischen zwei Bereichen des Realen, nämlich dem, für welchen die Formen unserer Erfahrung verbindlich sind, und einem anderen, für den diese Formen nicht gelten. – Daß diese Erkenntnistheorie in der Geschichte der Philosophie sich nur wenige Anhänger erwarb, mag damit zusammenhängen, daß sie sich einerseits auf Kant stützt, andererseits wichtige Begründungsgänge und andere Teilstücke von Kants theoretischer Philosophie für überflüssig erklärt. (Es fehlen bei Schopenhauer die Argumente für die Idealität des Raumes und der Zeit, die metaphysische Deduktion der Kategorien, die transzendentale Deduktion der Kategorien, der Schematismus und eine entfaltete Systematik der Grundsätze. Seine Zurückfüh-

8 Wie weit man *Bergsons* Philosophie als eine Fortsetzung derjenigen Schopenhauers ansehen kann, vermag ich nicht zu entscheiden; aber gewiß gehört Bergson seiner Wirkung wie seinen gedanklichen Mitteln nach nicht mehr zur philosophischen *Gegenwart*.

rung aller Kategorien auf die eine Kategorie der Kausalität und seine Herleitung aller Erkenntnisformen aus dem Satz vom Grund haben die Philosophen nicht überzeugt.) Schopenhauers Erkenntnistheorie wird dem, der sie mit der *Kritik der reinen Vernunft* vergleicht, als nicht völlig geglückte Weiterführung erscheinen.

Schopenhauers zweites Haupt-Lehrstück ist eine offene Metaphysik des Dinges an sich: Die Willenstheorie des zweiten Buches der *Welt als Wille und Vorstellung*. Diese Willenstheorie, das wird noch im einzelnen darzustellen sein, beruht auf einem Schluß, an dem sich demonstrieren läßt, warum (unter Schopenhauers Voraussetzungen) Philosophie und Kunst da, wo es um metaphysische Fragen geht, verschiedenartige und in verschiedenem Maß zuverlässige Leistungen zustande bringen. Unter den Philosophen, die noch gelesen werden, war allein Nietzsche bereit, Schopenhauer hier zu folgen und seine Behauptungen fortzuentwickeln. Er tat das aber kaum durch Beibringen zusätzlicher Begründungen für Schopenhauers Ansicht. Nietzsches frühe Aussagen über den Willen als Ding an sich und seine späten über den Willen zur Macht als Prinzip alles Daseins bleiben vergleichsweise thetisch. Er verstand sich auch selbst sehr bald als Antipoden Schopenhauers, so daß er keinen Anlaß sah, Lücken in dessen Philosophie durch Beibringen zusätzlicher Argumente zu schließen. Schopenhauers Willenstheorie als Ganzes ist heute wahrscheinlich dasjenige Stück seines Systems, welches bei zeitgenössischen Philosophen auf das größte Maß von Skepsis und Ablehnung stößt.

Es bleiben von den tragenden Teilen der *Welt als Wille und Vorstellung* die Ästhetik (drittes Buch) und das, was man ›Praktische Philosophie‹ nennen mag (viertes Buch). Die Praktische Philosophie ist nicht eigentlich ein Systemteil, dessen Aussagen der sonstigen Verwendung dieses Wortes entsprechen: Schopenhauer entwirft keine ›Ethik‹ im herkömmlichen Sinn. Er verweigert sich der Erwartung, daß er da, wo es um praktische Fragen geht, mit einer Lehre des

Sollens auftreten werde. Statt dessen gibt er eine Deutung dessen, was nach seiner entwickelten Philosophie das Leben der Personen eigentlich ist. Er legt zwar bestimmte praktische Konsequenzen aus seiner Philosophie nahe, die aber eher in Haltungen als in Handlungen bestehen. In die Tradition der Ethik fügt er sich noch schlechter ein als in die der Erkenntnistheorie: In dieser verhält er sich streichend und vereinfachend (gegenüber Kant), in jener erklärt er die Themen, die dort gewöhnlich abgehandelt werden, für undurchführbar. Ich denke, dieses Verhalten trug zu der asymmetrischen Aufnahme, die er fand, vorzüglich bei. Viele Philosophen fühlten sich von dem, was er anstelle einer Ethik zu sagen hatte, enttäuscht; selbst Nietzsche, der die Streichung des moralischen Themas billigte, tat doch alles, um Schopenhauers ›Pessimismus‹ zu überwinden.

Personen, die sich als Künstler verstanden, fühlten sich von diesem Teil des Systems eher angezogen. Denn was Schopenhauer hier vorträgt, ist gleichsam eine Bedeutungslehre des Lebens überhaupt. Mit einigen Sätzen seines heftigsten Verehrers und auch Gegners:

»Das ist seine Größe, daß er dem Bilde des Lebens als einem Ganzen sich gegenüberstellt, um es als Ganzes zu deuten; während die scharfsinnigsten Köpfe nicht von dem Irrtum zu befreien sind, daß man dieser Deutung näher komme, wenn man die Farben, womit, den Stoff, worauf dieses Bild gemalt ist, peinlich untersuche; vielleicht mit dem Ergebnis, es sei eine ganz intrikat gesponnene Leinwand und Farben darauf, die chemisch unergründlich seien.«[9]

». . . ja man kann sagen, daß nur der, welcher das allgemeine Gemälde des Lebens und Daseins fest ins Auge gefaßt hat, sich der einzelnen Wissenschaften ohne eigne Schädigung bedienen wird, denn ohne ein solches regulatives Gesamtbild sind sie Stricke, die nirgends ans Ende führen und unsern Lebenslauf nur noch verwirrter und labyrinthischer machen. Hierin, wie gesagt, ist Schopenhauer groß, daß er jenem Bilde nachgeht . . .«[10]

Das sind einige der Wendungen, mit denen Friedrich Nietzsche in der dritten *Unzeitgemäßen Betrachtung* die eigen-

9 Nietzsche, W I, 303 10 a. a. O. 304

tümliche Aufgabe des Philosophen kennzeichnet und mit denen er zugleich etwas von dem nennt, was er als die Auszeichnung Schopenhauers betrachtet: Schopenhauer ist nicht nur dadurch Philosoph, daß er sich einen gegebenen Stand von Problemen, die ›philosophisch‹ heißen, vorsetzt, sie in einen systematischen Zusammenhang bringt und eine ›Lösung‹ entwirft – er ist nicht nur der Architekt einer Theorie. Sondern da, wo er sich am entschiedensten ausspricht und am deutlichsten seine Eigenart kundtut, verhält er sich als einer, der ein *»Bild des Lebens«* zu finden und dem Leser dadurch eine reichere Orientierung zu geben versucht, als es mit rein diskursiven Mitteln möglich wäre. Daß er sich damit in den intensivsten Stücken seiner eigenen Arbeit von einem wissenschaftlichen Verfahren entfernt und einem künstlerischen nähert, ist oft beobachtet worden. So steht auch in der Reaktion auf Schopenhauers ›Praktische Philosophie‹ der Enttäuschung auf seiten der Schulphilosophen die rückhaltlose Parteinahme seitens vieler Künstler gegenüber.

Zu der Tatsache, daß Schopenhauer in der modernen Philosophie kaum, bei der philosophischen Selbstverständigung von Personen, die sich mit Kunst befassen, dagegen weit deutlicher zur Geltung kommt, dürfte schließlich vor allem seine Ästhetik beigetragen haben. Keine ›klassische‹ Ästhetik des neunzehnten Jahrhunderts hat auf künstlerische Arbeit im zwanzigsten stärker gewirkt als die Schopenhauers. Wahrscheinlich kommt ihr auch keine an Wirkung nur gleich. Schopenhauers Philosophie der Kunst hat mindestens zwei Züge, die sich abstrakt und äußerlich benennen lassen, und mit denen sich bei aller Vorläufigkeit der Benennungen verstehen läßt, weshalb sie zu der ausgezeichneten Stellung kam, die sie bei vielen ›modernen‹ Nicht-Philosophen einnimmt. Die beiden Züge sind: *der metaphysische Vorrang der Kunst vor der Philosophie* und *die Auflösung von Zeit, Raum und Selbst* als erste Bedingung künstlerischer Bewußtseinsweisen. Das eine brachte Schopenhauer schon die

Anhängerschaft von Künstlern in seinen eigenen letzten Lebensjahren; das andere machte es aus, daß einige Künstler des 20. Jahrhunderts, die sich selbst in radikalem Gegensatz zu den Traditionen ihrer Kunst sahen, doch Schopenhauers Ästhetik wegen der Preisgabe gewohnter Formstrukturen von Objekt *und* Subjekt als ein Instrument der Rechtfertigung und Bestärkung gebrauchen konnten. Wahrscheinlich trug zu Schopenhauers Einfluß auch der dominante Anteil von *Sinnlichkeit* an dem, was man seine ›Theorie der künstlerischen Erkenntnis‹ nennen mag, bei. Ich werde noch im einzelnen zu zeigen versuchen, weshalb man behaupten kann, daß Schopenhauers Ästhetik deutlicher als ihre wichtigsten Konkurrenten die Kunst auf Sinnlichkeit und nicht auf Verstandes- oder Vernunftleistungen gründet. Ich werde auch im einzelnen zu zeigen versuchen, weshalb unter Schopenhauers Voraussetzungen (im Gegensatz zu dem, was Schopenhauer selbst dachte) die Kunst beim Erschließen der ›wahren‹, jenseits der Erscheinung liegenden Realität mehr leistet als selbst eine Philosophie, die sich offen als Metaphysik des Transzendenten versteht. Schopenhauers Willensmetaphysik ist eine solche Philosophie, und sie bleibt, wenn man Schopenhauers eigene Grundannahmen ernst nimmt, hinter dem, was gemäß diesen Annahmen die Kunst als eine Form metaphysischer Erkenntnis leisten kann, weit zurück.
Was Beckett angeht, so will ich zu meiner Entscheidung, mit dem aus der Mode gekommenen Schopenhauer zu arbeiten, hier nur noch *ein* Motiv nachtragen, welches das Gewicht jener Philosophie in seinem Werk vielleicht (in provisorischer Form) etwas besser mutmaßen läßt: Beckett beruft sich in diversen Schriften auf Philosophen sehr verschiedener Art. Er beruft sich auch auf Philosopheme sehr verschiedener Art. Die Einflüsse dieser Personen und Themen sind bemerkt worden, und vermutlich zu Recht. Die Theorie-Teilstücke, deren sich Beckett an verschiedenen Orten bedient, stammen aus der Erkenntnistheorie, der Ethik, der Bewußtseinstheorie, der Theorie der Sprache, der Theorie

der Wissenschaft, der Poetik und einigen anderen philosophischen Sparten. Es ist, soweit ich sehen kann, noch nicht recht nachvollzogen worden, daß Beckett in Sachen Ästhetik, sofern damit eine Philosophie der Kunst *überhaupt* gemeint sein soll, allein eine Philosophie zur Basis eigener Thesen nimmt; das ist die Kunstphilosophie Schopenhauers. (Es ist bekannt, daß Beckett die Poetik des Giambattista Vico in seiner frühen Äußerung über Joyce [1929] benutzt, um *Work in Progress* zu lesen. Es ist aber auch nicht von der Hand zu weisen, daß Beckett in jener Arbeit zwar vieles über die Einheit von Sprache und Gegenstand in der Literatur, aber nichts [mindestens nichts Ausdrückliches] zu einer *allgemeinen* Theorie der Kunst niederschreibt.) Wo Beckett *generelle* Aussagen über Kunst macht *und* dabei auf einen Philosophen zurückgreift, ist dieser Philosoph Arthur Schopenhauer. Es ist ein wenig wunderlich zu finden, daß in philosophisch interessierten Werken über Beckett mit zahlreichen ästhetischen Größen operiert wird, aber mit Schopenhauer nur ziemlich selten. So widerfährt diesem Philosophen in der Beckettologie (so muß man es wohl nennen) von neuem das Gewohnte: Dem Autor Beckett bedeutet er sehr viel. Der Wissenschaft von Beckett bedeutet er sehr wenig.

3. Absichten und Grenzen

Ich entwerfe eine bestimmte Darstellung von Schopenhauers Ästhetik und rekonstruiere die Weise, wie Beckett sie in seiner wichtigsten Schrift zur Philosophie der Kunst verwendet hat. Das Gleiche geschieht mit einigen für die Ästhetik relevanten Teilen von Schopenhauers Metaphysik des Daseins. Dies ist der erste Teil des Buches. Weil ästhetische Fragen darin dominieren, hat er den Titel: *Zur Philosophie der Kunst.* In einem zweiten Teil verfolge ich die Spuren der Verwendung von Schopenhauers Gedanken in Becketts literarischem Werk; ich versuche zu sehen, wie sich die Behauptungen Schopenhauers auch in Formen wiederfinden lassen, die mit ihrer ursprünglichen Fassung als Thesen über die Kunst und die Situation der Personen in der Welt nur noch indirekt zu tun haben. Der zweite Teil hat den Titel: *Über einige Einzelheiten in Becketts Dichtung.* Darin soll auch erkennbar werden, wie sich Becketts Anwendung einiger Gedanken Schopenhauers im Lauf der Jahre geändert hat. Natürlich meine ich nicht, daß Beckett seine literarische Arbeit oder auch nur Teile davon als ein bewußtes Umschreiben von Schopenhauers Gedanken verstand. Eher scheint es mir so, daß zentrale Stücke von Schopenhauers Philosophie in Becketts Literatur gegenwärtig sind und sich weiter verändern, ohne daß der Autor notwendig ein Bewußtsein davon zu haben braucht. In diesem eher objektiven Sinn – und nicht im Sinn einer Unterstellung bewußter Absicht – ist mit Bezug auf Becketts *Literatur* meine verkürzende Formel von der ›Anwendung‹ Schopenhauerscher Überlegungen zu verstehen.

Es scheint mir zunächst augenfällig, daß das Selbstverhältnis einiger Personen in Becketts frühem Werk Züge aufweist, die man als ein Sich-Fortsetzen bestimmter Vorstellungen Schopenhauers betrachten kann. Daß dann charakteristische, markierbare Veränderungen in Becketts Umgang mit solchen Vorstellungen eintraten. Ich möchte schließlich zeigen, wie man einige von Becketts späteren Arbeiten, durch die er bekannt wurde und deren eigenwillige Weltdarstellung man gewöhnlich mit seinem Namen verbindet, betrachten kann als eine nochmals veränderte Anwendung von Schopenhauers metaphysischer Ästhetik und Weltdeutung; eine Anwendung, die radikaler, aber für mein Verständnis auch plausibler ist, als Schopenhauer selbst sich ein Umsetzen seiner Vorstellungen in künstlerische Praxis denken konnte. Dies sind, ganz grob, meine Absichten.

Meine Aussagen, wo sie sich nicht auf Schopenhauer, sondern auf Beckett beziehen, sind ihrem Status nach verschieden. Eine rohe, aber für die Zwecke des Anfangs hinreichende Unterscheidung ist diese: Es gibt Äußerungen Becketts, bei denen ich eine Verwendung von Schopenhauers Ästhetik und auch eine bestimmte, eigentümliche *Weise* dieser Verwendung direkt konstatieren kann – im Modus der Behauptung mit hinzugefügten Belegen. Diese Äußerungen stehen vor allem in der Schrift über Proust. Die meisten anderen Arbeiten Becketts sind so, daß (in dieser Sache) ein Verfahren, welches Thesen aufstellt und geradewegs belegt, schlecht paßt. Das sind die Arbeiten, die selbst den Status von Kunstprodukten haben. Wo ich über künstlerische Arbeiten von Beckett spreche und eine Anwendung von Schopenhauers Philosophie konstatiere, behaupte ich nicht rundheraus, sondern ich *mache einen Vorschlag zum Verständnis.*[11] Das Interpretieren eines Kunstprodukts unterscheidet sich vom Darstellen (Explizit-Machen, Rekonstruieren, Wiederherstellen) einer philosophischen Theorie unter anderem dadurch, daß es dazu potentiell gleichberechtigte, aber in der Sache gegensätzliche Alternativen geben kann. Deshalb das Wort »Vorschlag«. Man *kann* Becketts literarisches Werk mit Schopenhauer lesen. Man *kann* es auch anders lesen. Aber man kann einige *direkte* Aussagen Becketts zur ästhetischen Theorie ohne Rekurs auf Schopenhauer *nicht* lesen. Das heißt, an diesen Punkten, an denen sich Beckett als Theoretiker verhält, ist der Rückgriff auf Schopenhauer bei der Entzifferung seiner Aussagen *verbindlich*. Mindestens behaupte ich das, und ich werde versuchen, diese Behauptung so gut zu stützen, wie ich kann. Beim Lesen von Becketts *Kunstprodukten* bedeutet der Rückgriff auf Schopenhauer, daß ich *eine mögliche Perspektive wähle* und ihre Reichweite auszuforschen versuche.

Im einzelnen ist die Reihenfolge der Themen und Vorhaben in diesem Buch etwa folgende: Ich werde mit Schopenhauers Ästhetik beginnen. Ich möchte sie zusammen mit einigen Prämissen und Zusätzen aus der Erkenntnistheorie und Me-

11 Weniges Unzulängliche über den Status eines solchen Vorschlags im letzten Abschnitt des Buches.

taphysik unter einem Gesichtspunkt betrachten, den ich mir von Nietzsche und Beckett vorgeben lasse: Es geht mir um die Behauptung, daß die Kunst (und nicht die Philosophie) die eigentlich metaphysische Tätigkeit dieses Lebens sei. Nietzsche scheint diese Behauptung direkt, Beckett scheint ein Äquivalent von ihr implizit auf Schopenhauer zurückzuführen. Beckett wie Nietzsche berufen sich auf Schopenhauer so, daß sie dessen eigenes Selbstverständnis über Funktion und Leistung der Philosophie nicht mitvollziehen, sondern bestimmte Teile seines Systems gegen andere wenden, mit dem Effekt, daß der Kunst ein metaphysischer Primat vor der Philosophie zugesprochen wird. Ich denke, daß Nietzsche und Beckett unter Schopenhauers Voraussetzungen recht haben. Deshalb möchte ich Schopenhauers Theorie der Kunst in einer Weise betrachten, die die sachliche Basis ihrer Auffassung erkennen läßt. Ich möchte weiter an Schopenhauers Ästhetik einige Züge aufweisen, die sich zum Teil nicht in der gleichen Form bei Schopenhauer finden, vielmehr erst durch Folgerung gewonnen werden müssen; die aber auf vorläufige Weise verstehen lassen, worin für einige der vorhin genannten Schriftsteller dieses Jahrhunderts das Auszeichnende an Schopenhauers Kunsttheorie bestanden haben kann. Es sind Züge, deretwegen sich Schopenhauers Ästhetik möglicherweise für das Deuten sogenannter ›moderner‹ Kunsterscheinungen besser eignet als andere.
Ich werde dann Becketts Schrift über Proust diskutieren. Dabei will ich versuchen, die Hauptstücke der darin enthaltenen ästhetischen Theorie aus ihrer extrem komprimierten Form zu lösen und unabhängig davon aufzustellen. Das heißt, ich versuche, ein Stück der Arbeit nachzuholen, die ich in der Wissenschaft von Beckett nur unvollständig getan finde, die mir für das Verständnis von Becketts Anschauungen zur Ästhetik aber das allergrößte Gewicht zu haben scheint. Dabei soll nicht nur Becketts eigener philosophischer Entwurf zu diesem Zeitpunkt, sondern auch der Unterschied zwischen Beckett und Schopenhauer deutlich

werden. Ich hoffe, daß es möglich sein wird, an diesem Unterschied (den Unterschieden) vor allem zwei Dinge abzulesen: Wie Beckett Schopenhauers Ästhetik zu einem sehr persönlichen Instrument machte, das ihm sowohl erlaubte, Prousts Werk zu deuten, als auch seine Idee des eigenen Schriftstellerberufs sehr früh und bestimmt zu formulieren. Und wie man Schopenhauers Ästhetik so *umschreiben* kann, daß sie trotz ihrer Herkunft aus einer traditionellen, zuletzt an Goethe orientierten Kunstauffassung auf sehr ›moderne‹ Erscheinungen paßt, deren Gestalt Schopenhauer sich nicht ausmalte.

Beckett hat nicht alles von Schopenhauers Ästhetik übernommen. Er hat über die These vom metaphysischen Vorrang der Kunst hinaus Streichungen und Veränderungen angebracht; er hat einige Teile auf sich beruhen lassen oder einfach abgelehnt. Es sagt nicht nur etwas aus über Beckett, sondern auch über die mögliche Aktualität von Schopenhauers Ästhetik und ganzer Philosophie, *welche* Teile Beckett sich zunutze machen konnte, und welche er nicht für brauchbar befand. Es sagt gleichfalls etwas aus über Beckett und über die mögliche Aktualität Schopenhauers, *wie* Beckett einige Teile, die er übernahm, *veränderte*. Aussagen ähnlicher Art (nur mit schwächerem Status) lassen sich auch aus Becketts Anwendung von Schopenhauers Kunstphilosophie im literarischen Werk gewinnen.

(Übrigens werde ich manchmal Thesen und Argumente, die Beckett in der *Proust*-Schrift offensichtlich oder von mir unerkannt aus Marcel Prousts Werk [vielleicht auch aus anderen Äußerungen] übernahm, als Becketts eigene Thesen und Argumente besprechen. Das hat sein Recht darin, daß ich dieses Buch nicht als Literaturhistoriker schreibe, sondern mit einer eher an der Philosophie orientierten Absicht. Und Beckett spricht über gewisse Teilstücke von Prousts Selbstverständigung mit so deutlicher und resoluter Identifikation, daß es angemessen erscheint, diese Theorie-Teile, auch wenn sie von Proust übernommen sind, als das zu betrachten, was Beckett beim Abfassen jener Schrift dachte und *der Sache nach für wahr hielt.* Genauso wie man Nietzsches Sich-Stützen auf Schopenhauer in der *Geburt der Tragödie* an den Punkten, wo es geschieht, ohne Reserve als ein gedankliches Sich-Identifizieren deuten darf, darf man ein ähnliches Verhalten bei Beckett in dieser Weise deuten.)

Der zweite Teil, in welchem ich über Becketts literarisches Werk spreche, hat mehrere Schritte. Sie entsprechen den Haltungen verschiedener Personen, die ich in Becketts Arbeiten finde. Äußerlich ist dieser Teil deshalb mit den Namen jener Personen gegliedert. Der Sache nach scheint mir ein relevanter Einschnitt etwa beim Beginn der Romantrilogie zu liegen. Vor dem Einschnitt ist mir *Murphy* besonders wichtig. Ich betrachte Murphy als eine Person, die für Zustände lebt und im übrigen auch stirbt, welche denjenigen zu bemerkenswertem Grad ähnlich sind, die Schopenhauer als Grundlage der Kunst ansah.

Spätestens mit *Molloy* scheint sich die Verwendung bestimmter Grundvorstellungen aus Schopenhauer abzuwandeln; wichtiger als die Titelperson ist mir dabei der zweite ›Held‹ des Romans, *Moran.* Bei ihm und noch deutlicher bei dem *Namenlosen* (besser: *Unnennbaren*) läßt sich an der Selbstdarstellung eines Ich-Erzählers (oder der Reste eines solchen) so etwas wie ein Konzept künstlerischer Tätigkeit *im Werk* studieren. Es ist im Fall Morans der Position, die Beckett in *Proust* vertrat, noch relativ nah; im Fall des Namenlosen ist es in eine Richtung gewendet, die Beckett selbst für einen schroffen Bruch mit einer ganzen Kunst-Überlieferung erklärte. Er tat das ausdrücklich in den Dialogen mit Georges Duthuit. Ich werde versuchen, die knappe ästhetische Theorie der *Dialoge* im Kontext des *Namenlosen* aufzunehmen; die Dialoge entstanden im gleichen Jahr wie dieser letzte Roman der Trilogie und lesen sich an einzelnen Punkten wie ein Kommentar dazu. Sie stehen auch in ihrer Form Becketts literarischer Arbeit näher als einer diskursiven Abhandlung.

Am Ende meiner Beschäftigung mit Becketts Literatur werde ich über Estragon und Wladimir, Hamm und Clov sprechen. Es scheint mir, daß ihnen Haltungen und Erkenntnisse, die für Murphy noch zugänglich und köstlich waren, abgeschnitten sind. Daß sich dafür an ihrer Existenzweise ein ›Bild des Lebens‹ zeigt, welches zustandekommt, wenn man Schopenhauers metaphysische Ästhetik und Daseinsinterpretation nicht mehr so anwendet, wie er es sich selbst vorstellte, sondern auf eine Art, die nach meiner Vermutung erst Beckett erfand. Becketts Dramen erfüllen auf eine neue Weise das Wort von der Kunst als metaphysischer Tätigkeit. Schopenhauer hätte ihre Darstellung für wahrer, aber auch für schonungsloser erklärt als die jedes herkömmlichen Dramas. Mit einem Ausdruck aus der *Welt als Wille und Vorstellung:* In der Perspektive Schopenhauers sind Becketts Dramen ein Theater des »metaphysischen Blicks«. Sie können das sein, weil sie sich *in der Sache* an das halten, was nach Schopenhauers Philosophie das Dasein der Lebenden in Wahrheit ist; weil sie zugleich *in der Form* die Denkstrukturen von Schopenhauers Ästhetik noch einmal verändern.

Erster Teil
Zur Philosophie der Kunst

I. Über Schopenhauers Ästhetik

4. Prämissen aus Schopenhauers Erkenntnistheorie

Für alles Vorstellen ist in dieser Philosophie kennzeichnend die Beziehung zwischen Subjekt und Objekt. Diese Beziehung gilt Schopenhauer als die allgemeinste Form allen Vorstellens überhaupt. Die Form ist so zu denken, daß sie auch verbindlich ist für die Existenz von Subjekt und Objekt selber. Außerhalb der Form des Vorstellens gibt es keine Objekte, und es gibt auch kein Subjekt. Hört das Vorstellen auf, dann verschwinden die Objekte; was das Subjekt war, mag weiter existieren, aber nicht als ein Vorstellendes. Es kann für diesen Fall nicht mehr ›Subjekt‹ heißen.

Die normale, alltägliche Weise, in der etwas Objekt für ein Subjekt wird, ist *Erfahrung*. Erfahrung unterliegt zusätzlich bestimmten Formen, die weniger allgemein als die des Vorstellens, aber für alle Erfahrungsgegenstände doch unabdingbar sind. Diese Formen sind Raum, Zeit und Kausalität. Gegenstände der Erfahrung sind also Vorstellungen, die nicht bloß einem Subjekt bekannt sind, sondern auch notwendig einen Platz in Raum und Zeit haben und notwendig in Kausalverknüpfungen stehen. Das Wort »notwendig« darf hier verwendet werden, weil die Formen der Erfahrung notwendige Bedingungen dafür sind, daß etwas überhaupt Erfahrungsgegenstand wird.[1] Aus Gegenständen dieser Art besteht die gesamte Welt, wie wir sie normalerweise wahrnehmen. Auch die innere Selbstwahrnehmung der Subjekte, die man gewöhnlich »Selbstbewußtsein« nennt, vollzieht sich noch in der Zeit, teilt also diese Form mit der äußeren Erfahrung. Es gibt seltene Ausnahmezustände unseres Be-

1 Dies ist der aus Kants Erkenntnistheorie überkommene Gebrauch von »notwendig«. Schopenhauer führt allerdings, anders als Kant, alle Notwendigkeit *zuletzt* auf den *Satz vom Grund* zurück. Darüber weiteres im Folgenden.

wußtseins, in denen es zwar wahrnimmt, aber *keine* Erfahrungsgegenstände wahrnimmt, also auch keine Teile der normalen Welt. Über diese Zustände wird später zu sprechen sein.

Raum, Zeit und Kausalität sind Ordnungsstrukturen, mit denen die erkennende Subjektivität alles gliedert, was für sie zum Objekt von Erfahrung wird. Deshalb ist der Geltungsbereich dieser Ordnungsstrukturen auch beschränkt auf Gegenstände der Erfahrung; man kann auch sagen: beschränkt auf die Erfahrungswelt. Alles, was außerhalb der Erfahrung liegt, ist von Raum, Zeit und Kausalität frei. Stellt das Subjekt nicht Teile der Erfahrungswelt vor, sondern etwas anderes, dann hat es eine außerzeitliche, außerräumliche und nicht nach dem Kausalprinzip organisierte Sache vor sich.

Die Erfahrungsformen Raum, Zeit und Kausalität sind nicht letzte selbständige Prinzipien der Erkenntnis, sondern bilden ihrerseits nur Sonderfälle eines einzigen Prinzips. Dieses Prinzip ist für Schopenhauer der Satz vom zureichenden Grund (oft einfach ›Satz vom Grund‹ genannt). Dieser Satz tritt in verschiedenen Gestalten auf, zu denen die Erfahrungsformen gehören, zu denen aber zusätzlich auch das Prinzip gehört, welches alle *logischen* Folgeverhältnisse (die gerade nicht nach der Kausalität geordnet sind) beherrscht.

Die allgemeinste Fassung, die Schopenhauer dem Satz vom Grund als höchstem Prinzip der menschlichen Erkenntnis überhaupt gibt, stimmt mit der des Christian Wolff überein und lautet: »Nihil est sine ratione, cur potius sit quam non sit.«[2] – »Nichts ist ohne Grund, warum es sei und nicht vielmehr nicht sei.« Der Satz vom Grund ist nicht beweisbar, weil er selbst die Basis eines jeden Beweises bildet. Denn er ist das, was die Gültigkeit der darin auftretenden logischen Relationen allererst ausmacht.

Darin, daß Schopenhauer ein und nur ein höchstes Prinzip der Erkenntnis zuläßt und alle anderen ihm als Sonderfälle

2 Ch. Wolff, *Philosophia Prima sive Ontologia*, § 70; Schopenhauer, *Über die vierfache Wurzel des Satzes vom zureichenden Grunde*, § 5.

unterordnet, besteht eine der wichtigsten Veränderungen, die er dem System Kants gegenüber anbringt (von dessen Thesen er doch ausgegangen war). In dem, was eben dargestellt wurde, sind mehrere vereinheitlichende Maßnahmen repräsentiert: Die Zusammenfassung der logischen Grund-Folge-Beziehung und der Kausalrelation unter ein Prinzip; die Parallelisierung von Raum und Zeit über das, was Kant schon behauptete, hinaus und ihre Interpretation als Formen des Satzes vom Grund. Das bedeutet, daß Trennungen aufgehoben werden, die Kant für unüberwindlich ansah: Die reinen Formen der Sinnlichkeit (Raum und Zeit) treten als Sonderfälle des höchsten Prinzips neben das (nach Schopenhauer) einzige Axiom der Logik und das organisierende Grundgesetz der materiellen Welt, das von Ursache und Wirkung. Die Tafel der Kategorien als reiner Verstandesbegriffe, kraft deren die Daten der Sinnlichkeit für Kant überhaupt erst Gegenstände werden können, ist reduziert auf einen einzigen Grundbegriff, den der Kausalität. Natürlich gibt es auch keine den Kategorien entsprechende Urteilstafel mehr, ebensowenig wie ein System der Grundsätze des reinen Verstandes, oder Schemata. Durch das Parallel-Setzen von oberstem logischem und oberstem realem Sukzessionsprinzip (Axiom einer Lehre des Schließens und Kausalität) und die Unterordnung unter einen noch allgemeineren Satz vom Grund hat Schopenhauer sich auch die Möglichkeit verschafft, seinen Verzicht auf einige von Kants wichtigsten Beweisen glaubwürdig und sinnvoll zu finden: Zum Beispiel erscheint eine transzendentale Deduktion der Kategorien nicht mehr erforderlich, weil es keine Kategorientafel mehr gibt und weil ihr einziges Überbleibsel, Kausalität, den Charakter der Notwendigkeit durch den übergeordneten Satz des Grundes schon gleichsam bezieht; von diesem Satz ist das ursächliche Aufeinanderfolgen der Ereignisse in der Welt nur eine Erfüllungsweise. Was einem Kantianer hier als unangemessenes Simpel-Machen gelten muß, wird jemand, der Schopenhauers Verfahren plausibel findet, als Gewinn an

Systematik und Eleganz werten. Das sachlich Fragwürdige an Schopenhauers Umdeutungen liegt vor allem bei seiner Präsentation des höchsten Grundsatzes selber und bei der Meinung, man könne ihn so, wie Schopenhauer es will, auf verschiedene »Gestalten« verteilen. Darauf gehe ich hier nicht ein.

Für Becketts Anwendung sind an diesem Punkt zwei Einzelheiten wichtig: Schopenhauer betrachtet die Zeit als die einfachste »Gestalt« des Satzes vom Grund; zugleich ist sie, was das Wahrnehmen von Teilen der Erfahrungswelt angeht, die *umfassendste:* Denn sie ist auch die Ordnungsform der Selbstwahrnehmung, also dessen, was die Tradition »inneren Sinn« nannte. Die Daten des Selbstbewußtseins sind nicht im Raum und unterliegen nicht der Kausalität (an die Stelle der letzteren tritt bei ›inneren‹ Gegebenheiten ›Motivation‹[3]). So kommt die Zeit dazu, als einzige der apriorischen Erkenntnisstrukturen *für alle Erfahrung der Subjekte verbindlich* zu sein. Diese Auszeichnung wird sich Beckett zunutze machen. Und zweitens: Die Kausalität ist das Ordnungsprinzip, das da in Funktion tritt, wo Gegenstände sowohl im Raum als auch in der Zeit existieren sollen. Für Schopenhauer ist die Basis solcher Gegenstände Materie; und die Natur der Materie ist eigentlich ein ausgedehntes und temporales Existieren, das möglich gemacht wird durch *Wirken* der Teile aufeinander, das heißt durch Kausalität. Veränderung in der materiellen Welt betrifft jedesmal sowohl einen bestimmten Teil des Raumes als auch der Zeit und geht vor sich nach dem Verhältnis von Ursache und Wirkung. Schopenhauer faßt diese Beobachtung zusammen mit dem Satz: »Demzufolge vereinigt die Kausalität den Raum mit der Zeit.«[4]

Die nächste, für Beckett (wie auch für Nietzsche) folgenrei-

3 *Über die vierfache Wurzel des Satzes vom zureichenden Grunde,* § 43.

4 Arthur Schopenhauer, *Sämtliche Werke,* hg. v. Wolfgang Frhr. von Löhneysen, 5 Bde., Stuttgart und Frankfurt/M. 1962, Bd. I, S. 39. Alle Zitate aus Schopenhauer nach dieser Ausgabe.

che Prämisse aus Schopenhauers Erkenntnistheorie ist: Raum und Zeit bilden das *principium individuationis*, also das Prinzip, kraft dessen ein Individuum als Individuum erkannt werden kann (sei es von anderen oder von sich selber). Außerhalb von Raum und Zeit gibt es keine Individuen. Wo nicht die Möglichkeit besteht, durch Zuordnen von Raumzeitstellen Einzelnes von anderem Einzelnen zu unterscheiden, sind weder Einzelheit noch Vielheit. Die Personen existieren für sich selbst als individuelle nur so lange, wie sie sich in den Erkenntnisformen Raum und Zeit auffassen und von anderem, das sonst noch ist, unterscheiden können. Da aber Raum und Zeit selber nur Ordnungsstrukturen der erkennenden Subjektivität sind, die *benutzt* werden, um Vorstellungen in eine bestimmte Gestalt zu bringen, kann das, was die Subjektivität letztlich *ist* (wenn man will: der Träger und Benutzer solcher Erkenntnisformen), nicht selbst ein Individuum sein. Das Erkennende am Subjekt, das nicht selbst erkannt wird und gar nicht erkannt werden kann, das aber seinerseits anderes in bestimmten Formen erkennt, existiert außerhalb dieser Formen, also außerhalb von Raum, Zeit, Kausalität *und* Individuation. Die Art freilich, wie es sich selbst *erscheint*, ist diesen Formen unterworfen; die Subjekte *erscheinen* sich demnach, solange sie in Raum und Zeit wahrnehmen, als Individuen; aber außerhalb der Formen, in denen sie sich erscheinen, hat das Konzept der Individualität keine Anwendung.

Das klassische Problem der neuzeitlichen Erkenntnistheorie ist die Frage nach der Art, wie die Personen Kenntnis von der Welt außerhalb ihrer erhalten, und welche Verläßlichkeit diese Kenntnis hat. Schopenhauer sieht als das wichtigste subjektive Vermögen, wenn es um den Aufbau einer außerhalb wahrgenommenen Realität geht, den *Verstand* an. Um Eigenart und Leistung des Verstandes angemessen darzustellen, trägt er einen Unterschied zwischen zwei Klassen von Vorstellungen nach, der zunächst nicht eingeführt war: Es gibt unmittelbar (d.h. ohne Vermittlung) aufgefaßte und mittelbar aufgefaßte Vorstellungen. Die unmittelbar aufgefaßten sind die (quasi inneren) Empfindungen des eigenen Leibes, die sich dem Selbstbewußtsein der Personen direkt darbieten. Zu diesen Empfindungen gehören auch die rohen Daten der wahrnehmenden Sinne. Die mittelbar aufgefaßten Vorstellungen sind solche, die sich durch eine spezielle Deutung der unmittelbaren, d. h. direkt empfundenen, erst ergeben. Diese Deutung leistet der Verstand. Er wendet, ohne daß das Subjekt sich dessen immer bewußt wäre oder auch nur irgendwann bewußt werden müßte, die Kategorie der Kausalität auf das Material, das die Sinne liefern, an. Er deutet die Sinnesdaten als *bewirkt* durch Gegenstände, die außerhalb des eigenen Leibes liegen. Erst durch diese Deutung gewinnt das Subjekt den Eindruck, *Dinge* zu sehen, zu tasten, zu schmecken und so fort, statt bloß dumpfe Empfindungen zu haben. Diese vor allem Nachdenken stattfindende Leistung des Verstandes ist seine mit Abstand wichtigste: Er setzt unmittelbar aufgefaßte Vorstellungen in die Position von Wirkungen ein und schreibt diese Wirkungen einer neuen Klasse von Weltbestandteilen, den *Dingen*, zu. Daß der Verstand die Dinge wiederum untereinander in Raum und Zeit nach dem Kausalprinzip verbindet, ist eine weitere Leistung, kann aber erst stattfinden, wenn das ursprüngliche Deuten roher Sinnesempfindungen als Effekte von Gegenständen schon vollzogen ist.

Wir nehmen äußere Dinge anschaulich wahr. Weil der Verstand beim Entstehen dieser Anschauungen immer und unabdingbar beteiligt ist, erklärt Schopenhauer *jederlei* Anschauung von Gegenständen der äußeren Welt für »intellektuale Anschauung«.[5] Für die wichtigeren Systeme der deutschen Philosophie zwischen Kant und Schopenhauer ist die Erfahrungswelt zugleich und primär eine Welt des Verstandes. Damit, daß Schopenhauer den Verstand bereits bei aller äußeren *Anschauung* beteiligt sieht, gesteht er ihm aller-

5 Schopenhauer, W I, 43, 44

dings eine Rolle zu, die in Sachen Erfahrungswelt noch dominanter ist, als man es von Kant her kennt. Der Verstand ist der Erzeuger der täglichen Welterfahrung. Der Verstand (= Intellekt) ist für Beckett, der genauso wie Schopenhauer die Kunst auf eine *andere* Form des Bewußtseins zurückführt, der wichtigste Garant des Vordergründigen, Oberflächlichen und Falschen; denn er erzeugt nicht nur die Erfahrungswelt, *er kommt auch nicht über sie hinaus.*

Das Vermögen der Begriffe überhaupt (*aller* Begriffe, außer den ganz wenigen, die apriorische Erkenntnismittel darstellen) ist nach Schopenhauer die *Vernunft.* Das ist wieder eine Säkularisierung: Die Vernunft ist ihm nicht ein Vermögen, durch das besondere, irgendwie ausgezeichnete Begriffe oder Erkenntnisse vermittelt werden; sondern sie ist nichts als die ziemlich alltägliche Fähigkeit zur Abstraktion. Durch Abstraktion werden Begriffe gebildet. Basis der Abstraktion ist *immer* die Anschauung; ihr Produkt, der Begriff, besitzt als Erkenntnisinstrument irgendwelchen Wert nur insofern und in dem Maß, wie er auf Anschauung zurückgeht. Es gibt nicht, wie noch bei Kant, der Vernunft allein eigene, empirisch nicht ausweisbare, aber doch in ›regulativer Weise‹ brauchbare Begriffe: Schopenhauers Auffassung der Vernunft ist ganz und gar empiristisch. Weil er jede Art von Wissenschaft als eine Form *begrifflich gefaßter* Erkenntnis ansieht, ist auch seine gesamte Wissenschaftstheorie empiristisch. Selbst die Philosophie, wo sie Aussagen über transzendente Gegenstände macht, bringt es zuletzt doch nur zu einer empiristischen Metaphysik. Diese Wortverbindung, die wie hölzernes Eisen klingt, füge ich Schopenhauers Selbstcharakteristik hinzu, und sie wird da, wo es um den Gegensatz zwischen Philosophie und Kunst geht, näher zu erläutern sein.

Zu dieser Metaphysik gehören die Aussagen, die Schopenhauer über das Wesen der Welt *jenseits der Erscheinung*, das *Ding an sich* oder die *eigentliche Bedeutung* der Erfahrungsgegenstände macht.

Wir erinnern uns an den Unterschied zwischen unmittelbar und mittelbar aufgefaßten Vorstellungen: Die unmittelbar aufgefaßten sind die Bestandstücke der inneren Selbstwahrnehmung, die der Verstand nicht (oder noch nicht) durch Anwenden der Erkenntnisform Kausalität als Wirkungen äußerer Gegenstände gedeutet hat. Schopenhauer glaubt beobachten zu können, daß alle nicht vom Verstand für solche Zwecke besetzten Teile der Selbstwahrnehmung auf eine oder andere Weise den Charakter von Trieben oder Bestrebungen haben. Das Wort, das er als Titel über diese Klasse von Vorstellungen setzt, ist deshalb *Wille*. Er beobachtet, daß den inneren Willensakten äußere Bewegungen des Leibes entsprechen. Er kommt (weil der Leib *Erscheinung*, Teil der Außenwelt, weniger unmittelbar aufgefaßt ist als die inneren Willenstätigkeiten) zu der These, daß mein Leib nichts anderes ist als mein *äußerlich sichtbar gewordener Wille*. So gibt es bei der individuellen Person einen Unterschied zwischen Wille (innerlich und unmittelbar bekannt) und äußerer Erscheinung dieses Willens – das ist der in Raum und Zeit ausgedehnte und kausal organisierte Leib (nur *mittelbar* bekannt, denn seine Gestalt ist durch den Verstand *vermittelt*). Weil der Leib die Form eines Erfahrungsobjekts hat und weil sein inneres Wesen Wille ist, heißt er auch der *objektivierte*, zur äußeren Vorstellung gewordene Wille oder, wie Schopenhauer schließlich sagt: *Objektität* des Willens.
Die Erkenntnis, daß der Leib Erscheinung des Willens ist, nennt Schopenhauer die philosophische Wahrheit kat'exochēn, also die philosophische Wahrheit schlechthin oder die eigentlich philosophische Wahrheit. Sie ist in Schopenhauers Selbstverständnis die Basis seines ganzen Systems, und mit ihr beginnt das Neue, durch keine bisherige Philosophie Vorbereitete, durch das Schopenhauer seine Weltauffassung von allen vorher entwickelten unterschieden sieht.
Alle Teile der im Raum ausgedehnten Welt sind Erscheinung. Wenn meinem Körper, der eine dieser Erscheinungen ist, als sein Wesen oder An-sich Wille zugeordnet werden

kann, liegt es dann nicht nahe, *allen* Erscheinungen etwas Ähnliches als ihr Wesen oder An-sich zuzuordnen? Es kommt Schopenhauer zustatten, daß er alle Phänomene der Natur als das Sich-Äußern von Kräften deuten kann, die ihrerseits gewöhnlich nur benannt werden, aber *als Kräfte* nicht wahrnehmbar sind. Der Status von »Kraft« als eines Begriffs, dem Wahrnehmbares zwar zugeordnet werden kann, dessen Gegenstand (die »Kraft« selber) aber nicht in Erscheinung tritt, ist eine günstige Grundlage für die sehr einfache Überlegung, die Schopenhauer dann anstellt: Wenn den Tätigkeiten meines Leibes Willensakte als ihre wahre Grundlage genau entsprechen, und wenn überall in der äußeren Natur Ereignisse als das Sich-Äußern von Kräften gedeutet werden müssen, ist die plausibelste Interpretation dieses Sachverhalts, daß *allen* Erscheinungen Wille als ihr Wesen oder An-sich zugrunde liegt. Die metaphysische These Schopenhauers über die jenseits der Erscheinungen liegende Grundlage der gesamten Welt lautet: *Das nicht erscheinende, sich in Erscheinungen nur äußernde Wesen der Welt ist Wille. Wille ist das, was Kant das »Ding an sich« nannte, aber nicht näher bestimmen konnte.*

Weil der Wille außerhalb von Raum und Zeit liegt, ist er nicht als ein Individuum zu denken. Begriffe wie Einzelheit oder Vielheit sind auf ihn nicht anwendbar. Weil er ferner nicht der Kausalität unterliegt, die nur ein Erkenntnismittel des Verstandes ist, kann das Verhältnis zwischen Wille als Ding an sich und der Erfahrungswelt als seiner Erscheinung *nicht* wie eine Beziehung zwischen Ursache und Wirkung gedacht werden. Die Welt ist das Sich-Äußern des Willens in der Form des Erfahrungsobjekts. Sie ist der zum Objekt für ein Subjekt gewordene Wille oder auch die *Objektität* des Willens. Weil die Objektgestalt des Willens dem erkennenden Bewußtsein aber vermittelt wird durch die Formen von Raum, Zeit und Kausalität, heißt die Erfahrungswelt die *mittelbare Objektität* des Willens. Eine *unmittelbare* Objektität des Willens, die anders ist, werden wir bald kennenlernen. Wille als Kraft strebt beständig danach, sich zu äußern. Die höher entwickelten Formen dieser Äußerung in der Erfahrungswelt haben den Charakter des Lebens. Leben ist nichts anderes als eine Weise der Willenstätigkeit. Deshalb kann Schopenhauer gelegentlich auch sagen, das An-sich der Welt sei der Wille zum Leben – obwohl in diese Formel die niederstufigen Äußerungsformen der anorganischen Natur nicht eingehen.

Für Samuel Becketts Anwendung ist ein Unterschied relevant, der bis jetzt noch nicht zureichend erkennbar ist: Das Wort ›Wille‹ tritt in meiner Darstellung (und auch in der Schopenhauers) in zweierlei Bedeutung auf. Zunächst heißt so der Inbegriff dessen, was Personen in sich selbst wahrnehmen. Weil jede Person sich selber aber als Individuum in Raum und Zeit auffaßt, ist auch das, was sie sich als ihren eigenen Willen zuschreibt, zunächst vorgestellt wie ein Individuelles. Die Personen erfahren sich als Wesen mit einem Individualwillen, der immer etwas für die einzelne Person will, und dessen Akte sich in Bewegungen des Körpers äußern. Der Wille *überhaupt* aber, der das An-sich der ganzen Welt ausmacht, kann nicht Individuum sein, und er will nichts für einzelne Personen; vielmehr sind die Personen und ihre Selbsterfahrung nur vergehende und als Einzelwesen ziemlich gleichgültige Äußerungsweisen dieses einen, der ganzen Welt zugrunde liegenden Willens. Man kann diesen Unterschied (mit einigen Risiken, die ich nicht ausführe) so deuten: Der Individualwille, der etwas für eine Person will und das Leben dieser Person steuert, ist selbst nur eine Erscheinungsform des Willens überhaupt; er *kann* nichts anderes als Erscheinung sein, weil er als etwas Individuelles aufgefaßt wird. Streng genommen ist er auch noch innerhalb der Erscheinungswelt ein Konstrukt. Denn die Person sieht nicht ihren Willen wie einen mentalen Kloß in sich liegen, sondern was sie (nach Schopenhauer) wahrnimmt, sind immer nur einzelne Willensakte oder -tendenzen. Deren Inbegriff oder Substrat nennt sie ›Wille‹. Sie erkennt diesen Willen aber auch ›innerlich‹ nur durch seine Aktivitäten (oder Äußerungen), also ›a posteriori‹. Von diesem individuellen Willen, der den Formen der Erscheinungswelt quasi assimiliert ist, muß der Wille überhaupt, der als solcher nie in die Erscheinung treten kann, unterschieden werden, denn er ist etwas viel Umfassenderes, das im Verfolgen personaler Ziele in keiner Weise aufgeht. (Übrigens ist die Theorie des Selbstbewußtseins, in dem die Personen sich ihres eigenen Willens vergewissern, eines der dunkelsten Stücke von Schopenhauers Erkenntnislehre, und ich nehme hier nur das auf, was ich für die Ästhetik brauchen werde).

Der Wille als Ding an sich, der nicht Individuum ist, unterliegt nicht der Kausalität und ist deshalb frei. Er ist auch allmächtig, denn außer ihm (und den Äußerungen, die er hervorbringt) gibt es nichts; er stößt nicht auf Hindernisse und ist keinen vorgängigen Bedingungen unterworfen. In der Erfahrungswelt dagegen, zu der auch das Handeln der Personen gehört, gilt uneingeschränkt das Prinzip der Kausalität; in der inneren Wirklichkeit der Personen gilt sein Pendant, die Motivation. Alle Handlungen, die jemand tut, entstehen für Schopenhauer durch das Zusammentreten eines Motivs und des Charakters dieser Person. Das Motiv ist eine Gegebenheit der äußeren Welt oder ihre Darstellung in Begriffen; der Charakter ist die Persönlichkeitsstruktur, welche durch einen Akt des Willens qua Ding an sich von Geburt an festliegt. Weil die Person diesen Akt, da er nicht in die Erscheinungswelt fällt, niemals wahrnehmen kann, kennt sie sich selbst auch nie vollkommen. Das, was sie erfahrungsmäßig über sich herausfinden und zusammenstücken kann, heißt »empirischer Charakter«, dessen nicht erfahrbare Basis der »intelligible Charakter« ist. Weil die Personen sich als wollend wahrnehmen und sehen, daß sie dieses Wollen auch in Bewegung überführen können, halten sie sich (oft) für frei. In Wahrheit sind sie bei jeder ihrer Handlungen determiniert und in diesem Sinn unfrei. Denn sie vollbringen nur solches, das durch Charakter und Motiv festgelegt ist. Solange die Personen leben, sind sie Angehörige der Welt, in der Kausalität und Motivation die Prinzipien jeder Veränderung repräsentieren.[6]

Ich trage, bevor ich zum Gegenstand der Kunst übergehe, noch zwei Voraussetzungen aus Schopenhauers Metaphysik nach, mit denen ich später arbeiten muß: Der Wille objektiviert sich in der Erfahrungswelt nicht gleichförmig, sondern *in Stufen.* Es gibt hohe und niedere Weisen der Objektivation; die hohen kommen der Natur des Willens näher als die niederen; sie stellen ihn (in den Grenzen der Erfahrungsgesetze) vollkommener und weniger primitiv dar als die geringer entwickelten. So wird die Natur des Willens in Lebewesen mit Bewußtsein angemessener objektiviert (soweit man von Angemessenheit sprechen kann) als in den Pflanzen; und in diesen wieder angemessener als in der unbelebten Natur. Die Dinge der Welt gliedern sich unter diesem Gesichtspunkt in eine Stufenreihe.

Wenn der Wille sich in Form von Erfahrungsobjekten äußert, tut er das in Raum und Zeit und tritt unter das principium individuationis. Das heißt, wo Äußerung des Willens in Raum und Zeit stattfindet, ist Individualität und Vielheit. Das Sich-Auseinanderlegen des Willens in verschiedene Erscheinungsgestalten ist zugleich ein Sich-Auseinanderlegen in Gestalten, die einander den Platz in Raum und Zeit streitig machen. Denn jede von ihnen hat etwas vom Willen an sich, jede Erscheinungsgestalt manifestiert eine Form von

6 Ich vernachlässige mit Absicht Schopenhauers These von der intelligiblen Freiheit. Diese Freiheit *kann* unter den Prämissen von Schopenhauers System *nur* die Freiheit des Willens qua Ding an sich sein, und kann nichts weiter bedeuten als: der Kausalität nicht unterliegen. Wo Schopenhauer einzelnen Personen eine intelligible Freiheit beizulegen scheint (die Äußerungen sind nicht immer ganz eindeutig), entsteht eine Inkonsistenz im System: Die *Personen* sind *Individuen,* und für sie gelten uneingeschränkt die Formen des Satzes vom Grund, also auch durchgängige Kausalität. Das ist auch das (unter Schopenhauers eigenen Voraussetzungen) Problematische an dem Akt der »Verneinung des Willens zum Leben«, über den ich weiter unten spreche (Abschnitt 11).

Kraft und ist deshalb (in Schopenhauers Ausdrucksweise) der Feind anderer Gestalten, die dieser Kraft in den Weg geraten. Das Sich-Entäußern des Willens und sein Auftreten in den Formen der Erscheinungswelt ist gleichbedeutend mit beständigem Kampf zwischen seinen Gestalten. (Das war für Nietzsche einer der Gründe, Schopenhauers »Wille« vieldeutig und ambivalent abzuwandeln in »Wille zur Macht«.) Das Erscheinen des Willens in der Welt der Dinge ist nach Schopenhauer notwendig und im ganzen unwiderruflich *Selbstentzweiung*. Etwas Verwandtes werden wir in Becketts Aussagen über die Kontaktversuche zwischen Personen unserer Art (wenngleich mit anderer Begründung) wiederfinden.

5. Auflösung des Selbst und Entstehen der Kunst

Den Stufen, auf denen der Wille in der Erfahrungswelt Objekt wird, entsprechen Vorstellungen, über die ich bisher mit Absicht geschwiegen habe. Wir erinnern uns: Die Erfahrungswelt mitsamt ihren Dingen hieß die *mittelbare*, das bedeutet durch die Erkenntnisfunktionen Raum, Zeit und Kausalität *vermittelte* Objektität des Willens. Es gibt in Schopenhauers System auch eine *unmittelbare* Objektität des Willens, eine Objektgestalt, die *nicht* den Ordnungsstrukturen des Satzes vom Grund unterliegt. Sie gibt den Willen *als Vorstellung, als Objekt*, aber nicht als Erfahrungsobjekt in der alltäglich wahrnehmbaren Welt. Die unmittelbare Objektität des Willens ist repräsentiert durch das Corpus der *Ideen*. Schopenhauer nennt sie die Platonischen Ideen, weiß aber, daß zwischen seiner Auffassung und der Platons einschneidende Differenzen bestehen (über sie spreche ich später). Jeder Stufe der Erfahrungsgestalt des Willens entspricht eine Idee als das Urbild oder die unvergängliche Urform der Dinge, die auf dieser Stufe stehen. Unvergänglich, unzerstörbar sind die Ideen, weil sie außerhalb von Raum und Zeit liegen. Das bringt es mit sich, daß die Ideen keine Individuen sind: Sie stellen die außerzeitlichen Formen aller Einzeldinge dar, die in der Erfahrungswelt existieren, aber sie sind selbst dem principium individuationis nicht unterworfen, und es gibt für sie deshalb weder Individualität noch Vielheit.

Die Ideen sind die einzigen *Objekte*, die nicht vergehen und nicht verändert werden können. Der Wille als Ding an sich ist zwar gleichfalls unvergänglich und unveränderbar, aber er ist *als* dieser Wille niemals Objekt. Die Ideen sind der Wille, eingegangen in die allgemeine Form eines Objekts für ein Subjekt, nicht aber in die besonderen Formen, die in den diversen Gestalten des Satzes vom Grund bestehen; was in diese besonderen Formen gefaßt ist, unterliegt dem Wechsel in der Zeit; was außerhalb ihrer steht, nicht. Deshalb sind die Ideen unter allem, was einem Subjekt Gegenstand werden kann, das einzig *wahrhaft Seiende*, nicht bloß, wie Platon von der Erfahrungswelt sagt, ein Werdendes und Vergehendes. Sie sind als Urbilder das Wesentliche aller Einzeldinge, und unter allem, was das Subjekt vorstellen kann und ›wirklich‹ nennt, sind sie in gewissem Sinn die einzige stabile Realität.

Diese »ewigen Formen der Dinge«[7] sind nicht nur die Muster der Erfahrungsgegenstände, sondern sie stellen auch den Willen als Ding an sich getreuer und vollkommener dar, als es in den Strukturen der Erfahrung möglich wäre. Das geht schon daraus hervor, daß sie, wie auch der Wille selbst, nicht nach einer der Gestalten des Satzes vom Grund organisiert sind. Sie sind nicht verzerrt durch Raum, Zeit und Kausali-

7 I, 195. In meiner Darstellung, wie auch in der Schopenhauers, wird das Wort »Form« in zweierlei Sinn verwendet: Es gibt einmal die Erfahrungsformen Raum, Zeit und Kausalität als Gestalten des Satzes vom Grund. Auch Motivation und das Prinzip der logischen Folge sind »Formen« in diesem Sinn. Das ist die Verwendung des Wortes »Form«, die Kant einführte, als er sagte, Raum und Zeit seien *Formen* der sinnlichen Anschauung. Es gibt zum anderen die Ideen als Urformen oder auch einfach »ewige Formen« der weltlichen Einzeldinge. Das ist die Verwendung von »Form« im Sinn des Platonischen »eidos«.

tät. Schopenhauer nennt deshalb die unmittelbare Objektität des Willens, die in den Ideen verkörpert ist, seine *adäquate* Objektität.

Hier ist in Schopenhauers Philosophie der Punkt des Übergangs zwischen Erkenntnistheorie (auch Metaphysik) und Ästhetik. Die adäquate Objektität des Willens, das heißt *die Ideen, das wahrhaft Seiende*, im vergänglichen Stoff wiederzugeben, ist das Ziel und die Auszeichnung der *Kunst.*

Als erste Frage ihrer philosophischen Betrachtung ergibt sich wie von selbst: Auf welche Weise soll der, der sich als Künstler versteht, dieser adäquaten Objektität habhaft werden, wenn seine Wahrnehmung doch, wie wir gehört haben, immer schon in Raum, Zeit und Kausalität gebunden ist? Die Philosophie der Kunst beginnt bei Schopenhauer (und muß beginnen) mit einer Theorie der künstlerischen Erkenntnis als einer Erkenntnis, die nicht den Ordnungsformen unterliegt, nach denen sonst alles mundfertig gemacht ist, was für Personen von unserer Art *Gegenstand* werden kann.

»Während die Individuen, in denen sie [die Idee] sich darstellt, unzählige sind und unaufhaltsam werden und vergehn, bleibt sie unverändert als die eine und selbe stehn, und der Satz vom Grunde hat für sie keine Bedeutung. Da dieser nun aber die Form ist, unter der alle Erkenntnis des Subjekts steht, sofern dieses *als Individuum* erkennt; so werden die Ideen auch ganz außerhalb der Erkenntnissphäre desselben als solchen liegen. Wenn daher die Ideen Objekt der Erkenntnis werden sollen; so wird dies nur unter Aufhebung der Individualität im erkennenden Subjekt geschehen können. Die näheren und ausführlichen Erklärungen hierüber sind nunmehr, was uns zunächst beschäftigen wird.«[8]

Das ist Schopenhauers Einleitung zur Theorie der künstlerischen Erkenntnis, und sie teilt deren Grundgedanken auch schon mit. Soll das Subjekt Ideen erkennen, die außerhalb von Raum, Zeit und Kausalität liegen und deswegen keine Individuen sind, dann kann das nur geschehen, indem das Subjekt sich seiner Individualität in der Erfahrungswelt ent-

8 I, 246

ledigt und beim Erkennen aufhört, Einzelwesen zu sein. Dazu muß im Subjekt eine Veränderung vorgehen, die seine ganze Art, sich selber und die Welt aufzufassen, auf tiefe Weise umwandelt und gegen eine völlig andere Auffassungsart eintauscht.

Welches diese Veränderung unter Schopenhauers Prämissen sein muß, kann man sich plausibel machen, wenn man sich an seine metaphysische Deutung der Subjektivität erinnert: Das Subjekt selbst, alle seine Handlungen und also auch seine Erkenntnisvollzüge, sind Äußerungen des *Willens.* Sie stehen auch im Dienst des Willens insofern, als der Wille mit ihnen etwas in der Erfahrungswelt anstrebt. Der im personalen Individuum auftretende Wille will etwas *für* diese eine Person, er ist, so haben wir gesehen, in dieser Erscheinungsform *Individualwille.* Die alltägliche Erkenntnis des Individuums ist für Schopenhauer ein Werkzeug des Individualwillens und dient den Zwecken des Überlebens in der Welt der Alltagsdinge. Beständig will die Person für sich selber etwas; sie will vor allem ihre Selbsterhaltung als Teil der materiellen Welt. Das Erkennen von Erfahrungsdingen, vorbereitet durch die Tätigkeit der Sinnesorgane, steht in der Dienstbarkeit individueller Willensziele und ereignet sich in den Strukturen, die für Individualität überhaupt konstitutiv sind: Raum und Zeit.

Soll das Subjekt beim Erkennen nicht mehr Individuum sein, dann muß es erkennen, *ohne zu wollen.* Es muß damit aufhören, die Welt gemäß den Interessen des Individualwillens wahrzunehmen. Dann hat es eine Chance, die Gegenstände seiner Wahrnehmungen nicht mehr nach dem principium individuationis, sondern anders aufzufassen. Es hat die Chance, sie aufzufassen in einer Weise, die von den Verzerrungen des Individualitätsprinzips frei ist. Und die Person selbst ist für den Fall, daß die Ablösung vom eigenen Willen gelingt, für ihre eigene Wahrnehmung nicht mehr Individuum; sie ist nur noch willenloses, unpersönliches Subjekt des Erkennens. Dieses Subjekt hat kein ›Selbstbewußtsein‹; es hat kein Verhältnis zu sich als einem Einzelwesen; es hat für sein eigenes Bewußtsein keine persönliche Identität. *Es ist kein Selbst.* Es ist, daran wird Beckett wieder und wieder erinnern, *reines* Subjekt – rein in dem Sinn, daß seine Erkenntnis frei ist von den Trübungen, die der individuelle Wille mit seinen Interessen und den apriorischen Strukturen der Individualität gewöhnlich in das Bewußtsein der Personen hineinbringt.

An dieses Konzept der außerzeitlichen Erkenntnis stellt sich unverzüglich die Frage: *Wie* soll die Person es zustande bringen, beim Erkennen nicht mehr zu wollen oder auch: das Erkennen von den Zutaten des Willens zu befreien? Schopenhauer bedient sich für die Antwort einer ziemlich alten und zugleich zeitgemäßen Beobachtung: Weil die individuelle Erkenntnis immer vom Willen geleitet ist, betrachtet sie die Dinge immer in *Relation* zum eigenen Subjekt oder in Relation zu anderen Dingen, die irgendwie mit den Zielen des eigenen Willens in Beziehung stehen. Die Gesichtspunkte, nach denen die alltägliche Wahrnehmung die Welt gliedert, sind festgelegt durch die Wünsche, Ziele, Bedürfnisse, Befürchtungen, Ängste der individuellen Person, der es gewöhnlich um *ihre* Stellung in der Welt und ihre eigene Erhaltung oder Förderung geht. Diese Beobachtung gibt Schopenhauer Gelegenheit, die Erkenntnisweise, welche von der Individualität gerade frei ist, zu bestimmen als: Ein Erkennen, das nicht den Relationen der Gegenstände nachgeht, besonders nicht ihrer Beziehung zum eigenen Wollen; das vielmehr sein Objekt *außerhalb aller Relation* zu anderem auffaßt. Wenn *nur* der wahrgenommene Gegenstand vor dem Bewußtsein steht und nichts anderes mehr für dieses Bewußtsein existiert, wenn die umgebende Welt und auch die eigene wollende Person in gewissem Sinn ausgelöscht sind, ist das Erkennen frei von den Zutaten des Willens und das Objekt frei von den Zutaten des Satzes vom Grund.[9]

9 »Wenn man, durch die Kraft des Geistes gehoben, die gewöhnliche Betrachtungsart der Dinge fahrenläßt, aufhört, nur ihren Relationen zu einan-

Schopenhauer erinnert an eine bekannte Metapher: Das Subjekt habe sich, wenn es in einem Zustand dieser Art lebt, in das Objekt *»verloren«*. Die Metapher gilt in mehrerlei Sinn: Es hat zugunsten der rein objektiven, durch kein Ingrediens der Subjektivität verfärbten Anschauung sich selbst vergessen; es hat jeden anderen Bewußtseinsinhalt außer diesem einen Gegenstand vergessen; und es ist selbst als Einzelwesen ausgelöscht (wie auch in diesem Augenblick für dieses Bewußtsein alle anderen Einzelwesen ausgelöscht sind). Es besteht nicht mehr als ein Besonderes gegenüber seiner Vorstellung, sondern es ist in diesem Augenblick nichts weiter vorhanden als *Präsenz der Idee.* Das Subjekt, weil es aus seiner Form der Individualität heraustritt, unterscheidet sich nicht mehr von seinem Gegenstand; der Gegenstand, weil ihm kein Individuelles mehr gegenübersteht, nicht mehr

der, deren letztes Ziel immer die Relation zum eigenen Willen ist, am Leitfaden der Gestaltungen des Satzes vom Grunde nachzugehn, also nicht mehr das Wo, das Wann, das Warum und das Wozu an den Dingen betrachtet; sondern einzig und allein das *Was;* auch nicht das abstrakte Denken, die Begriffe der Vernunft, das Bewußtsein einnehmen läßt; sondern statt alles diesen die ganze Macht seines Geistes der Anschauung hingibt sich ganz in diese versenkt und das ganze Bewußtsein ausfüllen läßt durch die ruhige Kontemplation des gerade gegenwärtigen natürlichen Gegenstandes, sei es eine Landschaft, ein Baum, ein Fels, ein Gebäude oder was auch immer; indem man, nach einer sinnvollen deutschen Redensart, sich gänzlich in diesen Gegenstand *verliert,* d. h. eben sein Individuum, seinen Willen vergißt und nur noch als reines Subjekt, als klarer Spiegel des Objekts bestehen bleibt; so daß es ist, als ob der Gegenstand allein da wäre, ohne jemanden, der ihn wahrnimmt, und man also nicht mehr den Anschauenden von der Anschauung trennen kann, sondern beide eines geworden sind, indem das ganze Bewußtsein von einem einzigen anschaulichen Bilde gänzlich gefüllt und eingenommen ist; wenn also solchermaßen das Objekt aus aller Relation zu etwas außer ihm, das Subjekt aus aller Relation zum Willen getreten ist: dann ist, was also erkannt wird, nicht mehr das einzelne Ding als solches; sondern es ist die *Idee,* die ewige Form, die unmittelbare Objektität des Willens auf dieser Stufe: und ebendadurch ist zugleich der in dieser Anschauung Begriffene nicht mehr Individuum; denn das Individuum hat sich eben in solche Anschauung verloren: sondern er ist *reines,* willenloses, schmerzloses, zeitloses *Subjekt der Erkenntnis.*« (I, 257)

vom Subjekt: »Und wie das Objekt auch hier nichts als die Vorstellung des Subjekts ist, so ist auch das Subjekt, indem es im angeschauten Gegenstand ganz aufgeht, dieser Gegenstand selbst geworden, indem das ganze Bewußtsein nichts mehr ist als dessen deutlichstes Bild.«[10] Wohl wissend, daß er sich damit für die Urteilsgewohnheiten des alltäglichen Bewußtseins der schieren Lächerlichkeit aussetzt, fügt Schopenhauer der Beschreibung dieser ekstatischen Selbst- und Weltverlorenheit noch an, daß das Subjekt dabei, eben weil es von seinem Objekt nicht mehr unterschieden ist, zugleich sich als identisch mit allem Seienden erfährt. Weil er seine eigene Sprache für schwach und krückenhaft hält, zitiert Schopenhauer aus seinem lateinischen Exemplar der Upanischaden: »Hae omnes creaturae in totum ego sum, et praeter me aliud ens non est.«[11] »Alle diese Kreaturen insgesamt bin ich, und außer mir gibt es kein anderes Wesen.« Das ist noch einmal, unter anderem Gesichtspunkt betrachtet, das Nichtigwerden der Individualität und einer Weltstruktur, für die die Aufteilung in Einzelwesen im normalen Zustand typisch ist.

Sich so weit vom eigenen Willen zu lösen, daß das Bewußtsein nur noch in der Anschauung der Idee besteht, ist etwas, dessen zwar alle Menschen der Tendenz nach und zu gewissem Grad, aber nur wenige Personen im vollen Sinn dieser Beschreibung fähig sind. Von diesen wenigen Personen wieder besitzen nur einige die Fähigkeit und Kraft, die man braucht, um eine in willenloser Anschauung aufgefaßte Idee im Material der Erfahrungswelt niederzulegen und damit das hervorzubringen, was Schopenhauer *das Kunstwerk* nennt. Auf diese Personen wendet Schopenhauer das Wort *Genius* an. Und er definiert das Werk des Genius, die *Kunst*, weil sie die Gegenstände außerhalb der Ordnungsstrukturen des

10 I, 259

11 I, 260. Schopenhauer kannte, als er *Die Welt als Wille und Vorstellung* schrieb, die Upanischaden nur in der lateinischen Übersetzung einer persischen Version durch den Franzosen Anquetil Duperon.

Verstandes darstellt, als: *Die Betrachtungsart der Dinge, unabhängig vom Satze des Grundes.*[12]

Die Kunst ist ausdrücklich als *Erkenntnisart* bestimmt.[13] Sie erfüllt diese Bezeichnung in mehrerlei Sinn: Sie ist das fixierte Produkt eines Erlebnisses, in welchem ein willenlos gewordenes Subjekt sich die Idee zur Anschauung bringt; sie ist die Vermittlungsform dieser Anschauung in der Erfahrungswelt, in die das Subjekt wieder eingehen muß, wenn es über das Angeschaute mit anderen Personen kommunizieren will; und sie ist möglicher Anlaß für das Entstehen des gleichen anschauenden Erlebnisses im Leser, Hörer, Zuschauer oder Betrachter des Werkes. Der Stoff, den der Künstler zur Wiederholung der Idee wählt, legt fest, ob das Werk zur Poesie, Malerei, Bildhauerei oder anderen Weisen der Materialbehandlung gehört. Die Stufe, auf der die angeschaute Idee in der Folge von adäquaten Willensobjektivationen steht, legt fest, von welcher Art im einzelnen das Kunstwerk sein wird. Schopenhauer entwirft eine ausgeführte Architektonik der Kunstgattungen nach den Stufen, in denen sich der Wille als Idee objektiviert. Sie beginnt bei der Architektur und endet bei der höchsten Form der Dichtkunst, der Tragödie. Die Musik hat eine Sonderstellung, weil sie an metaphysischer Erkenntnis noch mehr und noch Erstaunlicheres möglich macht als selbst zur Vollkommenheit gelungene Kunstwerke anderer Art. Was dieses Besondere ist, wird später deutlich werden.

Schopenhauers Systematik der Kunstgattungen will ich vernachlässigen. Ich denke, daß sich seine Ästhetik nicht durch die längelange und diffizile Rubrizierung der verschiedenen Kunstwerk-Typen auszeichnet – das ist ein geläufiger Gegenstand professoraler Ordnungsarbeit und füllt unter dem Titel ›System der Ästhetik‹ (oder ähnlich) die Bücher großer wie kleinerer Autoren. Was Schopenhauers Ästhetik unterscheidet, ist ihr Grundgedanke: Daß die Formen der Erfah-

12 I, 265
13 I, 265

rungswelt zerbrechen müssen[14] und das Individuum sich drangeben muß, wenn die Bewußtseinsweise möglich werden soll, die die ganz andere, aber wesentliche Realität erschließt – aus der das Kunstwerk als Bild des wahrhaft Seienden hervorgehen kann. Was seine Ästhetik auch unterscheidet, ist ihr ausgeprägt mystischer Zug: Der Zustand, in den das Individuum mitsamt seinem gewöhnlichen Erkenntnisbesitz an Umweltdingen verschwinden muß, ist zugleich ein Zustand, in dem die Person (oder was von ihr als reines Subjekt übrigbleibt) erfährt (das heißt auf dunkle Weise *fühlt*), daß sie eins ist mit der ganzen Welt und daß sie auch eins ist mit dem Grund der Welt, den Schopenhauer in bündiger Abneigung gegen alle Theologumena gerade nicht ›das Absolute‹ oder ›Geist‹ oder ›Gott‹ nennt, sondern ›Wille‹. Der mystische Zug ist auch ein ekstatischer Zug: Obwohl die ästhetische Betrachtung den Namen »Kontemplation« führt, ist sie nicht das, was wir heute »beschaulich« nennen (und irgendwie mit Biedermeier zusammendenken). Vielmehr ist sie herausgerückt, ins Objekt verloren, ein Zustand großer psychischer Spannung[15], und für die von außen her zuschauenden Vernunftpersonen unzugänglich und lächerlich. Beckett wird wörtlich »verwirrte Ekstase« sagen: verwirrt, weil in der Erfahrungswelt die Orientierung verlorengeht; Ekstase, weil das Anschauen der anderen Wirklichkeit

14 Ich drücke mich, wenn ich von »Zerbrechen« oder auch »Zusammenbruch« spreche, nicht mit aufgemachter Dramatik aus, sondern schließe mich nur der Art an, wie Nietzsche und Beckett Schopenhauers Darstellung der ursprünglich künstlerischen Zustände verstanden haben: Nietzsche spricht vom »Zerbrechen des principii individuationis«, von »Grausen« und »Verzückung«, wenn die Erkenntnisformen der Erscheinung sich als Illusion erweisen (I, 24), von »Vernichtung der gewöhnlichen Grenzen und Schranken des Daseins« (I, 48). Beckett sagt über den Zustand, der das Hervorbringen des Werks erst möglich macht: »Der Künstler ... zieht sich von der Nichtigkeit der äußerlich umgebenden Phänomene zurück, wird in das Innerste des Wirbels gezogen.« (*Proust* 65 f.)

15 »... die große, wiewohl spontane Anspannung, welche zur willensfreien Auffassung der Ideen erfordert wird ...« (I, 270).

aufs höchste genußreich, aber auch für den Anschauenden ein Heraustreten aus seinem normalen Selbst ist. Das linkische bis abstruse Bild, das den Vernunftpersonen der in die Anschauung der Idee Verlorene bietet, und dessen eigene Tapsigkeit beim Umgang mit der Erfahrungswelt bringt Schopenhauer zu dem alten Vergleich zwischen Genialität und Wahnsinn. Er gibt ihm eine neue Deutung, indem er den Wahn auffaßt als das Zerreißen des Gedächtnisses und die damit zusammenhängende Unfähigkeit, die Relationen zwischen den Vorstellungen festzuhalten. Der Genius ähnelt dem Wahnsinnigen, weil er gleichfalls die Dinge anschaut außer aller Relation zu anderem; nur kann er in die normale Welt wieder zurückkehren und das Angeschaute durch bewußte Anstrengung im Kunstprodukt annähernd wiederholen.

Von der Mehrzahl ›klassischer‹ Kunstphilosophien seiner europäischen Vorgänger und Zeitgenossen hebt sich Schopenhauers Ästhetik nicht nur durch die gewagte Umdeutung vorhandener Elemente und die Radikalität der Durchführung ab, sondern auch durch zwei Züge, mit denen er sich in krassen Gegensatz zu einem verbreiteten philosophischen Selbstverständnis stellt. Es ist in Schopenhauers Zeit ungewöhnlich, daß ein *Philosoph* das Nichtigwerden des Individuums und die Auflösung von Raum, Zeit, Kausalität zur Bedingung künstlerischer Bewußtseinszustände macht; es ist vielleicht noch ungewöhnlicher, daß ein Philosoph eben diesen Zuständen *allein* die Erkenntnis der wahren, jenseits der Erscheinung liegenden Realität, seit Platon traditionell verknüpft mit dem Wort ›Ideen‹, zutraut. Die Ideenerkenntnis, die der Kunst zugrundeliegt, ist nach Schopenhauer rein *anschaulich;* und es läßt sich folgern, daß unter seinen Prämissen diese anschauliche Erkenntnis in angebbarem Sinn sicherer, vollständiger und verbindlicher ist als die Erkenntnis der Philosophie. Das steht im Gegensatz zu der herkömmlichen Selbstdarstellung metaphysischer Theorien, die gewöhnlich mit dem Anspruch auftreten, daß, wenn überhaupt irgendwo Erkenntnis des wahrhaft Realen, des Wesentlichen erfolgen kann, dann *adäquat* allein in einer Form, die dem weiten Ausdruck ›Rationalität‹ zugeordnet werden darf und am ehesten in der Philosophie zu finden ist. Die Kunst, wo ihr von Philosophen eine metaphysische Rolle zugestanden wird, stellt das wahrhaft Reale für diese Philosophen meist nur in gewissem Sinn abgeändert[16], uneigentlich, weniger adäquat dar als der philosophische Begriff.[17] Wenn Philo-

16 Sehr deutlich ist das bei Hegel, der die Kunst zwar auf die Stufe des absoluten Geistes setzt, in dessen Gestalten das Absolute selber auftritt – aber die Kunst ist ihm nur eine vorläufige und in der Bewegungsgeschichte des Geistes sogar zurückliegende Form (daher Hegels Prognose vom Absterben der Kunst in der Zukunft). Das *Scheinen,* welches die künstlerische Darstellungsweise für das Absolute ausmacht, ist zwar der *Erscheinung* der gewöhnlichen Realität an Erkenntniswert weit übergeordnet. ». . . doch im Vergleich mit dem Schein der sinnlichen unmittelbaren Existenz und dem der Geschichtsschreibung hat der Schein der Kunst den Vorzug, daß er selbst durch sich hindurchdeutet und auf ein Geistiges, welches durch ihn soll zur Vorstellung kommen, aus sich hinweist, dahingegen die unmittelbare Erscheinung sich selbst nicht als täuschend gibt, sondern vielmehr als das Wirkliche und Wahre, während doch das Wahrhafte durch das unmittelbar Sinnliche verunreinigt und versteckt wird.« (Hegel, W XIII, 23). *Daß* die Kunst sich aber des sinnlichen Scheins bedienen *muß,* beschränkt ihre Leistungsfähigkeit der Form wie dem Inhalt nach und definiert ihren vorläufigen wie unterlegenen Status im Vergleich mit der Philosophie: »Wenn wir nun aber der Kunst einerseits diese hohe Stellung geben, so ist andererseits ebensosehr daran zu erinnern, daß die Kunst dennoch weder dem Inhalte noch der Form nach die höchste und absolute Weise sei, dem Geiste seine wahrhaften Interessen zum Bewußtsein zu bringen. Denn eben ihrer Form wegen ist die Kunst auch auf einen bestimmten Inhalt beschränkt. Nur ein gewisser Kreis und Stufe der Wahrheit ist fähig, im Elemente des Kunstwerks dargestellt zu werden . . .« (ebd.).

17 Am ähnlichsten dürfte Schopenhauers Position in dieser Sache der von Schelling sein; und wahrscheinlich gibt es auch eine Tendenz Schopenhauers, sich an einzelnen Theoremen Schellings zu orientieren; sie dann aber selbständig abzuwandeln. Immerhin scheint der von Schelling sehr früh angenommene Primat der künstlerischen Erkenntnis anders formuliert und weniger entschieden durchgeführt zu sein, als es faktisch, nicht der systematischen Intention nach, bei Schopenhauer geschieht. Bei Schelling ist die ästhetische Anschauung die objektiv gewordene transzendentale (oder intellektuelle); die Kunst stellt im *Objekt* dar, was die Philosophie als höch-

sophen vor dem alten (und hier absichtlich vage formulierten) Gegensatz Anschauung – Rationalität stehen, entscheiden sie sich, wo es um metaphysische Erkenntnis geht und wo man sie für möglich hält, in den allermeisten Fällen für die Rationalität und bestenfalls in *Kombination* mit ihr auch für die Anschauung. Auch die Theorien, die in einer »intellektuellen Anschauung« das höchste Instrument der Erkenntnis sehen, zeigen schon durch die Wortverbindung, daß der Anschauung *allein* diese höchste Erkenntnis nicht zugetraut wird.[18]

Eine markante Ausnahme von diesen Regeln scheint mir Schopenhauer zu sein – ohne daß er es selbst deutlich eingesteht. Immerhin war der außerrationale Zug an Schopenhau-

ste Wissenschaft ableitet. Die Kunst ist der Philosophie insofern voraus, als sie in der Form ihres Objekts mehr über die Welt enthält als die Philosophie; aber die Philosophie erst gibt dem Universum die Form des Wissens, während das Vorauseilen der Kunst durch die Einheit bewußter und *unbewußter* Tätigkeit im Genius zustandekommt. Wegen des unbewußten Moments *weiß* der Künstler nicht in jeder Hinsicht, was er darstellt. (So ist, sehr verkürzt, Schellings Position im *System des transzendentalen Idealismus;* vgl. W I/III, 339-342 und 612-629.) In der *Philosophie der Kunst,* die als Vorlesung nur wenige Jahre später vorgetragen wurde, stehen Kunst und Philosophie einander aber wieder sehr klar so gegenüber, daß die Philosophie das Absolute im Urbild, das heißt ideell, die Kunst das Absolute nur im Gegenbild, das heißt in Form wahrnehmbarer Realität, darstellt (vgl. W I/V, 369). Kunst und Philosophie stehen zwar »auf gleicher Höhe«, aber die Philosophie gibt die Ideen *als* Ideen, der Kunst sind sie, ähnlich wie bei Hegel, nur präsent in einer sinnlichen Erscheinungsform, das heißt in Schellings Arbeit faktisch: als die Götter der Mythologie.

18 An diesem Punkt muß eine Doppeldeutigkeit markiert werden: Für Schopenhauer ist jede Anschauung von Erfahrungsdingen »intellektual«, weil der Verstand sie durch Anwenden der Erkenntnisform Kausalität zustande bringt. Das ist nicht das, was ich hier mit »intellektuelle Anschauung« meine. Ich denke an Autoren wie Fichte und Schelling, die in einer intellektuellen Anschauung das höchste, in seiner Verbindung von Intellekt und Anschaulichkeit auch paradoxe und geradezu gottähnliche Erkenntnismittel gesehen haben. (Bekanntlich gestand Kant die Fähigkeit zur intellektuellen Anschauung nur Gott zu). Ich fasse hier auch das Wort »Rationalität« so weit auf, daß »Intellektualität« darunter fällt.

ers Bild der entrückten Zustände, in denen die Subjekte die wesentliche, wahrhaft seiende Realität vorübergehend anschauen können, etwas, was Nietzsche wie auch Beckett am Anfang ihrer Laufbahn überzeugte und begeisterte. Für beide ist, in Nietzsches Ausdruck, die Kunst »die eigentlich metaphysische Tätigkeit dieses Lebens«. Über das Recht, Schopenhauer so zu lesen und der Kunst *gegen* seine eigene Auffassung von der Philosophie in metaphysischen Angelegenheiten den höheren Rang zuzusprechen, will ich mich jetzt verständigen.

6. Die eigentlich metaphysische Tätigkeit

Was *Philosophie* sei, handelt Schopenhauer im Anhang eines Paragraphen ab, in dem eigentlich die Theorie der Wissenschaft zu Ende gebracht werden soll. Die Philosophie wird dort unter anderem bestimmt als »das allgemeinste Wissen«[19], »eine Aussage in abstracto vom Wesen der gesamten Welt, vom Ganzen wie von allen Teilen«[20], und »eine vollständige Wiederholung, gleichsam Abspiegelung der Welt in abstrakten Begriffen«.[21] Entscheidend ist bei allen drei Formeln, daß die Philosophie immer auf Begriffe angewiesen ist. Leistung und Grenzen des Begriffs versucht Schopenhauer in seiner allgemeinen Erkenntnistheorie festzulegen. Begriffe kommen nur zustande auf der Basis von Anschauung. Der Weg, auf dem Begriffe gebildet werden, ist der der Abstraktion; das ist ein Verfahren der »Nachbildung, Wiederholung der . . . anschaulichen Welt, wiewohl Nachbildung ganz eigener Art in einem völlig heterogenen Stoff. Deshalb sind die Begriffe ganz passend Vorstellungen von Vorstellungen zu nennen.«[22] Das Gemütsvermögen, das die Abstraktion zustande bringt, ist die Vernunft; es ist kennzeichnend für Schopenhauers Konzeption dieses Vermögens, daß die Ver-

19 I, 134 20 I, 135 21 I, 136 22 I, 79

nunft gerade nicht fähig ist, aus sich *allein* Erkenntnis über die Welt oder auch nur Begriffe von Seiendem zu produzieren. Die Vernunft hängt bei ihrer Tätigkeit immer davon ab, daß ihr in der Anschauung ein Material gegeben wird, von dem sie ihre Begriffe abstrahieren kann. Wörtlich:

»Alle letzte, d.h. ursprüngliche *Evidenz* ist eine *anschauliche* . . .«[23]
»Die Vernunft ist weiblicher Natur: sie kann nur geben, nachdem sie empfangen hat. Durch sich selbst allein hat sie nichts als die gehaltlosen Formen ihres Operierens.«[24] [Das sind die Axiome der Logik].
»Da nun aber die Vernunft immer nur das anderweitig Empfangene wieder vor die Erkenntnis bringt, so erweitert sie nicht eigentlich unser Erkennen, sondern gibt ihm bloß eine andere Form. Nämlich was intuitiv [das heißt anschaulich], was in concreto erkannt wurde, läßt sie abstrakt und allgemein erkennen.«[25]

Durch diese Aussagen gerät die Philosophie, ohne daß Schopenhauer es will, in eine merkwürdige Stellung. Einerseits ist sie überall auf Begriffe angewiesen und verfährt mittels der Vernunft. Danach kann man vermuten, daß sie da, wo sie Erkenntnis sein soll, gemäß den Beschränkungen der Vernunft immer nur eine aus anderen Erkenntnisquellen abgeleitete Erkenntnis ist. Andererseits soll sie doch verläßliche Aussagen machen über das Wesen der gesamten Welt, und faktisch macht sie solche Aussagen bei Schopenhauer ständig; das Wesen der gesamten Welt, der Wille, tritt aber in der zeitlichen Anschauung, aus der die Begriffe der Vernunft durch Abstraktion gewonnen werden, gar nicht auf. Schopenhauer verzichtet auch auf die Annahme, daß sich aus der Anschauung der Ideen intersubjektiv brauchbare Begriffe abstrahieren ließen. Ich denke, er verzichtet darauf aus gutem Grund. Denn im Zustand selbstvergessenen Wahrnehmens der Idee erkennt das Subjekt, ohne Einzelwesen zu sein. Es könnte einen in diesem Bewußtseinszustand gebildeten Begriff nicht anderen Einzelwesen erläutern, und also seine Bedeutung auch nicht vermitteln (den Begriff nicht

23 I, 113 24 I, 91 25 I, 97

intersubjektiv einführen). Solange die Idee angeschaut wird, ist kein Kontakt mit anderen Personen, und wenn solcher Kontakt stattfindet, ist keine Anschauung der Idee.

Die Philosophie muß es also, wo es um transzendente Metaphysik geht, irgendwie bewerkstelligen, von dem Feld der Erfahrung, auf dem Begriffe der Vernunft anschaulich ausgewiesen werden können, überzugehen in den Bereich, in welchem dieses anschauliche Ausweisen nicht mehr möglich ist. Wir haben gesehen, daß Schopenhauers Mittel zur Rechtfertigung dieses Übergangs in einem Schluß nach der Analogie besteht. Die Hauptthese seiner Metaphysik, die als Prämisse in alle anderen Bestandstücke dieser Metaphysik eingeht, ist der Satz, daß das Wesen der Welt Wille sei. Schopenhauer belegt diesen Satz in den Schritten, die wir schon nachvollzogen haben: Die Beobachtung, daß bei Gegebenheiten des Selbstbewußtseins so etwas wie Streben oder Wollen beteiligt ist, wird zunächst verallgemeinert zu der These, daß *alles* psychische Leben des Individuums Wille sei. Dann wird dieser Wille gedeutet als das, was das An-sich des Individuums ausmacht. Und schließlich wird nach der Analogie zu dem Verhältnis zwischen körperlicher Erscheinung und Wille beim Individuum geschlossen, daß jeglicher Erscheinung überhaupt, das heißt der ganzen Welt, Wille als ihr An-sich zugrunde liege.

Es ist deutlich, daß Schopenhauer mit dem Rückgriff auf bloße Analogie unausdrücklich eingestanden hat, daß die Philosophie da, wo sie transzendente Metaphysik betreibt, nicht beweisend verfahren kann. Sie bleibt dem Verdacht, daß es sich bei ihrem Weltsystem um eine attraktive Täuschung handelt, immer ausgesetzt. Eigentlich beschränkt sich ihr Erkenntniswert in Sachen dieser Metaphysik auf den Status der plausibel gemachten Vermutung. Obendrein wird diese Vermutung vorgetragen in Begriffen, die zuletzt aus der Erfahrungswelt stammen, deren Tauglichkeit zur Kennzeichnung des mutmaßlich ganz Anderen also denkbar zweifelhaft bleibt.

Von der Kunst ist dagegen nach Schopenhauers Ästhetik klar, daß sie mindestens die unmittelbare oder auch adäquate Objektität des Willens in einer typischen, gerade *nicht* philosophischen Weise zugänglich machen kann. Die unmittelbare Objektität ist aber das Äußerste, was in irgendein Bewußtsein, seine Erkenntnisfähigkeit mag so groß sein wie sie will, einzutreten imstande ist. Der Wille *als Ding an sich* bleibt sich selbst gegenüber immer blind, unbewußt, außerhalb jeglicher Vorstellungsform. Nicht nur vermag die Kunst etwas, was die Philosophie nicht vermag, nämlich transzendente Anschauung vermitteln, sondern: Wenn diese Vermittlung gelingt, ist die anschauende Person auch nicht den Täuschungen ausgesetzt, die die Philosophie für ihren Bereich nie ganz ausschließen kann. Die Anschauung der Idee gibt die Idee ohne ein vermittelndes Medium. Das Medium, als welches das Kunstprodukt (qua Teilstück der Erfahrungswelt) für den Betrachter, Hörer, Leser, Zuschauer zunächst auftritt, ist dann, wenn es seine Funktion als Kunstwerk wirklich erfüllt, im Bewußtsein des Aufnehmenden auch schon zurückgetreten. Die Anschauung der Idee ist zustande gekommen, und solange sie da ist, sind die dinghaften Strukturen des Werks vergessen. Es existiert kein Vermittler oder Informationsträger zwischen Subjekt und Idee, der die Anschauung der Idee verfälschen könnte; Schopenhauer beteuert aufs eindringlichste, daß in dieser Anschauung das Subjekt von seinem Objekt nicht mehr unterschieden sei. Die Vermutung, daß durch irgendein Zwischenglied die Wahrnehmung der Idee verfälscht werden möchte, kann, weil es kein Zwischenglied gibt, hier nicht greifen.

Schopenhauer hält Kunstwerke für Träger von Wahrheitswert; und wenn sie gelungen sind, kommt nur der Wert des Wahren in Frage. Denn da, wo nichts als das Objekt selber präsentiert wird, zeigt dieses Objekt an sich selbst auch nur die Eigenschaften, die es wirklich hat – »wie das echte Kunstwerk niemals falsch sein noch durch irgendeine Zeit widerlegt werden kann: denn es gibt keine Meinung, sondern die Sache selbst. Aber mit der abstrakten Erkenntnis, mit der Vernunft ist im Theoretischen der Zweifel und der Irrtum, im Praktischen die Sorge und die Reue eingetreten.«[26] Schlüsse können immer falsch sein. Wo die Philosophie über das Gebiet jenseits der Erfahrung spricht, hat sie bei Schopenhauer als Instrument nur ihre eigenen, analogisierenden Schlüsse.

Darin besteht also in dieser Ästhetik der metaphysische Vorrang der Kunst vor der Philosophie: *Die Kunst ermöglicht den direkten Zugang zu einer jenseits der Erscheinung liegenden und in angebbarem Sinn ursprünglicheren Realität, den die Philosophie in dieser Form und Vollständigkeit nicht vermitteln kann. Und der Zugang selber ist so beschaffen, daß es dann, wenn er einmal hergestellt ist, die Möglichkeit der Täuschung nicht mehr gibt.* Versteht man Metaphysik als Erkenntnis dessen, was jenseits der Erscheinungen liegt, aber den Grund und das wahre Wesen der Erscheinungen ausmacht, dann ist unter Schopenhauers Prämissen in der Tat die Kunst *die eigentlich metaphysische Tätigkeit dieses Lebens.*

Ich möchte, damit Schopenhauers eigenes Verständnis von der Philosophie nicht voreilig beiseite gesetzt wird, noch einige Äußerungen diskutieren, die *gegen* diese These sprechen. Es sind Argumente, die Schopenhauer bewogen haben mögen, bei seinen eigenen Erklärungen über die verschiedenen Rollen von Philosophie und Kunst einen solchen *Primat* der Kunst in Fragen der Metaphysik nicht direkt auszusprechen. Sie sind zugleich mögliche Einwände gegen die Interpretation von Schopenhauers Ästhetik, die ich hier gewählt habe.

Es scheint, als sei Schopenhauer das Erfordernis, die Philosophie gegen Vermutungen von der Art, wie ich sie jetzt ausgesprochen habe, in Sicherheit zu bringen, erst nach der Veröffentlichung der ersten Auflage seines Hauptwerks deutlich geworden. Ich erwähne in der Hauptsache zwei

26 I, 72

Argumente, die gegen einen metaphysischen Vorrang der Kunst sprechen, und sie stehen erst im zweiten Band der *Welt als Wille und Vorstellung*, der fünfundzwanzig Jahre nach dem ersten zusammen mit dessen Neudruck erschien. Schopenhauer stellt in den Ergänzungen zur Ästhetik Kunst und Philosophie noch einmal gegeneinander. Er räumt der Kunst ein, daß sie in jedem ihrer Werke eine Antwort auf die Frage »Was ist das Leben?« vor das Bewußtsein bringe, und bemerkt dann:

»Diese Frage beantwortet jedes echte und gelungene Kunstwerk auf seine Weise völlig richtig. Allein die Künste reden sämtlich nur die naive und kindliche Sprache der *Anschauung*, nicht die abstrakte und ernste der *Reflexion:* ihre Antwort ist daher ein flüchtiges Bild; nicht eine bleibende allgemeine Erkenntnis.«[27]

Reflexion (= Erkenntnis mittels Vernunft) betreibt die Philosophie. Also scheint der Autor hier zurückzukehren auf den Standpunkt selbst ausgerufener Eminenz, den man von Philosophen, wo sie über Kunst reden, gewohnt ist. Das flüchtige Bild steht gegen die bleibende allgemeine Erkenntnis, und das Bild ist naiv und kindlich, die Reflexion dagegen ernst. Diese Verteilung der Eigenschaften und Lasten ist nach allem, was Schopenhauer in seiner Ästhetik uns versichert hat, aber nicht zu halten. Denn *flüchtig* ist am Bild nur der *Akt* seiner Anschauung; der Gegenstand selber, das, was man mit viel mehr Recht das *Bild* nennen kann, liegt als *Idee* nicht in der Zeit; und zu sagen, dieses Bild sei flüchtig, ist nicht einmal wahr oder falsch, es ist (wegen der Außerzeitlichkeit der Idee) *unsinnig*. Daß die Reflexionserkenntnis gegenüber der künstlerischen »bleibend« sei, gilt auch nur relativ zu dem *Akt* der Anschauung. Gemessen an deren Gegenstand, der das wahrhaft Seiende ist, gehört selbst das von der Philosophie Aufgeschriebene noch unter den Titel ›Werden und Vergehen‹.

Das zweite Argument liegt in dem Wort »allgemein«, das als

27 II, 522

Attribut vor »Erkenntnis« steht. Deutlicher erklärt sich Schopenhauer über diesen Punkt ein paar Sätze später: »Ihre Antwort [die der Künste auf die Frage ›Was ist das Leben?‹], so richtig sie auch sein mag, wird immer nur eine einstweilige, nicht eine gänzliche und finale Befriedigung gewähren. Denn sie geben immer nur ein Fragment, ein Beispiel statt der Regel, nicht das Ganze, als welches nur in der Allgemeinheit des *Begriffes* gegeben werden kann.«[28] Hier stehen also Besonderheit auf der Seite der Kunst, Allgemeinheit auf der Seite der Philosophie. Und nur das Allgemeine soll gänzliche und finale Befriedigung oder, wie es gleich darauf heißt, »auf immer genügende Beantwortung jener Frage« gewähren. Diesem Argument liegt ein ähnliches quid pro quo zugrunde wie dem vorigen. Freilich sind die Kunstwerke in der Erfahrungswelt mitsamt dem, was sie im empirischen Material darstellen, nur je ein Besonderes. Aber das, was sie, wenn ihre Mitteilung gelingt, im aufnehmenden Subjekt *evozieren*, ist nach Schopenhauers eigenen, vielfach wiederholten Beteuerungen *kein* Besonderes, sondern *mindestens* ebenso allgemein wie ein abstrakter Begriff derselben Gegenständlichkeit. Nur *teilt es sehr viel mehr als dieser mit.* Das wird verständlich, wenn man sich an zweierlei erinnert: (1) Die Idee ist ein *anschaulich Allgemeines*[29], sie ist Muster oder Urform einer über die ganze Zeiterstreckung verteilten Vielzahl von Dingen. Schopenhauer beziffert diese Vielzahl als unendlich groß.[30] Kein abstrakter Begriff *der gleichen Dinge* kann einen höheren Grad von Allgemeinheit haben. (2) Die Idee teilt über die ihr zugeordneten Erfahrungsdinge mehr mit, als jeder abstrakte Begriff der gleichen Dinge es könnte. Denn sie ist trotz ihrer Allgemeinheit nach Schopenhauers Theorie *durchgängig bestimmt*[31], das heißt sie hat mehr Eigenschaften, als jede definitorische Aufzählung nen-

28 II, 522
29 Vgl. I, 328, 329; II, 547
30 I, 329
31 I, 329; II, 525

nen könnte. Die Definition ist aber das, wodurch der Inhalt eines abstrakten Begriffs angegeben wird. Es ist also irreführend, der Kunst das Besondere, der Philosophie das Allgemeine zuzuschanzen. Das einzelne Kunstprodukt ist ein Erfahrungsobjekt und insofern ein Besonderes. Was in ihm als Erkenntnis dinghaft geworden ist und durch es für das aufnehmende Bewußtsein wieder entfaltet werden kann, ist eine Vorstellung von großer Allgemeinheit und vollkommener Konkretion zugleich und sagt mehr sowie Verläßlicheres als der beste abstrakte Begriff, den man sich von den Sachen, die dieser Urform nachgeformt sind, bilden mag.

Abwandlungen dieser zwei unzulänglichen Argumente, mit denen Schopenhauer zeitweise wieder die alte Herablassung der Philosophie gegenüber der Kunst hervorkehrt, ziehen sich durch mehrere Arbeiten des späteren Werkes. Ich verzichte darauf, ihnen nachzugehen. Ich denke auch, daß es überflüssig ist. Denn *einen* Zug der philosophischen Bemühungen in der Metaphysik, den ich vorhin schon einmal genannt habe, arbeitet Schopenhauer später ebenfalls mit aller Klarheit, die man sich wünschen möchte, aus: Es ist der *empirische* Charakter seiner philosophischen Spekulation. Zugleich macht er damit das Zugeständnis, daß die Philosophie in der Metaphysik für sich selber mindestens *auch* die Beschränkungen zu akzeptieren hat, die die Erfahrungserkenntnis bei aller Sicherheit der Methode als ihre Grenzen findet.

Während in § 18 der *Welt als Wille und Vorstellung* die philosophische Wahrheit kat'exochēn noch »eine Erkenntnis ganz eigener Art« geheißen wird, die nicht unter einen der vier Typen von Wahrheit, die die Schrift über den Satz vom Grunde nennt, gestellt werden kann, erklärt Schopenhauer im zweiten Band unter dem Titel *Über das metaphysische Bedürfnis des Menschen* dann wörtlich:

»Überdies nun ist die Erkenntnisquelle der Metaphysik nicht die *äußere* Erfahrung allein, sondern ebensowohl die *innere;* ja ihr Eigentümlichstes, wodurch ihr der entscheidende Schritt, der die große Frage allein lösen kann, möglich wird, besteht ... darin, daß sie an der rechten Stelle die äußere Erfahrung mit der innern in Verbindung setzt und diese zum Schlüssel jener macht. Der hier erörterte, redlicherweise nicht abzuleugnende Ursprung der Metaphysik aus empirischen Erkenntnisquellen benimmt ihr freilich die Art apodiktischer Gewißheit, welche allein durch Erkenntnis a priori möglich ist ...«[32]

A priori kennen wir als Philosophen bei Schopenhauer nur die Formen des Satzes vom Grund und durch deren Entwicklung sowie Kombination die Lehrsätze von Logik und Mathematik. Das, was Schopenhauer hier ›Metaphysik‹ nennt, die philosophische Beschäftigung mit dem transzendenten An-sich und den Urformen der Erfahrungsdinge, ist *empirischen* Ursprungs. Es beansprucht nicht die Gewißheit apriorischer Erkenntnis. Der Autor hat erklärt und eingestanden, daß seine philosophische Metaphysik eine *Spekulation a posteriori* ist. Dieser Zug des Sich-Zurücknehmens in einer Epoche, die das Prädikat ›a priori‹ auch einigen rasenden Phantasmen anzuheften nicht zögerte, mag dazu beigetragen haben, daß Nietzsche unter den drei Elementen, in die er seinen frühesten Eindruck von Schopenhauers Philosophie zerlegt, als erstes die *Ehrlichkeit* nennt.[33]
Daß Thomas Mann recht hat, wenn er feststellt, daß Schopenhauers ganze Weltkonzeption eine *künstlerische* sei, und nicht so sehr eine philosophische, kann man sich plausibel machen, wenn man an zwei Sätze der Willensmetaphysik selber denkt. Sie stehen bezeichnenderweise in der Ästhetik: »Der Wille allein ist: er, das Ding an sich, er, die Quelle aller jener Erscheinungen. Seine Selbsterkenntnis und darauf sich entscheidende Bejahung oder Verneinung ist die einzige Begebenheit an sich.«[34] Was »Bejahung« und »Verneinung« hier heißen, wird sich später erklären. Wichtig an unserem jetzigen Punkt ist, daß Schopenhauer die *Selbsterkenntnis* des Willens (zusammen mit Bejahung und Verneinung) *die*

32 II, 235
33 Nietzsche, W I, 298
34 Schopenhauer, W I, 264

einzige Begebenheit an sich nennt. Die Begebenheiten der Welt sind allesamt Objektivationen des Willens. In den höchsten Formen seiner Objektivation, den personalen Subjekten, hat der Wille etwas hervorgebracht, durch das er gleichsam sehend geworden, aus dem blinden in einen bewußten Zustand übergegangen ist – wenngleich nicht als Ding an sich, sondern als sterbliches Individuum. Die verläßlichste, reichste und am nächsten an das Ding an sich heranreichende Weise, in der dem Willen selber durch das Bewußtsein der personalen Subjekte hindurch seine eigene Beschaffenheit *erkennbar* wird, ist die außerzeitliche, außerräumliche Anschauung, in der die Subjekte nicht mehr Einzelwesen und die Objekte nicht mehr Erfahrungsdinge sind. Diese Anschauung ist die Grundlage, und ihr Weitergeben das Ziel der Kunst. Die Kunst ist die Erkenntnisart, die dem Wort »Selbsterkenntnis des Willens« am ehesten gerecht wird. In Erinnerung haltend, daß die Selbsterkenntnis des Willens »die einzige Begebenheit an sich« sei, folgerte Nietzsche daraus einen seiner kühnsten und zugleich anstößigsten Sätze der *Geburt der Tragödie* und überhaupt seiner ganzen frühen Philosophie: »... denn nur als *ästhetisches Phänomen* ist das Dasein und die Welt ewig *gerechtfertigt.*«[35] Das kann er nur sagen, weil er den Vorrang der Kunst als der *eigentlich metaphysischen Tätigkeit* bereits voraussetzt.

7. Das Sinnliche der Idee

Wie weit sich Schopenhauer vorgewagt hat durch seine Neubestimmung sowie brüske Degradierung der Vernunft und die gleichzeitige Emphase auf der *puren Anschaulichkeit* der Idee, will ich noch durch einen kleinen Nachtrag zur Ideenlehre deutlich machen. Zugleich will ich damit zeigen, wo für Beckett der Angriffspunkt für eine ziemlich überraschende Neuerung lag, die weder Schopenhauer noch mut-

35 Nietzsche, W I, 40

maßlich sonst jemand, außer vielleicht ein Leser Prousts, voraussehen konnte. Platons Ideen waren die Urbilder der Einzeldinge; aber sie konnten auch als ewige Formen bloßen *Begriffen* zukommen. Es gibt bei Platon die Ideen der Schönheit, des Guten, der Gerechtigkeit, der Identität, der Ähnlichkeit und eine Reihe anderer Ideen typischer Allgemeinbegriffe von teilweise sehr abstraktem Status. Was die *Erkenntnis* der Ideen angeht, so sprach Platon der *Sinnlichkeit* jede Funktion dabei ab. Die Sinne sind ihm eine Quelle der Täuschung und Verfälschung; deshalb gilt ihm die Kunst als prinzipiell unwahr und überdies gefährlich. Das, was eigentlich ist und weder entsteht noch vergeht, die genuine Wirklichkeit der Ideenwelt, wird, wo das in einem sterblichen Leben gelingen mag, nur durch den Geist, nicht durch die Sinne erkannt. Und die Philosophie ist der Kunst in dieser Hinsicht absolut vorgeordnet.

Schopenhauers Ideen sind *keine* gegenständlich existierenden Urbilder für *Begriffe*. Sie haben, erklärt er gegen Platon ausdrücklich[36], zwar ein Wichtiges mit den Begriffen gemein (daß sie für eine Vielheit von Einzeldingen stehen); aber sie besitzen weder die Seinsweise des Begriffs, noch *entspricht* den von Platon genannten Allgemeinbegriffen bei Schopenhauer eo ipso eine Idee; es gibt keine Idee des Guten bei ihm, keine der Gerechtigkeit, keine der Gleichheit und so fort. Und für einzelne Objekte, denen Platon Ideen als Urbilder zuschreibt (einem Tisch z. B.), stehen bei Schopenhauer nicht Ideen als Muster aller Tische da, sondern Ideen als Urbilder sämtlicher Dinge, die zu *derselben Objektivationsstufe des Willens* gehören. Außer den Tischen wäre auf gleicher Stufe noch sehr viel anderes zu nennen, das mit ihnen die gleiche Idee als Urform hat. Man kann bei Schopenhauer nicht einzelne Dinge oder Begriffe sich nehmen und davon auf Ideen zurückschließen. Welche Idee einem Ding zukommen mag, weiß man erst, wenn man seine Stellung in der Objektivationsreihe des Willens kennt.

36 Schopenhauer W I, 328 f.

Noch wichtigere Unterschiede liegen aber bei den *Mitteln* der Ideenerkenntnis. Dieser Mittel müssen sich die Angehörigen der Erfahrungswelt bedienen, wenn sie bruchstückhafte und ephemere Einsicht über die wahrhaft seiende Realität erwerben wollen. Die modernen Äquivalente von Platons ›Logos‹ in der Lehre der Gemütsvermögen, die Schopenhauer von Kant übernimmt, aber gänzlich neu formiert, müßten ›Vernunft‹ und eventuell ›Verstand‹ heißen. Vernunft ist auch das, was bei Kant, Hegel, Schelling die *adäquate* Fassung der Ideen (ihre Gestalt *als* Ideen) allein vor das Bewußtsein bringen kann. (Und es ist das Bewußtsein des Philosophen.) Indem Schopenhauer erklärt, daß die Vernunft für sich selbst gar keine Inhalte habe (außer den leeren Formen ihres Operierens) und daß sie jederlei Information, *auch rein begrifflicher Art*, erst aus der Anschauung nehmen müsse, verletzt er nicht bloß eine Tradition, sondern schafft in seiner eigenen Erkenntnistheorie eine gänzlich neue Lage.
Zu den schwierigsten Problemen von Schopenhauers Lehre gehört nämlich die Frage: Welches sind die Mittel der Ideenerkenntnis? Wir haben bisher gehört, welche Bedingungen das Subjekt erfüllen muß, um sich im Zustand weltvergessener Anschauung in das Objekt zu verlieren und nur noch klares Weltauge, heller Spiegel der Idee zu sein. Das hat Schopenhauer attraktiv gesagt; aber er hat es auch in einer wichtigen Hinsicht unklar gesagt. Schopenhauers Erkenntnistheorie enthält, unter Kantischen Namen, eine Systematik der Erkenntnisvermögen. Sie sind das, was den Sterblichen das Erkennen möglich macht. Kraft welchen ›Vermögens‹ erkennen die Subjekte, wenn sie in ekstatischer Versenkung ihre Individualität losgeworden sind, die wahrhaft seienden Urformen der Weltobjekte? Die Frage erscheint uns heute antiquiert, weil wir nicht mehr die Psyche in ›Vermögen‹ katalogisieren. Aber der Versuch, sie mit Schopenhauers Mitteln zu beantworten, sagt etwas aus über das, was an Schopenhauer *in seiner Zeit* auf rücksichtslose Weise andersartig war.

Verstand und Vernunft scheiden als erste aus.[37] Die Vernunft[38] ist das Vermögen der Abstraktion und des Umgangs mit deren Produkten (= den Begriffen). Begriffe sind an der Wahrnehmung der Idee *nicht beteiligt,* weil diese Wahrneh-

37 Hier muß mit Nachdruck ein Mißverständnis abgewehrt werden. Schopenhauer sagt oft, die Auszeichnung des Genies liege in einem Übergewicht des Erkennens über den Willen, oder sogar des »Intellekts« über den Willen. Aber das Wort »Erkenntnis« enthält auch sinnliche Erkenntnis als eine Spezies, und die Wörter »Intellekt« und »Intelligenz« werden von Schopenhauer häufig im Sinn von »Erkenntnisvermögen überhaupt« gebraucht. (Vgl. z. B. W II, 480: »Geschieht es nun aber, daß wir eine momentane Erhöhung der Intensität unserer intuitiven Intelligenz erfahren; so sehn wir sogleich die Dinge mit ganz andern Augen ... Was wir nun dergestalt erkennen, sind die *Ideen* der Dinge.«)
Wenn Schopenhauer betont, im Genie habe das Erkennen (oder der Intellekt oder die Intelligenz) ein Übergewicht über das Wollen, heißt das *immer* soviel wie: Es hat das Vermögen der *anschaulichen* Erkenntnis ein Übergewicht über den Willen, und es fällt diesen Personen deshalb leichter, in den Zustand willenlosen Wahrnehmens der Idee überzugehen. Es wäre völlig konträr zu Schopenhauers immer von neuem wiederholten Aussagen über Verstand wie auch Vernunft, diese Bemerkungen vom »Übergewicht des Erkennens« oder »Intellekts« als ein Übergewicht von Verstand oder Vernunft zu lesen.
38 Meine Interpretation entscheidet sich ausdrücklich gegen *eine* isolierte Äußerung Schopenhauers zu den Ideen. Es heißt im ersten Buch der *Welt als Wille und Vorstellung* einmal, in ankündigendem Tonfall: »Die Platonische Idee, welche durch den Verein von Phantasie und Vernunft möglich wird, macht den Hauptgegenstand des dritten Buchs gegenwärtiger Schrift aus.« (I, 79).
Diese Äußerung steht 1. in manifestem Widerspruch zu den buchstäblich nicht zu zählenden Aussagen über die Beschränktheit der Vernunft als ein bloßes Vermögen abstrakter Begriffe, welches überall auf die Anschauung angewiesen ist, aber aus sich heraus *nichts produzieren kann* (z. B. I, 91; II, 86-121 u. ö.).
2. Steht sie in Widerspruch zu der beständig wiederholten Aussage, daß die Ideenerkenntnis *rein anschaulich, ohne Beteiligung des Begriffs,* sei. (I, 257, 261, 266 und bes. 267: »... die Erkenntnis der Idee [ist] aber notwendig anschaulich, nicht abstrakt ...«. Vgl. auch II, 489, 522, 525). Offensichtlich ist der oben zitierte ganz isolierte Passus zu Anfang des § 9, in welchem Schopenhauer die Idee mit der Vernunft in Verbindung bringt, geschrieben, bevor er sich seine Theorie der Ideenerkenntnis, die erst im dritten Buch entwickelt wird, voll zur Deutlichkeit brachte.

mung rein anschaulich ist. Das letztere Wort allein, darüber haben wir uns verständigt, sperrt die Abstraktionsprodukte aus der reinen Ideenwahrnehmung ein für allemal aus. Die Vernunft empfängt ihr Material von der Anschauung, aber sie strukturiert nicht die Anschauung; sie ist von der empirischen Anschauung abhängig, aber sie verleiht der empirischen Anschauung keine Form; und noch weniger der reinen. Der Verstand bringt mit Raum, Zeit und Kausalität (= Gestalten des Satzes vom Grund) in das Material der Sinnlichkeit diejenige Form, die die Erfahrungswelt zur Erfahrungswelt *macht*. Eben diese Verstandesform der Erfahrungsdinge muß aber zusammenbrechen, wenn das Subjekt nicht mehr Individuum und das Objekt nicht mehr partikulares Ding sein soll. Die notwendige Bedingung der Erkenntnisweise, die der ganzen Kunst zugrunde liegt, ist das Hinfälligwerden der Verstandeswelt und das Ungültigwerden der Verstandesformen für die Person, die schließlich das Kunstprodukt machen soll. Das Erlebnis, das die Basis aller gelungenen Kunstprodukte bildet und auch die Basis jedes gelungenen Annehmens von Kunst, hat buchstäblich als definierendes Merkmal, daß keine Formen-Zutat des Verstandes in diesem Bewußtseinszustand mehr vorhanden sein darf. Treten die Strukturen des Verstandes wieder in Kraft, geht die künstlerische Erkenntnis nieder, und das Verstehen von Kunst wechselt sich aus gegen ein Analogon der Buchhaltung.

Was bleibt übrig? Was hat Schopenhauer (und was hatte sein zeitgenössischer Leser) noch zur Hand, um sich erklärbar zu machen, kraft welchen *Erkenntnisvermögens* die personalen Einzelwesen sich zur Anschauung der Idee bringen können?

Die Kandidaten, die noch bleiben, sind Einbildungskraft und Sinnlichkeit. *Zur Einbildungskraft:* Was sie *ist*, hat Schopenhauer im Gegensatz zu Verstand und Vernunft nur in Andeutungen ausgeführt. Wie bei Kant bleibt sie auch bei ihm ein eher vernachlässigter Gegenstand der transzendenta-

len Bewußtseinsphilosophie. Daß sie an der Ideenwahrnehmung beteiligt ist, kann man aus mehrerem, was Schopenhauer sagt, entnehmen. »Zudem sind die wirklichen Objekte fast immer nur sehr mangelhafte Exemplare der in ihnen sich darstellenden Idee: daher der Genius der Phantasie bedarf, um in den Dingen nicht das zu sehn, was die Natur wirklich gebildet hat, sondern was sie zu bilden sich bemühte ...[39]
Die Idee ist aber nicht ein *nur* Phantasiertes. Sie ist, im Vergleich zu den Erfahrungsdingen, ein wahrhaft Seiendes; sie hat jenen gegenüber Objektivität und Verbindlichkeit voraus. Es ist nicht plausibel, etwas in seiner Gestalt ewig Festgelegtes, Wahres, das *allein* Wahre, das für alle Erfahrungsdinge gleicher Stufe und auch für alle Phantasmen gleicher Stufe die verbindliche Urform darstellt, als *nur* von der Einbildungskraft hervorgebracht zu betrachten. Denn die Einbildungskraft ist auch das Vermögen der Phantasmen; und daß die willenlos anschauende Person sich nicht an ein Phantasma verliert, sondern an eines der Urbilder, die das Wesen aller Erscheinung ausmachen, kann die Einbildungskraft weder aus eigenen Mitteln sicherstellen noch im gegebenen Fall entscheiden.
Für Kant war das, was die Wirklichkeit eines Objekts garantierte, die Ordnungsrolle des Verstandes. Aber sie garantierte nur Wirklichkeit in der Erfahrungswelt. Um die geht es hier nicht. Die Anschauung der Idee muß sich vom bloßen Phantasma dadurch unterscheiden, daß die Person dabei etwas wahrnimmt, wovon sie das Gefühl hat, daß sie es nicht beliebig abändern oder umphantasieren kann. Dieses gleichsam ›Harte‹ an der Ideenwahrnehmung *kann* in Schopenhauers Systematik nur beigebracht werden durch die *Sinnlichkeit.*
Diese Behauptung klingt für jeden Zögling idealistischer Traditionen paradox, wenn nicht widersinnig, und ich muß sie jetzt erläutern. Schopenhauer selbst bestimmt die Sinnlichkeit in der Exposition zu seiner Erkenntnistheorie als

39 I, 267

das, was das Material der Erfahrungswelt liefert; das Material, das, durch apriorische Funktionen geordnet, zu Dingen wird. So viel ist von Kant übernommen. Schon in der Abhandlung über den Satz vom Grund erklärt er zusätzlich, daß alles *Stoffliche*, jegliches Material also, mit dem die Erkenntnistätigkeit (sie mag sein, welche sie will) operieren kann, aus den Sinnen stamme: »Also alles *Materielle* in unserer Erkenntnis, d.h. alles, was sich nicht auf subjektive *Form*, selbst-eigene Tätigkeitsweise, Funktion des Intellekts zurückführen läßt, mithin der gesamte *Stoff* derselben kommt von außen, nämlich zuletzt aus der von der Sinnesempfindung ausgehenden objektiven Anschauung der Körperwelt.«[40] (Das Wort »Intellekt« steht hier, wie bei Schopenhauer oft, für »Erkenntnisvermögen überhaupt«, und die Erwähnung der Körperwelt geht zurück auf den Kontext; dort ist Erfahrung dieser Welt das Standardexempel.) Wichtig an dieser Erklärung, deren Äquivalente sich durch das ganze Werk ziehen, ist: Für Schopenhauer gibt es nicht, wie noch für Kant, ein Affizieren der Sinnlichkeit durch ›obere‹ Erkenntnisvermögen, das in der Sinnlichkeit auch *Material* hervorbrächte. Material kann auch die Einbildungskraft aus sich heraus nicht entstehen lassen. Sie ist nicht die Schöpferin eines eigenen Genus von Vorstellungen.[41] Sondern sie ist,

40 W III, 140

41 Man mag versucht sein, aus der häufigen Verwendung des Wortes »produktive Einbildungskraft« bei Kant zu schließen, Kant (und nach ihm Schopenhauer) schreibe der Einbildungskraft wirklich die Fähigkeit zum *Generieren* von Vorstellungen zu.

Das ist aber nicht so. Kant: »Die Einbildungskraft (facultas imaginandi), als ein Vermögen der Anschauungen auch ohne Gegenwart des Gegenstandes, ist entweder *produktiv*, d.i. ein Vermögen der ursprünglichen Darstellung des letzteren (exhibitio originaria), welche also vor der Erfahrung vorhergeht; oder *reproduktiv*, der abgeleiteten (exhibitio derivativa), welche eine vorher gehabte empirische Anschauung ins Gemüt zurückbringt. – Reine Raumes- und Zeitanschauungen gehören zur erstern Darstellung; alle übrige setzen empirische Anschauung voraus, welche, wenn sie mit dem *Begriffe* vom Gegenstande verbunden und also empirische Erkenntnis wird, *Erfahrung* heißt. – Die Einbildungskraft, sofern sie auch unwillkürlich Ein-

was die gleichsam harten Daten ihres Operierens angeht, wie alle anderen Gemütsvermögen auch, auf Sinnlichkeit verwiesen. Ich habe schon mehrfach gesagt, daß Schopenhauer wieder und wieder betont, die Basis *aller* Erkenntnis sei *Anschauung*. Ich verschärfe das jetzt zu der These, daß nach Schopenhauer die Basis der *leistungsfähigsten* Erkenntnis, der künstlerischen Wahrnehmung metaphysischer Gegenständlichkeit, das *sinnliche Element* der Anschauung sein muß.

Zweifelsfrei zu zeigen ist das an zwei Dingen.

1. Zwar braucht der Künstler oder, wie man damals sagte, das Genie, die Einbildungskraft. Er muß unvollkommenes Material so umarrangieren können, daß es zur Wiedergabe der Idee tauglich wird. Und er muß da, wo er nicht aus

bildungen hervorbringt, heißt *Phantasie* ... Die Einbildungskraft ist (mit andern Worten) entweder *dichtend* (produktiv), oder bloß *zurückrufend* (reproduktiv). Die produktive aber ist dennoch darum eben nicht *schöpferisch*, nämlich nicht vermögend, eine Sinnenvorstellung, die vorher unserem Sinnesvermögen *nie* gegeben war, hervorzubringen, sondern man kann den Stoff zu derselben immer nachweisen. Dem, der unter den sieben Farben die *rote* nie gesehen hätte, kann man diese Empfindung nie faßlich machen, dem Blindgebornen aber gar keine ...« (*Anthropologie in pragmatischer Hinsicht,* Kant, W VI, 466).

Auch in der *Kritik der Urteilskraft,* wo die produktive Einbildungskraft in der Ästhetik eine sehr wichtige Rolle übernimmt (Hervorbringen der ästhetischen Ideen), ist sie *nicht* ein Vermögen, das Vorstellungen aus dem Nichts produziert, sondern eines, das gegebene Vorstellungen *umbildet:* »Die Einbildungskraft (als produktives Erkenntnisvermögen) ist nämlich sehr mächtig in Schaffung gleichsam einer andern Natur, aus dem Stoffe, den ihr die wirkliche gibt. Wir unterhalten uns mit ihr, wo uns die Erfahrung zu alltäglich vorkommt; bilden diese auch wohl um: zwar noch immer nach analogischen Gesetzen, aber doch auch nach Prinzipien, die höher hinauf in der Vernunft liegen (und die uns eben sowohl natürlich sind, als die, nach welchen der Verstand die empirische Natur auffaßt); wobei wir unsere Freiheit vom Gesetze der Assoziation (welches dem empirischen Gebrauche jenes Vermögens anhängt) fühlen, nach welchem uns von der Natur zwar Stoff geliehen, dieser aber von uns zu etwas ganz anderem, nämlich dem, was die Natur übertrifft, verarbeitet werden kann.« (*Kritik der Urteilskraft,* § 49; Kant, W V, 414).

ekstatischer Anschauung produziert, phantasieren. Schopenhauer hält das auch für angemessen (er denkt sich die Künstler nicht wie Schlafwandler oder wie solche, die dauernd in Trance leben). Aber der, der das Kunstprodukt nur aufnimmt, wird kraft seiner, wenn er sich des eigenen Willens bloß hinreichend weit begeben kann, *auch* zur Ideenanschauung fähig. Diese Anschauung des Aufnehmenden ist *rezeptiv;* und in Schopenhauers Systematik kann diese Rezeptivität *nur sinnlich* sein. (Der einzige andere Kandidat, die Einbildungskraft, nimmt nicht auf, sondern schafft um).
2. Klarer als an anderen Künsten belegt sich der Primat der Sinnlichkeit noch bei der Musik. Die Musik, darüber wird noch gesprochen werden, zeigt vom wahren Kern der Welt nach Schopenhauer mehr als die anderen Künste. Und bei ihr braucht nicht einmal der, der sie macht, mittels Phantasie eine Idee, die er im weltvergessenen Zustand angeschaut hat, im Stoff der Erfahrungsdinge (annähernd) zu wiederholen oder etwas unvollkommen Wahrgenommenes in Richtung auf die Idee umzuformen. Denn die Musik erkennt das, was sie über den Kern der Welt mitteilt, direkt, nicht auf dem Weg über Ideen. Beim Schreiben oder Wiedergeben von Musik ist sicher Phantasie in hohem Maß beteiligt. Als metaphysische *Erkenntnis* betrachtet, fällt die Musik aber *ganz in das Gebiet der Sinnlichkeit.* Denn es muß nach Schopenhauer nichts mehr umgeformt, zum Idealen hin verändert oder hinzuphantasiert werden: Das bloße sinnliche Aufnehmen (=bloße Hören) von Musik vermittelt das, was diese jeweilige Musik ist, ohne Zutat der Einbildungskraft. Das Hinzuphantasieren von Ereignissen, Bedeutungen oder dergleichen hält Schopenhauer sogar für der Musik unzuträglich.[42]

42 Er schreibt über das Hören von Beethovens Symphonien: »Allerdings haben wir den Hang, sie beim Zuhören zu realisieren, sie in der Phantasie mit Fleisch und Bein zu bekleiden und allerhand Szenen des Lebens und der Natur darin zu sehn. Jedoch befördert dies, im ganzen genommen, nicht ihr Verständnis noch ihren Genuß, gibt ihr vielmehr einen fremdartigen, willkürlichen Zusatz: daher ist es besser, sie in ihrer Unmittelbarkeit und rein aufzufassen.« (II, 577)

Damit, daß die Ideenerkenntnis (und die metaphysische Erkenntnis der Musik) im wesentlichen sinnlich ist, hat sich Schopenhauer nicht nur viel weiter von der philosophischen Tradition entfernt, als er gewöhnlich zu erkennen gibt: Er hat sich auch ein Problem eingehandelt, das er mit seiner Theorie der Subjektivität nicht wirklich lösen kann. Seine Liste der Gemütsvermögen ist von Kant übernommen und energisch umgebildet. Aber sie enthält unter dem Titel ›Sinnlichkeit‹ jetzt zwei ziemlich verschiedene Dinge, die trotzdem beide ›Sinnlichkeit‹ heißen müssen, weil die Systematik keinen anderen Platz für sie hat. Zum einen sind sinnlich die nicht vom Verstand organisierten Körperempfindungen, ein »... dumpfes, pflanzenartiges Bewußtsein der Veränderungen des unmittelbaren Objekts«.[43] Diese Sinnlichkeit kann mit Recht ›blind‹ heißen, denn sie stellt gar nichts dar; sie ist gegenstandslos, eine nicht gedeutete Empfindung. Zum anderen aber müssen auch ›sinnlich‹ genannt werden die Anschauungen, die der Kunst zugrunde liegen und die die Kunst vermittelt; und auf sie kann man ohne Sentimentalität das Wort ›sehend‹ anwenden. Denn die, die sie besitzen, rücken bei Schopenhauer ganz unverkennbar in die Nähe von sehend Erkennenden (›äußerlich‹ oder ›innerlich‹).

Ich denke, daß Schopenhauers Behandlung der Sinnlichkeit einerseits so gewagt, andererseits auch labyrinthisch und dunkel ausfällt, hat zuletzt damit zu tun, daß er das höchste, gleichsam göttliche Erkenntnisinstrument der idealistischen Philosophie, die intellektuelle Anschauung, säkularisierte. Vorhin, bei den Prämissen aus der Erkenntnistheorie, wurde das dargestellt. Weil die intellektuelle Anschauung jetzt das Geschäft der täglichen Erfahrungserkenntnis abwickelt, und weil Verstand und Vernunft für sich genommen ausdrücklich als nicht-anschauliche Vermögen bestimmt sind, bleibt für das anschauliche *Aufnehmen* der Gegenstände, welche der Kunst zugrundeliegen, nur die Sinnlichkeit. Natürlich ist die feste Lehre der Gemütsvermögen, über die das 18. Jahr-

43 W I, 42

hundert noch zu verfügen glaubte, damit sowohl benutzt als auch in Konfusion gebracht. Schopenhauer steht mit seiner unausgeführten und verwirrenden Lehre dieser Vermögen zwischen Kant, der eine Vermögenspsychologie, auch unter transzendentalem Gesichtspunkt, für notwendig und legitim ansah, und dem 20. Jahrhundert, in dem sich auch die Reste dieser Lehre noch verflüchtigten; so weit, daß selbst das Wort ›Bewußtsein‹ zu einem der umstrittensten Begriffe der Philosophie wurde.

8. Symbole platt

Es bedarf, nach dem, was wir uns jetzt deutlich gemacht haben, nicht mehr vieler Worte, um Schopenhauers Meinung über Kunstgebilde abzuleiten, deren Ziel die Versinnlichung von Begriffen ist.

Alle Kunst, so hat der Autor erklärt, wenn sie wirklich ihren Namen verdient, geht zurück auf transzendente Anschauung. Sie hat als einzigen Nutzen, wenn man hier von Nutzen sprechen mag, das Wieder-Hervorrufen einer gleichen Anschauung und also der gleichen metaphysischen Erkenntnis in dem, der sie aufnimmt. Kunstprodukte dagegen, die nichts wollen als abstrakte Begriffe sinnlich zur Darstellung zu bringen, sind eigentlich so gut oder schlecht wie bildliche Schriftzeichen dieser Begriffe. Sie sind Bilderrätsel. Wenn man aus dem Dargestellten den einschlägigen Begriff erraten hat, ist die Funktion dieser Sorte von Kunstprodukt erfüllt; der Rest ist vernachlässigbar. »Für das, was aber hier beabsichtigt wird, ist auch gar keine große Vollendung des Kunstwerks erforderlich; sondern es reicht hin, daß man sehe, was das Ding sein soll . . .«[44]

Wie unergiebig für diese Ästhetik Werke sind, die nur Begriffe versinnlichen wollen, wird ein weiteres Mal erkennbar, wenn man sich an Schopenhauers Theorie des Begriffs

44 I, 333

erinnert: Die Begriffe werden überall gebildet *nach* der Anschauung. Sie brauchen die Anschauung immer als ihre Basis. Macht einer ein Kunstwerk, nur um einen Begriff mit einem sinnlichen Pendant zu versehen, dann tut er (weil alle Sinnlichkeit in dieser Bewußtseinsphilosophie *Anschauung* ist) nichts anderes, als zu dem ohnehin schon unselbständigen Begriff eine Anschauung zweiter Hand hinzuzuphantasieren. Die Anschauung, das eigentlich produktive Element am Bewußtsein, wird in solchem Verfahren zur bloßen Mitteilung eines Ärmeren und Abhängigen, Kant würde sagen, eines von anderer Anschauung »Abgezogenen«, benutzt. Wenn man »abgezogen« als Metapher nehmen darf: Begriffskunstwerke sind wie die Bilder von Abziehbildern. So ist also sehr leicht diese Erklärung Schopenhauers zu verstehen: » . . . ein Begriff darf nie der Ursprung und seine Mitteilung nie der Zweck eines Kunstwerks sein.«[45]

Eine kleine Komplikation, die sich aber leicht auflösen läßt, entsteht durch die Terminologie. Für Schopenhauer sind Begriffskunstwerke generell *Allegorien.* Beruht die Versinnlichung des Begriffs in einem bestimmten Bild auf bloßer Konvention, dann nennt er diese Versinnlichung *Symbol.* Er gebraucht das Wort ›Symbol‹ also wie ›auf Vereinbarung zurückgehendes und nur kraft der Vereinbarung verständliches Zeichen‹; dieser enge Sprachgebrauch ist, mindestens wenn man über Kunst redet, nicht der heutige. Ich habe diesen Passus überschrieben mit »Symbole platt«, weil für mein sprachliches Verständnis Symbolkunst = Begriffskunst überhaupt ist; hält man Schopenhauers Ästhetik gegen diesen Sinn des Wortes ›Symbol‹, dann behauptet sie die unverbesserliche Plattheit des symbolischen Verfahrens. (Ähnlich wird Beckett an diesem Punkt Schopenhauer lesen.)

Eine zweite Komplikation, die mit der ersten zu tun hat, ist diese: Schopenhauer läßt, nachdem er allegorische und symbolische Bildwerke für kunstfremde Hervorbringsel dekla-

45 I, 337

riert hat, plötzlich das Allegorische in der *Poesie* »sehr zulässig und zweckdienlich« und »von trefflicher Wirkung« sein. Das hört sich an, als habe er sich selbst umgedreht. Aber aus den Erläuterungen zu dieser These, zusammen mit Schopenhauers Theorie des Begriffs überhaupt, geht dies hervor: Weil sich die Poesie der Sprache bedient und weil in einer assertorischen Sprache Begriffe auftreten, ist es in der Poesie von Vorteil, wenn ein abstrakt daherkommendes Wort anschaulich dargestellt wird. (So denkt er sich die Funktion der Metapher.) Das heißt aber nicht, daß in der Poesie ein Begriff das Primäre und das Dichtwerk seine Versinnlichung sei. Sondern es heißt nur, daß diese Kunst davon profitieren könne, wenn das abstrakte Element der Sprache zurückgedrängt, das anschauliche verstärkt wird. Der wahre Ursprung der Dichtkunst ist, wie überall bei Schopenhauer, die willenlose Anschauung einer Idee; und ihr Ziel, etwas Ähnliches im Leser, wenn glückliche Umstände es erlauben, wieder aufzuspannen.

9. Realismus vulgär

Es gibt mindestens zwei Sorten des Realismus in der Kunst; einen, dem es um getreue Nachbildung der Erscheinungsoberfläche um ihrer selbst willen zu tun ist; einen anderen, der sich realistisch verhält, um im scheinbar Banalen und gewohnheitsmäßig Übersehenen das wahrnehmbar zu machen, was das Wesentliche an den Dingen darstellt.[46] Den letzteren würde Schopenhauer metaphysisch nennen, den ersteren vulgär.

Das Subjekt soll in dem Bewußtseinszustand, der Kunst möglich macht, willenlos und selbstvergessen anschauen. Die Person, die mit dem fertigen Kunstprodukt angemessen umgeht, soll quasi durch es hindurch in der gleichen willen-

46 Ich weiß, daß das eine sehr einfache Gegenüberstellung ist. Ich lasse es dabei, weil es mir nicht um Konzepte des Realismus, sondern um Schopenhauers Argumente gegen eine bestimmte Art davon geht.

losen Haltung, die seiner Produktion zugrunde lag, die gleiche metaphysische Gegenständlichkeit erleben. Was das Subjekt fähig machte, sich von seinem Individualwillen zu lösen und »klares Weltauge«, »heller Spiegel« des angeschauten Objekts zu sein, war das *Betrachten des Objekts außerhalb jeder Relation zu anderen Dingen und speziell außerhalb jeder Relation zu eigenen Willenszielen.* Die Wahrnehmung der Erfahrungsrealität, wie sie alltäglich geschieht, ist aber strukturiert durch die Beziehung der Dinge zu den eigenen Wünschen, Befürchtungen, Bedürfnissen und so fort. Ein Realismus, der in diesen Relationen steckenbleibt, ist vulgär, weil sein Produkt den Willen anspricht.[47] Schopenhauer kennt mehrere Weisen des Verfehlens von Kunst. Das Verhunzen der Anschauung zum bloßen Schriftbild des Begriffs ist eine davon. Das blinde Hängenbleiben an einer nach Gesichtspunkten des Willens organisierten Weltwahrnehmung ist eine andere.

Die Wörter für Kunstwerke, die vom Einfluß des Willens nicht frei sind und deshalb den Willen des Betrachters ansprechen, sind für Schopenhauer: Das Reizende und das Negativ-Reizende, auch genannt: das Ekelhafte. Er nennt zwei Arten des Reizenden und erklärt sie der Kunst für unwürdig:

»Die eine, recht niedrige, im Stilleben der Niederländer, wenn es sich dahin verirrt, daß die dargestellten Gegenstände Eßwaren sind, die durch ihre täuschende Darstellung notwendig den Appetit darauf erregen, welches eben eine Aufregung des Willens ist ... In der Historienmalerei und Bildhauerei besteht das Reizende in nackten Gestalten, deren Stellung, halbe Bekleidung und ganze Behandlungsart darauf hinzielt, im Beschauer Lüsternheit zu erregen ...«[48]

(Übrigens: Schopenhauer ist nicht prüde; er meint, Skulpturen sollten nackt sein. Er meint bloß auch, sie sollten nicht zum Zweck des Aufgeilens verfertigt werden.)

47 Zur Bezeichnung »vulgär« für vom Willen beherrschtes Bewußtsein und seinen Ausdruck vgl. W II, 490

48 I, 295

Noch in einem anderen, für Schopenhauer wie für Beckett wichtigeren Sinn kann sich die Kunst nicht allein realistisch verhalten: Das Objekt der Kunst liegt außerhalb von Raum, Zeit und Kausalität. Es liegt damit außerhalb der Grundstrukturen aller Erfahrung. *Bloß* aus der Erfahrung, wie sie sich in nicht-ekstatischer Einstellung dem Bewußtsein darbietet, kann das Kunstprodukt nicht abgeschrieben werden. Schopenhauer drückt das so aus, daß er sagt: »Rein a posteriori und aus bloßer Erfahrung ist gar keine Erkenntnis des Schönen möglich: sie ist immer, wenigstens zum Teil, a priori...«[49] Und er entwirft einen Nachtrag zur Theorie der künstlerischen Erkenntnis, der zugleich auch ein Nachtrag zu der vorhin abgehandelten Frage nach dem Sinnlichen an der Idee ist: Der Genius könne, weil er im Innersten selbst mit dem An-sich der Welt identisch ist und weil die Idee dessen adäquate Objektivation darstellt, die Idee aus sich heraus antizipieren, so daß er »gleichsam die *Natur auf halbem Worte versteht* und nun rein ausspricht, was sie nur stammelt«.[50]

Schopenhauer nennt die Antizipation der Idee, dargestellt im Stoff der dinglichen Welt, *das Ideal:* »... es ist die *Idee*, sofern sie, wenigstens zur Hälfte, a priori erkannt ist und, indem sie als solche dem a posteriori durch die Natur Gegebenen ergänzend entgegenkommt, für die Kunst praktisch wird.«[51]

Daß die Kunst es mit *Idealen* zu tun habe, war ein Gemeinplatz noch für Kant, Schiller, Hegel, Schelling und einige andere Kunstphilosophen der Zeit. Daß Schopenhauer das Nicht-Realistisch-Sein der Kunst auch durch Rekurs auf diesen Gemeinplatz deutete, war seinen Fortsetzern Nietz-

49 I, 313

50 I, 313 f. Die dunkle Empfindung, die als Datum des Selbstbewußtseins für Schopenhauer ganz am Anfang seiner Metaphysik die These rechtfertigte, das Innere der Subjektivität sei Streben oder Wille, gehört zur Vorstellungsgattung *Gefühl*, und in der Systematik der Erkenntnisvermögen müßte dieses Gefühl zugeschrieben werden der *inneren Sinnlichkeit*.

51 I, 314

sche und Beckett, die in ihm den Theoretiker einer *anderen* Kunst sahen, zu viel. Beide greifen wie mit einer Art Begierde auf, daß die Kunst *allein* den Zugang zu dem vermitteln könne, was jenseits der Erscheinungen liegt und zugleich deren wahre Realität bildet. Aber beide halten das Ideal als Gegenstand der Kunst für nicht brauchbar. Nietzsche gibt der idealisierenden Tendenz Schopenhauers in der Apollinischen Traumwelt noch eine (wenngleich ganz veränderte) Rolle. Beckett läßt sie fallen und ersetzt sie durch etwas Andersartiges.[52]

10. Jedes Ding schön

Eben war schon (in dem Zitat von der apriorischen Erkenntnis) von der Schönheit die Rede. Schopenhauer bedient sich *mehrerer und unterschiedlicher* Bestimmungen dessen, was das Schöne sei. Schon daraus, daß er in seiner Ästhetik nicht mit einem und nur einem Schönheitskonzept zu Rande kommt, läßt sich vermuten, daß irgend etwas an dieser Theorie es unmöglich macht, den alten Zentralbegriff der Kunstphilosophie in der Stellung beizubehalten, die man von ihm gewohnt ist. Es gehört zu den antiklassischen Momenten an Schopenhauers Ästhetik, daß das sogenannte Schöne nicht mehr eindeutig bestimmbar ist, daß der Begriff anfängt, vieldeutig wie auch nichtssagend zu werden, und daß der Versuch, ihn festzulegen, gar nicht mehr ein Zentralthema der ästhetischen Theorie bildet.

Ich werde mehrere Schönheitsbegriffe Schopenhauers unterscheiden. Ich denke nicht, daß diese Liste vollständig ist;

52 Beckett spricht zwar, wie wir sehen werden, noch von einem »idealen Realen«. Er meint damit aber nicht Schopenhauers Ideal als erscheinungsmäßiges Bild eines vollkommen ausgeprägten (und in diesem Sinn idealen) Gattungstypus, sondern er verwendet »ideal« als Adjektiv für den ontologischen Status von Objekten, die die Seinsweise der Idee selber haben. Diese Objekte liegen außerhalb der gewöhnlichen Erfahrung.

aber ich hoffe, daß sie erkennen läßt, wie wenig Schopenhauer an dem liegt, was für Kant noch ein Gegenstand größter Anstrengung war: Eine »Erklärung« des Schönen zu erarbeiten und die Grundlage sowie das Recht der Urteile zu erforschen, in denen wir ein Ding oder ein Werk »schön« nennen.

Schön ist zunächst, wie zitiert, das a priori Erkannte, die Idee. Schön in verwandtem Sinn ist deren Antizipation oder das, was der Natur »ergänzend entgegenkommt«, das Ideal.[53] Schön ist, gleichfalls in verwandtem Sinn, das gelungene Kunstprodukt. Was diesen Gebrauchsweisen von »schön« zugrunde liegt, ist die Vorstellung größtmöglicher Ähnlichkeit mit der Idee. Sie selber heißt schön, weil sie sich vollkommen ähnlich ist; das Ideal und das gelungene Werk heißen so, weil sie sich der Idee in einem Maß annähern, welches unter gegebenen Bedingungen das höchst Erreichbare darstellt. Dieses Konzept der Schönheit entspricht dem idealistischen Gemeingut in Schopenhauers Ästhetik, und Vergleichbares läßt sich auch sonstwo wiederfinden. Sieht man für einen Augenblick davon ab, daß Hegel das *adäquate* Fassen der Idee als solcher (die »höchste Weise, in welcher die Wahrheit sich Existenz verschafft«) nur dem philosophischen Begriff zutraut, der sich in einer metaphysischen Logik fortbewegt, und erinnert man sich daran, daß für Hegel das *Schöne* sich bestimmt als »das sinnliche *Scheinen* der Idee«[54], dann fällt das Parallele zwischen seiner Konzeption des Schönen und dieser ersten, traditionellen bei Schopenhauer in die Augen. Beide Male ist Schönheit, wo sie in der Dingwelt auftritt, die erscheinungsmäßige Gestalt einer Idee; beide Male heißt die vollkommene Weise solchen Erscheinens in der Kunst *das Ideal.* Ähnlich spricht, wieder bei schroffer Verschiedenheit der Ideenlehre, über das *Ideal* der Kunst auch Kant:

53 I, 313, 314
54 Hegel, W XIII, 151

»*Idee* bedeutet eigentlich einen Vernunftbegriff, und *Ideal* die Vorstellung eines einzelnen als einer Idee adäquaten Wesens. Daher kann jenes Urbild des Geschmacks, welches freilich auf der unbestimmten Idee der Vernunft von einem Maximum beruht, ... besser das Ideal des Schönen genannt werden, dergleichen wir, wenn wir gleich nicht im Besitze desselben sind, doch in uns hervorzubringen streben.«[55]

Mit dieser Schönheitsvorstellung, die man zu Recht klassizistisch nennen kann, hängt bei Schopenhauer eine weitere zusammen, die ich nur im Vorbeigehen erwähne, weil sie von der ersten bloß durch einen Zusatz abgeleitet ist: Der *höchste Grad* dieser jetzt genannten Schönheit als erscheinungsmäßiger Fassung der Idee wird erreicht in der gelungenen Darstellung des Menschen.[56] Denn dessen Idee ist die höchste Stufe der Willensobjektivationen und ist anderen Ideen dadurch ›überlegen‹, daß sie dem, was die Welt an sich ist, in angebbarem Sinn noch näher kommt. Davon leitet sich ein Vorrang der Dichtkunst ab, weil sie »das Wesen der Menschheit, außer aller Relation, außer aller Zeit, die adäquate Objektität des Dinges an sich auf ihrer höchsten Stufe«[57] vorzustellen sucht. Höher als die Dichtkunst steht (aus Gründen, die wir noch kennenlernen werden) nur die Musik.

Eine andere, und Schopenhauer eher eigene Bestimmung des Schönen wird eingeführt über die Theorie der ästhetischen Betrachtung. Der Zustand, in dem das Subjekt seiner selbst und der Welt nicht mehr bewußt ist und nichts mehr stattfindet als willenlose Anschauung der Idee, tritt bei einigen Gegenständen leichter, bei anderen weniger leicht ein. Das muß mit deren Beziehung zum Willen der Subjekte zu tun haben. Einige scheinen die Personen von ihrem subjektiven

55 Kant, *Kritik der Urteilskraft*, § 17. (W V, 314)

56 ». . . teils liegt jener Vorzug besonderer Schönheit eines Objekts darin, daß die Idee selbst, die uns aus ihm anspricht, eine hohe Stufe der Objektität des Willens und daher durchaus bedeutend und vielsagend sei. Darum ist der Mensch vor allem andern schön und die Offenbarung seines Wesens das höchste Ziel der Kunst.« (I, 298)

57 I, 343

Wollen und ihrem Befangensein in personale Interessen buchstäblich freizusetzen oder wenigstens nahezulegen, daß man an sich selber nicht mehr mit Beteiligung des Willens denkt. Diese Gegenstände machen die Personen *objektiv* und heißen deshalb *schön.*

»Indem wir einen Gegenstand *schön* nennen, sprechen wir dadurch aus, daß er Objekt unserer ästhetischen Betrachtung ist, welches zweierlei in sich schließt, einerseits nämlich, daß sein Anblick uns *objektiv* macht, d. h. daß wir in der Betrachtung desselben nicht mehr unserer als Individuen, sondern als reinen willenlosen Subjekts des Erkennens uns bewußt sind; und andererseits, daß wir im Gegenstande nicht das einzelne Ding, sondern die Idee erkennen . . .«[58]

Dies ist die Äußerung Schopenhauers, die einer Definition des Schönen in seiner Ästhetik noch am nächsten kommt. Und es ist gleich zu sehen, daß sie Schwierigkeiten mit sich führt, welche es unausbleiblich scheinen lassen, daß er sich selbst nicht an sie hält. Denn sie kann nicht zur Basis *verbindlicher* Urteile über die Schönheit beliebiger Gegenstände gemacht werden. Man erinnere sich: Der Wille als Ding an sich objektiviert sich in den einzelnen Subjekten als Wille mit *individuellen* Zielen. Die in Raum und Zeit zerlegte Erscheinungsform des Dinges an sich ist *Selbstentzweiung* des Willens, derart, daß ein Individuum, in dem er sich äußert, ganz andere Ziele hat als ein anderes, und häufig entgegengesetzte. Der Besucher einer Galerie mag angesichts eines Werkes fühlen, daß ihm seine personalen Interessen unwichtig werden. Der Bieter auf der Auktion, der dasselbe Teilstück der Erfahrungswelt als Investitionsobjekt wahrnimmt, mag sich durch diesen Anblick in seinem Wunsch, mit diesem Gegenstand einen Gewinn zu machen, nur noch angetrieben fühlen.

Möglicherweise waren es aber nicht einmal Betrachtungen

58 I, 296 f. (»Uns bewußt« kann in dem Zitat nur als Bezeichnung eines nachträglichen Deutens genommen werden. Im Augenblick der Ideenanschauung ist das Subjekt bzw. dessen Residuum nach Schopenhauers häufiger Beteuerung *nicht mehr seiner selbst bewußt.*)

solcher Art, sondern die Ambiguität der zitierten Formel selbst, die Schopenhauer dazu brachte, das Konzept der Schönheit wenig später noch einmal zu verändern: »Da nun einerseits jedes vorhandene Ding rein objektiv und außer aller Relation betrachtet werden kann; da ferner auch andererseits in jedem Ding der Wille auf irgendeiner Stufe seiner Objektität erscheint und dasselbe sonach Ausdruck einer Idee ist; so ist auch jedes Ding *schön.*« Was er vorher gesagt hat, die Eigenschaft, das Subjektive zurücktreten zu machen, wird jetzt nur noch als Gradmesser angeführt: »Schöner ist aber eines als das andere dadurch, daß es jene rein objektive Betrachtung erleichtert, ihr entgegenkommt, ja gleichsam dazu zwingt, wo wir es dann sehr schön nennen.«[59]

Der jetzt erreichte Begriff der Schönheit ist also: *Objekt der ästhetischen Betrachtung sein können.* Und er gilt für jeden Teil der dinglichen Welt, denn jeder Teil ist Objektivation des Dinges an sich, und jedem korrespondiert auch eine Idee als die Urform der Gegenstände seiner Stufe. Wenn man die alte Verbindung zwischen Kunst und Schönheit jetzt noch festhalten will, dergestalt, daß der Gegenstand des Kunstwerks »schön« und auch das Werk selber so heißen sollen, dann folgt: Jedes Objekt kann zum Gegenstand der Kunst, und jedes Objekt kann auch selber Kunstwerk werden.

Wie das erste folgt, ist klar; wie das zweite folgt, wird verständlich, wenn man daran denkt: Das Kunstprodukt ist nichts als die näherungsweise Wiederholung der angeschauten Idee im Stoff; jeder Teil der Stofflichkeit kann die Idee im Bewußtsein des Genies auftreten lassen, und jeder Teil kann so präpariert werden, daß er nicht mehr Funktionsträger in der Maschinerie der willensmäßig organisierten Welt, sondern ein Objekt ist, das den Beschauer anregt, es außerhalb der Formen des Satzes vom Grund wahrzunehmen. Als dies war aber die Kunst definiert: *Die Betrachtungsart der Dinge, unabhängig vom Satze des Grundes.* Nur noch das metaphysische Potential scheint das Kunstwerk auszuma-

59 I, 297/298

chen. Plötzlich ist aus dieser Ästhetik, deren Autor gewiß nicht an Werke wie die Becketts denken konnte, alles Hochtönende wie auch alles Schmückende der Tradition herausgenommen.

11. Genie objektiv

Als Schopenhauer seine Ästhetik schrieb, hatte noch eine populäre Tradition Bestand, die das Genie primär durch subjektive Ungebundenheit und Schöpfertum bestimmte. Das waren die Hauptelemente, mit denen etwa der Geniekult des Sturm und Drang die Personen ausgezeichnet wissen wollte, die die Regeln des Bestehenden durchbrechen und dabei nicht ein Chaotisches, sondern eine neue, freiere Gestalt hervorbringen sollten. Schon Kant, als er die *Kritik der Urteilskraft* abfaßte, war klar, daß diese Kombination sowohl für Mißdeutungen offen, als auch unvollständig, als auch für ein Verständnis des Auftretens gelingender Kunst ziemlich wertlos war. Kant betrachtete in Übereinstimmung mit dieser Tradition die Einbildungskraft als das wichtigste Gemütsvermögen des Genies. Es sollte in solchen Personen ungewöhnliche Intensität erreichen und Ungewöhnliches, nach Maßen der Erkenntnistheorie äußerst Gewagtes, zustande bringen. Dieses Kühne, nach den Kriterien der *Kritik der reinen Vernunft* in Kants System gänzlich Unerwartete, waren die ästhetischen Ideen.[60] Aber Kant führte auch in seine Vorstellung vom Genie etwas ein, was sich mit subjektiver Ungebundenheit nicht mehr gut vertrug: Daß in ihm eine Instanz der Regelhaftigkeit angelegt sei, und daß nur deretwegen bei der Produktion nicht Beliebiges, sondern ein Schönes entstehe. Kants Definition für das Genie lautet: »*Genie* ist die angeborne Gemütsanlage (ingenium), *durch welche* die Natur der Kunst die Regel gibt.«[61]

60 Das Prinzip ihrer ›Darstellung‹ heißt zwar *›Geist‹;* aber sie sind »Vorstellungen der Einbildungskraft« (*Kritik der Urteilskraft,* § 49; W V, 413)
61 *Kritik der Urteilskraft,* § 46. (W V, 405 f.)

Das Genie selber kann nach Kant die Regeln, nach denen es verfährt, nicht auf eine Formel bringen. Sie sind in seiner Person angelegt, ohne daß es sagen kann, wie. Die geübten Betrachter von Kunst können zwar deren Werke beurteilen, nach Verfahren, die diesen Urteilen den Anspruch auf jedermanns Beistimmung verleihen; aber das, worauf die Urteile letztlich zurückgehen, ist nicht ein An-sich der gegenständlichen Erscheinung (das ist den Personen immer unerreichbar), sondern ein Moment subjektiver Zweckmäßigkeit. Kant konnte das, was man bei ihm die ›Angemessenheit‹ des Urteils über Kunst nennen mag, nur durch Zurückgehen auf die Erkenntnisstrukturen der Subjekte rechtfertigen. Genauso wie er, etwas riskant gesagt, das ›objektiv Richtige‹ am Werk selber nur verbürgt sehen konnte in der subjektiven *Natur* des Genies.
Die Phase der Ästhetik, in der Gültigkeit aus Göttlichkeit oder Quasi-Göttlichkeit aufs Werk herabstieg, wie bei Schelling und andeutungsweise auch bei Fichte, können wir zurückstellen: Sie war Schopenhauer bekannt, aber er sah sich in Distanz dazu. Sein Verhältnis zu romantischen Künstlervorstellungen ist ambivalent; Wackenroders Idee vom Zusammenfallen des Genies mit dem Außerzeitlichen konnte er verwenden, genauso Jean Pauls Thema der *Besonnenheit* an genialen Naturen; aber generell war der Einfluß des Jenaer Idealismus in der Selbstauffassung vieler romantischer Künstler so stark, daß man kaum annehmen kann, Schopenhauers Charakteristik des Genies habe viel damit zu tun.
Es scheint mir, als lasse sich Schopenhauers Geniekonzept am ehesten als Fortsetzung und Radikalisierung einer Kantischen Tendenz verstehen; freilich auf einem anderen theoretischen Unterbau, dessen eigene veränderte Konstruktion die Wendung der Kantischen Tendenz auf etwas ganz Neues hin erst möglich machte. Kant arbeitete daran, die Aussagen über Kunst und die Regeln der Kunstproduktion selber vom Verdacht des Beliebigen zu entlasten. Er wollte den Zug von

Verbindlichkeit an ihnen verstehbar machen. Das konnte Kant bei den Voraussetzungen seiner Erkenntnistheorie nur gelingen, indem er Verbindlichkeit gewährleistet sein ließ durch regelgebende Strukturen auf seiten der *Subjekte*. Schopenhauer, der das Genie als eine Person betrachtet, die außerhalb aller Gestalten des Satzes vom Grund die Urformen der Erscheinungen wahrnimmt, war auf Kants Verfahren nicht angewiesen; er hätte es auch als viel zu verstandeshaft, seiner ekstatischen Kunstauffassung nicht gemäß, verworfen. Die wichtigste Eigenschaft des Genies ist für Schopenhauer nicht subjektive Ungebundenheit, nicht Phantasie, nicht Originalität, nicht eine die Regeln der Kunst in sich tragende Natur, sondern *Objektivität* – das Wort freilich in viel weiter reichendem Sinn genommen, als man beim Reden über Kant es etwa verstehen könnte. Der Zustand, in dem das Subjekt nicht mehr Individuum ist und außerhalb der Erkenntnisformen des Verstandes das Außerzeitliche erkennt, führt den Namen ›Kontemplation‹. Schopenhauer erklärt:

»... und das Wesen des Genius besteht eben in der überwiegenden Fähigkeit zu solcher Kontemplation: da nun diese ein gänzliches Vergessen der eigenen Person und ihrer Beziehungen verlangt; so ist *Genialität* nichts anderes als die vollkommenste *Objektivität* ... Demnach ist Genialität die Fähigkeit, sich rein anschauend zu verhalten, sich in die Anschauung zu verlieren und die Erkenntnis, welche ursprünglich nur zum Dienste des Willens da ist, diesem Dienste zu entziehn ...«[62]

»Objektivität« als Haupteigenschaft des Genies hat hier mindestens zweierlei Sinn. Erstens: Fähigkeit, die subjektiv eingefärbte Erkenntnisweise aufzugeben, alles zur eigenen Person Gehörige in der Anschauung des Objekts zu verlieren. Zweitens: so anzuschauen, daß die Anschauung selber ›objektiv‹ im Sinn von wahr, absolut täuschungsfrei, dem Objekt vollkommen gemäß ist, weil in diesem Zustand, wie vorhin beschrieben, kein weltliches Organ oder Informationsträger die Beschaffenheit des Objekts mehr verfälschen

62 I, 266

kann. Das Objekt selber, die Idee, *ist* aufgetreten. Das Verbindliche an der Kunst, das Kant durch eine diffizile Theorie der subjektiven Akte verstehen wollte, erklärt Schopenhauer, indem er aus der eigentümlichen Bewußtseinsweise des Genies *alles Subjektive entfernt.* So daß der Wahrheitsgehalt seiner erkennenden Zustände beigebracht wird dadurch, daß nur noch die ursprüngliche Realität da ist. Der Autor, der der künstlerischen Erkenntnis pure Wahrheit zugesteht, das heißt Freiheit von allen potentiell täuschenden Elementen, und sie gleichsam zum metaphysischen Sehinstrument der Menschheit erklärt, verkehrt gleichzeitig den Geniekult in sein Gegenteil: Aus der Vorstellung des Genies ist, *weil* es diese Form von Erkenntnis besitzt, jeder Rest subjektiver Ungebundenheit entfernt.[63]

63 Auch Hegel legt in seinen *Vorlesungen über die Ästhetik* dem Genie die Eigenschaft der *Objektivität* bei (Hegel, W XIII, 362-385). Aber er tut das in deutlich anderem Sinn als Schopenhauer. Hegels Sprachgebrauch bezieht sein Recht daraus, daß Hegel vom Künstler, wenn sein Werk nicht der bloßen Manier verfallen soll, erwartet, daß er im Zustand produktiver *Begeisterung* seine subjektiven Eigenheiten zurücktreten läßt und sich ganz in seinen Gegenstand einsenkt: »Wenn nun aber der Künstler in dieser Weise den Gegenstand ganz zu dem seinigen hat werden lassen, muß er umgekehrt seine subjektive Besonderheit und deren zufällige Partikularitäten zu vergessen wissen und sich seinerseits ganz in den Stoff versenken, so daß er als Subjekt nur gleichsam die Form ist für das Formieren des Inhaltes, der ihn ergriffen hat. Eine Begeisterung, in welcher sich das Subjekt als Subjekt aufspreizt und geltend macht, statt das Organ und die lebendige Tätigkeit der Sache selber zu sein, ist eine schlechte Begeisterung. – Dieser Punkt führt uns zu der sogenannten Objektivität künstlerischer Hervorbringungen hinüber.« (373). Aber die Vereinigung des Subjektiven und Objektiven bei der Kunstproduktion wird von Hegel dialektisch gedacht, das heißt so, daß diese Momente in der schließlich entstehenden Einheit auch aufbewahrt sind. Das ist (in dieser Frage) die Differenz zu Schopenhauer; dessen künstlerisches Subjekt verschwindet als Individuum; der Hegelsche Künstler bleibt als Subjekt und mit seiner ganzen Innerlichkeit erhalten und wird nur *objektiv* derart, daß seine Person die Natur des Gegenstandes angemessen ergreift und sich aneignet. Das wird ganz deutlich da, wo Hegel die Vereinigung des subjektiven und objektiven Moments in der Originalität beschreibt: »Die Originalität ist deshalb identisch mit der wahren Objektivität

Die Phantasie ist an die zweite Stelle gerückt. Das Genie braucht sie nicht zum Wichtigsten, nicht zum Zurücklassen seiner personalen Willensziele, sondern für das eher Technische: Sie dient vor allem zum Wiederholen der selbstvergessenen Anschauung im Werk. Sie dient auch zum Ausmalen von Ideen, für die das Genie in seiner eigenen Welterfahrung kein Kontemplationsobjekt findet; besäße das Genie sie nicht, so würde seine Erkenntnis »beschränkt sein auf die Ideen der seiner Person wirklich gegenwärtigen Objekte und abhängig von der Verkettung der Umstände, die ihm jene zuführten, wenn nicht die Phantasie seinen Horizont weit über die Wirklichkeit seiner persönlichen Erfahrung erweiterte und ihn in den Stand setzte, aus dem wenigen, was in seine wirkliche Apperzeption gekommen, alles übrige zu konstruieren und so fast alle möglichen Lebensbilder an sich vorübergehn zu lassen«.[64] Der Genius bedarf der Phantasie schließlich auch, »um in den Dingen nicht das zu sehn, was die Natur wirklich gebildet hat, sondern was sie zu bilden sich bemühte, aber wegen des ... Kampfes ihrer Formen untereinander nicht zustandebrachte«.[65] Ausdrücklich ist das letztere nicht schon als Veränderung des Anschauungsobjekts zur Idee bestimmt, sondern als Umbildung zum geeigneten Phantasma; um dieses wiederum (wie auch alles andere) so anzuschauen, daß die Idee sichtbar wird, genügt die Phantasie gerade *nicht.* Das Entscheidende an diesem Schritt wird möglich durch etwas, das dem Status nach von der Phantasie durchaus verschieden ist: die *Objektivität.*[66]

und schließt das Subjektive und Sachliche der Darstellung in *der* Weise zusammen, daß beide Seiten nichts Fremdes mehr gegeneinander behalten. In der einen Beziehung daher macht sie die eigenste Innerlichkeit des Künstlers aus, nach der anderen Seite hin gibt sie jedoch nichts als die Natur des Gegenstandes, so daß jene Eigentümlichkeit nur als die Eigentümlichkeit der Sache selbst erscheint und gleichmäßig aus dieser wie die Sache aus der produktiven Subjektivität hervorgeht.« (380). *Diese* Form künstlerischer Objektivität ist trotz verbaler Ähnlichkeiten etwas ganz anderes als die, die Schopenhauer im Auge hat.

64 I, 267 65 ebd. 66 Vgl. I, 268

Um Becketts Anwendung dieses Theorems später zu verstehen, bedarf es noch eines Nachtrags: Es gibt zwei Weisen, wie sich ein Subjekt zu seinem Objekt (das *immer* Vorstellung ist) verhalten kann. Das Subjekt kann das Objekt in den Strukturen der Erfahrungswelt oder sonstwie in einer Gestalt des Satzes vom Grund vor der Aufmerksamkeit haben. Dann bleibt das Objekt immer notwendig vom Subjekt getrennt: in diesen Bewußtseinsformen gilt das principium individuationis. Selbst wo das Subjekt sich mit seinem Objekt vereinigen möchte (wie die Tradition es von der Liebe denkt) ist ›Vereinigung‹ höchstens metaphorisch genommen; es gibt in der Erfahrungswelt keine genuine Vereinigung von Subjekt und Objekt. Beim Anschauen der Idee, so sahen wir vorhin, gilt dagegen das Individuationsprinzip nicht. Ihre Bedingung ist gerade, daß dieses Prinzip aufgehoben sei. Deshalb wurde die Präsenz der Idee von Schopenhauer als ein Zusammenfallen von Subjekt und Objekt beschrieben, und *nicht* bloß in metaphorischem Sinn. Die wesentliche Realität tritt auf, wenn Subjekt und Objekt ineinander verschwinden, weil kein Individuationsprinzip sie mehr trennt. Es ist eine wirkliche oder, wie Beckett sagen wird, adäquate Vereinigung von Subjekt und Objekt.

12. »Seligkeit« statt »Wohlgefallen«

Daß die Anschauung des Schönen gefällig sei, ist ein ebenso profilloser wie halbwahrer wie auch unausmerzbarer Bestandteil des Redens über die Kunst. Wie Schopenhauer sich an diesem Punkt verhält, leitet man am besten wieder mit Kant ein.

Jeder weiß, daß nach Kant »schön« dasjenige heißt, welches Gegenstand eines *Wohlgefallens ohne alles Interesse* ist. Dadurch unterscheidet sich das Schöne von anderen Gegenständen, die gefallen (dem Angenehmen und dem Guten). Diese haben eine Beziehung auf das Begehrungsvermögen, und ihre Gefälligkeit ist deshalb von einem Interesse an ihrer Existenz mit bestimmt. Schöne Gegenstände lassen, *sofern* sie als schöne wahrgenommen werden, das Begehrungsvermögen unbeteiligt, und ihr Anblick wird im Geschmacksurteil nur mit dem Gefühl der Lust und Unlust zusammengehalten. Das Gefühl der Lust und Unlust ist ein nicht-appetitives oder nicht wollendes Gemütsvermögen. Mit wieviel Spott auch das »interesselose Wohlgefallen« des Königsberger Philosophen im Lauf der Geschichte angepöbelt worden ist: Kants Theorie hat in dieser Angelegenheit einen Vorteil, den ihr wenige nachtun. Sie kann mit ihren Mitteln etwas darüber sagen, warum das Betrachten gelungener Werke ein Gefühl von *Freiwerden* mit sich führt – so vage der Eindruck auch sein und so schnell er vorbeigehen mag. Kant versuchte, das so zu erläutern: »Man kann sagen: daß, unter allen diesen drei Arten des Wohlgefallens, das des Geschmacks am Schönen einzig und allein ein uninteressiertes und *freies* Wohlgefallen sei; denn kein Interesse, weder das der Sinne, noch das der Vernunft, zwingt den Beifall ab.«[67] Hier ist ein Gedanke angelegt, den Schopenhauer weiter vorwärts bewegen und auf einen Punkt bringen wird, wo Kants Systematik der Gemütsvermögen nicht mehr einsetzbar ist. Es ist auch ein Punkt, wo Schopenhauer, weil er sich auf diese Systematik (in veränderter Deutung) sonst immer verläßt, plötzlich ohne Wörter dasteht. In Kants Gedanke war mitgemeint, daß der Tendenz nach das Erlebnis des Schönen mit so etwas wie Zurücktreten der gewöhnlichen Ziele, Wünsche, Befürchtungen des Individuums zusammengeht. So daß die Person eine Art Lust empfindet und zugleich im eigentlich ästhetischen Erlebnis Freiheit vom Druck der Antriebe, die sie sonst in Bewegung halten. (Deutlicher ist die Verbindung von ästhetischer Erfahrung und Freiheit in Kants Theorie des Erhabenen; ich stütze mich mit Absicht nicht darauf, weil dort ein anderer Sinn von ›Freiheit‹ verwendet wird.)

67 *Kritik der Urteilskraft*, § 5. (W V, 287)

Kants Kritiker Friedrich Schiller belastete die Verbindung zwischen Schönheit und Freiheit mit einem sehr viel höheren Anspruch und wandte sein neues Schönheitskonzept gegen Kants Ästhetik, wie auch gegen dessen praktische Philosophie. Ich führe ihn nur an, weil er gleichsam diejenige Art, Kants vorsichtige Verbindung weiterzuführen, erfand, die Schopenhauer *nicht* wählte. Schiller meinte Freiheit als ein Sich-selbst-Bestimmen, wie es bei Kant allein der intelligible Wille kann, und definierte das Schöne als *Freiheit in der Erscheinung*. Die Schönheit ist demnach gedacht nach der Analogie zur Freiheit des Willens; einer *entfernten* Analogie, wie Schiller weiß, weil die Struktur wahrer (nicht bloß erscheinender) Selbstbestimmung mit den Vorstellungsmitteln empirischer Subjekte nicht direkt angeschaut werden kann.

Schopenhauer dagegen, das haben wir schon dargestellt, verknüpft die Anschauung des Schönen (qua Idee) nicht mit der Freiheit des Willens, sondern mit dessen zeitweiliger *Auslöschung*. Sie ist die Prämisse dafür, daß das Subjekt seinen Gegenstand außerhalb von Raum und Zeit erkennt und seine Individualität aufgibt.

Das positive Gefühl, von dem auch nach Schopenhauer das ästhetische Erlebnis begleitet wird, hat aber nun keinen Träger und in der von Kant überkommenen Systematik kein Vorbild mehr. Denn Kants »Gefühl der Lust und Unlust«, wiewohl beim Schönen frei von Interesse, ist ein Empfindungsorgan des Subjekts, und zwar des mundanen und personalen, nicht des ent-individualisierten Subjekts als »klares Weltauge«, wie Schopenhauer es nennt. So kommt es, daß Schopenhauer das verschämte Wort »Wohlgefallen« zwar weiter verwendet, aber sich offensichtlich dabei nicht zufrieden geben kann. Denn es ist traditionell mit empirischer Subjektivität assoziiert, die gerade da, wo dieses Wohlgefallen vorkommt, in der Anschauung aufgegangen sein soll. Es ist leicht zu beobachten, daß Schopenhauer immer wieder neue Wörter sucht, um die Befriedigung zu bezeichnen, die mit dem Sich-Vergessen des Individuums und dem willenlosen Wahrnehmen der Idee zusammengehen soll. »Uns ist völlig wohl«[68] ist eine Wendung, die ihm öfter einfällt; aber sie ist genauso hilflos wie die an anderem Ort gebrauchten Ausdrücke »vollkommene Ruhe«, »rein objektive Gemütsstimmung«[69], »wundervolle Beschwichtigung«, »schmerzloser Zustand«[70], »des leidigen Selbst entledigt«.[71] Der Befreiung der Person vom »Sklavendienst des Willens«, scheint er schließlich am besten mit dem Wort »Seligkeit«[72] gerecht werden zu können. Das ist jedenfalls ein Wort, das nicht mehr einen Platz im Empfindungsapparat eines personalen Subjekts hat und am besten paßt, wenn es um das buchstäbliche Herausgerücktsein geht, als das Schopenhauer die Betrachtung denkt, in welcher das einzig Wesentliche der Realität zugänglich werden soll. »Seligkeit« entspricht auch dem anderen Wort »Erlösung«, das Schopenhauer mehrfach gebraucht, um zu sagen, was es für die weltlichen Subjekte heißt, von der beständigen Antreiberei des individuellen Willens zeitweise loszukommen.[73] Zugleich ist »Seligkeit« natürlich ein Wort, das vorzüglich geeignet ist, seinen Benutzer als irgendwie lächerlichen, auf jeden Fall aber unklaren Kopf auszuweisen. So gebraucht Schopenhauer es denn auch aufs äußerste zurückhaltend. Er zitiert lieber, wo es um die empfindungsmäßige Kennzeichnung dieser Zustände geht, mystische Autoren und die Upanischaden. Er ist sich bewußt, daß er sich beim Schreiben nicht als Lyriker des transzendenten Gefühls verstehen kann. Und er scheint zu

68 I, 280 69 I, 281 70 I, 280 71 I, 283
72 I, 283, 301, 530
73 I, 372. Wieder muß das Mißverständnis, hier geschehe dasselbe wie bei Hegel, ferngehalten werden. Diesem ist die Anschauung des Ideals auch »selig«, und dessen Gestalt in der Welt die »Manifestation der geistigen Freiheit« (Hegel, W XIII, 207). Aber das ist die Hegelsche Umdeutung von Schillers *Freiheit in der Erscheinung*, und die Wörter haben in Hegels Gebrauch mit dem befreienden Sich-Auslöschen des Willens, das Schopenhauer meint, nichts zu tun.

meinen, daß man die glaubwürdigsten sprachlichen Zeugnisse dieses Gefühls nicht eben bei den Philosophen findet.

13. Willenlos statt interesselos

Es dürfte längst deutlich sein, daß das interesselose Wohlgefallen, das Kant für die Wahrnehmung des Schönen (*als* eines Schönen) kennzeichnend erachtete, sehr weit entfernt ist von der Auslöschung des personalen Willens, die Schopenhauer für die (nur von außen feststellbare) Dauer des selbstverlorenen Anschauens der Idee konstatiert. Dieser Abschnitt ist eine Seitenbemerkung, mit der ich den Unterschied zwischen Kants und Schopenhauers Theorien an diesem Punkt noch einmal (auch auf die Gefahr der Wiederholung hin) betonen will. Das Motiv dafür ist einerseits, daß allzu oft behauptet wird, Schopenhauer habe Kants Ästhetik in dieser Sache nur kopiert; andererseits, daß in Becketts Arbeiten manchmal, wenngleich sehr selten, isolierte Brocken aus Kants *Kritik der Urteilskraft* erscheinen – so daß man versucht sein kann, fälschlich auf diese Brocken das zu verrechnen, was ich später bei einigen von Becketts ›Helden‹ als *Willenlosigkeit* oder Verzicht auf eigenen Willen beobachte.

»Interesse« in Kants Ästhetik wird zu Anfang wörtlich bestimmt als »das Wohlgefallen . . ., was wir mit der Vorstellung der Existenz eines Gegenstandes verbinden«.[74] Von diesem Wohlgefallen an der *Existenz* einer Sache soll das Urteil darüber, ob diese Sache schön sei, nicht beeinflußt werden.

»Nun will man aber, wenn die Frage ist, ob etwas schön sei, nicht wissen, ob uns, oder irgend jemand, an der Existenz der Sache irgend etwas gelegen sei, oder auch nur gelegen sein könne; sondern, wie wir sie in der bloßen Betrachtung (Anschauung oder Reflexion) beurteilen.«[75]

74 Kant, W V, 280 75 ebd.

Es ist an diesem Satz, der eigentlich noch in die Einleitungsphase von Kants Gedankengang gehört, schon zu erkennen, daß hier nicht die vollkommene Abwesenheit von Interesse an der Sache *in jederlei Hinsicht* gefordert ist, sondern nur, daß ein solches Interesse, gleich ob der eigenen Person oder fremder Personen, *bei der Frage nach der Schönheit* aus dem Spiel zu bleiben habe.

Die Frage nach der Schönheit entscheidet sich an der Art, wie die Form des vorgestellten Gegenstandes sich gegenüber den Erfordernissen von Einbildungskraft und Verstand »zu einem Erkenntnisse überhaupt«[76] verhält. Das »freie Spiel der Erkenntniskräfte« bei der Vorstellung eines Gegenstandes ist dem Subjekt ein Anzeichen für ein zweckmäßiges Verhältnis ihrer untereinander. Zweckmäßig ist dabei für die Erkenntniskräfte die Form des vorgestellten Gegenstandes. Das Subjekt nennt einen solchen Gegenstand ›schön‹ und empfindet ein Wohlgefallen, das nicht Lust über des Gegenstandes (sei es auch nur vorgestellte) Existenz, sondern Lust an der Harmonie der eigenen Erkenntnisvermögen bei seiner Vorstellung ist.[77] Weil Kant bei seinen Prämissen annehmen kann, daß die Erkenntnisvermögen in allen Personen sich an denselben logischen Strukturen orientieren, kann er auch annehmen, daß eine Person das von ihr empfundene Wohlgefallen am Schönen von allen anderen Personen ebenfalls erwarten darf. Obwohl das Geschmacksurteil sich auf Zweckmäßigkeit für die Gemütsvermögen des Subjekts (›subjektive Zweckmäßigkeit‹, ›Zweckmäßigkeit ohne Zweck‹) gründet, kommt es doch zustande an Eigenschaften

76 Kant, W V, 296

77 Auch wenn man allein das Verhältnis zwischen den Erkenntnisvermögen des Subjekts und einem als schön wahrgenommenen Gegenstand betrachtet, ist nach der Kantischen Theorie nicht *jegliches* Bedürfnis oder *jegliche* Absicht ausgeschaltet. Denn das Übereinstimmen der Form des Gegenstandes mit der Struktur der Erkenntnisvermögen ist gerade ein *Bedürfnis,* und es gibt hier *Absicht* – wenngleich beides nicht im Bereich des Begehrungsvermögens: *Einleitung zur Kritik der Urteilskraft,* Abschnitt VI. (W V, 260 ff.)

des Gegenstandes, und es lassen sich mittels seiner ›schöne‹ von ›nicht schönen‹ Gegenständen trennen.
Daß das Subjekt in dieser Kantischen Konzeption bei der Wahrnehmung des Schönen nicht sich selbst vollends vergessen hat und gewiß nicht als Individuum in der Anschauung des Gegenstandes ›verschwunden‹ ist, dürfte trivial sein. Obwohl Kant das Wort ›Kontemplation‹ ebenfalls verwendet und obwohl Schopenhauer es von ihm her genommen haben mag, bedeutet es doch bei beiden Autoren etwas gänzlich Verschiedenes. Kant meint damit das Vorstellen eines welthaften Gegenstandes und sein Vergleichen mit dem Gefühl der Lust und Unlust auf seiten des Subjekts (zuletzt mit dem Verhältnis von Einbildungskraft und Verstand).[78] Schopenhauer meint damit das Anschauen eines nicht-welthaften (transzendenten) Gegenstandes bei gleichzeitiger Auslöschung des von sich wissenden Subjekts.
Woran die Person beim Wahrnehmen des Schönen sonst noch *interessiert* sein mag, ist für Kant sekundär. Es kommt ihm auf das Fernhalten des Interesses vom ästhetischen *Urteil* an, nicht auf das Stillstellen oder Tilgen des Begehrungsvermögens überhaupt. Daß das Subjekt an Gegenständen, die es als schön beurteilt, in anderer Hinsicht auch interessiert sein kann, solange nur das *Urteil* über ihre Schönheit von Interesse frei ist, sagt Kant ausdrücklich.

»Daß das Geschmacksurteil, wodurch etwas für schön erklärt wird, kein Interesse *zum Bestimmungsgrunde* haben müsse, ist oben hinreichend dargetan worden. Aber daraus folgt nicht, daß, nachdem es, als reines ästhetisches Urteil, gegeben worden, kein Interesse damit verbunden werden könne.«[79]

Es folgen auf diesen Passus Kants Überlegungen zum empirischen Interesse am Schönen in der Gesellschaft.
Die Person, die unter Kantischen Voraussetzungen einen Gegenstand als schön erlebt, ist deswegen nicht notwendig

78 Vgl. W V, 286 79 Kant, W V, 392

willenlos. Für Schopenhauer ist sie nicht nur das letztere, sondern auch als Person für sich selber nichtig. Der *Gegenstand,* den eine Person unter Kantischen Voraussetzungen erlebt oder vorstellt, ist Teil der Erfahrungswelt und wird in ihren Ordnungsformen wahrgenommen.[80] Für Schopenhauer sind in der ästhetischen Betrachtung die Erfahrungsformen zerbrochen, und der Gegenstand ist einer, der *über sie hinaus* liegt. Kants Ästhetik, kann man verkürzend sagen, ist eine Theorie des ästhetischen *Urteils* in der Welt der *Erscheinungen.* Schopenhauers Ästhetik ist eine Theorie des ästhetischen *Gesamtzustandes* von ent-individualisierter ›Person‹ (oder was von ihr noch da sein mag) und angeschauter *wahrer Realität.*

14. Die Musik

»Mit philosophischer Klarheit hat aber erst *Schopenhauer* die Stellung der Musik zu den anderen schönen Künsten erkannt und bezeichnet, indem er ihr eine von derjenigen der bildenden und dichtenden Kunst gänzlich verschiedene Natur zuspricht.«[81] Das schrieb Richard Wagner zur Einleitung eines Gedankengangs, in dem er Schopenhauers Theorie der Musik nicht nur energisch sich zu eigen machte, sondern auch mit einer originellen Wendung[82] versah. Etwas dieser

80 Eine Sonderstellung haben die ästhetischen Ideen, die nicht Erfahrungsgegenstände sind. Ihr Status ist im Kantischen System sehr eigenartig und läßt sie wie Fremdkörper wirken. Sie sind aber *auch* nicht, wie bei Schopenhauer, außerzeitliche Urformen oder das wahrhaft Seiende.

81 Richard Wagner, *Beethoven,* in: Wagner, *Gesammelte Schriften und Dichtungen,* Hrsg. W. Golther, Berlin o. J., Bd. IX, S. 61-126; Zitat S. 66.

82 Die Wendung war diese: Wagner erkannte offensichtlich ein Problem, dessen Gewicht Schopenhauer entgangen war. Es hängt zusammen mit der Verschiedenheit zwischen bewußter und unbewußter Tätigkeit des Willens, über die ich noch sprechen werde. Es bleibt bei Schopenhauer unklar, warum sich die unbewußte Willenstätigkeit nicht (zum Beispiel) im Tanz äußert, statt in der Musik. Warum es gerade *Töne* sind, in denen sich der

Wendung Ähnliches gebraucht Nietzsche kaum ein Jahr später in der *Geburt der Tragödie aus dem Geiste der Musik*, um die beiden Hauptkategorien seiner frühen Ästhetik, die des Apollinischen und Dionysischen, auf plausible Weise einzuführen. Seit Wagners nachdrücklicher Parteinahme ist Schopenhauers Deutung der Musik einem trigonometrischen Punkt in der Geschichte des Philosophierens über diese Kunst zu vergleichen. Philosophen, die sich über Musik äußern, bestimmen ihre Position manchmal auch dann noch mit Bezug auf Schopenhauer, wenn sie vollkommen anderer Meinung sind. Die ganz eigentümliche Stellung der Musik in Schopenhauers metaphysischer Kunstphilosophie scheint auch die Art zu beeinflussen, wie der Proustsche Erzähler die Erlebnisse wiedergibt, die er mit den Werken einer seiner Figuren, des Komponisten Vinteuil, macht. Darauf wieder stützt Beckett einen wichtigen Teil seiner Proust-Interpretation, und gerade einen Teil, in welchem die Anwendung von Schopenhauers Philosophie mit besonders großer Eindeutigkeit heraustritt.

Das Problem, das sich mit der Musik für seine Ästhetik

Wille als Ganzer noch einmal, genauso unmittelbar wie in den Ideen, objektiviert, bleibt bei Schopenhauer ohne Begründung. Der Tanz fällt aus seiner Systematik der Künste ganz aus. Wagner hatte die (auf Freud akkurat vorausdeutende) Idee, daß das *Unbewußte* am ehesten *im Schlaf* tätig werde und die Schwelle des Bewußtseins berühre. Weil die Personen aus einem erregten Schlaf manchmal mit einem *Laut* erwachen, folgerte er, daß die ursprüngliche und angemessene Äußerungsform des Unbewußten in der bewußten Welt die *Töne seien.* (Wagner, a. a. O. 69-75) Er stellte dann die Tonkunst als Objektivation einer unbewußten und ›tieferen‹ Willenstätigkeit den anderen Künsten als Hervorbringern einer Mannigfaltigkeit schöner, aber scheinhafter Bilder gegenüber. Dieser Unterschied zwischen einer bildlosen, auf unbewußte Weise den Willen direkt wiedergebenden Kunst (= Musik) und anderen Künsten, die eine Welt von Bildern als schönen Schein vor die Personen hinstellen, tritt bei Nietzsche in der Differenz des Dionysischen und Apollinischen wieder auf. (Nietzsche bringt zusätzliche Veränderungen an; sie tangieren vor allem die Rolle des Traums. Ich führe sie hier nicht aus. Über historische Prioritäten zwischen Nietzsche und Wagner kann ich keine Aussagen machen.)

stellt, führt Schopenhauer über die Beobachtung ein, daß die Musik keiner Übersetzungen oder Erläuterungen bedürfe, um von jedermann (intuitiv) »verstanden« zu werden. (Ob das richtig oder falsch sei, ist hier unwichtig.) Er nimmt die Beobachtung zum Anlaß für die These, daß die Beziehung der Musik zur Welt überhaupt »eine sehr innige, unendlich wahre und richtig treffende sein« müsse. Und er bescheinigt ihr sogar, sich an Leibniz' Vergleich von Musik und Arithmetik erinnernd, »eine gewisse Unfehlbarkeit«.[83] Diese Vermutungen, zusammen mit der anderen Beobachtung, daß die Musik sich nicht in dinghaft festgehaltenen Bildern äußere, bringen ihn auf den Gedanken, daß die Musik bei ihrer Darstellung die Ideen überspringe und ein direktes vorstellungsmäßiges Bild des Willens (= des Kerns der Welt) selber sei.

»Die Musik ist nämlich eine so *unmittelbare* Objektivation und Abbild des ganzen *Willens,* wie die Welt selbst es ist, ja wie die Ideen es sind, deren vervielfältigte Erscheinung die Welt der einzelnen Dinge ausmacht. Die Musik ist also keineswegs gleich den anderen Künsten das Abbild der Ideen; sondern *Abbild des Willens selbst,* dessen Objektität auch die Ideen sind: deshalb eben ist die Wirkung der Musik so sehr viel mächtiger und eindringlicher als die der anderen Künste ...«[84]

Das ist die blanke These Schopenhauers über die Rolle und die einzigartige Stellung der Musik unter den Künsten überhaupt und auch gegenüber jeder anderen Erkenntnis. Einen Beweis der These hält er für unmöglich, aber eine Bewährung und stückweise Bestätigung glaubt er beibringen zu können durch Überlegungen zur Ähnlichkeit zwischen einigen Erscheinungsformen der Musik und den weltlichen Objektivationen des Willens.

Wichtiger als der Bestätigungsversuch erscheinen mir die Folgerungen, die Schopenhauer aus der These zieht – und *sie* waren auch das historisch Wirksame an dieser Musikphilosophie. Zunächst: Weil die Musik keine Ideen darstellt, ist

83 I, 358
84 I, 359

sie nicht die Wiederholung einer Platonischen Form in der Welt, sondern die ohne Zwischenglied zustandegebrachte Übersetzung des Willens selber in Vorstellungen des Subjekts. Schopenhauer schließt daraus, daß sie *umfassender* ist als die anderen Künste; einige Äußerungen legen nahe, daß er sie auch als metaphysische Erkenntnis für *verläßlicher* hält. *Umfassender* ist die Musik, weil hier nicht, wie bei allen anderen Künsten, *einer* Idee (= *einer* Objektivationsstufe) eine oder mehrere Kunstgattungen entsprechen, für welche die übrigen Ideen unerreichbar bleiben; vielmehr entspricht die eine Kunstform Musik dem Willen überhaupt in seiner Totalität. Daß die Musik *verläßlicher* sei (und geradeheraus »unendlich wahr« und »unfehlbar«[85]), kann man plausibel finden, weil sie den Willen nicht mittelbar (auf dem Weg über die Nachbildung ewiger Formen), sondern *unmittelbar* objektiviert. Wir erinnern uns: Die Erfahrungswelt hieß »die mittelbare Objektität« des Willens, weil ihre Form durch die Ideen vermittelt ist; die Ideen selber hießen »die unmittelbare Objektität« des Willens, denn zwischen ihnen und dem An-sich der Welt gibt es kein Zwischenglied. So auch bei der Musik. Sie ist eine unmittelbare Objektform (oder Vorstellungsform) dessen, was die Welt an sich ist. Sie ist nicht dieses An-sich selber, denn das bleibt per definitionem außerhalb allen Vorstellens; aber sie steht dem An-sich (räumlich und als Metapher gesprochen) genauso nahe wie die Ideen.

Jetzt muß ein Merkwürdiges notiert werden, das Schopenhauer selbst in seiner ganzen Erstaunlichkeit offenbar entgangen ist. Er vermerkt es zwar, aber er hält sich dabei nicht auf; er findet nichts daran. Warum, so kann man fragen, sind das Corpus der Ideen und die Musik so ganz verschieden? Wo sie doch beide in gleicher Weise unmittelbare Objektität

85 Vergleichbare Prädikate sind von Schopenhauer auch für die Kunst überhaupt gebraucht worden. Trotzdem ist plausibel, daß der Autor sie mit besonderer Emphase auf die Musik anwendet.

des Willens sein sollen? Nach Schopenhauers Theorie, wie sie bis jetzt entwickelt ist, wäre zu erwarten: Musik und Ideen sind unmittelbare Objektität des An-sich der Welt. Die übrigen (nicht-musikalischen) Künste *wiederholen* die Anschauung der Ideen im dinglichen Stoff. Da die Musik und die Gesamtheit der Ideen eigentlich Darstellung eines und desselben sind, geraten auch die anderen Künste in abgeleiteter Weise zu Musik. Oder warum nicht?

Jemand könnte sagen: Es liegt am *Stoff* der Erfahrungswelt, dessen sich die anderen Künste bedienen. Sie wiederholen die Ideen in diesem Stoff, und das macht die Verschiedenheit aus. Schopenhauer erinnert sich einmal an Schellings Wort, die Architektur sei gefrorene Musik (er schreibt es Goethe zu), und findet es zur Hälfte richtig, weil sich die Architektur eines anderen Materials bemächtigt hat; sie arbeitet in Steinen, nicht in Tönen. Doch die ekstatisch angeschaute Idee selber, deren Präsenz im Bewußtsein des Genies aller Kunstproduktion vorausgeht, warum ist *sie* die ewige Form einer Mannigfaltigkeit von *Dingen* auf einer bestimmten Stufe und nicht Musik? *Diese* Frage ist mit Verweis auf den Stoff nicht mehr zu beantworten. Sie macht klar, daß in Schopenhauers Ästhetik etwas Zusätzliches eingeführt werden muß, wenn die Theorie nicht eine Aufschüttung unverbundener Behauptungen bleiben soll.

Was Schopenhauer einführt, ist die These, daß der Wille sich per Musik in einer *Sprache* objektiviere, die die übrigen Erkenntnisorgane der Person *nicht intellektuell oder rational verstehen können*. In dieser mit Absicht erweiterten Form lese ich den Satz:

»Der Begriff ist hier wie überall in der Kunst unfruchtbar: der Komponist offenbart das innerste Wesen der Welt und spricht die tiefste Weisheit aus, in einer Sprache, die seine Vernunft nicht versteht; wie eine magnetische Somnambule Aufschlüsse gibt über Dinge, von denen sie wachend keinen Begriff hat.«[86]

86 I, 363

Schopenhauer selbst deutet, wie Wagner nach ihm, die beiden verschiedenen Sprachen der Musik und der Ideenwelt mit Hilfe des Unterschiedes zwischen Unbewußtem und Bewußtem und ordnet der Musik ausdrücklich das Unbewußte zu; man kann vermuten, daß den Ideen, wo eine von ihnen dem Genius gegenwärtig wird, das Bewußte entsprechen dürfte. Das bedarf noch einer Erläuterung. Denn die Wörter »bewußt« und »unbewußt« sind noch mehrdeutig. Es ist dem Komponisten unbewußt, daß er den Willen selbst, das An-sich der Welt, in Vorstellungen setzt. Es ist dem inspirierten Maler oder Dichter bewußt, daß er ein *Wesentliches* der Erscheinung, eine bleibende Form, die für viele Individuen gelten mag, in der Dingwelt zu wiederholen sucht. *In diesem Sinn* kann man sagen, daß dem Komponisten seine metaphysische Tätigkeit als solche unbewußt bleibe, während der Maler oder Dichter oder Bildhauer eher eine Ahnung davon hat, daß er mit der Arbeit im Stoff der Erfahrungswelt zugleich etwas von dem Wesentlichen, Zeitunabhängigen an den Formen festhält, mit denen er umgeht. So können wir jetzt Schopenhauers Umdeutung von Leibniz' Definition der Musik verstehen. Leibniz' Formel lautete bekanntlich: »Musica est exercitium arithmeticae occultum nescientis se numerare animi«[87] – »Die Musik ist eine unbewußte Übung in der Arithmetik, wobei der Geist nicht weiß, daß er rechnet.« Schopenhauers neue Definition, die zugleich erkennen läßt, wieviel größer für ihn die Tragweite der musikalischen Erkenntnis ist, lautet: »Musica est exercitium metaphysices occultum nescientis se philosophari animi«[88] – »Die Musik ist eine unbewußte Übung in der Metaphysik, bei welcher der Geist nicht weiß, daß er philosophiert.«

Ich stelle das weitere Verfolgen des Gegensatzes unbewußt-bewußt für einen Augenblick zurück und nenne zunächst eine Konsequenz, die aus dieser Formel (zusammen mit

87 Leibniz' Brief an Goldbach, 17. April 1712
88 I, 369

dem, was Schopenhauer vorher über Philosophie, Wille und Musik gesagt hat) entnommen werden muß: Die Philosophie, wo sie Metaphysik betreibt, war bestimmt als »das allgemeinste Wissen«[89], »eine vollständige Wiederholung, gleichsam Abspiegelung der Welt in abstrakten Begriffen«.[90] Weil die Welt als Ganze aber nichts als *Wille* in verschiedenen Formen der Objektivation ist, und weil die Musik den Willen unmittelbar in Vorstellung setzt, hat die Musik den gleichen Gegenstand und den gleichen Umfang wie die metaphysische Philosophie. Nur bedient sie sich eines anderen Mittels; und, wie wir schon bei den übrigen Künsten sahen, eines besonders verläßlichen, weil die Fehlerquellen der begrifflichen Erkenntnis an ihr nicht existieren und also auch nichts verfälschen können. Deshalb offenbart der Komponist »das innerste Wesen der Welt und spricht die tiefste Weisheit aus«. Weil die Sprache der Musik, wie Schopenhauer zu Anfang sagte, von jedermann (intuitiv) »verstanden« wird und wegen ihrer Unabhängigkeit von linguistischen Grenzen noch allgemeiner ist als die der Begriffe, ist die Musik in gewissem Sinn reicher und mitteilungsfähiger als jede existierende Philosophie. Denn die ist immer unvollkommen.

»Gesetzt, es gelänge, eine vollkommen richtige, vollständige und in das einzelne gehende Erklärung der Musik, also eine ausführliche Wiederholung dessen, was sie ausdrückt, in Begriffen zu geben, [so würde] diese sofort auch eine genügende Wiederholung und Erklärung der Welt in Begriffen oder einer solchen ganz gleichlautend, also die wahre Philosophie sein ...«[91]

Wenn die Kunst überhaupt also in Nietzsches Deutung von Schopenhauers Ästhetik die *eigentlich metaphysische Tätigkeit dieses Lebens* heißt, dann gilt das in einem ausgezeichneten und noch einmal über alle anderen Künste hinausgesetzten Sinn für die Musik. (Die Musik als Organon der Philo-

89 I, 134
90 I, 136
91 I, 369

sophie: Das erinnert an Schellings frühe Idee, die Kunst generell sei das Organon der Philosophie, und die Philosophie sei vollendet, wenn sie dieses Organon ausgeschöpft habe. Bloß daß nach Schellings *Philosophie der Kunst* das Wesentliche der Realität, das Absolute, *im Urbild* dann doch wieder nur der Philosophie zugänglich wird [die Kunst erfaßt es im *Gegenbild*][92] – während für Schopenhauer die Philosophie abstrakt und täuschungsanfällig, die Musik dagegen konkret und *unfehlbar* ist.)
Mit dieser These von der Totalität des metaphysischen Erkennens in der Musik können wir jetzt sehen, wie der *andere* Sinn des Gegensatzes unbewußt – bewußt, den ich eben zurückgestellt habe, auf die Musik und die übrigen Kunstformen angewandt werden kann. Oder besser: In welchem anderen Sinn sich hier noch von »bewußt« und »unbewußt« reden läßt. Die Sprache der Objektivationsweisen, in denen der Wille Vorstellung wird, seien verschieden, hörten wir von Schopenhauer. Und die Sprache der Musik, obwohl in ihr die *umfassendste Mitteilung* überhaupt gemacht wird, bleibe selbst dem Intellekt des Komponisten unverständlich; deshalb bleibe diese Mitteilung auch unbewußt. Warum? Was ist der Grund dafür, daß sich die Dinge so verhalten? Eine mögliche Antwort liegt in der Theorie des Begriffs: Der Musiker bringe sich nicht zu begrifflicher Deutlichkeit, was er tue. Das ist die Antwort Schopenhauers. Eine andere Antwort trug Nietzsche gleichsam nachträglich in Schopenhauers Ästhetik ein, und sie war (wenn man die Prämissen dieses Systems *glaubt*) die scharfsichtigere. Sie war auch die in der Geschichte sehr viel näher an die Gegenwart heranreichende. Weil in der Musik der Wille als Ganzer sich darstellt, präsentiert er sich nicht als statische Bilderwelt ewiger Formen, sondern tritt auf als Kraft, Trieb, oder, wie Nietzsche manchmal sagt, Gewalt. Als *Trieb* ist der Wille, wenn sich

92 Vgl.: Schelling, *System des transzendentalen Idealismus,* Teil VI, versus Schelling, *Philosophie der Kunst,* Einleitung. (Siehe auch oben, S. 56 Anm.)

die Person nicht wenigstens zeitweise von ihm entlasten kann, sowohl zerstörerisch wie auch sinnleer, denn nach jeder Befriedigung macht er sich sofort von neuem geltend und will weitere Befriedigung. Nietzsche hielt es für unabdingbar, daß dieser Aspekt des Willens, den die Musik in Schopenhauers Ästhetik *auch* darstellt, für die größeren Zeitstrecken des menschlichen Lebens unbewußt gehalten werde. Denn wo er ganz von den Personen Besitz ergreift, werden sie durch ihre Begierden zerstört, und sie verzweifeln am Dasein. »Unbewußt« kommt hier in die Nähe des Sprachgebrauchs von Freud. Das abrupte Überranntwerden des Ich durch außer Kontrolle geratenes Unbewußtes hat in Freuds Psychologie ähnliche Effekte wie die abrupte Befreiung des Willens im dionysischen Rausch nach Nietzsche. Diese Ähnlichkeit ist keine Gleichheit, und die Verbindung, die ich hier herstelle, möge mit Zurückhaltung betrachtet werden. Aber trotz der Reserve, die dabei am Platz ist, *zeigt* sich etwas an Nietzsches Nachtrag: Die Musik ist von Schopenhauer als eine so darstellungsmächtige und erkenntnismächtige Kunst konzipiert, daß das *ungebrochene* Übertreten des in ihr Dargestellten ins Bewußtsein und das *ungehinderte* Sich-Ausleben dieser Macht die Personen, an denen es sich ereignet, vernichten muß.

Bekanntlich führt diese Idee auf den zentralen Gedanken von Nietzsches *Geburt der Tragödie aus dem Geiste der Musik*. Nietzsche ordnete der Musik den dionysischen Kunsttrieb, der Bilderwelt der Ideen den apollinischen zu. Überlassen sich die Personen ganz dem dionysischen Zustand, dann sehen sie zwar das Innerste der Welt, oder besser, es stellt sich an ihnen dar; aber sie gehen an der Perpetuierung dieses Zustands auch zugrunde. Die Griechen waren der metaphysischen Erfahrung, die ihre dionysischen Mysterien lieferten, so nah, daß sie, um *als Kultur* nicht daran zu sterben, diese Erfahrung wieder übersetzen mußten in eine Serie apollinischer Bilder. Die dramatische Übersetzung dessen, was mit der dionysischen Musik und den damit verbundenen Kulten ins Bewußtsein trat, ist nach Nietzsche die Tragödie.[93]

Es wird aufgefallen sein, daß ich über *Schopenhauers* Deutung der Tragödie im System seiner Ästhetik bis hierher nicht gesprochen habe. Zu diesem Thema muß ich, um alles zusammenzustellen, was wir für Becketts Anwendung dieser Ästhetik brauchen werden, jetzt noch kommen. Ich trage zugleich damit andere Teile aus Schopenhauers Philosophie nach, die nicht mehr in die Ästhetik im engeren Sinn gehören. Schopenhauers Neufestsetzung von »Maß, Münze und Gewicht«[94] der personalen Existenz in der vom Willen angetriebenen Welt gehört zu den Hauptstücken seiner Metaphysik des Daseins und ist nicht nur etwas vom Eindringlichsten, was er überhaupt geschrieben hat; einiges davon ging auch unmittelbar in Becketts frühe Vorstellung eines künstlerischen Lebens ein. Und Schopenhauers Bilder dessen, was das Dasein unter der Herrschaft des Willens überhaupt ist, scheinen noch auf physiognomische Züge von Becketts späten Arbeiten zu passen.

93 Nietzsches Deutung ist im Detail komplizierter, und ich habe hier einige Elemente weggelassen, weil es nicht um Nietzsche geht. Aber es gibt fast definitorisch hingesetzte Formeln im entscheidenden achten Abschnitt der *Geburt der Tragödie*, in denen Nietzsche selbst eben diese Kombination zur Bestimmung der Tragödie benutzt: »Nach dieser Erkenntnis haben wir die griechische Tragödie als den dionysischen Chor zu verstehen, der sich immer von neuem wieder in einer apollinischen Bilderwelt entladet.« (W I, 52). »Somit ist das Drama die apollinische Versinnlichung dionysischer Erkenntnisse und Wirkungen und dadurch wie durch eine ungeheure Kluft vom Epos abgeschieden.« (W I, 53)

94 Nietzsche, W I, 307

15. Die Tragödie und die Nichtigkeit des Lebens

a) Die Tragödie

»Der Tod ist der eigentliche inspirierende Genius oder der Musaget der Philosophie, weshalb Sokrates diese auch thanátou melétē [Vorbereitung auf den Tod] definiert hat. Schwerlich sogar würde auch ohne den Tod philosophiert werden.«[95] Das sind Schopenhauers Worte am Anfang der Niederschrift seiner Ergänzungen zum vierten Buch der *Welt als Wille und Vorstellung*. Ähnliches könnte er auch zur Einleitung seiner knappen Theorie der Tragödie sagen. Denn die Tragödie soll eine Erkenntnis über das Wesen der Welt dem Zuschauer vermitteln, die diesen fähig macht, das Leben so zu bewerten, daß er im Tod keinen Verlust mehr sehen muß.

Die Künste im allgemeinen wiederholen die Anschauung einer Platonischen Form im dinglichen Stoff. Die Musik stellt das Wesen der Welt an sich dar, aber unbewußt, ohne es begrifflich zu verstehen. Der Komponist weiß selber nicht, daß er gültige Metaphysik in Noten festhält. Die Tragödie gibt ein Bild des Lebens, das die leidhaften Züge dieses Lebens vor das Bewußtsein bringt. Ihr Bild kann verstanden werden. Formal gehört sie zu den Künsten, die eine Idee wiederholen; bei der Tragödie ist es die Idee des Menschen. Die hat sie gemeinsam mit den übrigen Formen der Dichtkunst. Bloß ist in der Tragödie die Idee des Menschen als eines Lebenden *und Sterbenden* aufgefaßt, derart, daß Wert und Natur des Lebens und Sterbens klarer als anderswo heraustreten.

»Als der Gipfel der Dichtkunst sowohl in Hinsicht auf die Größe der Wirkung als auf die Schwierigkeit der Leistung ist das Trauerspiel anzusehen und ist dafür anerkannt. Es ist für das Ganze unserer gesamten Betrach-

95 Schopenhauer, W II, 590 (Aus satztechnischen Gründen ist das griechische Zitat transkribiert.)

tung sehr bedeutsam und wohl zu beachten, daß der Zweck dieser höchsten poetischen Leistung die Darstellung der schrecklichen Seite des Lebens ist, daß der namenlose Schmerz, der Jammer der Menschheit, der Triumph der Bosheit, die höhnende Herrschaft des Zufalls und der rettungslose Fall der Gerechten und Unschuldigen uns hier vorgeführt werden: denn hierin liegt ein bedeutsamer Wink über die Beschaffenheit der Welt und des Daseins.«[96]

Es liegt darin ein *Wink:* Nicht die *Totalität* der Welt, wie sie an sich ist, wird in Vorstellungen verwandelt (wie in der Musik), sondern es wird eine *Seite des menschlichen Lebens* gezeigt, eine Seite der Idee des Menschen; die schreckliche nämlich. Und die wieder gibt etwas zu verstehen (das scheint das Wort »Wink« zu sagen) über die Beschaffenheit der Welt und des Daseins überhaupt. Was sie zu verstehen gibt, das ergänze ich, indem ich vorgreife, ist das wahre Verhältnis von Leben und Sterben oder, wie Nietzsche sagen wird, Schopenhauers Antwort auf die Frage: *Was ist das Dasein überhaupt wert?*[97]
Der schrecklichen Seite des Daseins unterliegt in der Tragödie zunächst eine Eigenschaft des Willens als Ding an sich, die wir schon mehrfach in Anspruch nehmen mußten: Er strebt beständig danach, sich zu objektivieren. Und das Objektwerden in einer Welt des Individualitätsprinzips ist Zerfall des Willens in zahllose Einzelwesen oder seine *Selbstentzweiung.* Die Objektivation geschieht, wo sie sich auf höheren Stufen ereignet, in der Form von Leben. Leben ist Sich-Auslassen des Willens in der Entwicklung und im Verfall einzelner Organismen. Die Organismen, weil sie beständig von einer in ihnen tätigen Gewalt nach vorn und gegeneinander gestoßen werden, manifestieren die Selbstentzweiung des Willens in der Weise des Kampfes auf Leben und Tod. »Ein und derselbe Wille ist es, der in ihnen allen lebt und erscheint, dessen Erscheinungen aber sich selbst bekämpfen und sich selbst zerfleischen.«[98] Die Selbstentzweiung des Willens auf der Stufe des Menschlichen, die ständig zum

96 I, 353 97 Nietzsche, W I, 308
98 Schopenhauer, W I, 353

Untergang einzelner Personen führt, tritt mit der Tragödie in die Form künstlerischer Wiederholung ein.[99]

Die Wiederholung ist so, daß an ihr etwas wie Einsicht gewonnen werden kann. Schon von den Personen der klassischen Tragödien selber glaubt Schopenhauer, daß sie, bevor sie sterben, eine Erkenntnis aussprechen und für sich selber die Konsequenz aus dieser Erkenntnis ziehen. Die Erkenntnis ist die von der gemeinsamen Natur alles Lebenden als Wille, und von der Nichtigkeit des Individuums. Die Konsequenz ist das Zurücktreten vom Selbsterhaltungstrieb, das Preisgeben aller bisher verfolgten persönlichen Ziele und das freie Aufsichnehmen des Sterbens. »... sie alle sterben durch Leiden geläutert, d.h. nachdem der Wille zu leben zuvor in ihnen erstorben ist.«[100] Die Ordnungsprinzipien der Erfahrungswelt, Raum, Zeit und Kausalität, nennt Schopenhauer den *Schleier der Maja.* Der Schleier der Maja hindert die Personen in der alltäglichen Einstellung daran zu erkennen, daß ihr wahres Substratum, das, was ihren Grund und ihren Träger ausmacht, nicht personal ist; daß ihre personale Existenz nichts ist als eine scheinhafte Manifestation des Willens überhaupt, der seinerseits *alles* ist. Der Schleier der Maja, zu dem auch das Individuationsprinzip gehört, bindet die Subjekte an ihre individuellen Wünsche, Ängste und ihre Selbsterhaltung. Man kann sagen, daß er der Inbegriff derjenigen *Täuschungen* ist, mit denen die Einzelnen im Zustand der Unkenntnis über das gehalten werden, was sie eigentlich sind, und im Zustand des blinden Getriebenwerdens auf unbegriffene Ziele hin.

Die Handlung der Tragödie bewegt sich in den Ordnungsformen von Raum, Zeit, Kausalität. Die Personen erleben

99 Schopenhauer analysiert auch Tragödien, deren Handlungsgang auf ein Unglück hin nicht durch Kampf von Individuen gegeneinander, sondern durch verhängnisvolle Umstände gesteuert ist (König Ödipus). Er wertet sie aber für die allgemeine Tragödientheorie, die als zentrales Element den Gedanken der Selbstentzweiung hat, nicht aus.

100 I, 354

und leiden in ihr deshalb als Individuen, und sie bekämpfen einander, in den Tragödien, die Schopenhauer für besonders kennzeichnend ansieht, als Individuen – im Modus der Zerfleischung geradezu. Aber bevor sie sterben, werden sie durch das erfahrene *Übermaß an Leiden* dahin gebracht, daß sie durch den Schleier der Maja hindurchsehen und eine höhere Stufe der Erkenntnis betreten. Durch das Leiden werden sie auch von dem Fixiertsein auf ihre persönlichen Ziele frei; die Erkenntnis der gemeinsamen Natur alles Seienden macht sie frei für eine neue *Haltung* ihrem eigenen Leben und Sterben gegenüber. Die Wirksamkeit der *Motive*, die das Handeln der Personen sonst antreiben, wird aufgehoben. Die Erkenntnis dessen, was die Welt eigentlich ist, wird selbst zum *Quietiv*, zum Prinzip der Ruhe.

Das ist Schopenhauers neue Deutung der Katharsis: Nicht Furcht und Mitleid mit den Helden der Tragödie als Individuen sollen erregt werden, sondern in den Helden wie auch im Zuschauer die Erkenntnis, daß das individuelle Dasein in der Erfahrungswelt nichtig ist, weil nur Erscheinung, und das persönliche Sterben unwichtig, weil nur das Heraustreten des Individuums aus seiner Vereinzelung. Die Erkenntnis bringt den Helden die Befreiung von der Treiberei des personalen Willens und den Zuschauern die Möglichkeit, diese Erkenntnis für sich selbst in gleicher Weise anzuwenden. Weil Schopenhauer die Haltung, die dem *Philosophen* in dieser Welt eigentlich zukommt, genauso beschreibt wie das, was sich nach einem Übermaß an Leid in den Helden der Tragödie und im Zuschauer wiederholt, kann man sagen: Der im Trauerspiel angeschaute Tod wird zum inspirierenden Musageten der philosophischen Erkenntnis im Zuschauer und macht es ihm möglich (genauso wie das Leiden dem Helden selbst), sich vom Bejahen seines Willens zum Leben zurückzuziehen und im Verneinen eine Haltung zu finden, die ihm eine neue Art von Beruhigung und Freiheit vermittelt.

Damit der Unterschied zu dem, was Beckett tun wird, festgehalten werden kann, ist noch einmal zu erinnern: Die Logik des dramatischen Ablaufs ist in Schopenhauers Bild der Tragödie ganz die Logik der Erfahrungs-Ereignisse, die wohlbestimmten Individuen in den Ordnungsformen Raum, Zeit, Kausalität zustoßen. Nur in der *Erkenntnis*, deren Gegenstand auf der Bühne nicht erscheinen kann, erheben sich die sterbenden Helden darüber und sehen durch den Schleier der Maja hindurch. Und mit der Erkenntnis ist ihnen auch sofort die Haltung der Resignation *gegeben*, in der einige den Tod sogar »willig und freudig«[101] annehmen. Die sterbenden Helden sind am Ende des Trauerspiels nicht mehr getrieben, ihre bisherigen Zwecke zu verfolgen, sondern sie entsagen ihnen und zeigen sich damit als *frei*.

b) Die Verneinung des Willens zum Leben

Das vierte Buch der *Welt als Wille und Vorstellung* ist überschrieben: *Der Welt als Wille zweite Betrachtung: Bei erreichter Selbsterkenntnis, Bejahung und Verneinung des Willens zum Leben.* Zu diesen Themen muß ich, um Beckett später angemessen aufzunehmen, jetzt noch kommen.
In Schopenhauers Lehre von den Bewegungen des individuellen Willens stehen einander gegenüber *Motiv* und *Quietiv*. Das Motiv ist ein wahrgenommenes oder begrifflich vorgestelltes Ding oder Ereignis der Welt, das, zusammen mit dem Charakter der Person, auf dem Weg innerer Kausalität die willentlichen Handlungen lenkt. Das Quietiv ist die eben wiedergegebene Erkenntnis von der Scheinhaftigkeit alles Individuellen und der objektiven Gleichgültigkeit dessen, was die Individuen wollen oder was ihnen widerfährt. Objektiv gleichgültig ist dies alles, weil auf dem Standpunkt der

101 »So sehn wir im Trauerspiel zuletzt die Edelsten nach langem Kampf und Leiden den Zwecken, die sie bis dahin so heftig verfolgten, und allen den Genüssen des Lebens auf immer entsagen oder es selbst willig und freudig aufgeben ...« (I, 354)

außerpersönlichen Erkenntnis (derer, die das *Wesen* der Welt namhaft machen kann) Geburt und Tod sowie jedes andere zeitliche Ereignis den Willen selbst, das Ding an sich, nicht berühren. Es ist zwar so, daß der Wille auf seinen höheren Stufen ›Wille zum Leben‹ heißen darf[102]; aber das bedeutet nur, daß der Wille sich in Form des Lebendigen objektiviert. Daß einzelnes Lebendiges beständig wieder sein Ende im Tod findet, gehört zu den Gesetzen solcher Objektivation in der Zeit und ist von vornherein (auf diesem anderen Standpunkt) akzeptiert und eingestanden. Da sich Leben nach Schopenhauer stets und ausschließlich in einer *Gegenwart* vollzieht, kann er den Tod des Einzelnen lesen als bloßen Entzug von Gegenwart aus dem Gesichtspunkt dieser Person. Aber auf dem Standpunkt, auf den das Trauerspiel den sterbenden Helden und den verstehenden Zuschauer stellt, läßt sich erkennen, daß für dieses An-sich *immer* Objektivation und *immer* Gegenwart ist, in Form einzelner Lebendiger, die nur als Objektivationen gewollt, als Individuen aber ohne Bedeutung sind. Weil jeder Einzelne zu dem An-sich der Welt gehört, ist es deshalb auch töricht, den Tod zu fürchten. Denn dem Willen überhaupt bleibt in anderen Individuen seine Objektivation als Leben, und es bleibt ihm die Gegenwart:

»Die Erde wälzt sich vom Tage in die Nacht; das Individuum stirbt: aber die Sonne selbst brennt ohne Unterlaß ewigen Mittag. Dem Willen zum Leben ist das Leben gewiß: die Form des Lebens ist Gegenwart ohne Ende; gleichviel wie die Individuen, Erscheinungen der Idee, in der Zeit entstehn und vergehn, flüchtigen Träumen zu vergleichen.«[103]

Genauso töricht wie die Todesfurcht ist aus dieser Perspektive der Selbstmord. Eine Person, sagt man, suche dabei Erlösung vom Leben im Tod; der ist aber nicht etwa das Ende des Lebens, sondern nur einer individuellen Erscheinungsform des Willens als Ding an sich, der unbeirrt (und weil

102 I, 380 103 I, 388

bewußtlos, auch unbeirrbar) weiter sich objektiviert, also weiter *lebt.*[104]

Befreiung vom Leben (seinen Antrieben und Widrigkeiten) ist nach Schopenhauer nicht durch den Tod, sondern nur durch jenes andere möglich, das er die *Verneinung des Willens zum Leben* nennt, und durch das ein Wirken der Erkenntnis als *Quietiv,* Mittel des Ruhigstellens, möglich wird. Erleichtert wird diese Verneinung durch Einsicht in das, was Leben unter dem Diktat des Willens heißt: Ständiges Gedrängtwerden zu immer neuen Willenszielen, deren Erreichen jedes Mal immer nur momentane Befriedigung gewährt, ein Abfallen der Spannung, dem sofort der Schub auf ein neues Ziel hin folgt oder aber, wenn ein solches nicht in Sicht ist, Leere und Langeweile. Erkennt die Person das, zusammen mit der objektiven Gleichgültigkeit ihrer Existenz als Einzelwesen, dann mag sich ereignen, was Schopenhauer so bezeichnet:

»Vergleichen wir das Leben einer Kreisbahn aus glühenden Kohlen mit einigen kühlen Stellen, welche Bahn wir unablässig zu durchlaufen hätten; so tröstet den im Wahn Befangenen die kühle Stelle, auf der er jetzt eben steht oder die er nahe vor sich sieht, und er fährt fort, die Bahn zu durchlaufen. Jener aber, der, das principium individuationis durchschauend, das Wesen der Dinge an sich und dadurch das Ganze erkennt, ist solchen Trostes nicht mehr empfänglich: er sieht sich an allen Stellen zugleich und tritt heraus. – Sein Wille wendet sich, bejaht nicht mehr sein eigenes sich in der Erscheinung spiegelndes Wesen, sondern verneint es. Das Phänomen, wodurch dieses sich kundgibt, ist der Übergang von der Tugend zur *Askesis.*«[105]

104 Eines der für die Erinnerung stärksten Bilder Schopenhauers über die Torheit von Todeswunsch wie Todesfurcht dürfte das vom Mann auf dem Erdball sein: »Wie aber auf der Erdkugel überall oben ist, so ist auch die Form alles Lebens *Gegenwart,* und den Tod fürchten, weil er uns die Gegenwart entreißt, ist nicht weiser als fürchten, man könne von der runden Erdkugel, auf welcher man glücklicherweise nun gerade oben steht, hinuntergleiten.« (I, 387)

105 I, 516; »Übergang von der Tugend zur Askesis« sagt Schopenhauer, weil *eine* mögliche Vorstufe der Verneinung das Erkennen des gemeinsamen Wesens der eigenen und aller anderen Personen ist. Die Erkenntnis, daß

Daß der so erreichte Zustand *asketisch* ist zeigt sich gut an den Ausdrücken »freiwillige Entsagung«, »Resignation«, »freiwillige und absichtliche Armut«, »stete Mortifikation des Willens, damit nicht die Befriedigung der Wünsche, die Süße des Lebens den Willen wieder aufrege, gegen welchen die Selbsterkenntnis Abscheu gefaßt hat.«[106]

Es wird auch ohne ausdrückliche Beschäftigung mit diesen Wörtern deutlich sein, daß Schopenhauer hier eine Lebensform entwirft, die nur wenigen Personen zugänglich ist; und deren sichere Erwerbung er für sich selbst und für den Philosophen generell vielleicht wünscht, aber nicht als gegeben konstatieren kann. Es ist ausdrücklich die Lebensform der *Heiligkeit.* Schopenhauer deutet die Stifter der großen Religionen, sofern sie Asketen waren, als Heilige, die ihre Erkenntnis über das Wesen der Welt nur in einer Weise (als Religion) aussprachen, die nicht die Klarheit philosophischer Erkenntnis hat. *Intuitiv* seien diese Personen über das wahre Ding an sich im Bilde gewesen, *abstrakt* hätten sie es nicht erkannt, und auch nicht die relevanten Folgesätze, die allein in einem philosophischen System abgeleitet werden können.

Schopenhauers Konzept der Heiligkeit als eine Form des Existierens, die die Verneinung des Willens zum Leben als oberstes Prinzip hat, kann ich hier eigentlich nur nennen, nicht aber näher betrachten. Ich mache nur zwei Bemerkungen, die ich später wieder verwenden muß.

Zum einen: Es zeigt sich hier noch einmal, wie schon bei den Helden der Tragödie, Schopenhauers Hochschätzung des Leidens als Mittel zur Abtrennung vom Individualwillen.

man am andern eines und dasselbe Wesen hat wie an sich selbst, ist nach Schopenhauers Deutung der ethischen Phänomene die Basis der Tugend.

106 I, 515, 518, 519. Später heißt es in fast definitorischer Manier: »Unter dem schon öfter von mir gebrauchten Ausdruck *Askesis* verstehe ich im engern Sinne diese *vorsätzliche* Brechung des Willens durch Versagung des Angenehmen und Aufsuchen des Unangenehmen, die selbstgewählte büßende Lebensart und Selbstkasteiung zur anhaltenden Mortifikation des Willens.« (I, 532)

»Meistens muß daher durch das größte eigene Leiden der Wille gebrochen sein, ehe dessen Selbstverneinung eintritt.«[107] Das gilt für die Personen, die *nicht vorsätzlich* ihren personalen Willen brechen und durch ständige Versagung sich der Heiligkeit nähern können. Die Kraft, sich aus eigenem Entschluß zum Unterdrücker des eigenen Willens und schließlich zum Heiligen zu machen, ist etwas, über das die Personen selbst keine Verfügung haben. Nietzsche erinnert uns daran, daß Schopenhauer sich in Schmerz von dem Bild Rancés, des Mannes, der den Trappistenorden gründete, abgewandt und gesagt habe: »Das ist Sache der Gnade.«[108] Er dürfte dabei »Gnade« im Sinn von etwas gemeint haben, das dem Individuum durch eine Instanz zukommt, die größer ist als es selbst; das kann in Schopenhauers Lehre der Person nur der ursprüngliche Akt des einen Weltwillens sein, der den unveränderlichen (»intelligiblen«) Charakter der Person hervorbringt und immer schon festliegt, wenn die Person als Einzelwesen mit sich selbst bekannt wird. In einem Akt dieser Art kann eine ›Gnade‹ liegen, die nicht auf einen Gott und auch nicht auf ein Individuum in der Welt, vielmehr auf das An-sich der Welt selber zurückgeht. Die übrigen Personen, denen dergleichen ›Gnade‹ nicht zuteil wird, scheinen auf das Leiden *angewiesen* zu sein, wenn es um Verneinung des eigenen Willens zu tun ist. »Denn nur bei wenigen reicht die bloße Erkenntnis hin ...«[109] – Man mag also wohl Trauerspiele sehen, Philosoph sein oder sonstwie den Schleier der Maja durchschauen; für das Dauerhaft-Machen oder Stabilisieren der erfahrenen Lösung vom Willen und Beruhigung bedarf es noch eines Zusätzlichen.

Das bringt mich zu meiner zweiten Bemerkung: Der Zustand, in dem die Person ihren Willen zum Leben »bei erreichter Selbsterkenntnis« verneint, ist in hohem Maß paradox und paßt nicht gut in Schopenhauers Systematik; viel weniger in die Denkgewohnheiten des Bewußtseins, das sei-

107 I, 533 108 Nietzsche, W I, 305 109 I, 533

nen Willen noch bejaht. Wir erinnern uns: Die Lebensäußerungen der Personen, *alle* Lebensäußerungen einschließlich der Erkenntnis von Erfahrungsdingen, sind Formen, in denen der Wille zur Erscheinung wird, und sie sind dem Willen dienstbar. Es ist nach den Voraussetzungen von Schopenhauers Erkenntnistheorie und auch seiner Willensmetaphysik nicht zu verstehen, wie in einem Individuum, das ein Weltobjekt gewordenes Stück Wille ist, dieser Wille nicht seine Natur weiter ausleben (= ständig antreiben), sondern sich gegen sich selbst (genauer: seine Erscheinungsform als Individualwille) wenden werde, um sich zu verneinen, zu »mortifizieren« und schließlich abzutöten. Das klingt wie das Gegenbild einer creatio ex nihilo: eine annihilatio ex positivo.[110] Schopenhauer ist denn auch gezwungen, zur Erläuterung dieser paradoxen Handlungsweise in sein Buch etwas Neues einzuführen. Er kündigt zu Anfang der Paragraphen über die Selbstverneinung an, daß sich diese »schon als ein Widerspruch des Willens gegen seine eigene Erscheinung«[111] darstelle. Und um das Widersprüchliche (oder Widersinnige oder der Verstehbarkeit Widerstreitende) daran nicht unerklärt zu lassen, greift er schließlich auf etwas zurück, dem er am Anfang ausdrücklich die Existenz in der Erfahrungswelt bestritten hat: den freien Willen. Der Wille *als Ding an sich* ist frei, weil auf ihn das Konzept der Kausalität nicht anwendbar ist. *Alle konkreten Handlungen* der Personen sind aber unfrei, weil sie Teile der Erfahrungswelt sind, in der durchgängig die Kausalität gilt. Die Verneinung

110 In den *Paralipomena* (§ 161) streitet Schopenhauer das ab und gibt der Verneinung des Willens zum Leben eine neue theoretische Deutung. »Gegen gewisse alberne Einwürfe bemerke ich, daß die *Verneinung des Willens zum Leben* keineswegs die Vernichtung einer Substanz besage, sondern den bloßen actus des Nichtwollens: dasselbe, was bisher *gewollt* hat, *will* nicht mehr.« Daß er sich dafür aber die Schwierigkeit einhandelt, in dem Ding an sich noch anderes sehen zu müssen als nur, wie ursprünglich konzipiert, *Wille*, sieht der Autor selbst. (V, 368)
111 I, 457

des Willens zum Leben kann Schopenhauer nur dem Willen als Ding an sich zuschreiben; das ist plausibel. Er sagt darüber hinaus, sie sei »der einzige in der Erscheinung hervortretende Akt seiner Freiheit«[112]; das ist unplausibel. Denn es widerspricht der anfangs mit so viel apodiktischem Anspruch betonten durchgängigen Herrschaft des Kausalprinzips für die Erscheinungswelt.[113]

c) Die Bejahung des Willens zum Leben

Mit Absicht habe ich Schopenhauers Beschreibung der Existenz, die ganz in der Bejahung ihres personalen Willens eingeschlossen bleibt, bis jetzt zurückgestellt. Denn in ihr vollzieht sich eine ganz andere Art von Trauerspiel, für das Schopenhauer in der ›Dichtkunst‹, wie sie ihm als gebildetem Leser bekannt war, keine Muster finden konnte; das er auch der künstlerischen Wiederholung nicht für zugänglich hielt. Um so durchdringender sind seine eigenen Beschreibungen dieser Art von Existenz. Auf diese Teile der *Welt als Wille und Vorstellung* stützte sich Jean Paul, der einzige namhafte Rezensent, den dieses Werk (sieben Jahre nach seinem Erscheinen) fand:

» – ein genial-philosophisches, kühnes, vielseitiges Werk, voll Scharfsinn und Tiefsinn, aber mit einer oft trost- und bodenlosen Tiefe – vergleichbar dem melancholischen See in Norwegen, auf dem man in seiner finstern Ringmauer von steilen Felsen nie die Sonne, sondern – in der Tiefe nur den gestirnten Taghimmel erblickt, und über welchen kein Vogel und keine

112 I, 541

113 Schopenhauer führt auch, ähnlich Kant, zwei Reiche ein: ein Reich der Natur, in dem Notwendigkeit herrscht; und ein Reich der Gnade, in dem es Freiheit gibt. Aber anders als Kant liefert er keine Theorie, die das Ineinandergreifen der Reiche verständlich machte. (Schon Kants Theorie ist in dieser Sache, trotz ihrer Beliebtheit bei populären Fortsetzern, außerordentlich dunkel).

Woge zieht. Zum Glück kann ich das Buch nur loben, nicht unterschreiben.«[114]

Daß der Wille sich, indem er sich in Leben umsetzt, zugleich in schmerzhaftes und wenig glückliches Leben überträgt, verdankt er seiner eigenen Ewigkeit (eigentlich: Außerzeitlichkeit). Läßt nach erreichter Befriedigung der Willensdruck, unter dem die Personen leben, vorübergehend nach und setzt sich ihnen nicht gleich ein neues Objekt in den Kopf (dessen Erkenntnis dem Willen botmäßig ist), dann quält sich ihr Wille anders; durch »languor«, leeres Vermissen eines Gegenstandes. Schopenhauers Terminus dafür ist: *»Langeweile«*. Der Zustand des Strebens nach Befriedigung ist in Schopenhauers Deutung, solange er dauert, unbefriedigt, also Schmerz. Das ist die gewöhnliche Lebensverfassung des Organismus. Der unscheinbar kurze Befriedigungsmoment fällt zwar unter den Titel »Lust«; aber das, wohinein er sich verlängert, wenn kein neues Ziel sich auftut, ist objektlose Sehnsucht nach Objekt, also gleichfalls Mangel oder Tortur, nur in anderer Form.

So rechtfertigen sich die berühmten Wendungen, mit denen Schopenhauer die Existenz in der Leibeigenschaft des Willens kennzeichnet: »Nirgends ein Ziel, nirgends endliche Befriedigung, nirgends ein Ruhepunkt«[115]; »alles Leben Leiden«[116]; »ein Konkrement von tausend Bedürfnissen«[117]; »Haschen nach immer andern Truggestalten«[118]; »ein so elender Zustand, daß gänzliches Nichtsein ihm entschieden vorzuziehen wäre«[119]; »ein Pensum zum Abarbeiten«[120]; »ein fortgesetzter Betrug«[121]; »eine Prellerei«[122]; »eine Art Verirrung«[123]; und schließlich die Formel vom *Pendel zwischen Schmerz und Langeweile*, deren ganzen Zusammen-

114 Jean Paul, *Kleine Nachschule zur ästhetischen Vorschule: Vorlesung an und für den Leser, Vierte Viertelstunde.*

115 I, 424 116 I, 426 117 I, 428 118 I, 437
119 I, 445 120 II, 728 121 II, 733 122 V, 353
123 V, 379

hang ich wiedergeben muß, weil sie für Beckett möglicherweise nicht ganz unwichtig ist:

»Wollen und Streben ist sein ganzes Wesen, einem unauslöschbaren Durst gänzlich zu vergleichen. Die Basis alles Wollens aber ist Bedürftigkeit, Mangel, also Schmerz, dem er folglich schon ursprünglich und durch sein Wesen anheimfällt. Fehlt es ihm hingegen an Objekten des Wollens, indem die zu leichte Befriedigung sie ihm sogleich wieder wegnimmt; so befällt ihn furchtbare Leere und Langeweile: d.h. sein Wesen und sein Dasein selbst wird ihm zur unerträglichen Last. Sein Leben schwingt also gleich einem Pendel hin und her zwischen dem Schmerz und der Langenweile, welche beide in der Tat dessen letzte Bestandteile sind. Dieses hat sich sehr seltsam auch dadurch aussprechen müssen, daß, nachdem der Mensch alle Leiden und Qualen in die Hölle versetzt hatte, für den Himmel nun nichts übrigblieb als eben Langeweile.«[124]

Schmerz und Langeweile sind die *letzten Bestandteile des Lebens:* Das heißt, daß Schopenhauer behauptet, auf diese Elemente lasse sich *alles,* was das Leben ausmacht, zurückführen. Freilich erkennt das Leben selbst das nicht; und es muß erst der Schein und Flitter von seinen gerade geltenden Zielen abgezogen werden, damit das Zurückführen auf die letzten Bestandteile, die Reduktion auf seine Elemente, aus denen es aufgebaut ist, gelingen kann. Daß das gewöhnlich nicht gelingt und daß die Personen an dieser Erkenntnis der Elemente ihrer Existenz auch kein Interesse nehmen, liegt daran, daß sie verharren (und als Naturwesen auch verharren müssen) im Zustand der *Bejahung des Willens zum Leben.* Es bedarf dazu keines besonderen Aktes. »*Die Bejahung des Willens* ist das von keiner Erkenntnis gestörte beständige Wollen selbst, wie es das Leben der Menschen im allgemeinen ausfüllt.«[125] Deshalb verstehen die Personen gewöhnlich nicht, was ihnen mit dem Leben selbst widerfährt. Denn daß sie Erscheinungen sein werden, in denen sich der Wille auslebt, lag vor ihrem Eintreten in die Existenz schon fest; und daß in ihnen der Wille, jetzt mit individuellen Zielen ausgerüstet, sich selbst im Gang auf diese Ziele hin beständig

124 I, 427 f.
125 I, 447 f.

affirmiert, gehört zum Faktum seiner Objektivation selber. Es hängt vom Bewußtsein der Personen nicht ab. Schopenhauer denkt es offensichtlich als ein unausdrückliches Affirmieren, ähnlich dem, was Hobbes meint, wenn er die Selbsterhaltung zum höchsten Gut eines jeden erklärt[126]; damit ist auch nicht behauptet, ein jeder habe die Selbsterhaltung einmal in einem expliziten Entschluß als sein höchstes Gut erwählt. Bekanntlich wurde das Konzept der *conservatio sui* von den Philosophen des 17. Jahrhunderts analog zur Vorstellung der Trägheitskraft verwendet; so ähnlich auch die Bejahung des Willens zum Leben bei Schopenhauer.
Was unter solchen Lebensbedingungen »Glück« heißen kann, läßt sich mit Schopenhauer nur negativ erläutern. So lange jedenfalls, wie die Lebensbedingungen selber, die unter den Titel »Bejahung des Willens zum Leben« fallen, unverändert weiter bestehen.

»Alle Befriedigung, oder was man gemeinhin Glück nennt, ist eigentlich und wesentlich immer nur *negativ* und durchaus nie positiv ... Denn Wunsch, d. h. Mangel ist die vorhergehende Bedingung jedes Genusses. Mit der Befriedigung hört aber der Wunsch und folglich der Genuß auf. Daher kann die Befriedigung oder Beglückung nie mehr sein als die Befreiung von einem Schmerz, von einer Not ...«[127]

Der Sinn des Wortes »negativ« in der Anwendung auf »Glück« wird hier erfüllt dadurch, daß das gemeinhin so genannte »Glück« nie mehr als momentane Befreiung von einem Mangel ist. Den Mangel selber hingegen, den unvermeindlich wiederkehrenden Zustand des Wollens irgendwelcher Saturation, nennt Schopenhauer im gleichen Kontext das »Positive«, das heißt wohl: das eigentlich Feste in dieser Lebensform; dasjenige, das Bestand hat. Weil ein bleibendes Glück im Modus der Befriedigung nicht möglich ist, hält Schopenhauer es auch für undurchführbar, solches Glück in der *Kunst* darzustellen. Er wiederholt die alte Beobachtung, daß das Präsentieren des Strebens nach Glück oder des

126 Hobbes, *De homine*, cap. 11, sectio 6
127 I, 438

Kämpfens mit einer Gefahr zwar große Kunstprodukte füllen mag, daß diese Werke aber enden müssen, wenn die Entscheidung gefallen ist. Denn die Wiedergabe kompletter, dauerhafter Wunscherfüllung gerät zum faden Idyll, welches »als solches sich nicht halten kann.«[128]

Immerhin macht die Kunst eine zeitweilige Befreiung vom Willensdruck möglich, die auch »Glück« heißen darf, nur in anderem Sinn: »Glück« nicht als Erreichen eines Willenszieles, mit dem zugleich ein neues (oder die Langeweile) ins Bewußtsein tritt, sondern als, wenngleich vorübergehendes, Löschen des Individualwillens überhaupt. Das Anschauen der Idee, der ursprüngliche Erkenntnisakt des Genies und das Erlebnis, das die Kunst denen, die sie angemessen aufnehmen, vermitteln kann, geschieht in willenloser Einstellung. Das rein anschauende Subjekt, das sich als Individuum vergessen hat, *will* auch für die Zeit seiner Selbstvergessenheit *nicht*. Das ist, nach Schopenhauer, die wichtigste Bedingung des ästhetischen Erlebnisses und, wie sich jetzt zeigt, auch der Grund, weshalb der Genuß der Kunst eine ganz andere Befriedigung mit sich führt, als bloßes *Gefallen*. Die Kunst macht »Glück« und »Befriedigung« in einem Sinn dieser Wörter möglich, die ihrem normalen Sinn in angebbarer Weise entgegengesetzt ist: Nicht das Zu-Ende-Bringen eines wünschenden Mangelzustandes durch Erfüllen, sondern zeitweiliges Stillstellen des Willens überhaupt, Heraustreten des Subjekts aus der Existenzform, die den Namen »Pendel zwischen Schmerz und Langeweile« führt. Schopenhauer sagt über das Glück, das die Kunst erzeugen kann: »wir feiern den Sabbath der Zuchthausarbeit des Wollens, das Rad des Ixion steht still«.[129]

128 I, 440

129 I, 280. (Ixion, König der Lapithen, wurde von Zeus als Tischgenosse der Götter aufgenommen. Er versuchte aber, sich an Hera zu vergreifen. Zeus überführte ihn durch ein Trugbild, und Ixion wurde zur Strafe auf ein feuriges Rad geflochten, das sich in der Unterwelt ewig dreht. Beckett wird das Bild vom Leben als Gemartertwerden auf dem Rad des Ixion in *Murphy* wieder verwenden.)

Nur nennt Schopenhauer jetzt eine Bedingung künstlerischer Bewußtseinszustände, auf die er in der engeren Kunstphilosophie zwar hingedeutet, sie aber weniger energisch mit seiner Theorie der Ideenerkenntnis verbunden hat. Diese Bedingung ist eine höhere Kapazität für Leiden, als die Mehrzahl der Personen sie besitzen. Ein Passus lautet:

»Denn das, was man sonst den schönsten Teil, die reinsten Freuden des Lebens nennen möchte, eben auch nur, weil es uns aus dem realen Dasein heraushebt und uns in anteilslose Zuschauer desselben verwandelt, also das reine Erkennen, dem alles Wollen fremd bleibt, der Genuß des Schönen, die echte Freude an der Kunst: dies ist, weil es schon seltene Anlagen erfordert, nur höchst wenigen und auch diesen nur als ein vorübergehender Traum vergönnt: und dann macht eben diese wenigen die höhere intellektuelle Kraft für viel größere Leiden empfänglich, als die Stumpferen je empfinden können, und stellt sie überdies einsam unter merklich von ihnen verschiedene Wesen: wodurch sich denn auch dieses ausgleicht.«[130]

Schopenhauer sieht die Lebewesen, wo er über die Kapazität für Leiden spricht, in einer Stufenreihe. Die Pflanzen haben keine Sensibilität, also keinen Schmerz. Von den untersten Tieren bis zum Menschen steigert sich die Erkenntnisfähigkeit beständig, proportional dazu die Empfänglichkeit für Leiden. Ihren höchsten Grad erreichen beide im Genie: »Der, in welchem der Genius lebt, leidet am meisten.«[131] Mehr zu leiden und unter anderen Lebewesen »merklich einsam« zu sein, sind Eigenschaften, die das Genie zum Austausch für sein zeitweiliges willenloses Glück auf sich zu nehmen hat. Leiden und Einsamkeit wird Beckett zu den unabdingbaren Zügen künstlerischer Existenz rechnen.
Ich habe schon angedeutet, daß ich an Schopenhauers Theorie des Trauerspiels, gegenüber dem ›Bild des Lebens‹, wie es bei ungebrochener Bejahung des Willens zu solchem Leben aussieht, vor allem eines verwunderlich finde: Daß dieses Leben, welches nach Schopenhauer die Existenzform der weitaus meisten Personen bildet, *gerade nicht zum Gegen-*

130 I, 430 f.
131 I, 426

stand des Trauerspiels wird, und auch nicht zum Gegenstand irgendeiner anderen Kunst.[132] Dabei vergleicht Schopenhauer, ganz wie die Tradition es will, das Leben der Personen mit dem großen Welttheater. Bloß bleibt das bei ihm notwendig ein *Naturtheater*. Es kann nicht in Kunst übersetzt werden. Er kennt keine Kunstform, die er als Kandidaten für die Darstellung des *Pendels zwischen Schmerz und Langeweile* überhaupt nennen könnte. Das ist konsequent. Denn er hat der Kunst das Wiederholen der *Ideen* im dinglichen Stoff zur Aufgabe und Funktion bestimmt. Das Pendel zwischen Schmerz und Langeweile als die gewöhnliche Existenzverfassung der Personen (und zuletzt von jederlei Lebendigem) ist gerade keine Idee – *nicht* in Schopenhauers System der Ideen. Zwar stellt die Tragödie, wie wir vorhin gehört haben, die Idee des Menschen dar, und des näheren nach ihrer schrecklichen Seite. Aber diese schreckliche Seite ist bloß bis zum Übermaß gehäuftes Leiden und schließliches Sterben. Bevor das letztere geschieht, offeriert das Trauerspiel seinen Helden sogar noch Läuterung und Erkenntnis. Dieser spezielle Service wird, wie Schopenhauer mitteilt, in der realen Welt den meisten Personen *nicht* gewährt. Wie von innen her verbarrikadiert[133] gegen die Erkenntnis dessen, was eigentlich geschieht, vollstrecken sie das Bild vom Pendel zwischen Schmerz und Langeweile, ohne es gewahr zu werden. Die Ordnungsstrukturen ihres Verstandes sind ihnen so wertvoll, gewähren so viel komfortable Illusion, daß Schopenhauer sogar sagen kann, die Per-

132 Es ist implizit enthalten in der Musik, weil die den Willen überhaupt abbildet und also, in einem gewissen, indirekten Sinn, die ganze Welt. Aber es ist kein ausdrückliches Thema der Musik, weil sie zwar den Willen, wie er an sich ist, in Vorstellungen setzt, nicht aber die Existenzweise einzelner Personen in der Welt. Das Nachmalen raumzeitlicher Geschehnisse ist der Musik, da sie nach Schopenhauer auf unbewußte Weise *meta-physisch* ist, in dieser Philosophie gerade fremd.

133 »Von innen her« kann man sagen, weil es die eigenen normalen Erkenntnisformen der Personen sind, die sie an der wirklich relevanten Erkenntnis hindern.

sonen ergreife ein *Grausen,* wenn sie plötzlich aus irgendeinem Grund daran zweifeln müssen.[134]

Das Trauerspiel, das sich *nicht* in der Kunst, sondern in der Welt mit den Individuen *und im ganzen* vollzieht, und für das Schopenhauers Ästhetik, mindestens in des Autors eigenem Verständnis, keinen Platz hat, ist zugleich ein Lustspiel:

»So muß, als ob das Schicksal zum Jammer unseres Daseins noch den Spott fügen gewollt, unser Leben alle Wehen des Trauerspiels enthalten, und wir dabei doch nicht einmal die Würde tragischer Personen behaupten können, sondern im breiten Detail des Lebens unumgänglich läppische Lustspielcharaktere sein.«[135]

134 »Denn wie auf dem tobenden Meere, das, nach allen Seiten unbegrenzt, heulend Wasserberge erhebt und senkt, auf einem Kahn ein Schiffer sitzt, dem schwachen Fahrzeug vertrauend; so sitzt mitten in einer Welt voll Qualen ruhig der einzelne Mensch, gestützt und vertrauend auf das principium individuationis oder der Weise, wie das Individuum die Dinge erkennt, als Erscheinung. Die unbegrenzte Welt, voll Leiden überall, in unendlicher Vergangenheit, in unendlicher Zukunft, ist ihm fremd, ja ist ihm ein Märchen: seine verschwindende Person, seine ausdehnungslose Gegenwart, sein augenblickliches Behagen, dies allein hat Wirklichkeit für ihn: und dies zu erhalten tut er alles, solange nicht eine bessere Erkenntnis ihm die Augen öffnet. Bis dahin lebt bloß in der innersten Tiefe seines Bewußtseins die ganz dunkle Ahndung, daß ihm jenes alles doch wohl eigentlich so fremd nicht ist, sondern einen Zusammenhang mit ihm hat, vor welchem das principium individuationis ihn nicht schützen kann. Aus dieser Ahndung stammt jenes so unvertilgbare und allen Menschen (ja vielleicht selbst den klügeren Tieren) gemeinsame *Grausen,* das sie plötzlich ergreift, wenn sie durch irgendeinen Zufall irrewerden am principio individuationis, indem der Satz vom Grunde in irgendeiner seiner Gestaltungen eine Ausnahme zu erleiden scheint: z. B. wenn es scheint, daß irgendeine Veränderung ohne Ursache vor sich ginge oder ein Gestorbener wieder da wäre oder sonst irgendwie das Vergangene oder das Zukünftige gegenwärtig oder das Ferne nah wäre. Das ungeheure Entsetzen über so etwas gründet sich darauf, daß sie plötzlich irrewerden an den Erkenntnisformen der Erscheinung, welche allein ihr eigenes Individum von der übrigen Welt gesondert halten.« (I, 482)

135 I, 442. Kurz vorher heißt es: »Denn das Treiben und die Plage des Tages, die rastlose Neckerei des Augenblicks, das Wünschen und Fürchten der Woche, die Unfälle jeder Stunde mittelst des stets auf Schabernack bedachten Zufalls sind lauter Komödienszenen.«

Passend für eine gute Erfindung gibt es in diesem Stück auch eine gewisse Art von Konsequenz. Denn wie die Leiden, die Langeweile und die wenigen Genüsse auch verteilt sein mögen: Es ist immer der Wille selbst in der Form seines Sich-Auslebens oder seiner Selbstbejahung, der das letzte Substrat, das heißt der einzige Held dieser Auftritte ist. Und was ihm geschieht, geschieht ihm, wie Schopenhauer bereitwillig erklärt, recht. Nur der Erscheinung nach lebt der Wille in der Form der Selbstentzweiung. In der Welt als Ganzer ist es »ein und dasselbe Wesen, was in seiner eigenen Erscheinung, sich selbst nicht wiedererkennend, sowohl die Qual als die Schuld trägt.«[136] Deshalb ist das Ganze auch nicht ein Gegenstand vernünftigen Bedauerns; ebensowenig wie ein Gegenstand vernünftiger Empörung; denn die Individuen abgerechnet, die ohnehin nichtig sind, trifft das Leid nur den, der es selbst erzeugt und will; und nicht einmal einen unbeteiligten Dritten kann es kränken, denn der einzige, der davon erfährt, ist (ohne sich zu erkennen) auch der Täter wie der Leidtragende. »Es ist hierüber jedoch von keiner Seite weiter eine Klage zu erheben: denn der Wille führt das große Trauer- und Lust-Spiel auf eigne Kosten auf und ist auch sein eigener Zuschauer. Die Welt ist gerade eine solche, weil der Wille, dessen Erscheinung sie ist, ein solcher ist, weil er so will.«[137]

136 I, 488
137 I, 453

II. Becketts Entwurf einer Kunstphilosophie in *Proust*

16. Vorausdeutung mit Vico

Weil *Dante . . . Bruno. Vico . . . Joyce* geschrieben wurde, bevor Beckett eine nähere Kenntnis von Schopenhauers Philosophie besaß[1], rechne ich diese kurze theoretische Äußerung des Autors nur zur Vorgeschichte dessen, was ich betrachten will. Sie fällt nicht wirklich in den Bereich meiner Gegenstände. Ihre Aussagen zur Poetik sind auch deutlich skizzenhafter ausgeführt und berühren sehr viel weniger Themen (oder systematische Teilstücke) einer Ästhetik als *Proust.* Deshalb konzentriere ich mich allein auf die Züge, die mir an dieser frühen Position für den ästhetischen Entwurf von *Proust* relevant erscheinen. Einige davon sind Züge, die zeigen, daß Beckett hier noch auf einem ganz anderen Punkt steht. Einige weitere, die ich manchmal direkt aus Vicos Schriften nehme, hören sich an wie Vorbereitungen oder Vorausdeutungen.

a) Vico auf Joyce bezogen

Das Hauptthema von *Dante . . . Bruno. Vico . . . Joyce* ist die Rolle der Sprache in einem dichterischen Werk. Beckett will die extrem eigenwillige sprachliche Form von Joyces *Work in Progress,* das 1927 zu erscheinen begonnen hatte, verteidigen und erläutern, indem er zeigt, daß *diese* Sprache gerade eine

1 Ich nehme das daraus, daß in diesem Aufsatz punktuell Behauptungen vorgetragen werden oder impliziert sind, die dem, was Beckett dann, bei offensichtlicher Verwendung von Schopenhauers Ästhetik, in dem Buch über Proust sagt, widersprechen. Diese Sachlage macht es zumindest extrem wahrscheinlich, daß Beckett Schopenhauer erst nach der Niederschrift des Joyce-Essays las.

wirklich dichterische ist. Zusätzlich will er das Bewegungsgesetz des Werkes wie auch der Ereignisse im Werk formulieren. Für beides kommt ihm Vico gelegen, weil in dessen Poetik die Dichtung hergeleitet wird aus einem Zustand der Menschheit, in dem das Mitteilen von Gedanken durch Erfinden von Gestalten geschah; und weil in der *Scienza Nuova* ein Bild zyklischer Evolutionen entworfen ist, das Beckett auf *Work in Progress* projizieren (und sich dabei auf Vicos Auftreten im Werk selber berufen) kann. Bruno ist herangezogen, weil er Voraussetzungen für Vico, Dante, weil er eine weitere Theorie der Sprache beibringt, das klassische Musterbild eines sprachlich kühnen Werkes, und eine Schilderung des Fegefeuers, mit der Beckett die Arbeit von Joyce in einer neuen Weise verbindet.

Was Beckett an der scheinbar irregulären und gewaltsamen Sprache von *Work in Progress* vor allem mit Vico deutet, ist die Tatsache, daß hier »unmittelbarer Ausdruck«[2] stattfindet. »Unmittelbarer Ausdruck« (»direct expression«) ist Becketts Wort für eine Prosa, die nicht *über* ihre Gegenstände geschrieben wird, sondern die ihre Gegenstände selbst (in gewissem Sinn) inkorporiert. »Er schreibt nicht *über* etwas; *sein Schreiben ist dieses etwas selbst* ... Wenn der Sinn Schlaf ist, gehen die Wörter schlafen ... Wenn der Sinn Tanz ist, tanzen die Wörter.«[3] (Den Unterschied dieses Verfahrens gegenüber einem herkömmlich onomatopoetischen muß die Literaturwissenschaft betrachten.)[4] Es gibt unter Vicos Aussagen über die Entstehung der Dichtkunst wie auch der Sprache mehrere, die sich Beckett an dieser Stelle zunutze machen konnte. Die Dichtkunst ist Vico ursprünglich das Erfinden einer Welt – nicht notwendig schon das sprachliche Erfinden. Die Menschen, die in Unkenntnis der wahren Ursachen für die Erscheinungen, unter denen sie zu leben hat-

2 *Dante ... Bruno. Vico ... Joyce,* 19 3 a. a. O. 20

4 Vico selber hält die erste artikulierte (nicht bloß bildliche) Sprache für onomatopoetisch: *Die Neue Wissenschaft über die gemeinschaftliche Natur der Völker,* hg. u. übers. v. E. Auerbach, München 1924, S. 193.

ten, sich eine beseelend-mythologische Deutung phantasierten, *schufen* die Dinge ihrer Welt, und sie schufen eine Ordnung dieser Dinge – deshalb hießen sie nach Vico *Schöpfer*, das ist *Poeten*. Eine so aufgefaßte Dichtung berichtet nicht über etwas, das von ihr getrennt wäre, sondern sie erdichtet eine Welt, in der Personen leben und sich zurechtfinden können, und *stellt* damit diese Welt für die Personen *her*. Vollkommen ist die Einheit von Ding und Zeichen da, wo Vico die Sprache Jupiters ins Auge faßt und sich fragt, wie die Personen sie verstehen konnten:

»Sie nahmen an, Jupiter befehle durch Zeichen, solche Zeichen seien Wirkliches ausdrückende Worte, und die Natur sei die Sprache Jupiters; als die Deutung dieser Sprache sahen die Völker allgemein die Weissagung an, die von den Griechen Theologie genannt wurde, das heißt Wissenschaft von der Sprache der Götter.«[5]

Eine solche Sprache in Dingen oder Ereignissen, deren Inbegriff die ganze Natur ist, kommt sehr nah an eine wörtliche Erfüllung von Becketts Satz: *»sein Schreiben ist dieses Etwas selbst«*.[6] Beckett wieder wird in seiner Prosa einen Punkt erreichen, wo dieser Satz in anderem Verständnis ebenfalls erfüllt ist; es gibt ein Erzählen (»Sprechen«), das nicht über etwas von ihm Getrenntes berichtet, sondern dieses Etwas *ist*.

Wo Vico sich zum Entstehen der artikulierten Sprache, also der Sprache im engeren Sinn, wendet, beginnt er seine Entstehungsgeschichte mit den Hieroglyphen. Er sieht in ihnen zunächst Dinge, die wie Wörter gebraucht werden, und nimmt an, daß sie sich erst danach zu Schriftzeichen entwickelten, die wie ihre Gegenstände aussahen.

»Von den Skythen wissen wir, daß noch in ziemlich später Zeit ihr König Indantura dem älteren Darius in fünf Realworten auf seine Kriegserklärung antwortete: es waren ein Frosch, eine Maus, ein Vogel, der Zahn einer Pflugschar und ein Bogen.«[7]

5 Vico, a. a. O. 156

6 Beckett, a. a. O. 20; »Hier *ist* die Form der Inhalt, der Inhalt *ist* die Form.«

7 Vico, a. a. O. 186

Realwörter – in diesem Sinn faßt Beckett offensichtlich Joyces Wörter in *Work in Progress* auf. Und er wendet die Idee eines hieroglyphischen Schreibens sofort an, um zwei Vorzüge einer solchen Sprache zu proklamieren, die die »höflichen Verzerrungen der Druckerschwärze des 20. Jahrhunderts« nicht für sich beanspruchen können: *Barbarische Sparsamkeit* und *unausbleibliche Klarheit*. Er nennt eine solche Art zu schreiben einen »Extrakt des Wichtigsten aus Sprache, Malerei und Gebärdenspiel«[8].

Mit dem Lob der Hieroglyphen, die *Realwörter* sind, hat Beckett nicht nur auf etwas vom Wichtigeren an seiner eigenen späteren Prosa vorausgedeutet, sondern sich auch – offenbar zunächst unabhängig von Proust – ein Konzept angeeignet, das er in einer bestimmten Abwandlungsform bei Proust (durch dessen Selbstdeutung bestätigt) wieder verwenden konnte. Er setzt seine Parteinahme für hieroglyphische Elemente als Auslöser oder Teile künstlerischer Arbeit auch später gegen Schopenhauers Abwertung der Hieroglyphen[9] durch.

Ich nenne noch einige Punkte des Joyce-Essays, die man in Erinnerung halten sollte, wenn man sich auf die Schrift über Proust zubewegt; es gibt Gemeinsamkeiten und Differenzen. Die Differenzen scheinen an einem Verständnis der künstlerischen Tätigkeit aufzutreten, das Beckett mit Schopenhauer korrigierte.

Gemeinsam ist beiden Schriften eine resolute Trennung zwi-

8 »Diese Art zu schreiben, die Sie so dunkel finden, ist ein Extrakt des Wichtigsten aus Sprache, Malerei und Gebärdenspiel, mit der ganzen unausbleiblichen Klarheit der einstigen Sprachlosigkeit. Hier herrscht die barbarische Sparsamkeit der Hieroglyphen. Hier sind die Wörter nicht die höflichen Verzerrungen der Druckerschwärze des 20. Jahrhunderts. Sie sind lebendig. Sie drängen sich aufs Papier und glühen und entflammen und verglimmen und verschwinden.« (a. a. O. 22; der Passus beginnt nach einer Äußerung über Dickens und leitet dann zu einem der vielen Zitate aus *Work in Progress* über; offensichtlich münzte ihn Beckett auf beide Autoren.)

9 Vgl. Schopenhauer, W I, 333 f.; 338

schen Dichtung und allem, was mit *Abstraktion* zu schaffen hat. In *Dante ... Bruno. Vico ... Joyce* wird mehrfach das Abstrakte von dem unterschieden, was konkret, bildhaft, direkt, wirklich, sinnlich ist. Am deutlichsten tritt das heraus in Becketts Kritik an der englischen Sprache, der Sprache also, die Joyce in Richtung auf Realwörter hin verändert, um sie (in Becketts Deutung) für ein Stück Literatur gebrauchen zu können, das Vicos ursprünglicher Poesie ähnlich ist. Beckett sagt wörtlich, die englische Sprache sei »zu Tode abstrahiert«[10].

Auf die Seite der Abstraktion gehört hier der Allgemeinbegriff, der Verstand und – das muß ausdrücklich vermerkt werden – *auch die Metaphysik.* Allerdings zeigt der Kontext unzweifelhaft, daß Beckett in dieser Arbeit mit ›Metaphysik‹ eine *philosophische* Metaphysik meint. Er gebraucht das Wort ›Metaphysik‹ wie ›Wissenschaft aus abstrakten Begriffen‹ und konfrontiert *diese* Metaphysik der Poesie geradezu als ihr Gegenteil. Den Satz »Nichts ist im Intellekt, was nicht vorher in den Sinnen war« liest er nicht nur als Grundsatz einer sensualistischen Erkenntnistheorie, sondern (mit Vico) auch als eine Behauptung über die geschichtliche Folge von Poesie und Philosophie: Was die Poesie sinnlich und konkret darstellt, gibt die Philosophie in einer entkörperlichten Sprache wieder, aber so, daß sie von der Poesie abhängig bleibt. Beckett folgert, »daß Poesie eine erste Voraussetzung der Philosophie und Kultur ist«[11].

Es ist in *Dante ... Bruno. Vico ... Joyce* noch kein Unterschied zwischen Erscheinung und Wesen (oder Sache an sich) erkennbar. Damit fehlt auf dieser Stufe auch die einfachste Gegenüberstellung, mit der Beckett in *Proust* arbeiten wird. Die Kennzeichnung der Metaphysik als bloße Begriffswissenschaft dürfte damit zusammenhängen, und ebenso die abfällige Behandlung alles Mystischen. Beckett

10 *Dante ... Bruno. Vico ... Joyce* 21

11 a.a.O. 16. Das ist die wichtigste Passage für die Konfrontation von Metaphysik und Poesie.

verwahrt sich mehrfach dagegen, daß Vico ein Mystiker genannt werde. Das scheint wie eine Verteidigung gegen ein Pejorativum gemeint zu sein. Offensichtlich macht Beckett hier noch nicht von dem Gedanken Gebrauch, daß es ein Wahrnehmen von ›Wesentlichem‹ geben könnte, das Ähnlichkeit mit mystischer Erfahrung hat.

Was in *Proust* wie der Kern eines künstlerischen Weltverhältnisses überhaupt aussieht, ist hier noch nicht in Becketts Gesichtskreis geraten. Der Vorrang der Poesie vor der Philosophie scheint in drei Dingen zu bestehen: Die Poesie ist sinnlich (konkret, reich), sie ist historisch früher als die Philosophie, und das Letztere ist nicht zufällig, sondern die Entstehung der Philosophie hängt von der vorgängigen Existenz der Poesie ab.

Es gibt einen Satz, der sich weniger auf die Poetik als auf das bezieht, was ich vorhin mit Nietzsche ›Bild des Lebens‹ nannte, und der vermuten läßt, daß Schopenhauer dem Beckett dieser Jahre nicht bloß für eine leistungsfähigere Kunstphilosophie gelegen kam, sondern auch für das bessere Begründen einer schon jetzt gebildeten Auffassung von der Existenz der Subjekte in der Welt. Beckett vergleicht am Ende des Joyce-Essays Dantes *Purgatorio* mit *Work in Progress* und muß sich fragen: »Inwiefern hat dann James Joyce's Werk etwas Fegefeuerartiges?« Die Antwort ist: »Durch das absolute Fehlen des Absoluten.«[12]

b) Vico als Vorbereitung

Es gibt Thesen in Vicos Philosophie, die Beckett in *Dante . . . Bruno. Vico . . . Joyce* nicht verwendet, die aber gelesen werden können wie Vorbereitungen auf *Proust*, manchmal sogar wie Prämissen für den kunstphilosophischen Entwurf, den Beckett dort versucht. Genauso könnten sie gelesen werden als Vorbereitungen auf eine philosophische Beschäftigung

12 a. a. O. 28

mit Schopenhauer[13] (den Beckett offensichtlich erst nach Vico las). Der Autor muß diese Stücke von Vicos Philosophie bei seinem Vico-Studium zur Kenntnis genommen haben. Wie weit er sie verinnerlichte oder bewußt sich zu eigen machte, ist nicht zu entscheiden. Ich führe zwei davon an.

Das erste betrifft die Rolle der Kausalität. Wir erinnern uns, daß Schopenhauer die Gegenstände der Kunst als etwas ansieht, was außerhalb kausaler Zusammenhänge liegen muß. Wo die Kausalität ins Werk eindringt, tritt der Verstand ins Werk ein und zerstört es. Es erscheint mir auffällig, daß Vico die poetische Phase der menschlichen Erkenntnis, die Phase, in der die Menschen die Ordnung ihrer Welt erfanden im Sinn von erdichteten, zugleich als eine Phase *ohne Verständnis für Kausalität* ansieht. Diese Phase ist für Beckett die Epoche des *unmittelbaren Ausdrucks,* wo die erfundenen Gestalten selber wie ihre eigenen Zeichen fungieren. Es ist auch die Epoche, die, nicht entstellt durch die »höflichen Verzerrungen der Druckerschwärze des 20. Jahrhunderts«, Beckett als das Urbild eines poetischen Verhaltens dient, von dem er sagt, es sei »ein Extrakt des Wichtigsten aus Sprache, Malerei und Gebärdenspiel ...« Vico führt das Eigentümliche an der Weltdeutung, die der Ursprung der Dichtung sein soll, wörtlich darauf zurück, daß die Personen von den Ursachen der Dinge nichts wußten: »Dies war die ihnen eigentümliche Dichtung, eine ihrem Wesen entsprechende Fähigkeit (denn die Natur hatte sie mit solchen Sinnen und solcher Phantasie ausgerüstet), entstanden aus der Unkenntnis der Ursachen ...«[14] Vicos Erklärung mag für Beckett ein Motiv

13 Freilich gibt es andere Teile von Vicos Philosophie (und vielleicht auch zentralere), die Schopenhauer nicht gut integrieren könnte. Ich weiß (zum Beispiel) nicht, wie er sich über Vicos Prinzip des *verum factum* erklären würde. Am deutlichsten exponiert in *De Antiquissima Italorum Sapientia*, I, 1: »Latinis *verum* et *factum* reciprocantur, seu, ut scholarum vulgus loquitur, convertuntur ...« (*Opere di Giambattista Vico*, ed. G. Ferrari, Napoli 1858-1865, vol. I, p. 71.)

14 Vico, *Die Neue Wissenschaft*, ed. Auerbach, 151 f.

gewesen sein, Schopenhauers Ästhetik gerade in Sachen Kausalität als willkommenes Hilfsmittel für seine Verständigung über die Kunst anzunehmen und weiterzuführen.

Die zweite Einzelheit aus Vicos Philosophie, an die ich erinnern will, die merkwürdigere und schlagendere Koinzidenz zwischen Vico und Schopenhauer, hängt mit diesem Theorem zusammen. Es ist in *Dante ... Bruno. Vico ... Joyce* nicht erkennbar, daß es auch nach Vico eine metaphysische Tätigkeit gibt, die sich dichterischer Mittel bedient und ihren Gegenstand in angebbarem Sinn ursprünglicher (direkter, weniger täuschungsanfällig) auffaßt als die abstrakt betriebene Philosophie. Beckett hat in dieser frühen Arbeit das Wort »Metaphysik« ganz im Sinn von Vicos anfänglicher Bestimmung der Philosophie als Vernunftwissenschaft[15] genommen, das begriffliche Verfahren sogar gegen Vicos Bindung der Philosophie an Philologie verteidigt.[16] Er hat aber nicht erwähnt, daß Vico selber die ursprüngliche Poesie, die er, Beckett, in diesem Essay als ein Muster für unmittelbaren Ausdruck und für ein nicht durch Abstraktion korrumpiertes Schreiben dem Leser hinstellt, kennzeichnet als: *Poetische Metaphysik (Metafisica Poetica).* So ist die erste Abteilung des zweiten Buches der *Scienza Nuova,* in der all das steht, worauf sich Beckett stützen will, überschrieben. Und gleich zu Anfang dieser Abteilung macht Vico einen Unterschied zwischen zwei Arten von Metaphysik, die man ruhig, mit den Überlegungen Schopenhauers, als philosophische und künstlerische Metaphysik gegeneinanderhalten mag:

»Die poetische Weisheit, die die erste Weisheit des Heidentums war, mußte mit einer Metaphysik beginnen, und zwar nicht mit einer abstrakten und verstandesmäßigen, wie die der Gelehrten, sondern einer sinnlich empfundenen und durch Einbildungskraft vorgestellten, wie es solchen ersten Menschen entspricht, die gar kein Nachdenken, aber ganz starke Sinne und mächtige Phantasie besaßen.«[17]

15 *Die Neue Wissenschaft,* Grundsatz 10; a. a. O. 78

16 Beckett, a. a. O. 9.

17 a. a. O. 151

Einer sinnlich empfundenen und durch Einbildungskraft vorgestellten Metaphysik: Sinnlichkeit und Einbildungskraft waren die Vermögen, mit denen Schopenhauer die künstlerische Erkenntnis sich verstehbar zu machen suchte. Und ähnlich wie bei Schopenhauer gilt auch bei Vico für die Sinnlichkeit: Sie wird ausdrücklich deklariert als dasjenige, was die Daten überhaupt aller Erkenntnis zunächst anliefert. Beide Autoren sympathisieren (wenngleich in verschiedenem Ausmaß) mit dem *Nihil est in intellectu quod prius non fuerit in sensu*[18]. Das ist ihre gemeinsame Opposition gegen den Rationalismus. Nur daß Schopenhauer der Kunst eine Ideenwelt, Vico der Poesie eine von den Individuen gemachte, beseelte Natur zum Gegenstand gibt. Beide räumen der Kunst (bei Vico: Poesie) aber ausdrücklich oder indirekt ein, daß sie der Philosophie in gewissem Sinn vorgeordnet sei. Sie unterscheiden sich durch verschiedene Konkretisierung dieses »in gewissem Sinn«. Es war Beckett offenbar auf dem Standpunkt von *Dante ... Bruno. Vico ... Joyce* noch nicht deutlich, wie eine Kunstphilosophie aussehen möchte, die nicht bloß ursprüngliche Poesie, sondern *Kunst überhaupt* als eine Form metaphysischer Erkenntnis begreifen und zugleich noch gegenüber der Philosophie hervorheben kann. Sonst hätte er auf diesen Zug an Vicos *Neuer Wissenschaft* bei seiner Verteidigung und aggressiven Ehrenrede für Joyce wohl nicht verzichtet.

18 »Durch dieses ganze Buch hindurch wird gezeigt werden, daß soviel als vordem die Dichter von der poetischen Weisheit empfunden hatten, ebensoviel die Philosophen später von der geheimen Weisheit verstanden; so daß man jene die Sinne und diese den Verstand des Menschengeschlechts nennen darf. Hierauf läßt sich allgemein anwenden, was Aristoteles von jedem Menschen im Besonderen sagt: Nihil est in intellectu, quin prius fuerit in sensu – der menschliche Verstand versteht nichts, wovon er nicht vorher einen Sinneseindruck empfangen hat; dieses Eindrucks bedient sich der Verstand, um aus dem sinnlich Wahrgenommenen etwas zu verstehen, was nicht unter die Sinne fällt ...« (Vico, a. a. O. 144)

17. Wahre Realität und Karikatur der Realität

Becketts Arbeit in *Proust* trennt sich von der in *Dante... Bruno. Vico... Joyce* zuallererst und vor jedem interpretierenden Auseinanderlegen durch eines: Es gibt jetzt einen gut markierten und beständig dem Leser wieder in Erinnerung gebrachten Unterschied zwischen solchem, das wahrhaft *ist*, und anderem, das bloß die Oberfläche, Erscheinung oder eine sonstwie täuschende Abfälschung jenes wahrhaft Seienden bildet.

Natürlich findet sich eine ähnliche Unterscheidung in Prousts Werk. Das nehme ich zum Anlaß, um an einen Vorbehalt zu erinnern, den ich zum Beginn genannt habe: Ich werde manchmal Teilstücke einer Kunstauffassung, die Beckett augenfällig oder von mir unbemerkt aus Prousts eigenen Äußerungen übernahm, wie Teilstücke von Becketts eigenem Kunstverständnis *zu diesem Zeitpunkt* behandeln. Es geht mir nicht um das Aufklären literaturgeschichtlicher Zusammenhänge, sondern darum, zu verstehen, was Beckett in der Zeit, in der er diese Schrift entwarf, der Sache nach über Kunst dachte. Daß dabei auch Stücke von Prousts Selbstverständigung (oder der seines Erzählers) benutzt und *bejaht* werden, ist für die Situation des Entwerfens eigener Gedanken beim Schreiben über einen Gegenstand, mit dem man sich an vielen Punkten identifizieren kann, *normal.*

Den Unterschied von erscheinender Oberfläche und wahrer Realität führt Beckett ein bei Gelegenheit des Sprechens über die Normalverfassung der Personen in der Welt. Die Normalverfassung hat als eine ihrer Eigenschaften, daß sie die Objekte ihres Trachtens nicht erreichen kann und trotzdem ihren eigenen Zustand als den eines Verlangens akzeptiert. Zum Verhalten der Individuen in ihrem normalen Zustand gehört der Versuch, durch bewußte intellektuelle Anstrengung (also eine Leistung ihres Willens) dessen habhaft zu werden, was ihnen als wünschenswert (oder gewünscht) erscheint. Das Erkennenwollen von *Wirklichem* fällt ebenfalls unter die Beschreibung des Verlangens nach einem Objekt. Wo es um die Möglichkeit geht, ein solches wirkliches Objekt, ein wahrhaft Reales, mit der Erkenntnis zu erreichen, spricht Beckett zum ersten Mal über den genannten Unterschied. Er wird sofort mit einer Wertung versehen. Beckett stellt gegenüber: »das Unsichtbare und Undenkbare als eine Realität« und »die Karikatur, die von der direkten Wahrnehmung geliefert wird«[19]. Im gleichen Zusammenhang wird schon mitgeteilt, daß als Mittel für das Erreichen des Realen »nur ein adäquater Modus der Beschwörung«[20] den Personen zur Verfügung stehe. »Beschwörung« übernehme ich als das Wort, das als deutsches Äquivalent für »evocation« dient; die Übersetzung erscheint angemessen, weil »evocation« als die Bewußtseinsweise, in der die genuine Realität zugänglich wird, in Becketts Verwendung sowohl etwas von Zauber als auch das definitive Ausschließen verstandesmäßiger Methode mit sich führt.

Im gleichen Abschnitt des Buches (immer noch dem ersten) wird das Wirkliche, über dessen Erkennbarkeit durch ein Subjekt der Autor sich ins Bild setzen will, auch schon charakterisiert als »ein ideales Objekt, das unveränderlich und unzerstörbar ist«.[21] Und zu Beginn des nächsten wird mitgeteilt, daß die Welt »eine Projektion des Bewußtseins des Individuums« ist, »eine Objektivation des Willens des Individuums, würde Schopenhauer sagen«[22]. Wenn man diese Kennzeichnung auf die ursprüngliche Gegenüberstellung von wahrhaft Realem und Karikatur der direkten Wahrnehmung abbildet, hat man bereits eine Konstellation, die der Ausgangskonstellation Schopenhauers fast deckungsgleich

19 Beckett, *Proust,* in einem Band gedruckt mit Beckett und Duthuit, *Three Dialogues,* London (John Calder) 1965, S. 14. Alle Zitate aus Becketts Schrift *Proust* sind mit den Seiten dieser Ausgabe nachgewiesen; die meisten Zitate erscheinen hier in deutscher Übersetzung; dazu oben S. 12 Anm.

20 *Proust* 14

21 *Proust* 17: »an ideal object, immutable and incorruptible«.

22 *Proust* 19

ist: Eine als ideal[23] bestimmte, wahrhaft seiende Realität und eine Welt von Erscheinungen, die zur Karikatur verzerrt und nur eine Projektion des individuellen Bewußtseins ist. Zum Erfassen des idealen Realen bedarf es einer besonderen Erkenntnisweise, die konträr steht zu der Weise des gewöhnlichen, verständigen Umgangs mit den Gegenständen, welche nur Projektionen des Bewußtseins sind. Dem Gegensatz wahre Realität – karikierende Realität der Erfahrung[24] entspricht der Gegensatz der Erkenntnismodi: Beschwörung versus direkte Wahrnehmung.

Zum Wort »Beschwörung« muß nun nachgetragen werden: »evocation« wie »Beschwörung« legen nahe, daß das Subjekt diese Art von Erkenntnis willentlich in Gang setzen kann. Das schließt Beckett aus. Insofern verwendet er »evocation« untypisch. Das Subjekt hat *keine willensmäßige Kontrolle* darüber, ob es ihm gelingt, aus dem Zustand direkter Wahrnehmung, der ihm nur eine Karikatur anliefert, überzugehen in den magischen Zustand der Präsenz wahrer Realität. Beckett macht gleich zu Anfang deutlich, daß »jede bewußte intellektuelle Anstrengung, das Unsichtbare und Undenkbare als eine Realität wieder aufzustellen, vergeblich ist«[25]. Aus den Termini »das Unsichtbare« und »das Undenkbare« spricht noch einmal das bündige Ablehnen wahrnehmungsmäßiger oder verstandeshafter Aktivität. Daß wir das Auftreten der wahren Realität vor dem Bewußtsein nicht durch Beschluß verfügen können, wiederholt Beckett (wie Proust) unablässig. Die erste dieser Einschärfungen folgt wenige Zeilen nach dem eben Zitierten: »Es gibt nur einen Eindruck des Wirklichen und nur einen adäquaten Modus der Be-

23 Ich lese hier Becketts Wort »ideal« als »die Seinsweise der Idee habend«. Daß das berechtigt ist, wird bald erkennbar werden.

24 Mit »karikierende Realität der Erfahrung« versus »das Reale« kann man Becketts Konfrontation auf S. 33 übersetzen: »the mock reality of experience« versus »the real«.

25 ». . . all conscious intellectual effort to reconstitute the invisible and unthinkable as a reality being fruitless . . .« (14)

schwörung. Über beide haben wir nicht die geringste Kontrolle.«[26]
Wie von Schopenhauer wird auch von Beckett die nur in Zuständen der Ausnahme erlebbare wahre Realität ontologisch eingestuft als *Idee.* Das zeigt sich in den ersten Teilen des Buches über Proust an der Verwendung des Adjektivs *»ideal«*[27] als Beiwort für »Realität«, »das Reale«. In den späteren Teilen, in denen Beckett seine Theorie deutlicher exponiert, stellt er wörtlich gegenüber eine Kunst der bloßen Erfahrungsrealität und eine Kunst, die *die Idee* freilegen will. So werden die Realisten angesprochen als Künstler, die »zufrieden sind, die Oberfläche, die Fassade zu kopieren, hinter der die Idee gefangen liegt«[28]. Von Prousts Zuständen der ekstatischen Verwirrung heißt es dagegen, daß in ihnen »das Geheimnis, das Wesen, die Idee, die in der Materie gefangen sind«[29], das künstlerische Subjekt anrufen, um ihm ihre Schönheit darzubieten. An der explikativen Reihung der zuletzt zitierten Wörter zeigt sich, daß Beckett, wieder wie Schopenhauer, die Idee als das Wesen des Erscheinenden betrachtet.
Die Idee als das Wesen existiert außerhalb der Zeit, des Raumes und der Kausalität. Sie existiert damit außerhalb der Formen, die Schopenhauer als Gestalten des Satzes vom Grund ansah, welche die Ordnung der Erfahrungswelt herstellen und ihren Bestand garantieren. In einer Passage kurz vor dem Ende der Schrift, auf die ich noch öfter zurückkommen muß, beschreibt Beckett die Bewußtseinsform, in welche Prousts Erzähler an glücklichen Punkten seiner inneren Biographie eintreten kann, als ein Erlebnis, bei dem »das

26 *Proust* 14 f.
27 Daß Beckett, wenn er »ideal« sagt, *nicht* die Wiederholung des Wesens oder der Idee *in der Erscheinung* meint, sondern die Seinsweise der Idee selber, zeigt sich (unter anderem) an der Paraphrase »das ideale Reale, das Wesentliche, das Außerzeitliche« (75).
28 *Proust* 79; und auf der gleichen Seite: »Proust does not deal in concepts, he pursues the Idea, the concrete.«
29 *Proust* 76

Objekt frei ist von der Kausalität (Raum und Zeit zusammengenommen)« und als eine Wahrnehmung, die »das Urbild, die Idee und das Ding an sich einfangen kann«[30]. Gewöhnlich nennt Beckett, wenn es um die Seinsweise des Urbildes oder der Idee geht, vor allem die *Außerzeitlichkeit.* Das hängt mit seiner (auch Proust gegenüber klärend gemeinten) Interpretation der ganzen Anlage von *A la recherche du temps perdu* zusammen.

Was die Subjekte gewöhnlich daran hindert, das Wesen einer Erscheinung wahrzunehmen, und was sie mit einer Welt, die den Status der Karikatur hat, verklammert, ist ihr *Wille.* Es gibt in jeder Erfahrung Züge, die geeignet wären, die Personen mit der Idee oder dem Wesen bekannt zu machen. Bloß: Diese Züge nimmt die vom Willen gesteuerte Subjektivität nicht wahr. Eine von Becketts Aussagen dazu ist: »Aber das Wesen jeder neuen Erfahrung ist genau in jenem mysteriösen Element enthalten, das der wachsame Wille als einen Anachronismus zurückweist.«[31] »Anachronismus« scheint von Beckett (wie sich mehrfach sehen läßt) genommen zu sein als Ausdruck nicht nur für solches, das veraltet oder ohne Interesse ist, sondern auch für solches, *das nicht in die Zeit paßt.*

18. Idee versus Begriff

Obwohl hier noch nicht die Stelle erreicht ist, an der erschöpfend gesagt werden kann, was Beckett *die Idee* nennt, muß ich doch, damit spätere Interpretationen nicht wie erschlichen auftreten, in vorläufiger Weise *Idee* und *Begriff* mit Becketts Mitteln gegeneinander setzen.

Die Idee, das wurde im Modus der Anmerkung schon zitiert, ist ein Konkretes; und verglichen mit dem Begriff darf sie überhaupt *das* Konkrete heißen: »Proust beschäftigt sich nicht mit Begriffen, er verfolgt die Idee, das Konkrete.«[32]

30 *Proust* 90 31 *Proust* 72 32 *Proust* 79

Konkret heißt wie bei Schopenhauer: durchgängig bestimmt. Die Idee ist durch Wörter nicht zu erschöpfen, denn die Anzahl ihrer Bestimmungen ist, wie die eines jeden Realen, unendlich. Trotzdem ist sie auch bei Beckett ein Allgemeines; sie gilt als das gemeinsame Wesen einer Mehrzahl von Erscheinungen. Am deutlichsten ist das in ihrer Rolle als Urbild (»Model«). Auch wo Beckett die ideale Realität als das bezeichnet, »was Gegenwart und Vergangenheit gemeinsam ist«[33], ist dabei die Idee, vor aller Gewagtheit von Becketts Proust-Deutung, ein konkretes Allgemeines. Und der Bewußtseinsmodus, in dem sie zugänglich wird, fällt generell auch für Beckett noch unter den Titel »Anschauung«. Das ist in seinem Englisch fast gleichlautend mit Schopenhauers gelegentlichem Latein: *intuition.*

Der Idee als dem konkreten, anschaulichen Allgemeinen wird konfrontiert der Begriff (»concept«). Er ist das Produkt einer Abstraktion, das heißt eines Verfahrens, bei dem von einer gegebenen Vielzahl von Individuen eine Eigenschaft als ihnen gemeinsam »abgezogen« wird; er heißt auch bei Beckett, wie in der deutschen Tradition, »diskursiv«[34] – das ist genommen von »discurrere«, »auseinanderlaufen«, »hin- und herlaufen«, und von daher auch »durchlaufen«: Der Intellekt muß die Vielzahl der Individuen, von denen der Begriff zu abstrahieren ist, durchlaufen und nach gemeinsamen Eigenschaften abforschen, bevor der Begriff als ein Wort, von dem man weiß, daß es auf sie alle zutrifft, gebildet werden kann. Beckett nennt deshalb, wörtlich mit Schopenhauer, die Einheit des Begriffs, die er etwa in Baudelaires Symbolismus angewandt findet, eine Einheit »post rem«[35].

33 *Proust* 74 34 Vgl. *Proust* 79

35 *Proust* 79; Schopenhauer W I, 330. Beckett setzt »post rem« in Anführungszeichen; das ist offenbar als ein Zitieren Schopenhauers gemeint. Schopenhauer unterscheidet die Einheit der Idee als eine *unitas ante rem* (eine der Sache vorhergehende Einheit) von der Einheit des Begriffs als *unitas post rem* (eine erst nachträglich aus einer Vielheit von Sachen hergestellte Einheit).

Darin, daß der Begriff notwendig »abstrakt« ist, liegt für Beckett (wie auch für die Geschichte) zweierlei: Der Begriff ist bestimmungsarm, denn er bezeichnet nur eine Eigenschaft oder eine ziemlich eng begrenzte Menge von solchen. Er ist in diesem Sinn sehr viel ›ärmer‹ als die Idee, deren Eigenschaften ins Unendliche gehen. Und er kann, wegen der Endlichkeit seiner Bestimmungen, intellektuell erschöpfend aufgefaßt werden. Beckett sagt in dem Passus gegen Baudelaire: »Die Einheit Baudelaires ist eine Einheit ›post rem‹, eine Einheit, die von einer Vielheit abstrahiert ist. Seine ›Korrespondenz‹ ist durch einen Begriff bestimmt, daher streng begrenzt und durch dessen eigene Definition erschöpft.«[36]

Daß der Inhalt der Begriffe sich in ihrer Definition erschöpft, ist offensichtlich Becketts stärkster Einwand gegen jede Begriffskunst. Er kritisiert das allegorische Verfahren in der Dichtung und spricht selbst Dante, den er sonst überall nur mit Verehrung nennt, in dieser Sache das Gelingen ab: »Wenn man jemals sagen kann, daß Dante versagt habe, dann versagt er bei seinen rein allegorischen Figuren ...«[37] Gemeinsam mit der allegorischen Kunst wird der Symbolismus Baudelaires und seiner Fortsetzer verworfen – mindestens so weit er sich als Begriffskunst verstehen läßt. Das »Zurückweisen des Begriffs zugunsten der Idee«[38] wird als eine von Prousts wichtigsten, wie in seiner Zeit auch eigenständigsten künstlerischen Haltungen genannt und affirmiert. Der Begriff ist, so könnte Beckett mit Schopenhauer sagen, »so nützlich er für das Leben und so brauchbar ... er für die Wissenschaft ist, für die Kunst ewig unfruchtbar«.[39]

36 *Proust* 79 37 ebd.

38 *Proust* 81: »his rejection of the Concept in favour of the Idea ...«

39 Schopenhauer, W I, 330. Im gleichen Zusammenhang, den Beckett, wie man aus seinem »post rem«-Zitat als nahezu sicher vermuten kann, beim Schreiben von *Proust* vor sich hatte, sagt Schopenhauer über die Beschränktheit des Begriffs und die Lebendigkeit der Idee dieses: »Der *Begriff*

Die Nützlichkeit für das Leben wird dem Begriff auch von Beckett nicht bestritten. Vielmehr ist er ein Werkzeug der willentlichen Intelligenz, der die Selbsterhaltung im Alltag obliegt. Sie trägt zu dieser Leistung unter anderem dadurch bei, daß sie von allen neuen Erfahrungen die Teilstücke wegstreicht, die nicht einsehbar, mysteriös sind und »nicht in die Schablone eines Begriffs eingepaßt werden können«[40]. Gerade die durch Verwenden des inhaltsarmen Begriffs weggestrichenen[41] Elemente sind die, welche, unter der Voraussetzung, daß der Wille einmal seine Wachsamkeit aufgibt, geeignet sein können, das Erlebnis der Idee heraufzurufen.

19. Kausalität, Zeit, Wille

Es hat sich mit den letzten Bemerkungen schon angekündigt, daß die Ordnungsfunktionen des Schopenhauerschen »Verstandes«, nämlich Raum, Zeit und Kausalität, auch von

gleicht einem toten Behältnis, in welchem, was man hineingelegt hat, wirklich nebeneinander liegt, aus welchem sich aber auch nicht mehr herausnehmen läßt (durch analytische Urteile), als man hineingelegt hat (durch synthetische Reflexion): die *Idee* hingegen entwickelt in dem, welcher sie gefaßt hat, Vorstellungen, die in Hinsicht auf den ihr gleichnamigen Begriff neu sind: sie gleicht einem lebendigen, sich entwickelnden, mit Zeugungskraft begabten Organismus.« Wie gut das auf Becketts Verwendung von »Idee« paßt, wird sich noch zeigen.

40 *Proust* 72; vgl. auch 21: Dort gehört »a comfortable and familiar concept« zu den Mitteln, mit denen das Individuum von der *wahren* Realität abgeschirmt wird, deren Erfahrung irritierend, verzückt, aber auch leidvoll ist. Schopenhauer sagte dazu: ». . . so weilt der gewöhnliche Mensch nicht lange bei der bloßen Anschauung, . . . sondern sucht bei allem, was sich ihm darbietet, nur schnell den Begriff, unter den es zu bringen ist, wie der Träge den Stuhl sucht . . . Er weilt nicht: nur seinen Weg im Leben sucht er . . .« (I, 268)

41 An diesem Punkt (71/72) zeigt sich ein für Beckett typischer Doppelsinn von »abstrahieren«: Beim Prozeß der Abstraktion wird etwas abgezogen (der Inhalt des Begriffs) und etwas anderes gleichsam weggestrichen (das in keinen Begriff passende, mysteriöse Element). Für beides sagt Beckett »abstrahieren«.

Beckett für die Erscheinungsoberfläche in Geltung gehalten werden; wenngleich mit anderer Verteilung der Gewichte und einer anderen Systematik der Gemütsvermögen. Daß diese Veränderungen eintraten, geht vielleicht auf mehrerlei Gründe, sicher aber *vor allem* darauf zurück, daß Beckett sich Mittel erwerben will, mit denen er nicht irgendein Werk, sondern das Marcel Prousts erschließen kann.

Die Kausalität, die bei Schopenhauer die Kohärenz der Materie ausmacht, ist in Becketts Augen vor allem der Repräsentant einer einsehbaren, in weiterem Sinn ›logischen‹ Ordnung der Ereignisse in der Welt (= Erfahrungswelt = Welt der verstandeshaft gegliederten Erscheinungen). Das Prinzip der Kausalität stellt eine geregelte und kraft ihrer Regelhaftigkeit in gewissem Maß plausible, der *Erklärung* zugängliche Verbindung zwischen den Erscheinungen her. So ist das Kausalprinzip schon bei Kant, der ihm zum ersten Mal eine vergleichbare Funktion verlieh, eingesetzt. »Alles, was geschieht (anhebt zu sein) setzt etwas voraus, worauf es *nach einer Regel* folgt.«[42] Schon bei Kant ist die Verbindung des Kausalprinzips mit einem Prinzip der *logischen* Folge in bestimmter Weise angelegt (durch Ableitung der Kausalitätskategorien aus dem hypothetischen Urteil); von Schopenhauer ist sie ausdrücklich behauptet: Prinzip der logischen Folge und Prinzip der kausalen Folge sind nur zwei Formen des *einen* Satzes vom Grund. (Daß die philosophische Theorie der Kausalität damit heute nicht mehr übereinstimmt – oder höchstens noch bei vereinzelten Autoren – ist hier unwichtig.) Für Beckett scheint eine kausale Ordnung der Ereignisse zugleich eine logische und deshalb eine einsehbare zu sein; aber wegen ihrer Einsehbarkeit für den Intellekt ist sie auch eine falsche Ordnung, nicht die Ordnung der wahren Realität; nicht einmal die Ordnung, in der das Subjekt Erscheinungen faktisch aufnimmt. Er spricht einmal über Prousts »Impressionismus« und erläutert sich: »Mit seinem Impressionismus meine ich seine nichtlogische Darstellung

42 *Kritik der reinen Vernunft,* A 189

von Phänomenen in der Ordnung und Genauigkeit ihrer Perzeption, bevor sie zur Einsehbarkeit verzerrt wurden, um in eine Kette von Ursache und Wirkung gezwängt zu werden.«[43] Das Prinzip der Kausalität ist für Beckett das Prinzip, welches die Welt der Erfahrung für den Verstand durchsichtig und gleichzeitig *objektiv* zur Karikatur macht. Denn um in diese Ordnungsform zu kommen, müssen die Phänomene eigens »verzerrt« werden. Bekanntlich führt Kant den Beweis für die objektive Gültigkeit der Kategorien und also auch der *kausalen* Kategorien aus der Einheit des Selbstbewußtseins. Damit die Personen als identische sich in der Welt ihrer Erlebnisse bewahren können, müssen sie den Erlebnissen durch den Verstand eine bestimmte Form geben; zu ihr gehört das Kausalprinzip. Es ist der wichtigste Bürge dafür, daß die Welt den Personen nicht zu einem unerkennbaren Chaos wird. Es verbürgt die Möglichkeit persönlicher Identität, empirischer Erkenntnis und empirischer Wahrheit. Für Beckett verbürgt es das Haften des Bewußtseins an der Karikatur und am Falschen, und es trägt nichts dazu bei, die persönliche Zerstückung zu verhindern.

Kausal verknüpfte Ereignisse sind in der Zeit verknüpft. Die Zeit gehört zur kausalen Ordnung als eine Struktur, in der kausale Verhältnisse nach gewöhnlicher Vorstellung allein etabliert werden können. Becketts Aussagen über die Zeit sind komplex und zahlreich (wegen des Kunstwerks, über das er spricht). Ich nehme hier nur Vorläufiges davon auf und werde andere Thesen, wo ich sie brauche, nachtragen.

»Prousts Geschöpfe sind also Opfer dieses vorherrschenden Umstandes und dieser vorherrschenden Bedingung – Zeit; Opfer, wie niedrigere Organismen Opfer sind, die nur zweier Dimensionen bewußt sind und plötzlich mit dem Mysterium der Höhe konfrontiert werden: Opfer und Gefangene.

43 *Proust* 86: »By his impressionism I mean his non-logical statement of phenomena in the order and exactitude of their perception, before they have been distorted into intelligibility in order to be forced into a chain of cause and effect.«

Es gibt kein Entrinnen vor den Stunden und Tagen. Auch nicht vor dem Morgen oder vor dem Gestern. Es gibt kein Entrinnen vor dem Gestern, weil das Gestern uns deformiert hat oder durch uns deformiert worden ist. Der Modus ist unwichtig. Deformation hat stattgefunden.«[44]

Die Zeit ist eine Form der Erfahrungswelt (der Welt, in der die Individuen gewöhnlich leben müssen). Wir sind es gewohnt, die Zeit als *eine* Dimension zu denken. Anscheinend denkt Beckett sie wie eine Doppelheit von Dimensionen. Die Dimensionen dürften Vergangenheit und Zukunft sein. Heraustreten aus der Zweidimensionalität, die wie ein Leben in der Fläche ist, käme der Erfahrung von Höhe gleich, und diese Erfahrung ist den niederen Organismen ein Mysterium. Was immer das heißen mag: Es wird mindestens die *Möglichkeit* erwähnt, herauszutreten und eine Wahrnehmung wie von oben (nicht mehr in der Fläche gefangen) zu erwerben. Aber Prousts Geschöpfen scheint diese Möglichkeit verschlossen zu sein, denn sie sind Opfer, Gefangene, und es gibt für sie kein Entrinnen. Daraus folgt nicht, daß das Mysterium *nirgendwo* und für *niemanden* möglich wäre, denn nicht alle Personen sind »Prousts Geschöpfe«. Wir wissen, daß es für Beckett Gegenstände gibt, die außerhalb der Zeit liegen und, wenn überhaupt, dann außerhalb ihrer wahrgenommen werden müssen: Das ideale Reale, das Wesentliche. Nach dem jetzt zitierten Bild können die Personen, solange sie sich in den zwei Dimensionen der Zeit selber aufhalten, dieses Außerzeitliche nicht vor ihr Bewußtsein bringen. Man muß noch ein anderes Stück heranziehen:

»Das Individuum ist Schauplatz eines ständigen Umfüllprozesses, eines Umfüllens aus dem Gefäß, das die träge, blasse und monochrome Flüssigkeit der zukünftigen Zeit enthält, in das Gefäß, das die Flüssigkeit der

44 *Proust* 12 f. Über die Zeit als etwas, dem die Personen ausgeliefert sind, spricht Schopenhauer in § 151 der *Paralipomena:* »Zur Plage unsers Daseins trägt nicht wenig auch dieses bei, daß stets *die Zeit* uns drängt, uns nicht zu Atem kommen läßt und hinter jedem her ist wie ein Zuchtmeister mit der Peitsche.« (W V, 345)

vergangenen Zeit enthält, bewegt und vielfach gefärbt durch die Erscheinungen seiner Stunden. Allgemein gesprochen ist die erstere harmlos, gestaltlos, ohne Charakter, ohne jede Borgia-Tugend. Mit Faulheit betrachtet, vorwegnehmend und im Dunst unseres selbstzufriedenen Willens zum Leben, unseres tödlichen und unheilbaren Optimismus, scheint sie ausgenommen zu sein von der Bitternis des Schicksals, gelagert für uns, nicht gelagert in uns.«[45]

Auf dem Hintergrund von Schopenhauers Bemerkungen über den Optimismus (»eine wahrhaft *ruchlose* Denkungsart«[46]) kann das Bild für sich sprechen; zu notieren ist aber, daß die Zeit jetzt, sicher in metaphorischer Absicht, als materialisiert erscheint und demnach als lagerungsfähig, sofern es ein Behältnis gibt. Das Behältnis der vergangenen Zeit sind die Individuen (wenn man aus dem Gegensatz zur Zukunft, die »nicht gelagert in uns« ist, annehmen kann, daß solches Lagern in uns möglich und für die vergangene Zeit auch, in diesem Bild gesprochen, wirklich ist). Jedenfalls würde das verständlich machen, weshalb der, der das *Wesentliche* an den vergangenen Phänomenen erkennen will, und den Beckett »Künstler« nennt, sich zu diesem Zweck aus der Außenwelt zurückziehen und in sich hinabsteigen muß:

»Die einzig fruchtbare Forschung gräbt aus, geht in die Tiefe, ein Sich-Zusammenziehen des Geistes, ein Hinabsteigen. Der Künstler ist aktiv, aber auf negative Weise, er zieht sich von der Nichtigkeit der äußerlich umgebenden Phänomene zurück, wird in das Innerste des Wirbels gezogen.«[47]

Das Haupt-Hindernis solcher Forschung, das auch den Gegenstand unserer Betrachtung mit einem »Dunst« überzieht, ist der »selbstzufriedene Wille zum Leben«[48]. Wie bei Scho-

45 *Proust* 15
46 Schopenhauer W I, 447
47 *Proust* 65
48 Ich übersetze absichtlich »will to live« mit »Wille zum Leben«, weil ich denke, daß Beckett gleichsam aus seinem englischen Exemplar der *Welt als Wille und Vorstellung* zitiert. Die gewöhnliche englische Übersetzung von Schopenhauers Terminus ist »will to live«.

penhauer, so sind auch bei Beckett die normalen Erkenntnisfunktionen der Person, die die Welt Tag für Tag formen und das Sich-Zurechtfinden in ihr erleichtern, dem individuellen Willen dienstbar. Die Erkenntnisfunktionen für Zeitliches, die Proust in seinem Werk selber betrachtet und die Beckett mit seinem ästhetischen Entwurf zu verstehen hat, sind: *Gewohnheit und Erinnerung*. In ihrer vom Willen gesteuerten Form sind sie die normalen Wahrnehmungsmodi für Gegenwart und Zukunft einerseits, Vergangenheit andererseits. Sie halten die Personen in der zeitlichen Existenz, indem sie ihrem Willen Zeitliches in tauglicher Gebrauchszurüstung präsentieren. Beckett: »Erinnerung und Gewohnheit sind Attribute des Zeit-Krebses.«[49]

20. Gewohnheit

»Die Gesetze der Erinnerung sind den allgemeineren Gesetzen der Gewohnheit unterworfen.«[50] Nach den generellen Aussagen über Zeit im ersten Abschnitt seines Buches trägt Beckett im zweiten die Theorie der Gewohnheit, im dritten die Interpretation von Prousts berühmtem Unterschied zweier Erinnerungsweisen mit den Mitteln dieser Theorie vor. Bei den Themen ›Gewohnheit‹ und ›Erinnerung‹ ist Beckett den eigenen Aussagen Prousts relativ nah. Er scheint sie nur mit Schopenhauer theoretisch zu unterbauen.
Was die Gewohnheit an Negativem leistet, kann man mit Beckett ziemlich gut sagen: »Ihre Tätigkeit ist genau diese: Das Wesen – die Idee – des Objekts im Dunst von Begrifflichkeit – vorgefaßter Begrifflichkeit – zu verbergen.«[51] Wessen Agent sie ist, kann man auch sagen. Als er über die Visionen handelt, dank deren der Proustsche Erzähler in *Sodom et Gomorrhe* bei seinem zweiten Besuch im Grand

49 *Proust* 18
50 *Proust* 18
51 *Proust* 23

Hôtel von Balbec ein Jahr nach dem Tod der Großmutter die Tote in einer außerhalb jeder Verstandesform liegenden Wahrnehmung präsent hat, und als er mitteilen muß, wie die Vision *vergeht*, schreibt Beckett: »Aber schon hat der Wille, der Wille zum Leben, der Wille nicht zu leiden, die Gewohnheit, sich von ihrer momentanen Lähmung erholt und hat die Basis ihrer bösen und notwendigen Struktur gelegt; die Vision seiner Großmutter beginnt zu verblassen ...«[52] Die Gewohnheit ist der Wahrnehmungsregler, dessen der Wille zum Leben sich bedient, um die Welt gleichförmig, überraschungsfrei, risikoarm und absolut unwirklich zu halten. Es muß ausdrücklich vermerkt werden, daß Beckett der Gewohnheit, die die Idee (= wahre Realität) des Objekts in einem Dunst verborgen hält, zur näheren Bestimmung dieses Dunstes ein *begriffliches Moment* beiordnet. Er meint mit »Gewohnheit« nicht primär eine Handlungseinstellung, sondern eine Konvention des Erfahrens von Welthaftem, die an den Erlebnissen des Subjekts alles, was nicht mit vorgefaßter Begrifflichkeit abgehakt werden kann, im Zustand des Unbemerktbleibens zurückhält. Beckett vergleicht die Personen, die gemäß dieser Konvention wahrnehmen (das sind im Normalfall alle), mit dem Touristen, der in seinem Reiseführer eine begriffliche Präformierung bestimmter Objekte findet und zufrieden ist, wenn er an den Gegenständen, die er auf seiner Reise wirklich sieht, genau die Eigenschaften wahrnimmt, auf welche die zuvor in ihn eingefütterte Begrifflichkeit des Baedeker zu achten empfahl. Die ästhetische Erfahrung verkommt zu einer Serie von Identifikationen zwischen vorgegebenem Begriff und nachgeliefertem Bild. Alles, was nicht in das zubereitete Schema paßt, wird nicht erlebt. Oder genauer: Es wird erlebt, aber es tritt nicht ins Zentrum des Bewußtseins, es wird nicht *bemerkt*. Wie vorhin aus Schopenhauer in Erinnerung gebracht: Die Person im Normalzustand sucht beim Wahrnehmen nur den passenden Begriff, wie der Träge den Stuhl sucht; bei den Ei-

52 *Proust* 43

genschaften ihres Gegenstandes unangesehen der präparierten Begriffe ›verweilt sie nicht‹. Und Beckett:

»Das Geschöpf der Gewohnheit dreht sich weg von dem Gegenstand, der nicht zur Deckung gebracht werden kann mit dem einen oder anderen seiner intellektuellen Vorurteile, der den Vorschlägen seiner Synthesenmannschaft widersteht, die von der Gewohnheit nach Prinzipien der Arbeitsersparnis aufgestellt worden ist.«[53]

Die wichtigste ›positive‹ Funktion der Gewohnheit ist eine Schutzfunktion. Sie dient dazu, dem Subjekt die Teile der Welt zu verbergen, an denen es erkennen könnte, daß eben diese Welt, in der es lebt und in der alle Ziele seines täglichen Wollens ihren Platz haben, nicht die wirkliche Welt ist. Wenn das Subjekt der Scheinhaftigkeit seiner normalen Erfahrung gewahr wird, erfaßt es ein Grausen, sagte Schopenhauer; Nietzsche gründete seine Theorie von der Geburt der Tragödie darauf, daß die Griechen sich als eine ganze Kultur vor dem schützen mußten, was die unverstellte Wahrnehmung des wahrhaft Realen ihren Subjekten eröffnet (und antut). Für Beckett schützt die Gewohnheit die Personen mindestens vor zweierlei: Vor Brüchen in ihrer Auffassung der Welt, die ihnen die Orientierung nehmen und sie verwirrt, gefährdet, wie Tiere, die etwas Entscheidendes nicht verstehen, zurücklassen. Und vor dem Leiden, das ihre Existenz in Wahrheit ist, wenn sie sie vollziehen, ohne sich gegen ihre eigene Wirklichkeit abzuschirmen. Eingeführt ist die Gewohnheit als eine *Anpassungsform*, die die möglichst reibungslose Abwicklung des Lebens erleichtert. Deshalb tritt sie auf wie ein Verhandlungsergebnis: »Gewohnheit ist ein Kompromiß, geschlossen zwischen dem Individuum und seiner Umgebung, oder zwischen dem Individuum und seinen eigenen organischen Ausnahmezuständen, die Garantie einer dumpfen Unverletzlichkeit, der Blitzableiter seiner Existenz.«[54] Kann das Individuum aus irgendeinem Grund

53 *Proust* 23; der Passus über vorgefaßte Begrifflichkeit und die Baedeker-Wahrnehmung steht unmittelbar vor diesem Satz.

54 *Proust* 18 f.

eine einmal erworbene Anpassungsform nicht beibehalten, dann muß es mit sich und seiner Wahrnehmung eine andere aushandeln; von diesen Phasen sagt Beckett:

»Die Übergangsperioden, die verschiedene Anpassungsformen trennen, ... stellen die Gefahrenzonen im Leben des Individuums dar, gefährlich, unsicher, schmerzhaft, geheimnisvoll und furchtbar, wenn für einen Moment die Langeweile zu leben ersetzt wird durch das Leiden zu sein.«[55]

»The suffering of being«: Das ist Becketts stehende Formel für das, was auftritt, wenn die Gewohnheit ihre Funktion nicht mehr erfüllt. Und *»the boredom of living«* ist die Formel für die von der Gewohnheit geschützte, träge, wahrnehmungsarme, durch ihre eigenen Begriffe blind gemachte Normalexistenz. Noch einmal:

»Die grundlegende Aufgabe der Gewohnheit ... besteht in einer ständigen Anpassung und Wiederanpassung unserer organischen Sensibilität an die Bedingungen ihrer Welten. Leiden stellt das Nichterfüllen dieser Aufgabe dar, sei es durch Nachlässigkeit oder Unfähigkeit, und Langeweile ihre angemessene Erfüllung.«[56]

21. Zwei Weisen der Erinnerung

Der Leser weiß, daß das wichtigste künstlerische Erkenntnismittel Prousts die *unwillentliche Erinnerung* ist. Darauf, daß der *Wille* als Träger und projizierende Energie der normalen Weltwahrnehmung ausgeschaltet sei, legt Beckett bei dieser Weise der Erinnerung großes Gewicht. Seine Aussagen über die Untauglichkeit der willentlichen Erinnerung und das Erfordernis eines anderen Instruments für das Heraufrufen der verlorenen Zeit fallen mit denen Prousts manchmal wörtlich zusammen; Referat (manchmal Zitat) und Interpretation sind nicht immer zu trennen.

55 *Proust* 19

56 *Proust* 28; Beckett setzt »Welt« in den Plural, weil seine Auffassung des Individuums und der Welt als dessen Projektion sich von der Theorie Schopenhauers an einem bestimmten Punkt unterscheidet; ich komme darauf zurück.

Daß die willentliche Erinnerung eigentlich keine Erinnerung sei und daß der, der sich eines guten Gedächtnisses rühmt, sich eigentlich ein tödliches Gedächtnis damit bescheinigt, wird mit diesem Argument begründet: Erinnerung, wo sie dem Willen botmäßig ist, ist eine Funktion der Gewohnheit. Sie gehört zu den Mechanismen, mit denen sich die Person die dumpfe Unverletzlichkeit ihres Weiterlebens im Normalbewußtsein sichert. Sie gehört zu den Mitteln des Schutzes vor der Realität, nicht zu den Mitteln des Entdeckens von Realität. Die willentliche Erinnerung stellt die Welt nach den Gesetzen wieder hin, nach denen die Gewohnheit ihre ursprüngliche Wahrnehmung ordnete, das heißt für Beckett: zur Karikatur verzerrt. Er erwähnt jetzt (im Gegensatz zu *Dante . . . Bruno. Vico . . . Joyce*) die *Neugier* auf der negativen Seite der Gegenüberstellung. Die Neugier ist eines der Schutzmittel, mit denen die gewohnheitsmäßige Weltwahrnehmung die Aufmerksamkeit auf die Bestandstücke der Erlebnisse verteilt. Sie ist eine primitive, elementare Reaktion auf Gefahr und steht deshalb ganz im Dienst der Selbsterhaltung, das heißt des Willens. Wo die Neugier auftritt, bestimmt sie, welches die Hauptgegenstände der Wahrnehmung sein werden; und die willentliche Erinnerung photographiert die alte Wahrnehmung so ab, wie sie von der Neugier zurückgelassen wurde; denn sie dient den gleichen Zwecken. Für die Sache der Gewohnheit oder des normalen Weiterlebens sind bestimmte Informationen wichtig und andere unwichtig. Die als wichtig hervorgehobenen treten bei willentlicher Erinnerung auch wieder als wichtig heraus. Die unter diesem Gesichtspunkt unwichtigen sind (in Becketts vorhin beschriebenem Sprachgebrauch) »abstrahiert« – das heißt hier: wegabstrahiert, oder einfach: weggelassen. Weil sie abstrakt ist, ist die willentliche Erinnerung auch »die uniforme Erinnerung der Intelligenz«.[57] Man kann vermuten, daß Beckett »Intelligenz« hier mit »Verstand« assoziiert. »Sie präsentiert

57 *Proust* 32

die Vergangenheit monochrom.«[58] Die bloß im vorhinein gedachte, *nicht erlebte* Flüssigkeit der Zukunft hieß wenige Seiten vorher auch: monochrom. Die willentliche Erinnerung »ist keine Erinnerung, sondern die Anwendung einer Konkordanz auf das Alte Testament des Individuums.«[59] Ich denke, das heißt: Sie ist nicht das Wiederherstellen eines vollen Erlebnisses, sondern nur ein *Register* für die von der Gewohnheit als wichtig betrachteten Stellen.

Die *unwillentliche* Erinnerung, der Selbsterhaltung nicht dienstbar, »abstrahiert« (= läßt weg) etwas anderes: »Das Nützliche, das Opportune, das Zufällige«.[60] Damit muß gemeint sein: Sie entzerrt das vergangene Erlebnis und befreit es von den objektiv zufälligen Ordnungsformen, in denen es von der willentlichen Erinnerung allein dargestellt werden kann. Das »Wunder«[61], das sich mit ihr vollzieht, vollbringt aber offenbar noch etwas Zusätzliches. Sie gibt nicht nur auf getreue Weise ein vergangenes Erlebnis wieder, sondern sie restauriert eine Realität, die in dieser Freiheit und Vollständigkeit noch nie erfahren wurde. Die gewöhnliche Erlebnisweise des Subjekts, darüber hat sich Beckett mit seinem Leser gleich zu Anfang verständigt, ist vom Willen gesteuert, repräsentiert ihr Objekt in den Formen von Raum, Zeit und Kausalität und deckt das Reale daran mit den Mitteln der Gewohnheit zu. Das ist die »Karikatur, die von der direkten Wahrnehmung geliefert wird«.[62] Die unwillentliche Erinnerung restauriert aus dieser Gestalt das, was nicht karikaturhaft und nicht den Mechanismen der Gewohnheit unterworfen ist. Sie stellt das vergangene Erlebnis gleichsam wahrer dar, als es faktisch erlebt wurde; sie allein bringt das Wahre an dem vergangenen Erlebnis überhaupt erst zur Darstellung. Anders kann die lange Erklärung Becketts, aus der wir schon Bruchteile gehört haben, kaum verstanden werden:

58 a.a.O.
59 a.a.O.
60 *Proust* 33
61 *Proust* 34
62 *Proust* 14

»Sie restauriert nicht nur das vergangene Objekt, sondern den Lazarus, den es verzauberte oder marterte, nicht nur Lazarus und das Objekt, sondern mehr, weil weniger, mehr, weil sie das Nützliche, das Opportune, das Zufällige abstrahiert, weil sie in ihrer Flamme die Gewohnheit und all ihre Produkte verzehrt und in ihrer Helligkeit das offenbart hat, was die karikaturhafte Realität der Erfahrung niemals offenbaren kann und niemals offenbaren wird: das Reale.«[63]

22. Was vulgär ist

Es empfiehlt sich, vor weiterem Betrachten dieses metaphysischen Erlebnisses das Gegenbild all der Haltungen anzusehen, die für Beckett fruchtbar, erkenntnisbringend, wahrhaft künstlerisch sind. Das Gegenbild führt auf allen Ebenen den Beinamen »vulgär«, welcher vielleicht aus Proust, vielleicht aber auch direkt aus Schopenhauers Sprachgebrauch für die vom Willen dominierte Existenz[64] genommen ist. Es erschien mir verwunderlich, daß Beckett *so* oft etwas »vulgär« nennt, und ich bin seiner Verwendung eine Strecke weit nachgegangen.

Unmittelbar bevor Beckett die unwillentliche Erinnerung als

63 *Proust* 33

64 z.B. Schopenhauer, W IV, 403: »Die *Vulgarität* besteht im Grunde darin, daß im Bewußtsein das Wollen das Erkennen gänzlich überwiegt, womit es den Grad erreicht, daß durchaus nur zum Dienste des Willens das Erkennen eintritt ...« Und W II, 490 f.: »Der Stempel der Gewöhnlichkeit, der Ausdruck von Vulgarität, welcher den allermeisten Gesichtern aufgedrückt ist, besteht eigentlich darin, daß die strenge Unterordnung ihres Erkennens unter ihr Wollen, die feste Kette, welche beide zusammenschließt, und die daraus folgende Unmöglichkeit, die Dinge anders als in Beziehung auf den Willen und seine Zwecke aufzufassen, darin sichtbar ist ... Der Wille, welcher die Wurzel des Intellekts ist, widersetzt sich jeder auf irgend etwas anderes als seine Zwecke gerichteten Tätigkeit desselben. Daher ist der Intellekt einer rein objektiven und tiefen Auffassung der Außenwelt nur dann fähig, wann er sich von dieser seiner Wurzel wenigstens einstweilen abgelöst hat. Solange er derselben noch verbunden bleibt, ist er aus eigenen Mitteln gar keiner Tätigkeit fähig, sondern schläft in Dumpfheit, sooft der Wille (das Interesse) ihn nicht weckt und in Bewegung setzt. Geschieht dies jedoch, so ist er zwar sehr tauglich, dem Interesse

Mittel des Heraufrufens wahrer Realität beim Namen nennt, spricht er bereits einmal über das Material, welches sich, unbemerkt von uns, für das Entdecktwerden durch sie angesammelt hat. Es sei »das beste unserer vielen Selbste und ihrer Konkretionen, welche die Einfaltspinsel die Welt nennen«, und habe sich angesammelt, »schlau und schmerzhaft und geduldig unter der Nase unserer Vulgarität ...«[65] Was ist die »Nase unserer Vulgarität«? Sie kann eigentlich nur die tägliche, von den Formen des Verstandes und der Gewohnheit entstellte Wahrnehmungsweise sein. Denn die mag sowohl mit gutem Recht einem Sinnesorgan verglichen werden, als auch ist sie eine seelische Einrichtung, ›unter‹ der sich (fast im Sinn von: in einer tieferen Schicht bewußt) etwas ansammeln kann, als auch darf man sie in vielerlei Sinn »gewöhnlich« nennen. Einer dieser Sinne von »gewöhnlich« ist »vulgär«. Beckett scheint ihn mit Absicht herauszugreifen, um ein niedriges, gemeines Moment an der gewöhnlichen Wahrnehmungsweise dingfest zu machen. So weit ich ihn verstehe, dürfte es dasselbe sein, was Schopenhauer mit »Vulgarität« meint: Der Zustand, in dem das Erkennen dem Willen untergeordnet und ihm gefügig ist.

Dieser Zustand hat mehrere typische Erkenntnismittel oder auch: mehrere typische Mittel, die Erlebnisse des Subjekts zu ordnen, Wichtiges von Unwichtigem zu trennen und Verbindungen herzustellen, die unter den Gesichtspunkten des Willens von Interesse sind. Eines der Mittel, darüber haben wir uns vorhin informiert, ist auch für Beckett der in einem weiteren Sinn ›logische‹ Zusammenhang der Ereignisse in der wahrgenommenen Welt, welcher die Welt regelhaft, er-

des Willens gemäß die Relationen der Dinge zu erkennen, wie dies der kluge Kopf tut, der immer auch ein aufgeweckter, d. h. vom Wollen lebhaft erregter Kopf sein muß; aber er ist eben deshalb nicht fähig, das rein objektive Wesen der Dinge zu erfassen. Denn das Wollen und die Zwecke machen ihn so einseitig, daß er an den Dingen nur das sieht, was sich darauf bezieht, das übrige aber teils verschwindet, teils verfälscht ins Bewußtsein tritt.«

65 *Proust* 31

klärbar, überraschungsfrei macht und sie der Manipulation durch die Personen offenlegt, die diese Regeln zu benutzen wissen. Der Inbegriff dieser Art von Verbindung ist das Prinzip der geregelten Folge von Ursache und Wirkung. In dem gleichen Kontext, in dem Beckett von Prousts Ablehnung des Begriffs zugunsten der Idee spricht (das ist der Zusammenhang, in dem der Autor überhaupt Prousts Widerständigkeit gegen das Arrangieren seiner Erlebnisse nach Prinzipien des Verstandes darlegt), wird dem Wort »Vulgarität« im genitivus explicativus die »plausible Verknüpfung«[66] beigegeben: *Die Vulgarität einer plausiblen Verknüpfung;* das gilt für das Wahrnehmen wie, weil gerade über Dichtung gesprochen wird, auch für das Verbinden im Kunstprodukt. Was man als die allgemeinste Charakteristik für die Verständigkeit von Wahrnehmung und das Wiedergeben von Wahrgenommenem im Produkt ansehen kann, die Logizität (in einem weiten Sinn), wird von Beckett ausdrücklich auf die Seite des Vulgären geschlagen.

Dasselbe geschieht mit dem Mittel, das der vom Willen gelenkten Subjektivität vergangene Wahrnehmung wieder präsent macht. Die per Entschluß abrufbare Erinnerung ist die Erinnerung nach den Kriterien und den Organisationsformen der Erkenntnis im Dienst des Willens. Sie ist der normale oder alltägliche Gedächtnismodus der Subjekte. Wir wissen schon, daß für Beckett *diese* Erinnerung eigentlich keine Erinnerung ist; sie gibt nicht das vergangene Objekt, sondern seine Karikatur. Als Beckett über die Szene spricht, in der dem Proustschen Erzähler endlich (zusammen mit vielem anderen) die wahre Realität seiner Erfahrung von Venedig zugänglich wird, heißt es:

»Und plötzlich taucht Venedig aus der Serie vergessener Tage auf, Venedig, dessen strahlendes Wesen er nie hatte ausdrücken können, weil es von der befehlshaberischen Vulgarität einer Werktagserinnerung zurückgewiesen worden war . . .«[67]

66 *Proust* 81 f.	67 *Proust* 70

Eine Kunst, die die Welt genau so reproduziert, wie sie der dem Willen fügsamen Wahrnehmung erscheint, hielt schon Schopenhauer für »recht niedrig«.[68] Es gibt beim Umsetzen von Bewußtseinszuständen ins Werk den gleichen Unterschied wie bei den Zuständen selber: Gewöhnlich ist das Bewußtsein ein Werkzeug des Willens und wird eingesetzt zur Selbsterhaltung. Was es in Form von gegenständlicher Wahrnehmung liefert, entspricht dieser Bestimmung. Wo Kunst produziert werden soll durch genaues Abschildern solcher Wahrnehmung, geschieht nicht das Freilegen der wahren Realität, sondern das Wiederholen der Karikatur, das »Kopieren der Oberfläche, der Fassade, hinter der die Idee gefangen liegt«.[69] Diese Wendung ist ausdrücklich gemünzt auf eine Literatur, die »beschreibt«, auf »Realisten und Naturalisten«. Da Beckett die willensgelenkte Wahrnehmung »vulgär« nennt, verhält er sich konsequent, wenn er es mit einer Literatur, die nur das in diesem Modus Wahrgenommene ins Schriftbild überträgt, genauso tut. Über das Erlebnis, in dem Proust die wahre Rolle seiner Kunst und auch das Gegenteil einer solchen Kunst erkennt, sagt Beckett: »Er versteht ... die groteske Fehlerhaftigkeit einer realistischen Kunst ... und die zeilenschinderische Vulgarität einer Literatur der Notationen.«[70]

Wie Erkenntnisvorgänge und Kunstformen, die sich nicht von der Dominanz der willensmäßigen Ordnungsformen lösen, vulgär sind, ist es überhaupt auch eine Existenz, die sich als Ganze nur im Verfolgen ihrer Willensziele abwickelt und erschöpft. Wir werden noch sehen, daß Beckett die reale Erfüllung der Liebe und *wirklichen* Kontakt zwischen Per-

68 W I, 295

69 *Proust* 78 f.

70 *Proust* 76. »the penny-a-line vulgarity of a literature of notations.« Notationen sind eindeutige Zuordnungen von Zeichen zu Gegenständen. Eine Literatur der Notationen, hier offensichtlich durch den Kontext als *realistische* Literatur ausgewiesen, ist eine Literatur, die die Wahrnehmungsrealität korrekt wiederholt – das Maximum, das eine »Beschreibung« solcher Realität leisten kann.

sonen für unmöglich erklärt. Er stellt dabei fest, daß »das Nichterlangen des Besitzes zumindest den Adel dessen haben mag, was tragisch ist, während der Versuch, in Verbindung zu treten, wo keine Verbindung möglich ist, nur eine äffische Vulgarität darstellt, oder schrecklich komisch ist, wie die Verrücktheit, die ein Gespräch mit den Möbeln führt«.[71]

23. Tod der Gewohnheit – wacher Wahnsinn

Die Gewohnheit ist der Schutzbrief des Individuums gegen die irritierenden Elemente seiner Wahrnehmung, der Pakt zwischen dem personalen Subjekt, das leben und möglichst wenig leiden will, und seiner selbstgemachten, selbst projizierten Welt, die nur deshalb im Normalfall so gut mit der Gewohnheit harmoniert, weil sie genauso vom Willen produziert ist (seine »Objektivation« darstellt, zitiert Beckett aus Schopenhauer), wie jenes Organ ihrer Verharmlosung. Die Übergangsperioden zwischen verschiedenen Formen der Anpassung (oder Pakten) sind die Perioden, in denen die Gewohnheit zusammenbrechen und die wahre Realität sich auftun kann. *Kann* – es mag auch sein, daß der Übergang von den Instanzen des gespannten Willens bewältigt und baldigst eine neue Gewohnheit etabliert wird. Deshalb gehören zum Auftreten der wahren Realität noch andere förderliche Bedingungen. Die wichtigste scheint ein Nachlassen der willentlichen Kontrolle über das Bewußtsein zu sein, zum Beispiel »eine Entspannung der Denkgewohnheit des Subjekts, eine Reduktion seines Erinnerungsradius, eine allgemein verminderte Spannung des Bewußtseins, die auf eine Phase äußerster Entmutigung folgt«[72]. Die »mystische Erfahrung«, das »Wunder« treffen den Erzähler in der Regel dann, wenn er sie am wenigsten erwartet und am wenigsten

71 *Proust* 63
72 *Proust* 72

fähig wäre, selbst etwas für ihr Auftreten zu tun: In Zuständen der Ermüdung, Enttäuschung, Mutlosigkeit. Mit Schopenhauer, den Beckett ganz bewußt in dieser Sache noch hinzuziehen wird: Es geschieht, wenn der individuelle Wille die Wahrnehmung nicht mehr kontrolliert; wenn das Bewußtsein von der Überfremdung durch den Willen frei werden und in einen anderen Erlebnismodus eintreten kann.
Natürlich dachte Schopenhauer nicht an die unwillentliche Erinnerung, und ich kenne kein Anzeichen dafür, daß Proust die unwillentliche Erinnerung mit Schopenhauer assoziierte. Es scheint Beckett zu sein, der Prousts wichtigstes Erkenntnismittel als einen Zustand genuin willenloser Anschauung in Schopenhauers Sinn deutet, einer Anschauung, deren Gegenstand die Seinsweise der außerzeitlichen Idee hat. Aber bevor das ganz klar gemacht werden kann, müssen die Details zusammengestellt werden.
»Das seltene Geschenk wachen Wahnsinns«[73] nennt Beckett die Quelle, aus der Proust sein Werk heraushebt. Wahnsinn war für Schopenhauer: Das Zerreißen des Gedächtnisses; aber nicht die Zerstörung des Gedächtnisses überhaupt, sondern nur die Verwirrung derjenigen Form von Gedächtnis, in welcher die Erinnerungsstücke nach den Ordnungsstrukturen des Verstandes zusammengebunden sind (vor allem nach dem Prinzip der Kausalität). In der Fähigkeit, seine Bewußtseinsgegenstände außerhalb von dergleichen Relationen zu betrachten, war der Wahnsinnige gerade dem Genie *ähnlich*. Der Wahnsinnige kann bei Schopenhauer auch, weil sein Gedächtnis gestört ist, *gegenwärtige* Gegenstände außerhalb aller Relation auffassen (zum Herstellen normaler Beziehungen gehört eine normale Erinnerung).
Der Auslöser des wachen Wahnsinns, das zufällige Erscheinungsding, das als Fetisch der Beschwörung dient und die unwillentliche Erinnerung plötzlich und wunderbar herauf-ruft (= evoziert), ist auch bei Proust (und nicht nur in Becketts Deutung) ein *isoliert* Wahrgenommenes. Das Stück in

73 *Proust* 32

den Tee getauchte Madeleine; ein muffiger Geruch; unebene Steine im Hof des Hôtel Guermantes; das Geräusch eines Löffels, der gegen einen Teller geschlagen wird; das Geräusch des Wassers in den Röhren – das sind einige der bekannten Phänomene, die der Erzähler, ohne daß er weiß, wie, plötzlich außerhalb ihrer normalen Beziehungen wahrnimmt, und mit denen sich plötzlich die Welt der unwillentlichen Erinnerung öffnet. Beckett brauchte nicht viel zu interpretieren, als er schrieb:

»Aber wenn das Objekt als ein Einzelnes und Einzigartiges wahrgenommen wird, und nicht bloß als Glied einer Familie, wenn es unabhängig von jeder allgemeinen Begrifflichkeit und befreit von der geistigen Gesundheit einer Ursache erscheint, isoliert und unerklärlich im Licht des Unwissens, dann und nur dann kann es eine Quelle des Zaubers sein.«[74]

Glieder einer Familie hießen bei Schopenhauer die Exemplare, die unter einen Begriff fallen, und der Begriff war die Erkenntnisweise, die sie *als* Glieder dieser Familie zu sehen erlaubt. Wird das Objekt unabhängig von einem Begriff, und außerhalb der Beziehung zu anderem, *isoliert* wahrgenommen, dann kann gleichsam durch es hindurch die Idee, das außerzeitliche Urbild, angeschaut werden.

Becketts wichtigstes Gegensatzpaar an diesem Punkt scheint zu sein: *Wacher Wahnsinn* (»waking madness«) versus *geistige Gesundheit einer Ursache* (»sanity of a cause«). Der wache Wahnsinn ist Wahnsinn unter den Gesichtspunkten des Alltagsverstandes, weil er die Dinge nicht mehr in der wichtigsten aller Relationsformen wahrnimmt, derjenigen, die sie erklärbar sowie als Zwecke und Mittel für den Willen einsetzbar macht: der Kausalität. »Wacher Wahnsinn« darf aber auch gesagt werden, weil noch ein anderes geschieht, das sich mit der geistigen Gesundheit der Subjekte schlecht verträgt: Die Proustsche Person, wenn sie mit der unwillentlichen Erinnerung, man kann ruhig sagen: begnadet wird, vergißt so viel von der Außenwelt und ihrem jetzigen, auf den Punkt der Gegenwart gehörigen Selbst, erfährt den Zustand

74 *Proust* 22 f.

in so hohem Maß als ein »plötzliches, totales und köstliches Verbrennen«, daß Beckett mit gutem Grund sagen kann, sie *vergehe* als Subjekt in ihrem Gegenstand, oder sie werde davon eingesogen:

»Wenn, durch ein Wunder der Analogie, der zentrale Eindruck einer vergangenen Empfindung als ein unmittelbarer Stimulus zurückkehrt, der vom Subjekt instinktiv mit dem Urbild der Verdoppelung *(dessen integrale Reinheit bewahrt worden ist, weil es vergessen wurde)*, identifiziert werden kann, dann kommt die ganze vergangene Empfindung, nicht ihr Echo oder ihre Kopie, sondern die Empfindung selbst, indem sie jede räumliche und zeitliche Beschränkung zunichte macht, in einer Sturzwelle, um das Subjekt in die ganze Schönheit ihrer fehlerlosen Proportion hineinzuziehen.«[75]

Das ist ein Zusammenfallen von Subjekt und Objekt oder ein Einswerden beider, das Beckett den besten Grund dafür liefert, hier »mystische Erfahrung«[76], »amabilis insania«, und (auf deutsch) »holder Wahnsinn«[77] zu sagen.

75 *Proust* 72
76 *Proust* 69 u. ö.
77 *Proust* 91. Wer die Episode mit der Madeleine satt ist, möge sie überschlagen; ich setze ein Stück von Prousts Schilderung (auch auf die Gefahr, das allzu Bekannte zu wiederholen) hierher, damit deutlich werde, daß die Rede von einer mystischen Erfahrung oder einem Zusammenfallen von Subjekt und Objekt auch nach Prousts eigener Transkription ins Werk nicht ganz grundlos ist: »Viele Jahre lang hatte von Combray außer dem, was der Schauplatz und das Drama meines Zubettgehens war, nichts für mich existiert, als meine Mutter an einem Wintertage, an dem ich durchfroren nach Hause kam, mir vorschlug, ich solle entgegen meiner Gewohnheit eine Tasse Tee zu mir nehmen. Ich lehnte erst ab, besann mich dann aber, ich weiß nicht warum, eines anderen. Sie ließ darauf eines jener dicken ovalen Sandtörtchen holen, die man ›Madeleine‹ nennt und die aussehen, als habe man als Form dafür die gefächerte Schale einer St.-Jakobs-Muschel benutzt. Gleich darauf führte ich, bedrückt durch den trüben Tag und die Aussicht auf den traurigen folgenden, einen Löffel Tee mit dem aufgeweichten kleinen Stück Madeleine darin an die Lippen. In der Sekunde nun, als dieser mit dem Kuchengeschmack gemischte Schluck Tee meinen Gaumen berührte, zuckte ich zusammen und war wie gebannt durch etwas Ungewöhnliches, das sich in mir vollzog. Ein unerhörtes Glücksgefühl, das ganz für sich allein bestand und dessen Grund mir unbekannt blieb, hatte mich durchströmt. Mit einem Schlage waren mir die Wechselfälle des Lebens gleichgül-

Was die Person empfindet, wenn von ›Empfinden‹ im gewöhnlichen Sinn noch gesprochen werden kann, sind »Wogen der Verzückung«[78]. Das ist ungefähr ebenso gut oder schlecht, aber in jedem Fall ebenso dem Spott einer auftrumpfenden Verständigkeit ausgesetzt wie Schopenhauers »Seligkeit«. Und wie Schopenhauer als gelegentlichen Begleiter der Seligkeit auch ein »Grausen« konstatierte[79], ist der Tod der Gewohnheit für Beckett *auch* damit verbunden, daß das *Leiden zu sein* als wahrer Zustand der Person hervorgetreten, und die *Langeweile zu leben* für die Dauer dieser Erfahrung verschwunden ist.[80] Für beide Autoren, Beckett wie Schopenhauer, ist der »wache Wahnsinn«, mit dem die wahre Realität angeschaut wird, nicht nur wegen des Zusammenbrechens der verständigen Weltstruktur, nicht nur wegen des Ineinanderfallens von Subjekt und Objekt, sondern auch in Sachen der Empfindungsqualität, die die Ekstase begleitet, *paradox* und rational nicht wirklich faßbar.

Trotzdem und vielleicht gerade deshalb ist der »wache Wahnsinn« ein Zustand äußerster Klarheit, wie er sonst nie erfahren wird. Beide Autoren finden es schwierig, dieser Klarheit mit diskursiven Ausdrucksmitteln gerecht zu werden. Beckett benutzt »lucidity«, »clarity«, und »brightness«[81], um das Außerordentliche daran in Wörter zu setzen; Schopenhauer sagt »heller Spiegel«, »klares Weltauge«.[82]

tig, seine Katastrophen zu harmlosen Mißgeschicken, seine Kürze zu einem bloßen Trug unsrer Sinne geworden; es vollzog sich damit in mir, was sonst die Liebe vermag, gleichzeitig aber fühlte ich mich von einer köstlichen Substanz erfüllt: oder diese Substanz war vielmehr nicht in mir, sondern ich war sie selbst.« (nach der Übersetzung von Eva Rechel-Mertens aus: Marcel Proust, *Auf der Suche nach der verlorenen Zeit,* Frankfurt 1961, Bd. I *In Swanns Welt,* S. 63 f.)

78 *Proust* 70 79 W I, 482 80 *Proust* 19

81 *Proust* 21, 43, 44 82 W I, 266

24. Die eigentlich metaphysische Tätigkeit

a) Willenlose Anschauung

Es dürfte jetzt außer Zweifel stehen, daß eine metaphysisch orientierte *Philosophie* in den Augen Becketts *nicht* das sein kann, wodurch die Personen mit der Idee, die hinter der Oberfläche der Erscheinungen gefangen liegt, mit dem *Wesentlichen*, mit der wahren Realität bekannt werden. Denn die Philosophie hat notwendig und unabschüttelbar mindestens zwei Attribute, die sie für Beckett auf der Stufe des *Proust*-Essays in Sachen einer Metaphysik, die *diese* Dinge zum Thema hat, inkompetent machen: Sie erwirbt ihre Erkenntnisse begrifflich, das heißt abstrakt und diskursiv, aber gerade nicht konkret. Und sie steht auf der Seite derjenigen Bewußtseinszustände, die vom Willen in Gang gesetzt oder mindestens gelenkt werden. Die Philosophie gehört (genauso wie willentliche Erinnerung und vom Selbsterhaltungstrieb veranstaltete Wahrnehmung) unter den Titel »bewußte intellektuelle Anstrengung«[83]. Wir haben von dieser schon gehört, daß sie in Sachen des Unsichtbaren und Undenkbaren (!) vergeblich ist. Daß Beckett dem Denken genauso wie dem erfahrungsweltlichen Sehen (= nicht-mystischen Wahrnehmen) schlankweg durch die bloße Vorsilbe »un« in Fragen der wahren Realität die Tauglichkeit abspricht, hängt wahrscheinlich mit seiner Auffassung des Intellekts als eines von vornherein durch den Willen korrumpierten Vermögens zusammen, das von der Realität die metaphysisch fruchtbaren Elemente gerade wegabstrahiert:

»Auch das erfolgreichste evokative Experiment kann nur das Echo einer vergangenen Empfindung projizieren, weil es als ein Akt des Intellekts konditioniert ist durch die Vorurteile der Intelligenz, die von jeder gegebenen Empfindung als unlogisch und bedeutungslos, als unpassenden und frivolen Eindringling jederlei Wort, Geste, Ton oder Duft abstrahiert, die nicht in die Schablone eines Begriffs eingepaßt werden können.«[84]

83 *Proust* 14 84 *Proust* 71 f.

Im gleichen Kontext (Analyse dessen, was der Erzähler von *Le temps retrouvé* im Hôtel Guermantes erlebt) spricht Bekkett der Kunst dann das Prädikat zu, das sie verdient, wenn der Philosophie als dem klassischen Organ einer Metaphysik des wahrhaft Seienden die Zuständigkeit entzogen ist:

»Jetzt also, in der Exaltation seiner kurzen Ewigkeit, herausgetreten aus der Dunkelheit von Zeit und Gewohnheit und Leidenschaft und Intelligenz, versteht er die Notwendigkeit der Kunst. Denn allein in der Klarheit der Kunst kann die verwirrte Ekstase entziffert werden, die er vor den undurchdringlichen Oberflächen einer Wolke, eines Dreiecks, eines Kirchturms, einer Blume, eines Kieselsteins gekannt hatte, wenn das Geheimnis, das Wesen, die Idee, die in der Materie gefangen sind, die Großmut eines in der Schale seiner Unreinheit vorbeigehenden Subjekts angerufen und in jedem Fall zumindest eine unbestechliche Schönheit dargeboten hatten ...«[85]

Die Kunst ist notwendig, weil ohne sie die wenigen Erlebnisse, in denen sich das Geheimnis, das Wesen, die Idee einem der Subjekte überhaupt darbieten, nicht entziffert werden können. In dieser Behauptung, wie darüber hinaus in dem zitierten Passus, sind Thesen enthalten, die wir noch nicht aufgenommen haben, und die jetzt, damit die metaphysische Tätigkeit der Kunst nach Beckett deutlicher dargestellt werden möge, auseinanderzulegen sind.

Das Einfachere ist der Terminus »Unreinheit«. Er hat die bisher einzigen deutschen Übersetzer so geschreckt, daß sie ihn beim Übertragen einfach wegließen.[86] Aber »Unreinheit« ist mit Schopenhauer zu verstehen als die *normale* Bedingung des in der Botmäßigkeit des Willens erkennenden und lebenden Subjekts. Macht sich dagegen das Subjekt von seinem individuellen Willen frei und erkennt es die Dinge außer aller Relation zu diesem, dann wird es, wie wir gehört haben, *reines* Subjekt, dessen Erkenntnis nicht mehr durch Ordnungsformen des Verstandes (dem Willen dienstbar) verfälscht ist. Und es erkennt in seinem Gegenstand die Idee, welche, ebenfalls außerhalb jener Strukturen liegend, im

85 *Proust* 75 f.

86 Vgl. *Proust* S. 75 versus deutsche Fassung: *Proust,* Zürich 1960, S. 63.

gleichen Sinn das Prädikat »rein« mit sich führt. »Reines, willenloses Subjekt«[87] ist Schopenhauers stehende Paraphrase für das Bewußtsein, das, weil willenlos, außerhalb der Verstandesformen erkennt und einen im gleichen Sinn »reinen« Gegenstand (= Idee) erlebt.

»Der, wie gesagt, mögliche, aber nur als Ausnahme zu betrachtende Übergang von der gemeinen Erkenntnis einzelner Dinge zur Erkenntnis der Idee geschieht plötzlich, indem die Erkenntnis sich vom Dienste des Willens losreißt, ebendadurch das Subjekt aufhört, ein bloß individuelles zu sein, und jetzt reines, willenloses Subjekt der Erkenntnis ist, welches nicht mehr dem Satze vom Grunde gemäß den Relationen nachgeht; sondern in fester Kontemplation des dargebotenen Objekts, außer seinem Zusammenhange mit irgend andern, ruht und darin aufgeht.«[88]

In einem etwas späteren Passus, auf den ich aus anderem Grund mich bald noch einmal stützen muß, sagt Beckett: »Proust ist dieses reine Subjekt. Er ist fast frei von der Unreinheit des Willens ... Wenn das Subjekt frei vom Willen ist, ist das Objekt frei von der Kausalität (Zeit und Raum zusammengenommen).«[89] Es verdient notiert zu werden, wie Beckett sich die Reinheit des Gegenstandes dieses metaphysischen Erlebnisses, die Reinheit des idealen Realen, der wahren Realität, verständlich macht. Wir wissen, daß das Mittel zum Heraufrufen dieser Realität bei Proust die unwillentliche Erinnerung ist. In welchem Sinn ist das, was die unwillentliche Erinnerung vor das Bewußtsein bringt (in was sie das Bewußtsein *hineinzieht*), *rein*? Beckett erläutert das (wie schon wiedergegeben, aber erst jetzt zu analysieren) da, wo er in Klammern dem Ausdruck »Urbild der Verdopplung« – das ist die ideale Realität, der Gegenstand unwillentlicher Erinnerung – diesen Zusatz beigibt: *»dessen integrale Reinheit bewahrt worden ist, weil es vergessen wurde«*.[90]

87 W I, 256-260 passim; die von einem reinen Subjekt erkannten Ideen werden »reine Objektität« genannt auf 259 und öfter.

88 W I, 256

89 *Proust* 90

90 *Proust* 72

Das normale Gedächtnis, das »gute Gedächtnis«, die willentliche Erinnerung läßt das aus, was dem Willen nicht dienlich und *nicht nach Gesichtspunkten des Willens organisiert ist.* Das ist also das vom Willen Freie an dem vergangenen Erlebnis, das »Reine«. Seine Reinheit wird durch Vergessen bewahrt: Das Vergessen ist der Auswahlprozeß, dem das »gute Gedächtnis« die Vergangenheit unterwirft. Es vergißt, was für den Willen nicht brauchbar ist, und bewahrt es dadurch vor dem Aufgegriffenwerden durch die willentliche Erinnerung; oder: Es bewahrt durch Vergessen seine Reinheit.

Es kann jetzt etwas verstanden werden, was an Becketts Theorie der Kunst als metaphysischer Tätigkeit in dieser Schrift über Proust einigermaßen erstaunlich ist: Warum, muß man fragen, kann Beckett es *unangesehen* des Werkes von Proust in dieser Schrift plausibel finden, daß die wahre Realität, das durch Funktionen des Willens nicht verzerrte *Wesen,* allein einer Form von *Erinnerung* zugänglich ist? Warum gibt es zur unwillentlichen Erinnerung nicht auch eine unwillentliche Wahrnehmung des Wesens *gegenwärtiger* Erfahrung? Die Antwort hat zwei Teile. Der erste dient zugleich als Nachtrag zur Theorie der unwillentlichen Erinnerung. Beckett hat mit Proust gesagt, daß die normale, auf Abruf funktionierende Erinnerung eigentlich keine Erinnerung ist. Er ergänzt das durch die These:

> »Genau genommen können wir uns nur an das erinnern, was durch unsere äußerste Unaufmerksamkeit registriert und in jenem letzten und unzugänglichen Verließ unseres Seins aufbewahrt worden ist, zu dem die Gewohnheit den Schlüssel nicht besitzt und ihn auch nicht braucht, weil es keine der scheußlichen und nützlichen Ausrüstungsstücke des Krieges enthält.«[91]

Das ist das Material der unwillentlichen Erinnerung: das durch äußerste Unaufmerksamkeit Registrierte, für die Gewohnheit (die als Agent des Willens den täglichen »Krieg« gegen irritierende Elemente zu bestreiten hat) Nutzlose. Das Wesentliche, vom Willen nicht Verunstaltete des vergange-

91 *Proust* 31

nen Erlebnisses ist beim Erleben nicht ›bemerkt‹, sondern nur durch äußerste Unaufmerksamkeit registriert worden. Der zweite Teil der Antwort schließt sich daran an: Es wäre zunächst formal ein Widerspruch, wenn man ein Erlebnis annehmen wollte, bei dem die nur durch äußerste Unaufmerksamkeit registrierten Teile *im gleichen Augenblick* schon Gegenstand der Aufmerksamkeit und »bemerkt« wären. Solcher Art müßte die eben ins Auge gefaßte ›unwillentliche Wahrnehmung‹ des Wesentlichen an einer gegenwärtigen Erfahrung aber sein. Doch auch unbeschadet dieser formalen Unmöglichkeit gibt Beckett noch einen anderen Grund dafür an, daß das Wesen, die wahre Realität eines Erlebnisses, erst in der Erinnerung zugänglich wird: Der Grund ist die Unmöglichkeit, das gegenwärtig Erfahrene aus der Zeit herauszunehmen. Die Zeit ist eine der Formen, die zur Oberfläche der Erscheinung gehören und die Idee verstecken, statt sie sehen zu lassen. Außerzeitliche Wahrnehmung ist nur möglich bei einem ›Gegenstand‹, der nicht selbst Teil dessen ist, was in der jetzigen Zeit sich abspielt. Denn die Personen können ihre Zeit nicht zum Stehen bringen oder abschalten; sie können nur mit ihrem Bewußtsein aus ihr *fliehen* (und auch das nicht per Beschluß). Das ›Vergangene‹, das als ein Ganzes dasteht, kann außerzeitlich angeschaut werden; das ›Gegenwärtige‹ das sich noch vollzieht, nicht. So versuche ich Becketts Erklärung zu Anfang des vierten Abschnitts, des Abschnitts über die unwillentliche Erinnerung, zu lesen: Daß das Ungeheuer *Zeit* nur *eine* Weise der Flucht oder des Entkommens (»evasion«)[92] toleriert und daß diese die Form unwillentlicher Erinnerung hat. Beckett wiederholt an einem Punkt mit minimaler Variation Schopenhauers Definition der Kunst: *»Die Betrachtung der Welt, unabhängig vom Satze des Grundes.«*[93] Nur stipuliert er die *Zeit*, nach Schopenhauer die umfassendste Gestalt des Satzes vom Grund, in dieser Schrift als eine so elementare Bedingung der persona-

92 *Proust* 35
93 *Proust* 87

len Existenz, daß er ihre Aufhebung nicht für das jetzt erlebte, sondern nur für das gleichsam in der Vergangenheit zum Stillstand Gekommene möglich erachtet.
Wir stehen noch bei der Erläuterung dessen, was Beckett in einem Zug mit der These von der *Notwendigkeit der Kunst* sagt. Wir haben den Terminus »Unreinheit« als Epitheton für die *»Schale«* des vorbeigehenden Subjekts besprochen: Die Schale kann »die Schale der Unreinheit« genannt werden, weil Unreinheit = Dominanz des Willens ist, und weil die Dominanz des Willens das Subjekt mit einer Schale (»shell«) umgibt; solange der Wille das Erkennen steuert, trennt dieses sich durch seine eigenen Erkenntnisformen wie mit einer Schale von der wahren Realität.

b) Notwendigkeit der Kunst

Eine andere Frage ist diese: Warum sagt Beckett, daß nur in der Klarheit der Kunst die verwirrte Ekstase *entziffert* werden könne? Was heißt »entziffern«, und warum ist die Kunst das einzige Mittel dazu? Das möchte schnell abzutun sein, wenn nicht Beckett mehrfach von »Hieroglyphen« spräche; die sind ein zu Entzifferndes. Es heißt im letzten Abschnitt: »Die einzige Realität wird von den Hieroglyphen bereitgestellt, die die inspirierte Wahrnehmung zeichnet (Identifikation von Subjekt und Objekt).«[94]
Wir erhalten die ersten Informationen dazu von Proust selber. In *Le temps retrouvé,* als der Erzähler im Hôtel Guermantes mehrmals hintereinander an verschiedenen Details seiner Wahrnehmung das köstliche Erlebnis hat, in dem ein Vergangenes unwillentlich und unverzerrt heraufgerufen wird, versteht er, daß darin seine einzig wahren Befriedigungen liegen, und daß all seine Bemühungen um Befriedigung *innerhalb* einer *gegenwärtigen* Welt nur auf Falsches und

94 *Proust* 84. Zu Becketts Interesse an Hieroglyphen (und Schopenhauers Abneigung dagegen) s. oben S. 130. Beckett hat einen *anderen* Gebrauch des Wortes ›Hieroglyphe‹ als Schopenhauer.

Unfruchtbares geführt haben; und er fragt sich, welches Mittels er sich bedienen könne, um andere scheinbar banale Einzelheiten, hinter denen er bei anderen Gelegenheiten eine ebenso kostbare Erlebnissubstanz vermutete, zu entschlüsseln und diese Substanz für sein Bewußtsein wieder herzustellen. Dabei schreibt Proust (ich zitiere mit Absicht einen längeren Passus):

»Ich erinnerte mich mit Vergnügen daran, weil es mir zeigte, daß ich damals schon der gleiche war, und weil es einen grundlegenden Zug meiner Natur aufdeckte, mit Trauer andererseits, wenn ich daran dachte, daß ich seit damals keinerlei Fortschritte gemacht hatte, daß ich schon in Combray aufmerksam irgendein Bild geistig vor mich hinzustellen bemüht war, das meine Blicke mit Gewalt angezogen hatte, eine Wolke, ein Dreieck, einen Kirchturm, eine Blume, einen Kieselstein, wobei ich das Gefühl hatte, daß sich hinter diesen Zeichen vielleicht etwas ganz anderes verbarg, das zu entdecken ich versuchen müßte: ein Gedanke, den sie nach Art jener Hieroglyphen übersetzten, die zunächst materielle Dinge vorzustellen scheinen. Zweifellos war diese Entzifferung schwierig, aber sie allein gab eine Wahrheit zu lesen. Denn die Wahrheiten, die der Verstand unmittelbar und eindeutig in der Welt des hellen Tageslichts aufgreift, besitzen weniger Tiefe, weniger innere Zwangsläufigkeit als diejenigen, die das Leben uns ohne unser Zutun in einem Eindruck mitgeteilt hat, der zwar gegenständlicher Natur ist, weil er durch die Sinne zu uns dringt, aus dem wir aber das geistige Element dennoch herauslösen können. Kurz und gut, in dem einen wie dem andern Fall, ob es sich nun um Eindrücke wie denjenigen handelt, den mir der Anblick der Kirchtürme von Martinville geschenkt hatte, oder um Reminiszenzen wie die bei der Ungleichheit der beiden Steinplatten oder dem Geschmack der Madeleine auftauchenden, ich mußte versuchen, die Empfindungen als die Zeichen ebenso vieler Gesetze und Ideen zu deuten, indem ich zu denken, das heißt aus dem Halbdunkel hervortreten zu lassen und in ein spirituelles Äquivalent umzusetzen versuchte, was ich empfunden hatte. Was anderes aber war dieses Mittel nun – das mir das einzige zu sein schien – als das Schaffen eines Kunstwerks?«[95]

Der Geschmack der Madeleine, die unebenen Steine im Hof des Hôtel Guermantes: Das sind zwei der Schlüsselerlebnisse des Buches. Das erste ruft Combray herauf, das zweite stellt Venedig wieder vor den Erzähler hin und leitet die

95 Marcel Proust, *Auf der Suche nach der verlorenen Zeit*, VII: *Die wiedergefundene Zeit*, a. a. O. S. 284 f.

Serie der verzückten Zustände ein, in deren Verlauf er sich selbst als Künstler und auch die Eigenart seiner Kunst verstehen lernt. Beide stehen auf einer Stufe mit den Hieroglyphen, die zu *entziffern* sind, weil es in ihnen eine Wahrheit zu lesen gibt. (Mit Vico: Sie sind *Realwörter*). Das einzige Mittel, das der Erzähler sieht, um seine hieroglyphischen Erlebnisse zu größerer Deutlichkeit zu bringen (»zu denken«) und »in ein spirituelles Äquivalent« zu überführen, ist die Kunst. Beckett hat diese eher suchende Feststellung des Proustschen Erzählers, die wörtlich als eine *Frage* auftritt, entschieden verschärft mit den zwei Wendungen: »... er versteht die Notwendigkeit der Kunst ...« und »allein in der Klarheit der Kunst kann die verwirrte Ekstase entziffert werden ...« Das heißt, was Prousts Roman-Ich ein glaubhafter Lösungsvorschlag zu sein »scheint«, der einzige, der in Sicht ist, wird von Beckett mit apodiktischem Tonfall zu dem einzigen erklärt, den es überhaupt gibt; denn er erklärt die Kunst für *notwendig*.

Wir haben jetzt diese Konstellation: Die künstlerische Person besitzt eine Weise der Wahrnehmung (Beckett nennt sie »inspiriert«), in der einzelne Dinge oder Erlebnisse wie Hieroglyphen eines anderen, Tieferen erscheinen. Das Werk, oder genauer: Das Herstellen des Werkes (»faire une œuvre d'art«) ist ein Mittel des Entzifferns solcher Wahrnehmungen. Wir wissen, daß der Gegenstand des Entzifferns, das, was durch die Hieroglyphen mitgeteilt wird, für Beckett den Status der *Idee* hat, des *Wesens*, das hinter der Oberfläche der Erscheinungen gefangen liegt. Von »Idee« (»idée«) und »Wesen« (»essence«) spricht Proust auch[96]; nur finde ich bei

96 Vgl. *A la recherche du temps perdu*, Ausgabe in der Bibliothèque de la Pléiade, ed. P. Clarac und A. Ferré, Bd. III, 866-917. Prousts Sprachgebrauch für »idée« changiert zwischen etwas, das bloß Vorstellung ist, etwa im Sinn des englischen »idea« (z. B. *Le côté des Guermantes*, a. a. O. Bd. II, S. 49) und etwas, das nur in seltenen Momenten und von wenigen Personen geschaut werden kann, etwa wie die Platonische Idee (z. B. *Le côté des Guermantes*, a. a. O. 398).

ihm keinen Anhaltspunkt dafür, daß mit »Idee« die Schopenhauersche Idee gemeint ist. Und es wäre Proust ziemlich fremd, angesichts seiner »Hieroglyphen« eine Wendung zu gebrauchen, wie ich sie von Beckett schon zitiert habe: »... die transzendente Wahrnehmung, die das Urbild, die Idee und das Ding an sich einfangen kann«.[97] Daß Beckett grundsätzlich für den freizulegenden Gegenstand »Idee« (in seinem Englisch groß geschrieben) und »Urbild« (»Model«) sagt, und sogar vom »Ding an sich« spricht, ist eines der vielen Zeichen für seine nachdrückliche Umdeutung von Prousts Werk und der Kunst überhaupt in metaphysische Forschung, die mit Mitteln betrieben wird, welche der Philosophie immer unzugänglich bleiben.

Aber es ist auch schon zu sehen, daß für Proust wie für Beckett das Kunstprodukt nicht einfach *Wiederholung* einer einmal gehabten Anschauung im dinglichen Stoff ist. Es mag so sein, daß es inspirierte Erlebnisse gibt, in denen sich das zu Entziffernde gleich erschließt und nur noch wiedergegeben zu werden braucht (die Episode mit der Madeleine ist ein wenig von dieser Art). Doch Proust wie auch Beckett denken sich das *Machen* des Kunstwerks überall da, wo vom »Entziffern« die Rede ist, nicht nur als ein Reproduzieren von einmal Angeschautem, sondern als einen Prozeß, der diese Anschauung offenbar erst wirklich dem Subjekt öffnet. Prousts Erzähler kann noch nicht sagen, was ihn aus einer Wolke, einer Blume, einem Kieselstein angesprochen hat. Er hofft nur, durch das Machen eines Werkes die Bedeutung

97 *Proust* 90. (Beckett sagt: »the transcendental apperception ...« – das ist eine von zwei offenen Reminiszenzen an Kant in dem Proust-Essay; aber hier »transzendentale Apperzeption« zu übersetzen und den Kantischen Gebrauch damit zu verbinden, ergäbe keinen Sinn; ich habe mich deshalb der Übersetzung »transzendente Wahrnehmung« angeschlossen. Kants »transzendentale Apperzeption« hat mit den Ideen so viel oder so wenig zu tun wie mit allen anderen Vorstellungen, und mit dem Ding an sich gar nichts. Während Schopenhauer immerhin in der *Musik* ein vorstellungsmäßiges Abbild des Dinges an sich sehen will.)

dieser und anderer Dinge, die er als Hieroglyphen erlebt hat, aufschließen zu können.

So verhält sich Beckett Proust wie auch Schopenhauer gegenüber selbständig und in gewissem Sinn korrigierend: Er gibt dem durch die Kunst Freizulegenden bei Proust den ontologischen Status von Schopenhauers Ideen (ohne die Deskription der Ideen beizubehalten, siehe unten); und er gibt dem *Machen* des Werkes selber mit Proust gegen Schopenhauer einen Status, der wirklich der Status der forschenden Tätigkeit, nicht nur das Wiederholen oder Fixieren eines einmal Angeschauten ist. Deshalb paßt die Wendung, die ich aus Nietzsche entnommen und mit der ich Schopenhauer gelesen habe – die Kunst sei die eigentlich metaphysische Tätigkeit dieses Lebens – für Becketts Kunstphilosophie in diesem Essay noch ein Stück besser, weil wörtlicher, als für die Stellung der Kunst in Schopenhauers Ästhetik.

Proust meint, das Verstehen der hieroglyphisch erscheinenden Empfindungen sei ein »Denken« oder auch ein »Umsetzen in ein spirituelles Äquivalent«. Das hat Beckett gestrichen, und darin steht er ganz auf der Seite Schopenhauers: die Idee wird bei Schopenhauer *nicht gedacht*, sondern *angeschaut;* die wahre Realität, die Prousts Roman-Ich sucht und in verzückten Augenblicken findet, nennt Beckett »das Undenkbare«.[98]

Das *Machen* eines Kunstwerks ist eine willentliche Aktivität; der einzige Modus der Beschwörung für die Wirklichkeit, die Gegenstand der Kunst ist, sei aber unwillentlich und gänzlich außerhalb unserer Kontrolle, hat Beckett (mit Proust) eingeschärft. Ist das ein Widerspruch in diesem äs-

98 *Proust* 14; sie heißt auch »das Unsichtbare« – ich habe schon angemerkt, daß damit nur die direkte Sinneswahrnehmung, das direkte Sehen, ausgeschlossen wird; das Wort »unsichtbar« weiter zu verstehen und zu behaupten, die wahre Realität bleibe selbst einem nicht durch die körperlichen Augen vollzogenen, sondern *visionären* Sehen, wie es in der unwillentlichen Erinnerung stattfindet, verschlossen, würde den Text Becketts widersprüchlich machen.

thetischen Entwurf? Das ist die Frage nach dem Verhältnis zwischen unwillentlicher Erinnerung und dem Machen des Werkes als einer willentlichen *Tätigkeit.* Für Proust scheint man es aufklären zu können. Weil das Kunstwerk als Mittel aufgefaßt ist, das hinter der Oberfläche hieroglyphischer Erscheinungen Liegende zu denken oder in ein spirituelles Äquivalent umzusetzen, geschieht mit seinem Herstellen eigentlich zweierlei: Übertragen von Empfundenem in ein anderes Medium und durch Denken oder Umsetzen ins Spirituelle ein *Klären* dessen, was die »Gesetze und Ideen« hinter den Erscheinungen waren. Daß die Hieroglyphe selber ein Ding der Erscheinungswelt ist und daß das empfindende Wiederherstellen einer dahinter sich verbergenden Realität unwillentlich geschieht (und nur geschehen kann), steht dazu nicht in Konflikt; denn es besteht ein Unterschied zwischen dem *Heraufrufen* und dem *Umsetzen.* Proust spricht denn auch von dem Schriftsteller als einem *Übersetzer* von etwas, das bereits vorhanden ist: » . . . so bemerkte ich, daß ein großer Schriftsteller dieses wesentliche Buch, dieses einzig wahre Buch, da es bereits in jedem von uns existiert, nicht im landläufigen Sinne erfinden, sondern übersetzen muß. Pflicht und Aufgabe eines Schriftstellers sind die eines Übersetzers.«[99] Man kann Prousts Metapher weiterführen: Das Buch wird *gelesen* durch unwillentliche Erinnerung, *übersetzt* durch willentliche Tätigkeit. Das Übersetzen kann für Proust *auch* als denkendes Klären oder Überführen in ein spirituelles Äquivalent gelten.

Daß das handwerkliche *Machen* von Kunst ein Übersetzen sei, läßt Beckett bestehen.[100] Daß damit ein *Denken* vollzogen werde, streicht er. Dann stellt sich das Verhältnis von unwillentlichem Heraufrufen (mystischem Erlebnis) und

99 Marcel Proust, *Auf der Suche nach der verlorenen Zeit,* VII, 300. Mit dem letzten Wort des Zitats (Original: »traducteur«) weiche ich von E. Rechel-Mertens' Übertragung ab (sie sagt: »Interpret«; das macht ihren eigenen Text uneinheitlich).

100 *Proust* 84

willentlichem Machen eines Kunstwerks so dar: Das Heraufrufen bringt das Bewußtsein vor die ideale Realität; das läßt sich nicht erzwingen. Das Herstellen eines Werkes in der Erfahrungswelt ist ein Machen und genauer ein Übersetzen; darüber hat die Person eine begrenzte Kontrolle. Das Machen des Werkes »entziffert« die Hieroglyphen im Sinn von: Setzt das außerzeitlich Angeschaute in Sprache (oder Bild oder was immer) und macht es damit in einer anderen Weise zugänglich und in einem neuen (anschaulichen oder ›intuitiven‹, nicht intellektuellen) Sinn ›verstehbar‹. Die Tätigkeit des Übersetzens regt gleichzeitig (wie bei Proust) das Sich-Entfalten der Wahrnehmung idealer Realität an; das Machen von Kunst trägt zum unwillentlichen Prozeß der Beschwörung bei, aber nicht im Modus des Beschlusses.

c) Identifikation von Subjekt und Objekt

Zu den Gelenkteilen dessen, was ich aus Becketts Schrift in diesem Abschnitt verwendet habe, gehört noch eine Einzelheit. Sie wurde schon vorbereitet. Als Beckett (offensichtlich mit Proust und auch in Form der Umdeutung Prousts) von der *einzigen Realität* spricht, die durch die Hieroglyphen der inspirierten Wahrnehmung an die Hand gegeben wird, sagt er sehr unvermittelt in Parenthese: »(Identifikation von Subjekt und Objekt)«.[101] Proust erklärt in dem Teil seines Buches, in welchem die Vorstellung seiner Kunst sich vor ihm formt, mehrfach, die Wirklichkeit, die es aufzudecken gelte, sei in uns, nicht außerhalb. »Ich war mir darüber klargeworden, daß einzig eine grobe und irrige Art der Wahrnehmung alles in das Objekt verlegt, während es doch im Geiste ist . . .«[102] Die wahre Realität des eigenen Lebens, die

101 *Proust* 84; oben S. 168

102 Marcel Proust, *Die wiedergefundene Zeit,* a. a. O. Bd. VII, 331. Vgl. auch 290: »Die auszudrückende Wirklichkeit hat ihren Sitz – das war mir jetzt klar – nicht in dem äußeren Aspekt des Objekts, sondern in einer Tiefe, in der dieser Schein wenig Bedeutung hat . . .«

Art, wie es sich wirklich vollzogen hat, das Wesentliche daran, das über dieses individuelle Leben hinaus Bedeutung hat[103], liegt in der eigenen Person und kann nur mittels unwillentlicher Erinnerung gehoben werden.
Beckett scheint Schopenhauers Gedanken, daß in der künstlerischen Wahrnehmung Subjekt und Objekt zusammenfallen, hier wieder einzusetzen. *Gewöhnlich* nimmt das Subjekt Gegenstände wahr, mit denen es nicht identisch ist und an denen es auch keine heraufrufenden Erlebnisse hat. Diese Objekte sind zwar, so hat Beckett mit Rekurs auf Schopenhauer zu Anfang seiner Arbeit erklärt, Projektionen des individuellen Bewußtseins; aber als Gegenstände werden sie wie Fremdes wahrgenommen. Bei der inspirierten Wahrnehmung dagegen, an der sich eine unwillentliche Erinnerung entzünden kann, fühlt das Subjekt in Prousts Beschreibungen auf unklare Weise, daß hinter den Gegenständen etwas anderes verborgen liegt, das die Person gleichsam bedrängt, um in ihrem Bewußtsein aufzutreten (man lese dazu des Erzählers Bericht über die erste Vision im Hôtel Guermantes). Was im Bewußtsein aufzutreten sich anschickt, ist die eigene, *unverzerrte* Vergangenheit des Ich, in der es auch selbst als ein damals Erlebendes enthalten ist. Bei der inspirierten Wahrnehmung wird ein gegenwärtiger Gegenstand (eine gegenwärtige Empfindung) mit einem vergangenen Gegenstand (einer vergangenen Empfindung) identifiziert; und zugleich, wenn die Evokation gelingt, die wahre Realität

103 »So war ich bereits bei dem Schluß angekommen, daß wir dem Kunstwerk gegenüber keineswegs frei sind, daß wir es nicht nach unserm Belieben schaffen, daß es in uns bereits präexistiert und wir es daher, weil es notwendig zugleich und verborgen ist, erst entdecken müssen, wie es uns auch mit einem Naturgesetz erginge. War aber nicht diese Entdeckung, zu der die Kunst uns verhelfen konnte, im Grunde die Entdeckung dessen, was uns das Kostbarste sein müßte, gewöhnlich uns aber für immer unbekannt bleibt: unser wahres Leben, die Wirklichkeit, wie wir sie verspürt haben, wie sie aber doch von dem, was wir glauben, so erheblich abweicht, daß wir ein derart starkes Glück empfinden, wenn uns ein Zufall die wirkliche Erinnerung daran entgegenträgt?« (Marcel Proust, a. a. O. VII, 287 f.)

der Vergangenheit wirklich auftritt, fällt das jetzige Ich mit dem ganzen empfundenen Bild zusammen. Aus der Episode mit der Madeleine: »... gleichzeitig aber fühlte ich mich von einer köstlichen Substanz erfüllt: oder diese Substanz war vielmehr nicht in mir, sondern ich war sie selbst.«[104] Beckett unterscheidet (in anderem Wortgebrauch als Proust) eine nicht adäquate oder bloß scheinhafte Vereinigung von Subjekt und Objekt – sie gehört der Erfahrungswelt an – von einer *adäquaten Vereinigung*[105] – sie ist nur in den ekstatischen Zuständen der unwillentlichen Erinnerung möglich. Die adäquate Vereinigung von Subjekt und Objekt liefert, wie bei Schopenhauer, die einzige Weise, nach der die Subjekte mit einer *wahren Realität* in Kontakt kommen können. Ihr ganzes übriges Dasein, auch wo es Vereinigungen suggeriert, ist scheinhaft und leer. Darauf wird Beckett seine Deutung der personalen Existenz Proustscher Figuren in der Erfahrungswelt aufbauen.

25. Schopenhauer angewandt

Es zeichnet sich schon seit langem ab, daß Beckett Schopenhauers Ästhetik nicht auf plane Weise übernahm, sondern sie für eigene Zwecke und nach eigenen Einsichten umschrieb. Ich möchte wissen, *wie* er sie umschrieb. Bevor ich mir diese Frage sinnvoll stellen kann, muß aber eines nach Möglichkeit ausgemacht sein: Daß es gewiß Schopenhauers Ästhetik und nichts anderes war, was Beckett im Essay über Proust sowohl anwandte als auch veränderte. Kann man das nicht belegen, dann mag jemand sagen: Du tust so, als arbeite Beckett mit Schopenhauer, weil du Ähnlichkeiten mit Schopenhauer findest. Aber du räumst auch ein, daß es Differenzen zu Schopenhauer gibt. Warum nimmst du an, daß Bek-

104 Marcel Proust, *Auf der Suche nach der verlorenen Zeit* I, 64
105 *Proust* 76

kett Schopenhauer umschrieb, statt zu sagen: Die Lage ist diffus, Beckett verhält sich einmal so, einmal anders; die Ähnlichkeiten mit Schopenhauer zeigen vielleicht, daß Beckett Schopenhauer kannte und in seinen Wörtern zu reden wußte; aber daß er seine Ästhetik zur Grundlage einer eigenen nahm, läßt sich, gerade weil es auch Unterschiede gibt, in keiner Weise sicherstellen.

Dieser Abschnitt ist eigentlich eine Fußnote, die ich in meinen Text einschiebe, um solchen Zweifeln gerecht zu werden. Ich denke, man kann (in den Grenzen, in denen dergleichen überhaupt möglich ist) zeigen, daß es mit äußerster Wahrscheinlichkeit Schopenhauers Ästhetik war, die Beckett neben Prousts Werk hielt; nicht eine andere klassische Ästhetik, nicht eine von Proust selbst übernommene Kombination von Theorie-Stücken, und nicht eine Gedankenmischung aus vielerlei philosophischen Ressourcen.

Was wir bis jetzt an Becketts Text sehen konnten, war schon sehr viel: Er berief sich an mehreren zentralen Punkten, einmal durch Zitieren einer Definition der Kunst, wörtlich auf Schopenhauer, und (in diesen Fragen) *nur* auf ihn. Beckett nennt keine Konkurrenztheorie, die er auch bloß in Erwägung zöge. Weiter: Es sind mit Schopenhauers Philosophie identisch tragende und nicht ohne Nebenfolgen auswechselbare Stücke der Ästhetik, die Beckett in dieser Schrift entwickelt. Solche Stücke (die wirklich eine ›Grundlage‹ abgeben) sind: Die Differenz zwischen Erscheinung und wahrer Realität, verbunden mit der These, die Erscheinung sei nur eine Projektion des *Willens;* der Katalog von Raum, Zeit und Kausalität als Erkenntnisformen des Subjekts; die Bestimmung des Gegenstandes der Kunst als *Idee* mit der gleichzeitigen Behauptung, die Idee sei dem Begriff entgegengesetzt, ihm unzugänglich und werde *allein anschaulich* erfaßt; die Beschreibung der genuin künstlerischen Wahrnehmung als *willenlos* und in diesem Sinn *rein;* die These über das Zusammenfallen von Subjekt und Objekt in solcher Wahrnehmung; die deutlich erklärte Analogie zu mystischen Erlebnissen; die generelle Entgegensetzung von willensgesteuerter Erkenntnis für Überlebenszwecke, die ihren Gegenstand verzerrt, versus willenlose Erkenntnis als Basis der Kunst, die ihren Gegenstand, wie er wahrhaft ist, erschließt; das Vergessen der Erfahrungswelt und das Ungültigwerden ihrer Ordnungsformen als Bedingung für das Auftreten der künstlerischen Vision.

Für mein Verständnis wäre damit Schopenhauers Ästhetik schon hinreichend ausgewiesen, um als Basis von Becketts Entwurf gelten zu können. Es gibt aber über diese Identität wichtiger Grundbestandteile hinaus Punkte in Becketts Arbeit, an denen er eher über Details als über initiale Thesen einer Ästhetik spricht; einige dieser Details sind fast wörtlich aus Schopenhauer genommen, ohne daß Beckett es nötig fände, dies seinem Leser mitzuteilen. Es scheint mir, daß Beckett durch das stillschweigende Verwenden Schopenhauerscher Elemente so, als wären sie seine eigenen, fast ebenso gut wie mit seinen Grundannahmen zeigt, daß es Schopenhauers Ästhetik ist, von der er ausgeht, und die er durch Umschreiben für modernere Gegenstände tauglich macht. Diese Einzelheiten mögen banal erscheinen, und einige davon sind es auch. Ich notiere sie trotzdem, weil sie meine These von der Anwendung Schopenhauers noch ein Stück sicherer machen, in der Reihenfolge, in der ich sie bei Beckett finde.

1. Schopenhauer nannte das Leben »ein Pendel zwischen Schmerz und Langeweile«. Beckett teilt, wo es um die Gewohnheit als ein Instrument des Willens für Zwecke des Weiterlebens geht, mit: »Das Pendel schwingt zwischen diesen beiden Polen: Leiden – das ein Fenster zum Realen öffnet ... und Langeweile – mit ihrem Heer von zylindertragenden und hygienischen Beamten, Langeweile, die als das erträglichste, weil dauerhafteste der menschlichen Übel betrachtet werden muß.«[106]

106 *Proust* 28. Von zwei *Polen* des Menschenlebens, die *Not* und *Langeweile* seien, spricht Schopenhauer in § 153 der *Paralipomena* (W V, 348).

2. Als es um die Deutung der Albertine-Affäre als *Tragödie* geht, spricht Beckett kurz über die Natur der Tragödie überhaupt und erklärt: »Die tragische Figur repräsentiert die Sühne der Ursünde, seiner und seiner ›socii malorum‹ ursprünglichen und ewigen Sünde, der Sünde, geboren zu sein.«[107] Schopenhauer hatte zum Problem der ›Gerechtigkeit‹ in der Tragödie, die einige Kritiker klassischer Trauerspiele (Dr. Johnson) vermissen, konstatiert: »Der wahre Sinn des Trauerspiels ist die tiefere Einsicht, daß, was der Held abbüßt, nicht seine Partikularsünden sind, sondern die Erbsünde, d. h. die Schuld des Daseins selbst.«[108] Schopenhauer zitiert unmittelbar nach diesem Satz aus Calderón:

Pues el delito mayor
Del hombre es haber nacido.

Beckett zitiert ohne Unterbrechung und ohne Autorenangabe nach seinem eben wiederholten Satz aus Calderón (aus dem er, so viel ich weiß, sonst nie zitiert):

Pues el delito mayor
Del hombre es haber nacido.

3. An dem eben zitierten Stück aus Beckett fällt die Bezeichnung der Mitmenschen als *socii malorum* (etwa: *Leidensgenossen*) auf. Schopenhauer dazu: »Ja, von diesem Gesichtspunkt aus könnte man auf den Gedanken kommen, daß die eigentlich passende Anrede zwischen Mensch und Mensch statt ›Monsieur‹, ›Sir‹, usw. sein möchte ›Leidensgefährte‹, ›soci malorum‹, ›compagnon de misères‹, ›my fellow-sufferer‹.«[109]

4. Die Pflanzen haben kein Bewußtsein. Deshalb stellen sie sich nicht für sich selber dar. Schopenhauer nahm das zum Anlaß für diese Überlegung: » . . . es ist so auffallend, wie besonders die Pflanzenwelt zur ästhetischen Betrachtung

107 *Proust* 67
108 Schopenhauer, W I, 354
109 *Paralipomena,* § 156 (W V, 358). (Auf Wladimir und Estragon paßt nicht schlecht Schopenhauers Vorschlag ›compagnons de misères‹.)

auffordert und sich gleichsam derselben aufdringt, daß man sagen möchte, dieses Entgegenkommen stände damit in Verbindung, daß diese organischen Wesen nicht selbst wie die tierischen Leiber unmittelbares Objekt der Erkenntnis sind, daher sie des fremden verständigen Individuums bedürfen, um aus der Welt des blinden Wollens in die der Vorstellung einzutreten, weshalb sie gleichsam nach diesem Eintritt sich sehnten, um wenigstens mittelbar zu erlangen, was ihnen unmittelbar versagt ist.«[110] Diese in der Geschichte der Philosophie einmalige Reflexion[111] sieht, auf Prousts Personen angewandt, in Becketts Prosa so aus: »Blume und Pflanze haben keinen bewußten Willen. Sie sind schamlos, stellen ihr Geschlecht aus. Und so sind in einem gewissen Sinn auch Prousts Männer und Frauen, deren Wille blind und hart ist, niemals selbstbewußt, nie in der reinen Wahrnehmung eines reinen Subjektes aufgehoben. ... Und wie die Angehörigen der vegetabilen Welt, scheinen sie ein reines Subjekt anzuflehen, so daß sie von einem Zustand des blinden Willens in einen Zustand der Darstellung übergehen. Proust ist dieses reine Subjekt.«[112]

5. Ich habe berichtet, daß Schopenhauer die Kausalität als *»Vereinigung«* von Raum und Zeit auffaßt.[113] So weit ich sehen kann, ist auch das ein Element nur seiner Philosophie. Beckett schreibt sehr bald nach dem Stück über die Pflanzenhaftigkeit von Prousts Figuren (wie schon angeführt): »Wenn das Subjekt frei vom Willen ist, ist das Objekt frei von der Kausalität (Zeit und Raum zusammengenommen).«[114]

6. Als Beckett den ekstatischen Zug an Prousts schöpferischen Erlebnissen besser fassen will, benutzt er (lateinisch

110 W I, 286

111 Schopenhauer nennt einen Passus aus Augustinus als Parallele; aber dort geht es gerade *nicht* um ästhetische Darstellung, und es fehlt das Thema des *blinden Wollens.* Eben darauf konzentriert sich Beckett.

112 *Proust* 89 f. 113 I, 39 114 *Proust* 90

und deutsch und in Anführungsstrichen) nacheinander die Wörter »amabilis insania« und »holder Wahnsinn«.[115] Schopenhauer, der den Wahnsinn (was bezeichnend ist) in seinem Paragraphen über die künstlerische Erfahrung abhandelt, tut dasselbe: »Daß Genialität und Wahnsinn eine Seite haben, wo sie aneinander grenzen, ja ineinander übergehn, ist oft bemerkt und sogar die dichterische Begeisterung eine Art Wahnsinn genannt worden: ›amabilis insania‹ nennt sie Horaz und ›holder Wahnsinn‹ Wieland ...«[116]

7. Beckett macht sich am Ende der Schrift mit größter Bestimmtheit Schopenhauers Deutung der Musik als einer Kunst zu eigen, die nicht Ideen darstellt, sondern selbst auf der Ebene der Ideen steht. Er geht sogar so weit zu sagen: »Die Musik ist die Idee selbst.«[117] Schopenhauer hatte die Musik eine Kunst genannt, die zwar für jeden unmittelbar verständlich[118], aber dem Begriff unzugänglich und in diesem Sinn nicht erklärbar[119] ist. So ist sie in hohem Maß vertraut und muß doch durch die Konvention der Wiederholung sich faßbar machen: »Das unaussprechlich Innige aller Musik, vermöge dessen sie als ein so ganz vertrautes und doch ewig fernes Paradies an uns vorüberzieht, so ganz verständlich und doch so unerklärlich ist, beruht darauf, daß sie alle Regungen unseres innersten Wesens wiedergibt ... Wie inhaltsreich und bedeutungsvoll ihre Sprache sei, bezeugen sogar die Repetitionszeichen nebst dem Da capo, als welche ... sehr zweckmäßig und wohltuend sind: denn um es ganz zu fassen, muß man es zweimal hören.«[120] Beckett: »Diese Betrachtungen erklären die schöne Konvention des ›da capo‹ als ein Zeugnis der vertrauten und unaussprechli-

115 *Proust* 91

116 I, 272. Natürlich kann Beckett die Wörter auch bei ihren Original-Quellen gefunden und sie genau *so* zusammengestellt haben. Es ist nur ziemlich unwahrscheinlich.

117 *Proust* 92   118 I, 358   119 I, 363

120 I, 368

chen Natur einer Kunst, die vollkommen verständlich und vollkommen unerklärlich ist.«[121]

8. Wir erinnern uns an die gehäuften Beteuerungen Schopenhauers über das Qualvolle der willentlich bestimmten Existenz. Eine davon ist, daß das Leben ein *Pensum* sei, das von den Personen abgearbeitet werden müsse.[122] Wie Schopenhauer sieht Beckett in der Musik ein Mittel zur zeitweiligen Erlösung von dieser Tortur, indem die Personen aus der Herrschaft des Willens heraustreten und sich in der Anschauung des musikalischen Gegenstandes verlieren. Dieser Gegenstand ist nach Schopenhauer, wie wir wissen, der unvergängliche Wille selbst, das An-sich der Welt, der *Grund* aller Qual, nur jetzt ohne Schmerz und im Modus der vorübergehenden willenlosen Kontemplation als musikalische Vorstellung angeschaut. Beckett sagt über den Proustschen Erzähler, daß es ihm (im Gegensatz zu seiner wichtigsten Romanfigur) gelinge, in der Musik Vinteuils eine »unvergängliche Welt« zu sehen, »die ›unsichtbare Realität‹, die das Leben des Körpers auf Erden zu einem Pensum verdammt und die Bedeutung des Wortes ›defunctus‹ offenbart.«[123] Das ist der letzte Halbsatz von Becketts Schrift über Proust. ›defunctus‹ wird im Lateinischen gebraucht für ›der Abgeschiedene‹, ›der Verstorbene‹ – heißt aber wörtlich: ›der [es] völlig erledigt hat‹ oder auch ›der [es] völlig abgearbeitet hat‹.

9. Über das von Beckett benutzte lateinische Wort schrieb Schopenhauer: »Das Leben ist ein Pensum zum Abarbeiten: in diesem Sinne ist defunctus ein schöner Ausdruck.«[124]

10. Von den Bildern, die Beckett für die willensgesteuerte Existenz der Personen bereithält, ist das am stärksten beton-

121 *Proust* 92

122 Z. B. W II, 728: »Das Leben stellt sich dar als eine Aufgabe, ein Pensum zum Abarbeiten ...« Ähnlich *Paralipomena* § 172: »Hier also ist das Pensum deiner Arbeiten und deiner Leiden: dafür sollst du *dasein*, wie alle andern Dinge dasind.« (W V, 378)

123 *Proust* 93

124 *Paralipomena* § 156 (W V, 353). Vgl. auch W IV, 484

te wahrscheinlich das Bild des Tantalus.[125] (In *Murphy* bezieht sich der Erzähler wie selbstverständlich auf die Büßer Ixion *und* Tantalus als Modelle menschlichen Daseins).[126] Schopenhauer darüber: »So liegt das Subjekt des Wollens beständig auf dem drehenden Rade des Ixion, schöpft immer im Siebe der Danaiden, ist der ewig schmachtende Tantalus.«[127]

26. Schopenhauer neu gewendet

Becketts Eingriffe in den von Schopenhauer gelieferten Gesamtplan einer Philosophie der Kunst geschehen an Stellen, die ihrer Funktion und ihrer Wichtigkeit nach verschieden sind. Einige Male ist erkennbar, daß der Gegenstand Proust das Motiv für eine theoretische Maßnahme lieferte. An anderen Veränderungen mag Proust zwar Anteil haben; sie erscheinen aber auch so sehr als sachlicher Gewinn und überzeugende Befreiung aus dem Gipsguß idealistischer Denktraditionen, daß ich annehme, Beckett hätte diese Abwandlungen in ähnlicher Form auch vollzogen, wenn er sich nicht Proust, sondern einen anderen ›modernen‹ Autor zum Gegenstand genommen hätte.
Wir haben gesehen, daß Beckett die Erkenntnisformen der Subjektivität, die er aus Schopenhauer übernimmt, mit anderen Gewichten versieht und um neue ergänzt. Raum, Zeit und Kausalität repräsentieren zwar weiterhin die Ordnung der Erfahrungswelt qua Karikatur der wahren Realität; aber die Zeit ist noch über den Vorrang, den Schopenhauer ihr schon einräumte, hinaus in dieser Welt zu einer alles beherrschenden, alles einfärbenden und korrumpierenden Struktur geworden, der gegenüber sich die Individuen nicht wie un-

125 *Proust* 13; s. unten S. 197–201
126 s. unten S. 231
127 W I, 280 (Natürlich ist das Bild von Tantalus hinreichend bekannt, um auch ohne Schopenhauer-Lektüre verwendet zu werden. In diesem Sinn ist dieser Beleg schwächer als die übrigen hier genannten.)

freiwillige Benutzer, sondern wörtlich wie Opfer und Gefangene verhalten. Die Realität des Zeitlichen ist auch nicht, wie bei Schopenhauer, beschränkt auf die Gegenwart. Vielmehr gibt es eine Realität der Zukunft (blaß und monochrom) und eine der Vergangenheit (vielfarbig, bewegt), und die letztere ist sogar für die Dauer unseres Lebens »gelagert« und kann gehoben werden. Durch diese Annahme stattet Beckett seinen ästhetischen Entwurf mit einem Reservoir von Gegenständen künstlerischer Arbeit aus, die Schopenhauer, weil er alles Reale nur in der Gegenwart existieren läßt, weniger gut hätte sehen und überdenken können.
Die Zeit als eine Form der Erkenntnis und des Lebens, welcher die Subjekte nicht (es sei denn durch Flucht) sich entziehen können, wird ergänzt durch die vom Willen zum Leben in ihr Amt eingesetzten Formen Gewohnheit und willentliche Erinnerung. Hier übernimmt Beckett ohne Vermittlung die Vorlage Prousts, verbindet nur die beiden von dort herüber transportierten Erkenntnismittel (= Verunstaltungsmittel) mit der aus Schopenhauer überkommenen Idee, daß das steuernde Agens, die letzte Instanz aller dem Leben dienlichen Erkenntnis, der personale Wille sei. Gewiß hat etwas namens »Wille« auch bei Proust eine ähnliche Stellung; daß Proust damit, wie Beckett an einem Punkt ausdrücklich, Teile der Willenstheorie Schopenhauers verbindet, habe ich nicht finden können. Durch Zusammenstellen des Bisherigen mit der Zeit kommt Beckett an bei der sehr eigentümlichen Formel, mit der er den vierten Abschnitt seiner Schrift (den Abschnitt über die Auslöser der mystischen Erfahrung, durch die allein das Subjekt von der Despotie seiner eigenen Erkenntnisformen freigesetzt werden kann) beginnt:

»Von diesem janushaften, dreiköpfigen, beweglichen Monster oder dieser Gottheit: Zeit ... Gewohnheit ... Erinnerung ...: von Ihm wendet sich das Bewußtsein weg zu der einzigen Kompensation und dem einzigen Wunder des Entkommens, das Seine Tyrannei und Wachsamkeit toleriert.«[128]

128 *Proust* 35

Das einzige Wunder des Entkommens *ist* die unwillentliche Erinnerung oder mystische Erfahrung, die Beckett (mit Proust und analog zu, aber nicht identisch mit der künstlerischen Ekstase Schopenhauers) zur Grundlage der Kunst erklärt.

Wir finden also bei Beckett zusätzlich zu Raum, Zeit und Kausalität die neue, an Proust abgelesene Trinitas *Zeit, Gewohnheit, Erinnerung*. Ihr zugeordnet ist eine neue Form des vorübergehenden Erlöstwerdens; das heißt auch: eine neue Deutung der außerzeitlichen, vom Willen nicht getrübten künstlerischen Erkenntnis. Schopenhauer sagte für das genuin ästhetische Erlebnis: Willenlose Kontemplation. Beckett sagt mit Proust: Unwillentliche Erinnerung. Doch ausdrücklich faßt er sie auf als eine Weise der Konkretisierung von Schopenhauers Modell: Sie fällt unter den gleichen Titel: »Die Proustsche Stasis ist kontemplativ, ein reiner Akt des Einsehens, willenlos, die ›amabilis insania‹ und der ›holde Wahnsinn‹.«[129] Ein Unterschied ist aber zu nennen: Schopenhauer nahm an, daß sich das Subjekt dem künstlerischen Zustand (dem Zustand willenloser Anschauung der Idee) nähern könne, indem es seinen Gegenstand außerhalb aller Beziehungen zu anderem betrachtet. *Gelingt* ihm das in optimalem Grad, dann ist seine Erkenntnis kraft der Relationslosigkeit auch willensfrei, und die Idee tritt auf. Zwar ist das auslösende Moment der unwillentlichen Erinnerung, das Wahrnehmen der »Hieroglyphen«, in Prousts Schilderung der Visionen genauso wie in Becketts Theorie derselben auch im Augenblick des Erlebens für das Subjekt etwas *Isoliertes*, es ist bewußt außerhalb seiner gewöhnlichen Verbindungen

129 *Proust* 91; meinem Wort »Einsehen« entspricht bei Beckett »a pure act of understanding« – das darf jedoch nicht mit Ausdrücken übersetzt werden, die an »Verstand« erinnern, denn überall, wo Beckett über den »Verstand« der Tradition und auch Schopenhauers »Verstand« spricht, sagt er »intellect«. Es gibt auch in der deutschen Philosophiegeschichte die Differenz von *Verstehen*, das mit Einfühlen verwandt ist, und *Erklären*, das die Weise darstellt, mit der der *Verstand* sich etwas verständlich macht.

zu anderen Teilen der Welt. Aber das scheint nicht die hinreichende Bedingung für das Heraufrufen der idealen Realität zu sein; denn es gibt mehrere Erlebnisse (Wolke, Blume, Kieselstein), deren Gegenstand isoliert vor dem Bewußtsein steht und doch seine ideale »Bedeutung« nicht preisgibt. Das Machen eines Kunstwerks soll hier nach Proust noch wie die sokratische Hebamme hinzutreten. Gewöhnlich ist sogar (in Becketts Wort) das integrale Auftreten der wahren Realität ein »Geschenk« (»dispensation«).[130] Daran scheint sich zu zeigen, daß Beckett dem, was das Bewußtsein selbst zur Verfügung hat, weniger zutraut als Schopenhauer, und daß er die Personen, was ästhetische Erlebnisse angeht, in geringerem Maß als autark, in höherem Maß als abhängig ansieht.

Seine Theorie der empirischen Personen als Lebewesen, die in der Zeit sich ausdehnen, enthält gegenüber der Schopenhauers einen Zusatz. Beckett spricht sehr bald nach dem Beginn seiner Analyse (am Anfang des Abschnitts über die Gewohnheit) davon, daß das Individuum genau genommen »eine Sukzession von Individuen«[131] sei; und daß deshalb der gewohnheitsmäßige Stillhaltepakt zwischen ihm und seiner selbst projizierten Umgebung jeden Tag von neuem geschlossen werden müsse. Das bringt jeden Tag eine neue Übergangsperiode und eine neue Gefahr mit sich. »Gewohnheit ist also der allgemeine Ausdruck für die zahllosen Verträge zwischen den zahllosen Subjekten, die das Individuum ausmachen, und ihren zahllosen zugeordneten Objekten.«[132] Beckett verfolgt diese Idee (Individuum konstituiert aus zahllosen, in der Zeit einander nachgeordneten Subjekten) zunächst nicht weiter; aber daß er sie überhaupt vorträgt, zeigt etwas: Er nimmt die Ordnungsform der Zeit für die Betrachtung der weltlichen Personen so ernst, daß er auf den einen und einmaligen Akt des Willens (als Ding an sich), der nach Schopenhauer den intelligiblen Charakter des Individuums formt, in dieser Schrift nicht zurückgreift. Er be-

130 *Proust* 32 131 *Proust* 19 132 *Proust* 19

dient sich nicht des Arguments für eine außerzeitlich festgelegte typische Verhaltenstendenz des Individuums, die aus jenem Akt hergeleitet werden könnte. (Bei dem Gedanken von der Sukzession zahlloser Subjekte dürfte er auch zusätzliche Quellen gehabt haben.)

Darin, daß Beckett sich nicht auf einen Akt des Schopenhauerschen Welt-Willens zur Erklärung der persönlichen Organisation stützt, scheint mir eine Tendenz seiner Verwendung dieser Philosophie überhaupt sichtbar zu werden. Beckett spricht zwar weiterhin von einem »Ding an sich«, und aus dem Kontext geht hervor, daß nur das Ding an sich in Schopenhauers Deutung gemeint sein kann. Aber Beckett hat auch eine Neigung, endgültig Transzendentes (niemals bewußt zu Machendes) mit Vorsicht zu verwenden. Von dem Ding an sich wird unterstellt, daß es in der willenlosen Wahrnehmung »eingefangen« werden könnte (»to capture«).[133] Es ist nicht zu entscheiden, was Beckett damit genau meint; möglicherweise denkt er, wie Schopenhauer, nur an die Wahrnehmung von Musik; möglicherweise zeigt sich mit der Rede vom Einfangen-Können aber auch so etwas wie Zurückhaltung gegenüber Entitäten, die prinzipiell als jenseitig, unerreichbar konzipiert sind. Der Gedanke eines ›Dinges an sich‹ könnte nur so weit benutzt sein, wie man ihm etwas Vorstellbares (in einer Weise, die hier nicht klar bestimmt ist) zuzuordnen vermag. Der Skepsis gegenüber einem prinzipiell Unvorstellbaren entspricht natürlich ein Optimismus in Sachen Darstellbarkeit: Beckett könnte mit der Behauptung vom »Einfangen« des Dinges an sich schon unterwegs sein zu einer Kunstauffassung, die dem Werk noch mehr und Erstaunlicheres zutraut als selbst Schopenhauer.

Bei der Ideenlehre ist die Neigung, das Wesen der Dinge der *Struktur* nach eher weltlich und nicht prinzipiell jenseitig aufzufassen, nicht nur angedeutet, sondern auf handfeste Weise durchgeführt. Beckett kennt in dieser Schrift keine

133 *Proust* 90

gleichsam seit Anfang der Welt existierenden Ideen, deren Zahl festliegt und denen nichts hinzugefügt oder sonstwie angebaut werden kann. Was Beckett »Idee« nennt, wird nach seiner These zwar außerzeitlich angeschaut und ist, *als* ein Angeschautes, im ganzen außerhalb der Zeit; das hat seine Ideenlehre mit der Schopenhauers gemein. Aber die Idee ist auch die *wahre Realität* eines Zeitlichen; und sie zeigt *in sich* zeitliche Strukturen – das ist ein deutlicher Unterschied gegenüber Schopenhauer.[134] Ich will ihn zusammen mit einigem anderen etwas näher betrachten.

Was die unwillentliche Erinnerung nach Beckett ihrem Subjekt öffnet, ist die nicht-verzerrte Wirklichkeit eines vergangenen Erlebnisses, wie sie in der Vergangenheit selber so »rein«, das heißt ohne Verunstaltung durch die Instanzen des Willens, nicht bewußt vollzogen wurde. Wir erinnern uns, daß Beckett sagt, die Reinheit des vergangenen Erlebnisses werde durch Vergessen bewahrt, und was die unwillentliche Erinnerung heraufrufe, sei solches, das durch unsere *äußerste Unaufmerksamkeit registriert* und in dem letzten und unzugänglichen Verließ unseres Seins aufbewahrt wurde, zu dem die Gewohnheit nicht den Schlüssel besitzt. Was aufbewahrt ist und heraufgerufen werden kann, heißt »das Wesen unserer selbst, das beste unserer vielen Selbste und ihrer Konkretionen, welche die Einfaltspinsel die Welt nennen«.[135] Das bedeutet unter anderem, daß zum Gegenstand unwillentlicher Erinnerungen sowohl das vergangene Ich als auch die vergangenen Objekte gehören; beide in einer Weise

134 Daß ein außerzeitlich Angeschautes in sich zeitliche Beziehungen haben soll, stellt natürlich *der Sache nach* eine Schwierigkeit dieses Entwurfes dar. Aber sie ist aus Proust herübergenommen, wo auch die vergangenen Erlebnisse im Akt unwillentlicher Erinnerung *außerzeitlich* angeschaut werden sollen. Um das mit philosophischen Mitteln ganz durchsichtig zu machen, brauchte man Theorie-Stücke, die zu entwickeln ich hier nicht versuchen kann. Möglicherweise stand auch bei Prousts These, das Wesen werde außerzeitlich angeschaut, Bergsons Unterscheidung zweier Arten von Zeit steuernd im Hintergrund.

135 *Proust* 31

bewußt, die nicht entstellt ist und die im Gegensatz zur Gewohnheits- und Verstandeserkenntnis das Wahre (nicht das Karikaturhafte) gibt. Wir haben die Passage gehört, in der Beckett von der unwillentlichen Erinnerung sagt, sie stelle »nicht nur das vergangene Objekt wieder her, sondern auch den Lazarus, den es verzauberte oder marterte . . .«[136] Die Mitteilung (obwohl sie wahrscheinlich auf einen Proust-Passus anspielt) ist auf der Stufe dieser Schrift augenfällig gültig für Becketts ganze Auffassung der mystischen Erlebnisse, in denen sich die wahre Realität erschließt: Das gegenwärtige Subjekt wird hineingezogen in eine Wahrnehmung, in der es sich als Vergangenes wiederfindet und sein eigenes Erleben von Welthaftem in der Vergangenheit; nur beides »rein«, nicht deformiert, wesentlich, »integral«.

Es gibt bei Beckett keine *Liste* der Ideen mehr. Die Menge der Ideen hat für ihn nichts Katalogmäßiges. Sie ist auch nicht in Stufen geordnet. Die Ideen sind nicht Gattungs-Urbilder (auch nicht, wie Schopenhauer für individuelle Menschen zugesteht, Charakter-Urbilder); sie sind die wahre Realität von komplexen Ereignissen. Sie haben kein *System,* in dem jede von ihnen einen Platz ausfüllte, sondern ihre Menge ist offen und unbestimmbar groß. Das Kunstwerk, in dem sie (wenn es glückt) wieder erscheinen, bezieht seine Verbindlichkeit nicht daraus, daß es eine apriorische Organisation oder auch nur ein apriorisches Einzelbild darstellt. Die Verbindlichkeit des Werkes oder, wie man sagen mag, seine ›Wahrheit‹, wird allein gewährleistet dadurch, daß es dem gerecht wird, was in dem mystischen Akt der Evokation sich zugänglich macht. (Trotzdem oder besser: *deswegen* ist die Kunst nicht realistisch; was wir gewöhnlich »Realität« oder »Wirklichkeit« nennen, ist die Karikatur der Willens- und Verstandesleistungen). ›Wahr‹ ist ein Werk, wenn es unverzerrt heraufgerufene Wahrnehmung übersetzt. Diese ›Wahrheit‹ ist der verstandesmäßigen ›Wahrheit‹ über die Erfahrungswelt konträr; denn die Erfahrungswelt

136 *Proust* 33

ist die Welt des Weiterlebens sowie seiner Pakte und Schutzbriefe über solches, das gesehen, und anderes, das nicht zur Kenntnis genommen werden darf.

Becketts Deutung der Idee verneint nachdrücklich die jenseitige Idealität der Tradition. Jede Wirklichkeit vergangenen Erlebens kann evoziert und Gegenstand der Kunst werden, auch die banalste und (nach Gesichtspunkten gattungsmäßiger Perfektion) nichtigste. Es ist nicht nur so, daß jedes Objekt Gegenstand der Kunst werden kann, wie schon bei Schopenhauer; es ist auch so, daß jedes erlebte Verhältnis zwischen der Person und Teilen der Welt in der Seinsweise der Idee wieder zur Anschauung gebracht werden kann – vorausgesetzt, es wird durch willensfreie Evokation von seiner Verstandes-Ungestalt befreit. Mit der Wendung der Schopenhauerschen Ideenlehre weg von jenseitig-apriorischen Gattungsbildern und in Richtung auf eine Metaphysik des unverfälscht vollzogenen Daseins ›normaler‹ Lebewesen hat Beckett die Rückstände des Klassizismus aus ihr herausgetrennt.

Der wichtigste neue Zug, den Schopenhauers Ideenlehre durch Becketts Umbildung gewinnt, scheint mir damit zusammenzuhängen. Nicht nur hat die Idee in sich zeitliche Relationen (wie schwierig das immer zu verstehen sein mag); sie enthält auch die Beziehung einer Person zu ihrer Welt. Daß die Ideen *als solche* relationslos sein sollten, war bei Schopenhauer unplausibel; wenngleich der Gedanke, daß man sich durch Zurückziehen aus den Relationen der Erfahrungswelt ihrer Anschauung näherbringen könne, unter seinen Prämissen (und auch noch unter denen Becketts) angemessen erscheint. Damit, daß Beckett mehrmals einschärft, zum Gegenstand des heraufrufenden Erlebnisses als der wahrhaft künstlerischen Wahrnehmungsform gehöre in unverzerrter, wesentlicher Beschaffenheit die eigene Person und ihr Erlebnis von Welthaftem, macht er die Idee zu dem wahren Bild der Weise, wie das Subjekt sich zu der von ihm erlebten Welt verhält. Obwohl Beckett diese Auffassung der

Idee entwickelt beim Schreiben über Prousts Werk (wo der Gegenstand unverfälschter Wahrnehmung die wahre Realität eigener vergangener Erlebnisse ist), denkt er die Idee doch weiterhin als *ein Allgemeines.* Natürlich ist sie nicht mehr die allgemeine Gestalt einer Klasse von Dingen oder Lebewesen; sie ist eher die allgemeine Gestalt bestimmter Formen der Beziehung zwischen Lebewesen und Welt. Ihre Allgemeinheit hat wahrscheinlich auch (verglichen mit der Allgemeinheit von Schopenhauers Ideen) *bei der Anwendung auf Proust* engere Grenzen; das »Urbild« gilt nicht für unabsehbar viele real vorzeigbare Exemplare (oder mindestens wäre es viel schwieriger, etwas dergleichen auszuweisen). Trotzdem nennt Beckett das, was er mit »die Idee« meint, auch »das Wesentliche« oder »das Wesen«. Das Recht dafür erläutert er durch den Hinweis, daß damit etwas aufgedeckt sei, was Vergangenheit und Gegenwart miteinander teilen: »Was Vergangenheit und Gegenwart gemeinsam ist, ist wesentlicher als jede für sich genommen.«[137] An diesen Ergänzungen wird vielleicht am besten deutlich, wie weit sich Beckett in *Proust* von Schopenhauer absetzt; wie sehr dessen Ästhetik mit Becketts Umbildung aber auch gewinnt: Für Schopenhauer war die Idee, wo sie Lebendiges darstellte, dessen vollkommen ausgeprägter Gattungstypus, und bei individuellen Personen war sie der intelligible, aber völlig isolierte Charakter. Für Beckett ist die Idee *die wahre Weise des Lebewesens, in seiner Welt zu sein.*[138]

137 *Proust* 74
138 Beckett berührt ein Problem nur nebenbei, das Schopenhauer ziemlich wichtig fand: Die Frage, was das Kunstwerk als Wiederholung (Übersetzung) der Idee im Hörer, Leser, Zuschauer usf. auslösen kann. Schopenhauer meinte, das Ausgelöste sei eine dem Typ nach identische Anschauung der Idee. Das kann in Becketts veränderter Fassung von Schopenhauers Ästhetik schwerlich noch gelten; denn ich kann zwar die Erlebnisse des Erzählers in Combray zur Kenntnis nehmen, ich kann sie aber kaum genauso wie er anschauen; denn sie gehören nicht zu dem, was in *mir* gelagert ist. Einen für alle Subjekte verbindlichen apriorischen Ideenkatalog gibt es aber bei Beckett in dieser Schrift nicht mehr. Was also löst das Kunstwerk in

27. Die Proustsche Gleichung – die Proustsche Lösung

Es ist jetzt möglich, daß wir eines der rätselhafteren Stücke von Becketts Schrift, und des näheren das, mit dem er den Aufbau seines Gedankengangs organisiert, betrachten. Das Ganze hat nämlich, obwohl verschiedene Zwischenteile eingezogen sind, die Form von Problem, Arbeit an dem Problem und Lösung. Das Problem wird zu Beginn als eine Aufgabe, die sich mit Proust stellt (und die Prousts Roman-Ich sich selber stellt), vorgetragen; es werden dann Stücke einer Erkenntnistheorie, Metaphysik und vor allem Ästhetik entworfen, die die Mittel abgeben, kraft deren schließlich eine Lösung nicht nur ausgeplaudert, sondern als Lösung auch verstanden werden kann. Da das Problem als »die Proustsche Gleichung« auftrat, heißt die Lösung »die Proustsche Lösung«. Becketts Schrift beginnt so:

> »Die Proustsche Gleichung ist niemals einfach. Die Unbekannte, die ihre Waffen aus einem Arsenal von Werten wählt, ist auch die Unerkennbare. Und die Qualität ihrer Handlung fällt unter zwei Vorzeichen. In Proust kann jeder Speer ein Speer des Telephos sein. Dieser Dualismus in der Vielheit wird in Verbindung mit Prousts ›Perspektivismus‹ näher untersucht werden. Für die Zwecke dieser Synthese ist es praktisch, die *innere* Chronologie der Proustschen Demonstration zu adoptieren und als erstes dieses doppelköpfige Monster der Verdammung und Erlösung zu untersuchen – die Zeit.«[139]

dem, der es aufnimmt, aus? Für die Musik sagt Beckett es wörtlich: ». . . das Wesen einer einzigartigen Schönheit, einer einzigartigen Welt, . . . die ›unsichtbare Realität‹, die das Leben des Körpers auf Erden zu einem Pensum verdammt . . .« (93). Doch die Musik, das teilt Beckett mit Schopenhauer, unterscheidet sich von den anderen Künsten dadurch, daß sie nicht Ideen darstellt, sondern selbst auf der Stufe der Ideen steht; Beckett sagt: Sie ist die Idee selbst. Was aber vermittelt mir, zum Beispiel, Prousts Buch? Eine Antwort steht nicht bei Beckett, kann aber mit Proust skizziert werden: »In Wirklichkeit ist jeder Leser, wenn er liest, ein Leser nur seiner selbst. Das Werk des Schriftstellers ist dabei lediglich eine Art von optischem Instrument, das der Autor dem Leser reicht, damit er erkennen möge, was er in sich selbst vielleicht sonst nicht hätte erschauen können.« (Proust, a. a. O. VII, 329)

139 *Proust* 11

Es gehört nicht zu meinem Thema, alle kryptischen Elemente dieser Einleitung ans Licht zu bringen und auseinanderzulegen. Ich nehme nur, weil mit ›Prousts Lösung‹ auch die künstlerische Erfahrung, die Beckett aufweisen will, noch etwas besser als bisher bezeichnet wird, das auf, was ich unter diesem Gesichtspunkt nützlich finde.

Die Gleichung ist niemals einfach (»simple«) – das kann heißen, sie ist nicht einfach zu lösen; es kann auch heißen, daß es viele Unbekannte gibt. In jedem Fall ist »die Unbekannte« (»the unknown«) auch die oder das Unerkennbare (»the unknowable«) – das lese ich als: Sie ist das verstandesmäßig oder rational oder intellektuell Unerkennbare (wenn man will: das in diesen Formen nicht Wißbare); der künstlerischen (= mystischen = außerrationalen) Erfahrung dürfte sie aber zugänglich sein, und allein ihr. Der Speer des Telephos war der Speer, mit dem Achill den Telephos im Kampf verwundete; Telephos genas nicht, sondern führte für Jahre ein qualvolles Leben, bis er die Griechen dazu brachte, ihn, nach Andeutung eines Orakelspruchs, mit dem gleichen Speer, der ihn verwundet hatte, zu heilen. Das geschah, indem man Rost von dieser alten Waffe auf die Wunde des Telephos brachte. Wir erinnern uns, daß Beckett da, wo es um die Natur der Zeit geht, das heißt sehr bald nach seiner dunklen Einleitung, sagt: »Es gibt kein Entrinnen vor dem Gestern, weil das Gestern uns deformiert hat oder durch uns deformiert worden ist. Der Modus ist unwichtig. Deformation hat stattgefunden.«[140]

Diese Voraussetzungen reichen aus, um eine (freilich unvollständige) Rekonstruktion von Gleichung und Lösung zu versuchen. Die Gleichung ist die Lage dessen, der in der Zeit lebt, und zwar im Modus der Deformation lebt. Gewöhnlich wird sie durch Gewohnheit sowohl hergestellt als auch überdeckt und durch Langeweile erträglich gemacht. Jedes einzelne Erlebnis wird, solange die Erkenntnis dem Willen botmäßig ist, ohne daß das Subjekt es bemerkt, als eine *Entstel-*

140 *Proust* 12

lung vollzogen. Die Person kann versuchen, durch Finden einer Unbekannten eine Gleichung, das ist hier eine Art Existenzrätsel, zu lösen. Lösen der Gleichung wäre dasselbe wie das Genesen des Telephos, der auch eine ganze Serie von Listen erfinden mußte, um die Griechen zu dem zu bringen, was er von ihnen wollte. Becketts Erwähnung des Gestern, in dem eine Deformation stattfand, ist fast wie der Orakelspruch, der dem Telephos verhieß, nur was ihn verwundete, könne ihn auch heilen. Wir wissen, daß bereits Schopenhauer als ein Mittel zeitweiliger Erlösung von der Grimassenexistenz, welche das Leben gewöhnlich ausmacht, die ästhetische Betrachtung, das heißt eine mystische Vereinigung mit der Idee, ansieht. Die Idee ist bei Beckett auf dem Standpunkt dieser Schrift angelegt in der Vergangenheit. Es gab Erlebnisse des Individuums in seiner Welt, deren wesentliche Struktur aufbewahrt ist.

Man kann vermuten, daß in dieser Lage die Lösung für Beckett in der willenlosen, unverstellten Anschauung eines vergangenen Erlebnisses besteht. Dasselbe Erlebnis, das einst wie alle anderen vom Willen beaufsichtigten Erlebnisse in den Formen der willensmäßigen Verunstaltung bewußt war, kann durch unwillentliche Erinnerung entzerrt, in »integraler Reinheit« heraufgerufen werden. Und das Heraufrufen selber, das mystische Erlebnis des Anschauens wahrer Realität, wäre gleichzeitig die (mindestens temporäre) Befreiung von der Gewohnheit, von der Zeit und von der »Spottexistenz«[141] oder die (mindestens temporäre) Heilung des Telephos durch die wahre Gestalt von solchem, das ihn einst verwundete (deformierte). Strenggenommen müßte man sagen: Die Heilung des Telephos durch solches, mit dem er in Berührung war, als er einst entstellt wurde. Es gibt *viele* vergangene Erlebnisse, die als Unbekannte heraufgerufen werden und eine Lösung abgeben können; deshalb Becketts

141 Schopenhauer, W II, 463. Vgl. auch W V, 358: »Der Charakter der Dinge dieser Welt, namentlich der Menschenwelt, ist nicht sowohl, wie oft gesagt worden, *Unvollkommenheit* als vielmehr *Verzerrung* ...«

Ausdruck: Dualismus (deformierende *wie auch* heilende Aktion) in der *Vielheit.*
Beckett selbst kennzeichnet die Lösung, als er die Theorie der unwillentlichen Erinnerung, die neue Ideenlehre, die innerweltliche Metaphysik skizziert hat, mit diesen Worten:

»Aber wenn diese mystische Erfahrung ein außerzeitliches Wesen vermittelt, folgt, daß der, dem es vermittelt wird, für den Augenblick ein außerzeitliches Seiendes ist. Folglich besteht die Proustsche Lösung, insoweit sie untersucht worden ist, in der Negation von Zeit und Tod, Negation des Todes weil Negation der Zeit. Der Tod ist tot, weil die Zeit tot ist.«[142]

In einer Klammer, die dann folgt, begeht Beckett eine »kurze Unverschämtheit« und kritisiert den Proustschen Titel *Le temps retrouvé* als »unangemessene Beschreibung der Proustschen Lösung«; die Zeit nämlich, sagt er gegen Prousts Überschrift seines letzten Bandes, »ist nicht wiedergefunden, sie ist ausgelöscht«.[143]

142 *Proust* 75

143 *Proust* 75. Die These ist, obwohl gegen Prousts Titel gewendet, sehr nah an Prousts Text: »Diese Ursache aber erriet ich nunmehr, wenn ich untereinander jene verschiedenen beseligenden Eindrücke verglich, die das gemeinsam hatten, daß ich sie zugleich im gegenwärtigen Augenblick und in einem entfernten erlebte, bis schließlich die Vergangenheit auf die Gegenwart übergriff und ich selbst sofort nicht mehr unsicher war, in welcher von beiden ich mich befand; in der Tat war es so, daß das Wesen, das damals in mir jenen Eindruck verspürt hatte, ihn jetzt in dem wiederfand, was es an Gemeinsamem zwischen einem Tage von ehemals und dem heutigen gab, was daran außerhalb der Zeit gelegen war; es war ein Wesen, das nur dann in Erscheinung trat, wenn es auf Grund einer solchen Identität zwischen Gegenwart und Vergangenheit sich in dem einzigen Lebenselement befand, in dem es existieren und die Essenz der Dinge genießen konnte, das heißt außerhalb der Zeit. Dadurch erklärte sich, daß meine Sorgen um meinen Tod in dem Augenblick ein Ende gefunden hatten, in dem ich unbewußt den Geschmack der kleinen Madeleine wiedererkannte, weil in diesem Augenblick das Wesen, das ich zuvor gewesen war, außerzeitlich wurde und daher den Wechselfällen der Zukunft unbesorgt gegenüberstand. Nur außerhalb des Handelns und unmittelbaren Genießens war dieses Wesen zu mir gekommen, hatte es sich manifestiert, sooft das Wunder einer Analogie mich der Gegenwart enthob.« (Marcel Proust, a. a. O. VII, 274 f.; das Wort

Die Zeit hieß in der Einleitung, die ich vorhin wiederholt habe, »dieses doppelköpfige Monster der Verdammung und Erlösung«. Wir wissen jetzt, wie das zu verstehen ist: Solange die Personen in ihrer eigenen Zeit (in den vom Willen beherrschten Formen der Erfahrung) existieren, sind sie dazu verdammt, die Entstellungen zu leiden, die die vom Willen kontrollierte Lebens- und Erkenntnisweise mit sich führt. Gelingt es den Personen, die Zeit auszulöschen, vorübergehend ganz mit einer Anschauung zu verschmelzen, die etwas sehen läßt, was außerhalb der Zeit liegt, ein »außerzeitliches Wesen«, dann negieren sie für diese »kurze Ewigkeit« die Zeit, erlösen sich von genau der Ungestalt, die die Zeit selbst ihnen aufgedrückt hat, und negieren, weil sie die Zeit negieren, auch den Tod. *Was* sie anschauen, ist die reine, nicht zweckhaft verkrüppelte Gestalt eines vergangenen Zustandes ihrer selbst und ihrer Welt; der Zustand ist einer von vielen, die in der Zeit »Deformation« mit sich brachten, die aber, angeschaut außerhalb der Zeit, auch zur Erlösung oder Heilung dienen können. Jedes Erlebnis, mit welchem Verunstaltung stattfindet, kann wie der Speer des Telephos auch Mittel der Heilung davon sein: Indem es später, oft viele Jahre später, willenlos evoziert wird und mit seinem eigenen nicht-entstellten Wiederauftreten die Person für eine »kurze Ewigkeit«[144] von der gewohnheitsmäßigen, willensgesteuerten Spottexistenz freisetzt, welche die normale Weise des Lebens in der Zeit ist.

Von den vielen Fragen, die jetzt noch offen sind, will ich nur eine kleine Gruppe behandeln. Sie hat zu tun mit dieser einfachen Sachlage: Beckett beschreibt mit Schopenhauer fast gleichlautend die Existenz der Personen, außerhalb des Schutzes der Gewohnheit vollzogen, als »das Leiden zu sein«. Dafür kann er die Argumente in Anspruch nehmen,

»Wesen« in E. Rechel-Mertens' Übersetzung steht für das französische être; nur »Essenz« steht für »essence«. Das ist in Erinnerung zu halten, wenn man dieses Stück mit Beckett vergleicht.)

144 *Proust* 75

die Schopenhauer benutzt, wo er ähnliche Thesen plausibel machen will. Faktisch scheint sich Beckett aber auch zusätzlicher Argumente zu bedienen. Obwohl von diesen wiederum einiges an Proust orientiert sein dürfte, erscheint es mir wichtig, die Zusätze aufzunehmen, weil damit Becketts früher Standpunkt in Fragen einer ›Metaphysik des Daseins‹ noch etwas besser sichtbar wird – auch seine Selbständigkeit gegenüber der Philosophie, von der er ausging.

28. Bejahung des Willens. Freiwillig Tantalus

Wir wissen, daß es nach Beckett nur *eine* adäquate Vereinigung von Subjekt und Objekt gibt. Sie ist das in der mystischen Evokation sich ereignende Zusammenfallen der Person mit ihrem vergangenen Erlebnis (auch mit dem Wesentlichen ihrer selbst als einer damals erlebenden). Wir wissen ebenfalls, daß, obwohl das vergangene Erlebnis (die Kindheit in Combray!) in sich zeitliche Strukturen haben mag, dieses Erlebnis als ein *Ganzes,* als eine »wesentliche Realität« als etwas, das »Vergangenheit und Gegenwart gemeinsam ist«[145], angeschaut wird als außerhalb der Zeit stehend, und daß der Anschauende eben deswegen für die Dauer der mystischen Erfahrung ein außerzeitliches Seiendes ist. Wir wissen weiter, daß die adäquate Vereinigung von Subjekt und Objekt nach Beckett der Person das einzige Mittel an die Hand gibt, in Kontakt mit einer *wahren Realität* zu kommen. Sie ist deshalb der Ursprung wie auch die metaphysische Auszeichnung der Kunst.

Was aber wäre eine inadäquate Vereinigung von Subjekt und Objekt? Wie sähe das Gegenbild der adäquaten Vereinigung aus? Ich denke: die inadäquate Vereinigung ist die immer gewollte, aber höchstens in der Form von Täuschung und Selbstbetrug vollziehbare Vereinigung eines Subjekts mit seinem Objekt unter dem Mandat des Willens und in den

145 *Proust* 74

Strukturen der Zeit. Sie ist keine wirkliche Vereinigung und bringt deshalb das Subjekt auch nicht wirklich mit seinem Objekt zusammen. Wo das Vereinigen Befriedigung gewähren soll, fällt solche Befriedigung ebenso unter den Bann des Scheinhaften und Falschen.

Zwei Weisen des Erreichenwollens von Objektivem oder Gegenüberstehendem lassen sich (mindestens) unterscheiden: Die *erkennende* und die *emotionale*. Daß das *Erkennen* als ein gewolltes sein Objekt nie wirklich erreichen kann, begründet Beckett an dem gleichen Ort, an dem er die Überlegenheit der mystischen Erfahrung proklamiert, so:

»Die Realität, ob imaginativ oder empirisch angegangen, bleibt eine Oberfläche, bleibt undurchdringlich. Die Imagination, a priori auf das Abwesende angewandt, wird im Leeren ausgeübt und kann die Grenzen des Realen nicht tolerieren. Auch kein direkter und rein experimenteller Kontakt zwischen Subjekt und Objekt ist möglich, weil sie automatisch getrennt werden durch das Wahrnehmungsbewußtsein des Subjekts; und das Objekt verliert seine Reinheit und wird ein bloß intellektueller Vorwand oder ein Motiv.«[146]

Zum Bewußtsein des Subjekts, wahrzunehmen, gehört das Bewußtsein seiner selbst als wahrnehmender Person; Beckett scheint zu folgern, daß mit dem Wahrnehmungsbewußtsein zugleich das Objekt unter Gesichtspunkten des Willens (unrein und als Motiv) angesehen wird. Das ist plausibel, weil, wenn sich die Person nicht selbst beim Wahrnehmen vergißt, sondern ihrer als Subjekt des Wahrnehmens bewußt bleibt, die Erkenntnis nach den Gesichtspunkten der Selbsterhaltung, das heißt des Willens, betrieben wird und dessen Botmäßigkeit auch nicht sich entziehen kann. Scho-

146 *Proust* 74. Das Zurückweisen der bloßen Imagination (in Schopenhauers Deutsch stünde dafür die Einbildungskraft), zusammengehalten mit den wiederholten Behauptungen über die Unfähigkeit des *Denkens* in Sachen der *Idee*, zeigt sehr deutlich, daß auch Beckett, wenn man seine Aussagen über Ideenerkenntnis mit Schopenhauers Begriffsapparat rekonstruieren müßte, zuletzt auf eine visionäre *Sinnlichkeit* verwiesen wäre. (Die bloße Imagination wird schon zu Anfang des Essays als genauso kraftlos dargestellt wie die Karikatur der Oberflächenwahrnehmung. S. 14).

penhauer hat das ausführlich begründet; Beckett vollzieht es nach, ohne die ganze Begründung in seinen Text zu übertragen. Ohnehin hat er durch Einführen der Gewohnheit als Wahrnehmungsregler und Instanz des Willens, die das risikofreie Weiterleben des Subjekts zu sichern hat, genug getan, um deutlich zu machen, daß ein Sich-Verlieren des Subjekts in seiner Wahrnehmung, eine entfernungslose und unvermittelte Präsenz des Objekts unter der Signatur des Willens nicht möglich ist.

Wichtiger, weil bisher nicht aufgenommen, erscheint Becketts Begründung für die Unmöglichkeit, das Objekt von *Gefühlen* zu erreichen, oder auch, in der Erfahrungswelt genuine Befriedigung zu finden. Die Erfahrungswelt ist die Welt in der Zeit. Wieder gibt es eine bekannte Überlegung bei Schopenhauer: Die Zeit vereinzelt notwendig das, was in ihr zu existieren hat, denn sie ist (mit dem Raum) das principium individuationis. Die Objektivation des Willens in der Zeit hat notwendig die Form der Selbstentzweiung. Beckett begründet die Unerreichbarkeit zeitlicher Objekte und die Unmöglichkeit von Erfüllung in menschlichen Verhältnissen mehrfach; ich nenne zwei seiner Argumente, die über Schopenhauers Begründung hinausgehen. Sie hängen durch die Funktion der Zeit zusammen. Das einfachere, aber weniger universell anwendbare ist: In der Zeit begehrte Objekte sind in der Zeit ausgedehnte Wesen; sie können immer nur stückweise, nicht gänzlich und ohne Rest, besessen werden: »Im besten Fall kann alles, was in der Zeit wirklich wird (jederlei Zeit produziert), sei es in der Kunst oder im Leben, sukzessiv, durch eine Reihe partieller Aneignungen, besessen werden – und nie ganz und auf einmal.«[147] Das ist die Unmöglichkeit der gänzlichen Vereinigung wegen der zeitlichen Erstreckung des *Objekts*. Die Sinnlosigkeit und Unerfüllbarkeit jedes Begehrens in der Zeit überhaupt wird begründet mit der Abfolge diverser Subjekte innerhalb der Person selber. Das ist das zweite Argument. Wir haben Becketts Erklärung

147 *Proust* 17 f.

gehört, daß das Individuum genau besehen nichts ist als »eine Sukzession von Individuen«, oder auch, daß es konstituiert wird durch »zahllose Subjekte«, die in der Zeit hintereinander liegen. Daraus folgert Beckett ohne weiteren Zwischenschritt, daß ein Erreichen von Gewolltem qua Vereinigung von Subjekt und Objekt niemals *dasselbe* Subjekt befriedigt, das das Objekt begehrt hat, sondern ein *anderes*, in der Zeit späteres.

»Wir sind enttäuscht von der Nichtigkeit dessen, was wir das Erreichen zu nennen belieben. Aber was ist das Erreichen? Die Identifikation des Subjekts mit dem Objekt seines Verlangens. Das Subjekt ist unterwegs gestorben, und vielleicht viele Male. Daß Subjekt B enttäuscht ist von der Banalität eines Objekts, das von Subjekt A erwählt wurde, ist ebenso unlogisch wie zu erwarten, daß der Hunger, den einer hat, gestillt wird, indem er seinem Onkel beim Essen zusieht.«[148]

Der Hunger wird nicht dadurch befriedigt, daß wir mit ansehen, wie ein anderer ißt; denn die Subjekte sind verschieden. Genauso ist es mit der Banalität des Erreichten: Es erscheint dem Subjekt, das es erreicht, banal und nichtig, weil *es* nicht das Subjekt war, das dieses Objekt begehrte. Das begehrende Subjekt ist im Augenblick der Erfüllung schon gestorben, und es starb auf dem Weg zur Erfüllung vielleicht mehrere Male (es starben mehrere begehrende Subjekte).

So ist die Zeit als die Ordnungsform der Erfahrungsdinge zugleich die Ordnungsform, die von seiten des Objekts wie auch des Subjekts eine unverfälschte und ganze Erfüllung unmöglich macht – es gibt in der Zeit, wenn es um das Erfüllen von Verlangen geht, nur Zerstücktes und obendrein Vorgetäuschtes. Das heißt, alle Befriedigung in der Zeit ist in mehrerlei Sinn nichtig.

Die These Becketts über eine wollende Existenz in der Zeit setzt die Schopenhauers fort und lautet: »So befinden wir uns vielmehr in der Position des Tantalus, mit diesem Unterschied: Daß wir es selbst zulassen, wie Tantalus gequält zu

148 *Proust* 14

werden.«[149] In dem »Zulassen« liegt das, was Schopenhauer die *Bejahung des Willens zum Leben* nannte: Indem wir wollen, affirmieren wir auch das Wollen und nehmen die Bedingungen an, unter denen es stattfindet; unter anderem die wichtigste Bedingung: daß es nie dauerhaft befriedigt wird. Beckett scheint in *Proust* Schopenhauer aber auch auf bündige Weise radikalisiert zu haben: Für Schopenhauer ist alles wollende Leben unerfülltes Leben, weil es nur verschwindend kurze Momente der Befriedigung gibt. Beckett hat diese Momente gestrichen. Für ihn sind wir als Wollende endgültig in der Lage des Tantalus, der *nie* befriedigt wird, und wir sind es freiwillig; indem wir wollen, wollen wir auch die conditiones sine quibus non des Wollens; zu ihnen gehört für zeitliche Lebewesen die Unerfüllbarkeit. Becketts Empfehlung, wenn er (außer der Proustschen Lösung) überhaupt eine nennt, mag man sehen im Erwähnen eines Rates, den auch schon Schopenhauer gab: der »Weisheit, die nicht in der Befriedigung, sondern in der Ausmerzung des Verlangens besteht.«[150]

29. Wüste der Einsamkeit. Keine Moral

Das Anwenden des Bildes von Tantalus geschieht durch Analysieren der Liebe des Proustschen Erzählers zu Albertine. Albertine ist die Frau, die er zeitweise, wie er will, besitzen kann, und doch nie besitzt. Für uns sind nur die allgemeinsten Züge dieser Analyse, die einen großen Teil von Becketts Essay füllt, wichtig. Die verallgemeinerbare Struktur, die an der Beziehung zwischen dem Erzähler und Albertine heraustritt, ist für Beckett zunächst die Unvereinbarkeit von Liebe und Erfüllung der Liebe und deshalb die Sinnlosigkeit des Strebens nach der letzteren. Hier ist seine Position der Schopenhauers fast deckungsgleich, und Prousts ei-

149 *Proust* 13
150 *Proust* 18

gene Darstellung auch. Bedingung dafür, daß man liebt oder zu lieben glaubt, ist das Nicht-Besitzen des geliebten Gegenstandes; der Gegenstand droht in dem Augenblick, wo man seiner habhaft wird, alles Interesse zu verlieren; die Liebe, sofern sie dauerhaft sein soll, muß ein Moment dauerhafter Nicht-Befriedigung enthalten, oder das Pendel schwingt zum anderen Pol, vom Mangel (= Schmerz) zur Langeweile (= Verflüchtigung des Gefühls).

Und wenn Befriedigung denn stattfindet, ist sie bloß scheinhaft. Es gibt keine wirkliche Erfüllung in der Liebe. Es gibt nur den Übergang von Schmerz zu Langeweile und von der zum Schmerz. Die Begründung für das Illusionäre aller Erfüllungsspektakel nimmt Beckett wieder daraus, daß die Liebe wie auch ihr Objekt in den Geltungsbereich, das heißt unter die absolute Herrschaft der Zeit fallen.

»Und die Göttin, ... in deren Religion und Anbetung alle Menschheit hineingeboren ist, ist die Göttin der Zeit. Kein Objekt, das in dieser zeitlichen Dimension ausgedehnt ist, erlaubt Besitz, wenn mit Besitz totaler Besitz gemeint ist, der nur durch die vollständige Identifikation von Objekt und Subjekt erreicht werden kann.«[151]

Was für die Liebe gilt, gilt (wieder ähnlich wie bei Proust) für die Freundschaft. In ihr mag es vielleicht nicht um die gleiche Form des Besitzes gehen, dessen Ungewißheit der Liebe das längelange Hinziehen ihrer Illusionen möglich macht. Beckett setzt nur voraus, daß der Versuch, Freundschaft zu erwerben, ein Versuch ist, in Verbindung zu treten. Die Verbindung unter Bedingungen des Willens und der Zeit ist aber unmöglich, weil die Personen »getrennte und immanente Dynamismen sind, die durch kein System der Synchronisation verknüpft sind«.[152] Und auch: »Es gibt keine Kommunikation, weil es keine Vehikel der Kommunikation gibt.«[153] Beckett dürfte »Verbindung« in einem sehr emphatischen Sinn nehmen, etwa wie: wechselseitige Zugänglich-

151 *Proust* 57
152 *Proust* 17
153 *Proust* 64

keit dessen, was das Wesen der beteiligten Personen ausmacht, wirklicher Kontakt zwischen dem, was die Individuen *sind, unangesehen* ihrer bloßen Projektionen (zu denen er, wie wir hörten, auch die sichtbare Welt zählt). Es ist verständlich, daß nach Becketts nur rudimentär entwickelter Theorie der Person, die wir vorhin zur Kenntnis nahmen, die Idee der *Verbindung* zwischen Dynamismen, die genaugenommen aus einer ständigen Folge von Individuen bestehen, ans Unsinnige grenzt. Sie müßten durch ein »System der Synchronisation« verbunden sein; aber dann wären sie nicht mehr, als was solche Personen sich in der Zeit finden: Unabhängig voneinander sich herunterlebende Zustandsreihen.

Ich denke, in Erwägungen dieser Art liegt für Beckett (abgesehen von dem Material aus Proust) die sachliche Basis seiner Aussagen über Freundschaft:

»Freundschaft impliziert ein fast lächerliches Akzeptieren der oberflächlichen Erscheinung. Freundschaft ist eine gesellschaftliche Hilfseinrichtung wie Polstermöbel oder die Verteilung von Mülleimern. Sie hat keine geistige Bedeutung.«[154]

Mindestens der erste Teil des Spezifikums der Liebe, das Beckett seinem Leser an die Hand gibt, gilt auch für Freundschaft. Was von den Menschen Liebe genannt wird, sagt er, sei eine »Wüste der Einsamkeit und gegenseitigen Beschuldigung«.[155]

Das Unternehmen der Freundschaft wird näher beschrieben als »Versuch, in Verbindung zu treten, wo keine Verbindung möglich ist«, und »äffische Vulgarität oder schrecklich komisch«.[156] Die Geschichten der Liebe sind eigentlich Trauerspiele, in denen die Personen durch ihr scheinbar unverschuldetes Leiden, ohne es zu verstehen, die Sünde abbüßen, geboren zu sein. Es gibt keine einsehbare Gerechtigkeit in

154 *Proust* 63 f.
155 *Proust* 54
156 *Proust* 63

diesen Trauerspielen, wie überhaupt die Tragödien es mit Gerechtigkeit, wenigstens sofern sie »menschlich« sein soll, nichts zu tun haben.[157]

Beckett wiederholt in zustimmendem Tonfall, daß es in Prousts Welt keine Moral gibt. »Hier, wie immer, ist Proust völlig frei von allen moralischen Rücksichten. Es gibt kein Rechtes und Unrechtes bei Proust oder in seiner Welt.«[158] Proust zeigt »vollkommene Gleichgültigkeit gegenüber moralischen Werten und menschlicher Gerechtigkeit«.[159]

Wenn das nicht nur eine schlichte Aussage über Proust, verbunden mit billigendem Tenor von seiten Becketts ist, mag es mit Schopenhauers praktischer Philosophie zusammenhängen. Schopenhauer weigerte sich ebenfalls, seinem Leser moralische Imperative an die Hand zu geben; er hielt das auch für sowohl unmöglich wie sinnlos. Wenn die Personen so handeln, wie die Tradition es »moralisch richtig« nennt, tun sie es auf Grund eines mehr oder weniger dunklen Gefühls über die gemeinsame Natur und das gemeinsame Leiden aller Lebewesen; sie handeln aber nicht moralisch, weil sie sich einer für alle gültigen »Moral« verpflichtet wüßten.

30. Existenz des Künstlers

Es bleibt eine Frage, die ich bis jetzt nur in undeutlicher Form behandelt habe. Sie betrifft eine Voraussetzung der künstlerischen Tätigkeit. Beckett sagte, wenn die Gewohnheit ihren Dienst nicht mehr versieht, tritt für diese Zeit an die Stelle der *Langeweile zu leben* das *Leiden zu sein.* Und vom Leiden wieder sagt der Autor, daß es »ein Fenster zum

157 Es ist nicht entscheidbar, ob das eine Anspielung an Schopenhauers Unterschied zwischen zeitlicher oder menschlicher Gerechtigkeit (für Menschen verstehbar, aber in der Welt nicht wirklich) und außerzeitlicher (»ewiger«) Gerechtigkeit (in der Welt realisiert, aber unter menschlichen Gesichtspunkten ›ungerecht‹) ist.

158 *Proust* 66 159 *Proust* 89

Realen öffne und die Hauptbedingung der künstlerischen Erfahrung ist«.[160] Die Verbindung zwischen Zusammenbruch der Gewohnheit und Leiden kann man sich deutlich machen: Die Gewohnheit ist der Pakt und Schutzbrief des Individuums gegen die irritierenden Teile seiner Erlebnisse, sie ist eine vom Willen eingesetzte Wahrnehmungsform, die unter anderem dem Maximieren von Stabilität und Sicherheit sowie dem Minimieren des Leidens dient. Daß das Versagen der Gewohnheit mit Leiden verknüpft ist, erscheint einleuchtend, weil nichts das Individuum vor dem, wogegen die Gewohnheit es abschirmte, mehr schützt. Warum soll aber Leiden »die Hauptbedingung der künstlerischen Erfahrung« sein?

Schopenhauer nannte zwei Gründe, deretwegen Leiden mit der künstlerischen Tätigkeit assoziiert und wahrscheinlich auch zu ihren notwendigen Bedingungen gerechnet werden kann: Die größere Fähigkeit zur Erkenntnis (»Erkenntnis« als allgemeinster Terminus für alle kognitiven Funktionen des Subjekts) geht in Schopenhauers Theorie auch mit einer größeren »Kapazität für Leiden« zusammen. Das nimmt er von dem Gedanken, daß erkenntnismäßig niedere Organismen auch ein weniger empfindliches Sensorium für leidvolle Eindrücke besitzen. Der Künstler verhält sich zu anderen Personen wie ein Lebewesen mit intensiverem (stärker ausgebildetem) Erkenntnisvermögen. In seinem Bewußtsein hat die *anschauliche Erkenntnis* ein Übergewicht über das Wollen; daraus folgt für Schopenhauer, daß der Künstler auch in ungewöhnlich hohem Maß für Leiden empfänglich ist. Seine zweite Verbindung zwischen Leiden und Künstlertum stellt sich her durch die Frage, was die Personen dazu bringen kann, sich von der Treiberei ihres Wollens, und sei es auch nur zeitweilig, loszumachen und sich rein anschauend zu verhalten. Zur Antwort gehörte, daß *Leiden* eine günstige Voraussetzung für das Sich-Trennen von eigenen Willenszielen ist. Ein Übermaß an Leiden brachte die Helden des Trau-

160 *Proust* 28

erspiels in Schopenhauers Philosophie dazu, schließlich auf ihre üblichen Selbsterhaltungszwecke Verzicht zu tun und geläutert wie auch *erkennend* den Tod anzunehmen. Ein Übermaß an Leiden war bei Schopenhauer generell eine Bedingung, die *jeder* Lösung vom Willen entgegenkam. So auch der zeitweiligen, die das Genie in den Zustand bringt, in welchem es für sich selbst aufhört, da zu sein, und nichts weiter ist als »heller Spiegel«, »klares Weltauge«.

Daß Beckett die Existenz des Künstlers mit einem außergewöhnlichen Maß an Leiden zusammendenkt, ist offensichtlich. Der Künstler muß eine erhöhte Menge an Leid akzeptieren, um in Kontakt mit wahrer Realität zu gelangen. Wieder hat Beckett eine bei Schopenhauer angelegte These übernommen, sie aber auch durch eigene Argumente verstärkt und weitergeführt.

Außer dem Leiden, das »Hauptbedingung der künstlerischen Erfahrung« ist, gehört zur Existenz des Künstlers nach Beckett die *Einsamkeit*. Bei den Aussagen über Freundschaft, aus denen ich ein Stück zitierte, heißt es:

»Für den Künstler, der nicht mit Oberflächen handelt, ist das Zurückweisen der Freundschaft nicht nur vernünftig, sondern eine Notwendigkeit. Weil die einzig mögliche geistige Entwicklung eine Entwicklung des Sinnes für Tiefe ist. Die künstlerische Tendenz ist nicht expansiv, sondern ein Sich-Zusammenziehen. Und Kunst ist die Apotheose der Einsamkeit.«[161]

Das Zurückweisen der Freundschaft ist *notwendig:* Das heißt, der Künstler (jedenfalls der, der nicht an der Oberfläche haftet, und das ist nach Beckett der einzig wirkliche), wenn er sich auf Freundschaft einläßt, verliert die Fähigkeit, das zu tun, was er zu tun hat. Welche Vorstellung des ästhetischen Verhaltens steht hinter dieser Aussage? Oder: Was ist der Grund dafür, daß beides, Leiden und Einsamkeit, notwendige Bedingungen des Existierens als Künstler sein sollen?[162]

161 *Proust* 64

162 Daß der Künstler mehr leide als andere Personen und unter ihnen »merklich einsam« sei, notierte Schopenhauer auch. Aber daß die Kunst

Die Kunst ist bestimmt als die Tätigkeit, die die wahre Realität, das ideale Reale, erschließen hilft und das in der mystischen Evokation Angeschaute ins Werk übersetzt. Der Künstler kann sein Werk nicht zustande bringen ohne die Erlebnisse, in denen das wahrhaft Reale vor sein Bewußtsein tritt (sein Bewußtsein in es hineingezogen wird). Denn die bloße Einbildungskraft, »a priori auf das Abwesende angewandt, wird im Leeren ausgeübt und kann die Grenzen des Realen nicht tolerieren«[163]; das heißt, sie schießt über sie hinaus, verfehlt das Reale. Der Künstler ist auf die unmittelbare Anschauung dessen angewiesen, was Beckett die Idee nennt, wenn sein Produkt ›wahr‹, nicht nur beliebig sein soll. Die wahrhaft ästhetische Erfahrung, das »mystische Erlebnis«, wird ausgelöst durch ein Detail der gegenwärtigen Wahrnehmung, das außerhalb seiner üblichen Relationen, als Hieroglyphe, auf nicht-alltägliche Weise wahrgenommen wird. Diese Art von Gegenstandswahrnehmung muß der Künstler zu kultivieren suchen: die Wahrnehmung, die (wenn er Glück hat) als Auslöser des Zustandes dienen kann, in dem ein Vergangenes integral und wesenhaft heraufgerufen wird. Sie ist definitiv eine Wahrnehmung außerhalb der Gewohnheitsform, und definitiv eine Wahrnehmung, die die Person in *dieser* Weise nur für sich selber haben kann; denn allein für sie kann das ganz bestimmte Vergangene wieder auftreten, dessen lebendiges Subjekt sie (das heißt eine ihrer eigenen früheren Gestalten) damals war.

Jetzt läßt sich sagen, warum Leiden und Einsamkeit für Beckett notwendige Bedingungen der künstlerischen Lebensform sein müssen: Wenn das Pendel, wie Beckett nachdrücklich einschärft, zwischen diesen zwei Polen schwingt: Leiden und Langeweile; und wenn der Langeweile die Ge-

»die Apotheose der Einsamkeit« sei, habe ich nicht finden können. Beckett scheint hier (mit Proust) etwas entschieden stärker zu nehmen, als Schopenhauer es ausdrückte. Die Argumente, die er zu denen Schopenhauers hinzubringt, erlauben das.

163 *Proust* 74

wohnheitswahrnehmung zugeordnet ist – dann ist die Weise, in der das künstlerische Subjekt zu leben *hat,* das Leiden; das heißt die gefährdete, sich nicht schützende, sich gegen kein Stück der Wirklichkeit durch Verstandespakte abschirmende, für jede Wahrnehmung und jede Verletzung offene Existenz. Und wenn die Hieroglyphen, die zu suchen sind, damit an ihnen die mystische Erfahrung sich auslösen kann, nur Hieroglyphen für diese eine Person sein können (denn nur sie hatte diesen einen unverwechselbaren Eindruck), dann kann dieses Subjekt, jedenfalls überall da, wo es seiner Kunst nachzugehen versucht, nichts mit Freundschaft im Sinn haben. Die Freundschaft, versichert Beckett, ist eine soziale Hilfseinrichtung wie Polstermöbel oder das Verteilen von Mülleimern; und sie impliziert ein fast lächerliches Akzeptieren der oberflächlichen Erscheinung. Die Person, die für ihre Kunst da sein will, muß sich von den sozialen Hilfseinrichtungen zurückziehen, weil die zur Oberfläche oder zum Karikaturhaften selbst gehören: Da kein echter Kontakt zwischen Personen möglich ist, sind die Erfindungen, die ihn suggerieren, ein Teil der falschen oder verzerrten oder durch Gewohnheit vor dem Einbrechen des Realen geschützten Lebensform. Der Künstler hat aber ausgesetzt und ohne die vom Willen installierten Sichtblenden zu leben; er hat seine Existenz in der Gegenwart zu vollziehen, wie sie wirklich *ist,* das heißt als das »Leiden zu sein« und ohne die »äffische Vulgarität« eines »Versuchs, in Verbindung zu treten, wo keine Verbindung möglich ist«.[164]

164 *Proust* 63

Zweiter Teil
Über einige Einzelheiten in Becketts Dichtung

31. Hinweis

Einige Züge an Becketts ästhetischem Entwurf in *Proust* waren durch die Eigenschaften des Gegenstandes bedingt, über den er schrieb. Beckett skizzierte nicht eine Kunstphilosophie in abstrakter Form, sondern entwickelte seine Vorstellungen in ständigem Kontakt mit *A la recherche du temps perdu.* Auffällige Besonderheiten, die durch den Studiengegenstand Proust bedingt sein dürften, sind die prominenten Rollen von Gewohnheit, Erinnerung, Zeit und von Erlebnissen der ›Evokation‹. Auch daß *die Idee* allein zugänglich wird durch das unverzerrte, in einem mystischen Akt sich vollziehende Wieder-Heraufkommen von vergangenen Erlebnissen der eigenen Person, ist ein Gedanke, der beim Studieren von Prousts Buch so formuliert werden kann; für den Beckett auch im systematischen Zusammenhang jener Schrift gute Argumente hat. Er dürfte aber kaum verbindlich sein für jederlei künstlerischen Versuch, etwas *Wesentliches* an der Realität vor das Bewußtsein zu bringen.

Weil Beckett literarisch nicht wie Proust arbeitet, erwarte ich auch nicht, daß seine Gedanken aus der Schrift über diesen Autor in allen Punkten bei seiner eigenen Produktion erfüllt sein werden. Es wäre eher töricht, einer solchen Erwartung nachzuhängen. Ohnehin ist schon gesagt worden, daß ich Becketts Arbeiten nicht wie das literarische Konterfei seiner eigenen oder einer fremden Theorie lesen möchte. Deshalb erwarte ich ebenfalls nicht ein schülertreues Umsetzen von Schopenhauers Kunstphilosophie in Romane oder Dramen. Eher interessiere ich mich dafür, wie sich Beckett Schopenhauers Philosophie *zunutze machte.* Daß er dabei in hohem Maß selbständig blieb und aus diesem Ausgangspunkt etwas Andersartiges und Neues entwickelte, hoffe ich am Beginn schon annehmen zu können.

Immerhin werde ich zunächst mich beobachtend verhalten.

Ich denke, daß sich an einigen Hauptpersonen von Becketts Prosa Züge wahrnehmen lassen, die den Bewußtseinszuständen analog sind, welche der Autor in *Proust* dem Künstler überhaupt zuschrieb. Es scheint mir auch, daß das Weltverhältnis dieser literarischen Personen dem Verhältnis zwischen Künstler und Erfahrungsrealität in jenem Essay mindestens verwandt ist. Verwandt ist es deshalb auch dem entsprechenden Verhältnis in Schopenhauers Kunstphilosophie, wenngleich nicht auf genau dieselbe Weise. Mein Eindruck ist, daß Beckett mit einigen seiner wichtigsten Romanfiguren Zustände und Haltungen *erkundet*, die ihm für eine künstlerische Wahrnehmungs- und Lebensweise relevant erscheinen. Er erkundet sie nicht nur; er entwickelt sie auch fort.

Unter den frühen Arbeiten halte ich *Murphy* für die wichtigste. Meine Beobachtungen über Murphys eigentümliche Bewußtseinszustände und seine noch merkwürdigere Theorie des eigenen Geistes versuche ich vorzubereiten durch einen kurzen Abschnitt zu Belaqua, dem ›Helden‹ von Becketts erstem Erzählungsband »*More Pricks than Kicks*. Beide werden in der Prosa von außen beschrieben; das heißt von einem Erzähler, der sich nicht mit ihnen identisch setzt. Vielleicht ist damit das Merkwürdige zu erklären, daß in *Murphy* die psychologisierende Kunstauffassung der *Proust*-Schrift zurücktritt – während sie von den ›Ich‹-Erzählern der Romantrilogie, historisch über zehn Jahre später, zu Zwecken der Selbstverständigung wieder stärker in Anspruch genommen wird.

Aus dieser ankündigenden Notiz muß sich noch eine Klausel zur Zurückhaltung ergeben: Es ist nicht zu erwarten, daß Becketts Anwendung von Schopenhauers Gedanken und seiner eigenen Ergänzungen aus der *Proust*-Schrift im literarischen Werk einsinnig oder irgendwie *linear* erfolgt. Es gibt Veränderungen, die man so abrupt finden kann, daß sie für einen Anhänger größtmöglicher Konsistenz als Brüche gelten müssen. Mich stören solche ›Brüche‹ nicht, weil ich an Becketts Werk keine Einheitlichkeitsforderungen stelle. Ich versuche zu beobachten, wie er die Gedanken zur Kunstphilosophie, von denen er ausging, verwendet; daß es dabei unter Gesichtspunkten der reinen Theorie auch zu einem Verhalten kommen kann, das jemand ›uneinsichtig‹ oder an einzelnen Punkten ›inkonsequent‹ nennen mag, ist mir eher erfreulich als unlieb. Es gibt kein Gesetz der geradlinigen Fortbewegung in der Literatur. Im ganzen erscheint mir trotzdem die Art, wie Beckett von Schopenhauers Gedanken Gebrauch macht und seine eigenen Abwandlungen davon weiter verfolgt, von so großer Beharrlichkeit und Intensität, daß ich ein überzeugenderes Beispiel solchen Verhaltens in der Literatur nicht nennen könnte.

Den Themenbestand von Schopenhauers Ästhetik und auch der *Proust*-Schrift kann man in zwei große Teile gliedern: Aussagen über das Bewußtsein künstlerischer Personen sowie über ihre Lebensweise – und Aussagen über die Struktur des Gegenstandes, der in einer besonderen Wahrnehmungsform erfahren und im Werk wiederholt wird. Ich folge einer alten, allerdings auch inzwischen schief gewordenen Tradition, wenn ich jenes Bewußtsein ein ›ästhetisches Bewußtsein‹ nenne, und dieses Objekt den ›ästhetischen Gegenstand‹. (Die Wörter ›ästhetisch‹ und ›künstlerisch‹ zeigen in ihrer Anwendung auf Beckett [und nicht nur auf ihn] die ganze Steifheit und Ältlichkeit eines Redens über Kunst, vor dem seine Gegenstände *sich zurückziehen;* daß wir keine anderen haben, kennzeichnet unsere Situation.) Es ist ein günstiger Umstand, daß in Becketts Romanen die Themengruppe des ›ästhetischen Bewußtseins‹ und dessen, was Beckett aus ihm machte, sich mit Vorzug studieren läßt; an den Dramen eher die Struktur eines neuen ästhetischen Gegenstandes (das heißt dessen, was Beckett an seine Stelle setzte).

Deshalb fällt die ungefähr chronologische Gliederung[1], die ich meiner Arbeit an Becketts Literatur gebe, *ungefähr* zu-

1 *Warten auf Godot* entstand vor dem *Namenlosen;* in meiner Betrachtung ist dieser Teil der Chronologie nicht mitvollzogen.

sammen mit einer sachlichen Gliederung: Bei *Murphy* und den Romanen der *Trilogie* (in meiner Auswahl besonders den Figuren Morans und des Unnennbaren) kann ich in der Hauptsache Becketts Fortentwicklung eines Bewußtseins, das sich ›künstlerisch‹ nennen darf, verfolgen; auch des Verhältnisses zwischen der ›Person‹, die der Träger solchen Bewußtseins ist, und ihrer ›Umwelt‹ wie auch ihrem ›Erkenntnisgegenstand‹. An den Dramen, in denen ein fingierter Autor alias Erzähler nicht mehr auftritt, hat man Modelle für ein ›Sein‹ in der ›Welt‹, die sichtbar werden, wenn man einen Grundgedanken von Schopenhauers Philosophie anders anwendet als er selber. Ich sagte schon, daß ich meine, erst Beckett habe diese Anwendung erfunden. Im einzelnen betrachte ich nur *Warten auf Godot* und *Endspiel.* Es scheint mir, daß mit ihnen das Wesentliche dessen gegeben ist, was sich mit Becketts Neu-Anwendung erschließt. Die übrigen Dramen oder Arbeiten verwandter Art lasse ich zurückgestellt.

Es spielt übrigens keine große Rolle, ob Beckett die Veränderungen in seiner literarischen Arbeit, denen ich nachgehen will, bewußt als Anwendung von Schopenhauers Philosophie vollzog. Es besteht auch kein Anlaß zu behaupten, daß er sie ›unbewußt‹ vollzog. Es gibt ein *objektives* Weiterleben von Gedanken. Es genügt mir festzustellen, daß Beckett sehr früh eine bestimmte Konzeption künstlerischer Tätigkeit und eine bestimmte Konzeption künstlerisch ergiebiger Zustände besaß, von denen man zeigen kann, daß er sie mit Hilfe von Schopenhauers Ästhetik zum ersten Mal ausdrücklich formulierte. So viel hoffe ich mit meiner Arbeit an der *Proust*-Schrift belegt zu haben. Ich hoffe jetzt zu zeigen, daß im literarischen Werk Grundgedanken der *Proust*-Schrift und auch Schopenhauers wieder auftreten, sich in ihrem Gebrauch verändern, verschiedene Entwicklungen durchmachen. Daß schließlich auch Arbeiten, die von Becketts *Proust*-Essay zeitlich weit entfernt sind, als ein (in bestimmter Hinsicht sehr radikales) Weitertreiben von Schopenhauers Gedanken verstanden werden können. In diesem Sinn hat, wie zu Anfang angekündigt, meine Arbeit an Becketts Literatur den Status des *Vorschlags* aus einer von Beckett selbst nahegelegten Perspektive. Wie die private Person des Autors zu einer möglichen Rolle Schopenhauers in seinem späteren Werk steht, ob sie ›bewußt‹ oder ›unbewußt‹ davon Kenntnis hat, wird kein Gegenstand meines Nachdenkens sein.

Es ist nach meinen anfangs bekanntgegebenen Absichten klar, daß ich eine Tendenz habe, das ›ästhetische Bewußtsein‹ in Becketts Arbeit als ein *metaphysisches* Bewußtsein anzusehen; und den ›ästhetischen Gegenstand‹ als *metaphysischen* Gegenstand. Damit wird auch seine Kunst genommen als *metaphysische Tätigkeit.*

III. Belacqua

32. Die reine, blanke Bewegung

Ich will zu Beginn eine Gewohnheit Belacquas ansehen, deren Ausüben als Vorbereitung auf erwünschte und ästhetisch ergiebige Bewußtseinszustände verstanden werden kann. Es ist eine Gewohnheit, die zu seinem Namen, wie er von Dante und vielleicht auch von dem historischen Florentiner Belacqua genommen ist, *in Gegensatz steht.*[1] Eben deshalb erscheint sie besonders auffällig. In *Ding-Dong,* der dritten Erzählung von *More Pricks Than Kicks,* berichtet der Erzähler über eine besondere Technik seines »früheren Freundes Belacqua« im Umgang mit seinem Bewußtsein. Die Technik erlaubt es, das Bewußtsein von bestimmten Dingen zu leeren und andere in es hereinzunehmen. Die Beschreibung der Technik scheint den Hauptgegenstand der Erzählung auszumachen; die übrigen Ereignisse, von dem Überrumpeltwerden des Helden durch eine Blumenverkäuferin abgesehen, bleiben sekundär.

Belacqua wird beschrieben als eine Person, die zu dieser Zeit den eigentümlichen Glauben hegt, »das Beste, was er zu tun hatte, war, beständig sich von Ort zu Ort zu bewegen«.[2] Dem Glauben entspricht ein Bedürfnis, sich so zu verhalten,

1 Der Erzähler ist sich des Gegensatzes bewußt. Wie der von ihm beschriebene Bewegungsdrang zu dem Namen paßt, erläutert er so: »Being by nature however sinfully indolent, bogged in indolence, asking nothing better than to stay put at the good pleasure of what he called the Furies, he was at times tempted to wonder whether the remedy were not rather more disagreeable than the complaint. But he could only suppose that it was not...« (*More Pricks Than Kicks,* London 1977, S. 35. Alle Zitate aus *More Pricks Than Kicks* sind mit den Seitenzahlen dieser Ausgabe nachgewiesen. Beim Schreiben stand mir die neue deutsche Übersetzung (mit dem Titel *Mehr Prügel als Flügel)* noch nicht zur Verfügung. Alle Übersetzungen einzelner Zitate daher von mir.)

2 *More Pricks Than Kicks* 35.

und dem Bedürfnis entspricht eine beständige Gewohnheit, welche die Art bestimmt, wie Belacqua auf dieser Stufe seines Lebenslaufs seine Tage verbringt. »Die einfachste Form dieser Übung war Bumerang, raus und zurück; sie war sogar die einzige, die er für viele Jahre sich leisten konnte.«[3] Mangels besserer und vornehmerer Objekte nimmt Belacqua die eigene irische Stadt zum Ort von »Raus und zurück«. »Raus und zurück« (»out and back«) ist das Wort dafür, daß der Held der Erzählung seinen Sitz oder eine sonstwie ruhende Aufenthaltsweise verläßt und aus dem Haus läuft. Er läuft durch die Straßen (ein bevorzugter Kurs wird mitgeteilt) und kehrt dann zurück, »transfiguriert und transformiert«[4], und vor allem erfrischt sowie »im Geist wiederhergestellt«.[5] Das erleichternde und aufrichtende Moment an diesen Übungen scheint zu sein, daß Belacqua sich auf dem Parcours seiner Bumerang-Läufe von dem befreien kann, was *normalerweise* seinen Geist ausfüllt, und damit auch frei werden kann für etwas, das der *Proust*-Essay zu den wichtigsten Teilen einer ästhetisch produktiven Weltwahrnehmung zählt: die von der Alltagsaufmerksamkeit vernachlässigten Eindrücke, die ein Erlebnis erst vollständig machen und die Chance mit sich führen, daß eine ›wahre Realität‹ zugänglich wird. Der Erzähler, von Belacqua »in einem positiven Vertrauensausbruch«[6] über die Innenperspektive dieser Zustände in Kenntnis gesetzt, sagt darüber:

»Es war nicht der kleinste Zauber dieser reinen, blanken Bewegung, . . ., daß sie bereit war, mit oder ohne die Beistimmung des Subjekts die schwachen Inschriften der äußeren Welt in all ihrer Integrität zu empfangen. Ausgenommen von einem Ziel brauchte sie nicht das Unvorhergesehene zu meiden noch auch sich wegzudrehen von den angenehmen Überbleibseln des Vaudeville, die unweigerlich auftauchen.«[7]

Die »reine, blanke Bewegung« besitzt demnach die Bereitschaft, *unabhängig vom Willen des Subjekts* die schwachen

3 a. a. O.
4 *More Pricks Than Kicks* 36
5 a. a. O.
6 a. a. O.
7 *More Pricks Than Kicks* 36 f.

Inschriften der äußeren Welt aufzunehmen: Daß die Eindrücke unbeeinflußt bleiben vom Willen der Person sowie dessen Instanzen Gewohnheit und Verstand, war in der Ästhetik der *Proust*-Schrift eine der Bedingungen dafür, daß die vergangenen Erlebnisse unverzerrt registriert und in ihrer ganzen Integrität aufbewahrt werden konnten. Und auch dort nennt Beckett solche Eindrücke »Inschriften« (»inscriptions«): Das scheint zu implizieren, daß sie der Person aufgebracht werden ohne deren Einfluß und auch bewahrt werden ohne Verzerrung; »Inschriften« sind haltbarer und weniger korrumpierbar als andere Formen des Aufbewahrens mentaler Gegenstände. Das Moment der Willenlosigkeit an dieser Wahrnehmung scheint durch den zweiten Satz noch einmal herausgestellt zu werden. Die reine, blanke Bewegung ist ausgenommen von einem Ziel; das ist offenbar der Grund dafür, daß sie *nicht* genötigt ist, bestimmte Elemente der Erfahrung, nämlich unvorhergesehene und vermeintlich triviale, zu meiden; das Ausgenommensein von einem Ziel scheint die Basis für eine *außergewöhnliche* Empfänglichkeit zu sein, die Empfänglichkeit einer Person, welche anderes aufnehmen kann als nur das nach Gesichtspunkten des Willens Ausgesuchte. Wir wissen aus *Proust*, daß für Beckett allein dieses Andere ästhetisch fruchtbar ist; das vom Willen Geordnete und Zurechtgedrehte an der Welt ergibt die »Karikatur der direkten Wahrnehmung« und ist unter objektiven, von der Person unabhängigen Gesichtspunkten das Falsche.

Merkwürdig an der zitierten Partikel erzählender Literatur ist die Wortverbindung »reine, blanke Bewegung«. Was ist unter den Umständen des normalen Sprachgebrauchs eine »reine Bewegung«? Ich denke, die Wendung darf wegen des Ausgefallenen und Unpassenden, das diese Zusammenstellung für ein ›normales‹ Verständnis mit sich führt, ohne weitere Begründung so gelesen werden, daß »rein« hier eben dasselbe heißt wie in *Proust*, nämlich *vom Willen unbeeinflußt*. Und »blank« steht für das englische »blank«, das ist so viel wie »unbeschriftet«, »unausgefüllt« – die reine, blanke Bewegung ist ein Herumlaufen mit blankgemachtem Bewußtsein, oder auch: mit einem Bewußtsein, das in den Zustand des Unbeschriftetseins zurückversetzt wurde, so daß es die Inschriften, die von der Realität ihm aufgebracht werden, ohne Störung durch bereits Vorhandenes in seine Oberfläche eindringen lassen kann.[8] Das Eindringenlassen der Realität ohne Verfälschung durch die Relation zu Fremdem und ohne Einfluß des Willens galt Schopenhauer als notwendige Bedingung für die Anschauung, in der allein das *Wesentliche* der Welt vor das Bewußtsein gebracht werden kann. Es scheint mir, daß sich in der Tendenz von Becketts frühen Helden, ihr Bewußtsein von seinem *normalen* Inhalt zu leeren und willenlos etwas *anderes* wahrzunehmen, ein Grundzug der ästhetischen Betrachtung Schopenhauers wiederholt. Er tritt auf bei der Beschreibung von Ausnahmezuständen des Bewußtseins, durch die sich diese Personen von verwunderten Mit-Lebewesen unterscheiden. Den Zuschauenden (oder Zuhörenden) erscheinen solche Bewußtseinsweisen spinnert und unverständlich; den Figuren selber gehören sie zum Köstlichsten, was sie erleben können; sie sind bereit, dieser Zustände wegen ihre ›Normalität‹ und ›Lebenstüchtigkeit‹ in der Erfahrungswelt aufs Spiel zu setzen.[9]

8 Jemand mag einwenden, die Art, wie der Passus weitergeht, spreche gegen meine Weise, ihn zu lesen: »This sensitiveness was not the least charm of this roaming that began by being blank, not the least charm of this pure act the alacrity with which it welcomed defilement. But very nearly the least.« (37) »But very nearly the least« kann sich für mein Verständnis nur auf »the alacrity with which it welcomed defilement« beziehen; diese Bereitschaft mag unter die Selbstbeschreibung Belacquas als »an incoherent person« (36) zu subsumieren sein.

9 Daß Belacqua ein solches Bewußtsein in die Nähe eines künstlerischen Bewußtseins stellt, geht hervor aus seiner eigenen Erläuterung für das Erfrischende und Aufrichtende der Bumerang-Läufe: »He lived a Beethoven pause, he said, whatever he meant by that.« (36)

Es ist allerdings nicht Belacqua, der die willenlose Kontemplation durch spezielle Verfahren zu einem Kult eigener Art und eigener Gefährlichkeit ausbaut, sondern Murphy; ich werde noch über seine spezielle Technik sprechen, die er benutzt, um die vom Willen geformte Erfahrungswelt zu vergessen und *rein* anzuschauen.[10]

10 Zu *Ding-Dong* bedarf es noch eines Nachtrags, der zugleich einen möglichen Einwand abhandelt: Kurz nach den Sätzen über die »reine, blanke Bewegung« spricht der Erzähler über die Nutzlosigkeit der auffälligen Reklameschilder, die Belacqua auf seinem Weg sieht, und besonders eines solchen Schildes, des BOVRIL-Zeichens. Bei dieser Gelegenheit wird mitgeteilt: »Es konnte ihn jetzt nicht von der Stelle rühren, es konnte nur Ideen in seinen Kopf einbringen. War es nicht das Stillsitzen unter seinen Ideen, anderer Leute Ideen, wovon er weggekommen war? Was würde er jetzt nicht geben, um wieder in Bewegung zu kommen! Weg von den Ideen!« (37) Es möchte so scheinen, als sei der ästhetische Gegenstand jetzt definitiv ein anderer als in *Proust*. Denn dort hieß das Objekt der erfolgreichen Beschwörung *die Idee*. Und hier will Belacqua »weg von den Ideen«. Habe ich also den Zustand Belacquas, als ich annahm, er habe Züge der ästhetischen Betrachtung, falsch gelesen? Die Schwierigkeit löst sich auf, wenn man eine Unterscheidung mitvollzieht, die schon die *Proust*-Schrift ausdrücklich durchführte. Beckett kennt dort zwei Sorten von Ideen und trennt sie expressis verbis. Einmal die, die Schopenhauer Platonische Ideen nannte und die das Wesentliche der Realität ausmachen sollen. Beckett schreibt, wenn diese Art von Idee gemeint ist, das Wort in seinem Englisch durchgängig groß: *the Idea*. Zum anderen kennt er nicht-Platonische Ideen. Als er eine Passage aus Proust zitiert, in der von Ideen im bloßen Sinn von *Vorstellungen* geredet wird, setzt Beckett hinter das Wort *ideas* in Klammern zur Erläuterung das Attribut *non-Platonic* (*Proust*, 65). Es ist offensichtlich, daß er sich der Doppeldeutigkeit des englischen *idea* bewußt ist und versucht, sie zu vermeiden: Er schreibt das Wort groß und gebraucht es im Singular (the Idea), wenn er das kennzeichnen will, was als das Wahre den Erscheinungen zugrunde liegt, aber selbst nur in glücklichen Momenten des Bewußtseins zugänglich wird. Er schreibt das Wort klein und gebraucht es im Plural, wenn er bloße Vorstellungen meint; zur Verdeutlichung ist mindestens einmal gesagt, daß es sich hier um nicht-Platonische Ideen handelt.

Von den Ideen, die mit dem BOVRIL-Schild eindringen, will Belacqua weg; genauso von den eigenen und fremden Ideen, unter denen er still saß; es ist sehr wahrscheinlich, daß der Erzähler damit nicht-Platonische Ideen, also schlicht *Vorstellungen* meint. Er schreibt das Wort klein; und außer-

Von Belacqua wird bei anderer Gelegenheit noch einmal berichtet, daß er eine besondere Wahrnehmungsweise habe, die Eindrücke in ihn gelangen lasse, ohne daß man den Vorgang als normales Sehen oder überhaupt als normale Sinnestätigkeit bezeichnen könnte. Zu Beginn des Teilstücks *Walking Out* spricht der Erzähler über eine *Pause* Belacquas, eine Pause, die genauso zum unverzerrten Hereinnehmen von Welthaftem dient wie die »Pausen«, als welche die Bumerang-Läufe (kraft Belacquas eigener Auskunft) auch beschrieben waren.
Walking Out beginnt mit dem Satz:

»Eines schicksalhaften Frühlingsabends pausierte er, nicht so sehr um zu ruhen, als um die Szene in sich einsinken zu lassen, draußen, mitten in der Galopprennbahn des verstorbenen Boss Croker, wo jetzt keine Pferde mehr zu sehen waren.«[11]

Es wird nicht viel mehr über Belacquas Bewußtseinsinhalte mitgeteilt, außer daß er die Pferde vermißt, die früher hierher gehörten, daß jetzt einiges andere zu sehen ist und daß es sich um einen von jenen Frühlingsabenden handelt, »wo es einem einigermaßen schwerfällt, Gott aus seinen Meditatio-

dem: Was für einen Sinn würde es machen, von andrer Leute Ideen im Platonischen Sinn zu reden; Beckett meinte in *Proust* gerade, *die Idee* sei das Wahre, Objektive, *Außerräumliche* und *Außerzeitliche.* Sie kann deshalb schwerlich an Personen gebunden sein. Es scheint also, als könne man sagen: Zu dem, wovon Belacqua sich durch seine Bumerang-Läufe zeitweise freisetzt, um in reiner, blanker Bewegung auch die schwächsten Inschriften der Welt annehmen zu können, gehören auch *bloße* Vorstellungen. Bloße Vorstellungen können willensgesteuert, in diesem Sinn »unrein« und deshalb ästhetisch (wie auch metaphysisch) unergiebig sein. (Auch »die schwächsten Inschriften der äußeren Welt« sind nicht selbst Platonische Ideen. Aber nach der ästhetischen Skizze von *Proust* bedarf es zunächst solcher Inschriften, die »von unserer äußersten Unaufmerksamkeit« registriert werden, damit dann in einem Akt der Beschwörung die wahre Realität, die den Titel *Idee* führt, zugänglich werden kann. [*Proust* S. 31])
11 *More Pricks Than Kicks* 93

nen herauszuhalten«.[12] Dann folgt eine Auskunft, die Belacquas Wahrnehmungsform noch einmal auszuzeichnen und in die rechte Beziehung zur gewöhnlichen Sinneswahrnehmung zu setzen scheint:

»Belacqua lehnte all sein überflüssiges Gewicht auf den Stock und nahm die Szene in sich herein, in einer nicht sehenden leidenschaftlichen Weise, und seine Hündin, ein Kerry Blue Terrier, saß auf dem smaragdfarbigen Boden neben ihm.«[13]

In einer nicht sehenden leidenschaftlichen Weise[14] – vorausgesetzt, daß man »leidenschaftlich« auch auf eine Haltung anwenden darf, die zugleich unter die Beschreibung »willenlos« fallen mag, und daß »nicht sehend« so viel heißen kann wie »nicht im gewöhnlichen Sinn sehend«, ist dies eine angemessene Beschreibung für die Attitüde eines Bewußtseins, das sich mittels der eindringenden Welt in selbstverlorener Haltung auf etwas *anderes* richtet als die sichtbaren (hörbaren etc.) Eindrücke, aber doch so, daß diese Eindrücke für das Auftreten jenes Anderen in vehikelhafter Weise nützlich sind. (Durch die relationslos angeschauten Weltgegenstände ›hindurch‹, kann man metaphorisch sagen, schaut nach Schopenhauer das Genie die außerzeitlichen Formen an; und durch die hieroglyphenhaft wiedererlebte Erscheinungsoberfläche ›hindurch‹ erinnert das Subjekt nach Becketts früher Ästhetik das ideale Reale).

Es ist sicher gewagt, wenn ich diese rudimentäre Beschreibung des sinnend vor sich hinsehenden Belacqua aus *Walking Out* zusammenbringe mit anderen, genauso flüchtig vorgetragenen Beschreibungen in anderen Teilen des Buches. Ich tue es trotzdem, weil ich für mein Zusammenstellen nur den Status einer Sammlung unter einseitigem Gesichtspunkt beanspruche. Für eine solche Sammlung sind an den Formeln vom Anfang des Teilstücks *Walking Out* zwei Aspekte relevant: Die Passivität des Belacqua, die das Wahr-

12 a. a. O. 13 a. a. O.

14 »in a sightless passionate kind of way«

nehmen nicht durch Willensakte stört (»to have the scene soak through him«) – das mag der Aspekt der *Willenlosigkeit* sein; und die Andeutung in dem Wort »sightless«, daß der wahre Gegenstand seines Bewußtseins nicht bei der gewöhnlichen Sinneswahrnehmung liege – das mag der Hinweis auf einen *nicht innerweltlichen Gegenstand* sein.
In *What a Misfortune* nennt Belacqua selbst eine Formel, die sich anhört wie ein Deckwort für das wahre Objekt seiner am höchsten geschätzten Erlebnisse. Der Held soll, wie auch bei anderen Gelegenheiten, heiraten. Er muß als pflichtschuldiger Bräutigam auch obendrein zu den Vorbereitungen beitragen. In einem knappen Augenblick der gelingenden Verständigung zwischen Auftraggeber, der selbst Opfer ist, und seinem Faktotum fallen diese Sätze:

»Belacqua preßte seine Lippen mit seinem Zeigefinger auseinander.
›Wenn das, was ich liebe‹, sagte er, ›bloß in Australien wäre.‹
Capper, der treue Kumpan, zerging einfach, mindestens was die Zwecke der Konversation betrifft.
›Während das, was ich suche‹, sagte Belacqua und verfolgte, so möchte es beinah scheinen, seine eigenen Gedanken, ›nirgendwo ist, so weit ich sehen kann.‹
›Vobiscum‹, flüsterte Capper. ›Hab' ich recht?‹«[15]

Es gehört nicht zu Belacquas Gewohnheiten, auf derart direkte Fragen zu antworten, und auch nicht zu den Gewohnheiten des Schriftstellers Beckett, solch eindeutiges Fingerzeigen zu vollführen, wie ein ›Ja‹ des Belacqua als Antwort auf Cappers Vermutung es wäre. Die Unterredung geht auf anderes über, und der Leser muß mit Cappers Diagnose selbst zurande kommen. »If only what I love were in Australia«, lese ich als Belacquas Stoßseufzer über die »Geliebte«, die er zu heiraten im Begriff ist – mit höchst beleidigenden Manieren, die mindestens die Eltern und sonstigen Anverwandten der Dame mit einem guten Schock versorgen. Und *»Whereas what I am on the look out for is nowhere as far as I can see«* scheint mir nichts anderes zu sein als die

15 *More Pricks Than Kicks* 122

vieldeutige Anspielung auf einen *nicht-weltlichen Gegenstand.* Was Belacqua sucht, ist nirgendwo. Capper vermutet, es sei bei ihm, Belacqua, selbst. Wie immer der Wahrheitswert von Cappers Einwurf und wie immer die Reichweite dieser mageren Charakteristik des Gesuchten eingeschätzt werden mag: Mit einer *wahren Realität,* wie der *Proust*-Essay sie beschrieb, hat das von Belacqua Gesuchte und von Capper bei Belacqua selbst Eingeordnete gemeinsam, daß es *außerräumlich* ist. Denn es ist ›nirgendwo‹. Sollte Capper recht haben, wäre es trotzdem bei Belacqua, und das kann nur heißen: In einem möglichen Bewußtsein Belacquas, das nicht ein Bewußtsein von Erfahrungsgegenständen ist.
Daß es auch außerhalb der Zeit liegen möchte, kann man vermuten, wenn man die häufigen Beteuerungen des Erzählers über Belacquas Abneigung gegen jede Manifestation guter zeitlicher Orientierung liest. Mehrfach hat sich Belacqua mit einer wiederkehrenden Bedrohung auseinanderzusetzen: Es ist die Bedrohung durch Uhren, die irgendwie (zum Beispiel als Geschenk) in seine Lebensvollzüge eindringen; jedesmal wehrt er sich mit größter Energie und Hartnäckigkeit. In *What a Misfortune,* als die kurz darauf nach Australien gewünschte Thelma ihm eine Uhr als Gabe ankündigt, heißt es von dem Helden:

»Er drehte sein Gesicht zur Wand. Er, der in den letzten Jahren mit Lucys Billigung kein Zeitmeßgerät von irgendwelcher Art in seinem Heim toleriert hatte, für den die lokale Veröffentlichung der Stunden so gut war wie sechs Schläge auf das Beste des Gehirns in jeder Stunde, und für den selbst der Schatten der Sonne eine Qual war, er sollte es nun erleben, daß diese Zeit-Röhre den Rest seiner Tage taub machte. Das war genug, um ihn zum Auflösen der Verlobung zu treiben.«[16]

Aussagen, die direkt die Zeitlosigkeit des Gegenstandes behaupten, nach welchem Belacqua mit seinem Bewußtsein sucht, finden sich, soweit ich sehe, nicht. Eine Verbindung zwischen Belacquas Zeit-Meß-Phobie und dem vielleicht au-

16 *More Pricks Than Kicks* 117

ßerzeitlichen Status einer Gegenständlichkeit, nach der er auf der Suche ist, muß an diesem Punkt eine Mutmaßung bleiben.

Deutlicher spricht der Erzähler über Belacquas Sehnsucht, allein in seinem *nach außen hin abgeschlossenen Bewußtsein* lebendig zu sein. In *Yellow*, einem der späteren Stücke des Buches, in dem Belacqua sich schon der Endstation seiner Laufbahn nähert (die ein Pflegeheim sein wird), führt der Erzähler das Thema ein, welches in *Murphy* eine beherrschende Rolle übernehmen wird: *Das Leben im Geist.* »Geist« ist dabei das deutsche Äquivalent für »mind« (und hat in dieser Bedeutung noch nichts mit Verstand oder Vernunft zu tun; die neutralere Übersetzung ist »Bewußtsein«; daß ich oft »Geist« gebrauche, ist der Tribut an eine von Beckett selbst gesetzte Emphase auf der Selbständigkeit dieser Entität gegenüber allem Körperlichen). *Yellow* berichtet über Belacquas Angst vor einer kleinen und harmlosen Operation. Er hat einen Furunkel im Nacken und eine Winzigkeit an einem Zeh. Bei der rhapsodischen Entfaltung seiner Ausweichmanöver heißt es:

»Belacqua streckte seinen Arm aus und schaltete die Lampe ab. Sie warf Schatten. Er würde seine Augen schließen, er würde der Morgendämmerung auf diese Art entkommen. Und ohnehin: Was waren die Augen? Die Hintertüren des Geistes. Sie blieben besser geschlossen ... Wenn er nur so in seinem Geist hätte leben können, wie es seinen Prahlereien entsprach. Dann würde er nicht all diese Mühen brauchen, um sich vorzubereiten. Dann würde die Frage nur sein, wie er eine bequeme Position in dem fremden Bett fände, er würde versuchen zu schlafen oder ein Buch zu lesen, er würde ruhig auf das Angelusläuten warten. Aber er war ein träger bourgeoiser Feigling, sehr begabt bis zu einem gewissen Punkt, aber nicht tauglich für das private Leben in dem besten und hellsten Sinn, in dem Sinn, auf den er sich bezog, wenn er davon prahlte, wie er seinen Geist ausstaffierte und dort lebte ...«[17]

Das scheint eine Auskunft über Belacqua zu sein, die für den Rest des Buches stehenbleibt. Er sehnt sich nach dem Leben

17 *More Pricks Than Kicks* 147

in seinem Geist, aber er ist nicht so weit wie Murphy. Leben in seinem Geist steht noch nicht in seiner Reichweite, wie es (wenn auch nur in glücklichen Momenten) Murphy zugänglich ist.

What a Misfortune und *Yellow* scheinen immerhin so viel zu zeigen: Belacqua kann verstanden werden als eine Person, die auf der Suche ist nach einem Objekt, das sich nicht im Raum befindet und nicht durch die körperlichen Sinnesorgane wahrgenommen wird, einem Objekt also, welches keinen Bestandteil der Erfahrungswelt darstellt, wie wir sie sonst kennen. Wenn Belacqua überhaupt ein ›Vermögen‹ besitzt, dem ein solches Objekt sich erschließen könnte, so müßte es das von der Erfahrungswelt gelöste und sogar in einem bestimmten Sinn gegen sie geschützte Bewußtsein sein. Weil es keinen Hinweis darauf gibt, daß dies ein denkendes (verständiges, vernünftelndes) Bewußtsein wäre, liegt es nicht völlig fern, darin ein gleichsam visionäres Bewußtsein zu vermuten. Wie das ausgrabende Bewußtsein des Künstlers in *Proust* als visionär beschrieben werden darf, wenn es ihm gelingt, die wahre Realität anzuschauen, die nur durch das Sich-Zurückziehen aus den äußeren Phänomenen und das Sich-Wenden ins Innere erlebt werden kann.

Daß Belacqua zu anderen Zeitpunkten die äußere Welt willenlos *in sich eindringen* läßt, dürfte damit genauso in Verbindung stehen wie im *Proust*-Essay die psychologische Geschichte der wahren Realität mit dem mystischen Erlebnis: In der ästhetischen Anschauung wird ein außerzeitlicher Gegenstand erlebt; dessen Auftreten hängt aber ab davon, daß es Wahrnehmungsstücke gibt, die mit äußerster Unaufmerksamkeit registriert und dadurch in integraler Form bewahrt worden sind. Oder auch: sein Auftreten hängt ab davon, daß ›Inschriften‹ existieren, die es erlauben, ein ›ideales Reales‹ in größerer Vollständigkeit anzuschauen, als aktuelle, willensmäßig verzerrte Erfahrungen je erreichen können.

In *Yellow* wird noch eine Eigenart des Belacqua festgehalten, die mit seiner Tendenz zur Ausschaltung des Willens (zum

Aufnehmen ohne Zutun des Subjekts) parallel geht. Sie entspricht auf der Seite subjektiver Haltungen dem, was Schopenhauer als *Desinteresse am eigenen Individuum* beschrieb. Belacqua wird im Lauf seines Lebens und im Lauf des Buches zunehmend gleichgültiger gegenüber sich selbst. *Yellow* zeigt ihn auf einer Stufe, auf der er zwar noch den Schmerz fürchtet, aber, wie es scheint, nur noch wegen der Schmerzerfahrung; nicht weil der Schmerz einen Schaden für die Person Belacqua bedeutete. Schon vorher hat der Erzähler Belacquas »entscheidenden Verlust des Interesses an sich selbst« konstatiert[18], und jetzt geht er so weit, daraus sogar ein Lob für ihn zu machen. Es heißt bei der Beschreibung seiner Angst vor dem Schnitt: »Um gerecht mit ihm zu sein: An ihm selbst lag ihm nichts.«[19] Diese Mitteilung wird kurz darauf verstärkt, als der Erzähler über Belacquas Verhältnis zur eigenen Person mitzuteilen weiß: »Er hatte den alten Bastard satt.«[20] Mit dieser Haltung kommt Belacqua in die Nähe (*nur* in die Nähe) des willenlosen Proust, wie im Essay beschrieben, des seinem Tod gegenüber gleichgültigen Murphy und der aus ihrer Individualität herausgesetzten, an ihren eigenen Belangen nicht mehr beteiligten rein anschauenden Subjekte von Schopenhauers Ästhetik.

Belacqua ist keine Person, die ihre am höchsten geschätzten Zustände (die nach meiner Vermutung zugleich Zustände eines ästhetischen Bewußtseins wären), auch nur halbwegs sicher zur Verfügung hat. Er wünscht mehr, als er zustande bringt; er hat ein Bild von sich, dem er nicht nachkommen kann. Seine Existenz in der Erfahrungswelt ist sehr verschieden von der Existenz solcher Subjekte, denen das Realisieren einer künstlerischen Lebensform (im Sinn Schopenhauers und der *Proust*-Schrift) gelingt. Wenn man Belacqua bei seiner faktischen Existenz nimmt, sieht er dem Subjekt der ästhetischen Betrachtung durch wenig mehr als seine kost-

18 *More Pricks Than Kicks* 133
19 *More Pricks Than Kicks* 146
20 *More Pricks Than Kicks* 147

barsten Wünsche ähnlich. Nimmt man ihn bei diesen Wünschen und hält man die Tendenz zur willenlosen Anschauung, die Sehnsucht nach einem nicht-erfahrungsweltlichen Gegenstand, die Gleichgültigkeit gegenüber der eigenen Person in Erinnerung, dann gewinnt man immerhin das Bild eines Lebewesens, das den Versuch macht, sich ästhetische Zustände, wie von Beckett in der *Proust*-Schrift und von Schopenhauer in seiner Kunstphilosophie beschrieben, *zu erwerben.*

IV. Murphy

34. Das kolossale Fiasko

Murphy ist ein Buch, das sich gegenüber den diffusen und sprunghaften Seitenbemerkungen zur Metaphysik, die der Erzähler von *More Pricks Than Kicks* sporadisch fallenläßt, von Beginn an durch eine klare Stellungnahme über *zwei verschiedene Welten* unterscheidet. Der Roman beginnt damit, daß Murphy nackt in seinem Schaukelstuhl sitzt, an den er sich selbst mit sieben Schals gefesselt hat, und versucht, in seinem Geist lebendig zu werden. Die Sonne scheint, da sie keine andere Wahl hat, auf nichts Neues. Murphy wohnt in einem mittelgroßen Käfig mit Front nach Nordwesten und einer ungebrochenen Sicht auf mittelgroße Käfige mit Front nach Südosten. Die Gasse dazwischen betritt ein Straßenhändler und ruft etwas aus, das Murphy hört als »quid pro quo, quid pro quo«. Dieser Ausruf gehört zu den Geräuschen, die Murphy nicht leiden mag. Der Erzähler sagt von ihnen (und anderen Wahrnehmungen): »Sie hielten ihn in jener Welt gefangen, zu der sie gehörten, er jedoch nicht, wie er töricht genug hoffte.«[1]

Quid pro quo ist ein Versehen, das durch Vertauschen einer Sache gegen eine andere zustande kommt. »Quid pro quo« scheint bereits zu Beginn anzudeuten, daß an der Erfahrungswelt, zu der das Geräusch für Murphys Ohren gehört, etwas falsch ist. Kurz darauf versinkt über der Bewegung des Schaukelstuhls für sein Bewußtsein auch allmählich »die große Welt, in der quid pro quo feilgeboten wurde ... zu-

1 *Murphy,* zitiert nach der Ausgabe: Samuel Beckett, *Werke,* hg. von E. Tophoven und K. Birkenhauer, Frankfurt 1976, Band II, S. 7-207; dieses Zitat S. 7. Gelegentlich wird es vorkommen, daß ich bei einzelnen Zitaten die in dieser Ausgabe gegebene Übersetzung abändere; trotzdem weise ich diese Zitate, zum leichteren Gebrauch für den deutschen Leser, immer in dieser deutschen Werkausgabe nach. Wo ich Veränderungen vorgenommen habe, steht hinter dem Nachweis der Seitenzahl in Klammern: *Übersetzg. verändert.*

gunsten der kleinen, wie im sechsten Kapitel beschrieben, wo er sich selbst lieben konnte«.[2] Nur daß Murphy dieses Mal bei seiner Flucht aus der großen Welt noch unterbrochen und zurückgehalten wird.

Der Gegensatz zwischen der großen Welt, die die Welt der äußeren Erfahrung ist, und der kleinen Welt, die sich für Murphy nur durch ein gegen Erfahrungsbruchteile abgeschlossenes Bewußtsein öffnet, bestimmt die Weltauffassung des Helden durch den Gang des ganzen Buches, und das heißt, für den Rest seines Lebens überhaupt.

Die große Welt, in der Murphys empirische Person zu existieren gezwungen ist, ist die Welt, zu der die sogenannten Irren, mit denen sich der Held später zu befassen hat, den Kontakt verloren haben. Die medizinische Wissenschaft macht, nach dem Wort des Erzählers in »selbstgefälligem wissenschaftlichem Konzeptualismus«, den Kontakt mit der äußeren Realität zum Index für geistiges Wohlbefinden. Nach diesem Kriterium sind die Patienten des Irrenhauses nicht geistig gesund. Das ist ein Kriterium, das Murphy nicht anerkennt. Seine Hochschätzung für das abgeschlossene Bewußtsein der »Irren« kommt dadurch zum Ausdruck, daß er ein »Heiligtum« nennt, was die Psychiater »Exil« nennen, und sich herausnimmt, »die Patienten nicht als von einem wohltätigen System Verbannte, sondern als einem kolossalen Fiasko Entronnene anzusehen«.[3]

Zu demonstrieren, daß die große Welt, die Welt der Erfahrung, ein kolossales Fiasko sei, läßt der Erzähler wenige Gelegenheiten aus. Er bleibt dabei strikt in Übereinstimmung mit dem, was Murphy selber denkt. Ich erinnere hier zunächst an einen Zug, der sich mit Schopenhauers ›Bild des Lebens‹ deckt, die Aussagen nämlich, in denen dem Leser vorgeführt wird, was es mit der um jeden Preis zu verlängernden Existenz in der Erfahrungswelt für eine Bewandtnis hat.

2 *Murphy* 11 (Übersetzg. verändert)

3 *Murphy* 132 f.

Sehr bald nach dem Beginn der Handlung stellt Celia, deren Telefonanruf Murphys ersten Versuch, in seinem Geist lebendig zu werden, rüde unterbricht, ihren Geliebten vor eine Alternative, von der her sich das äußere Geschehen nun im wesentlichen steuert. Sie fordert von ihm, eine bezahlte Arbeit zu suchen, von der sie beide leben können. Oder sie müsse die ihre, ganz und gar nicht ehrenhafte, wieder aufnehmen. Noch bevor diese Drohung voll ausgesprochen ist, schon bei der bloßen Zumutung, daß er sich durch Brotarbeit ernähren solle, wehrt sich Murphy mit der Philosophie.

»Er bat sie zu glauben, daß er für den Ruhestand geboren sei. Denn es war nicht nur ein wirtschaftliches Problem. Es gab metaphysische Erwägungen, in deren Dunkelheit klar wurde, daß die Nacht gekommen war, in der kein Murphy arbeiten konnte. War Ixion vertraglich verpflichtet, sein Rad in gutem Betriebszustand zu halten? Hatte man Tantalus irgendwie veranlaßt, Salz zu essen? Nicht daß Murphy je gehört hätte.«[4]

Das gewöhnliche Leben in der Erfahrungswelt entspricht hier, wie wörtlich bei Schopenhauer, dem Gemartertwerden auf dem Rad des Ixion und dem nie endenden Dürsten ohne Aussicht auf Getränk, zu dem Tantalus verurteilt ist. In dieser Welt obendrein für Geld arbeiten ist nach Murphys metaphysischen Betrachtungen (gleich, was sie sonst enthalten mögen) so viel, wie den Ixion verpflichten, sein Rad auch noch zu warten, damit es sich besonders gut weiterdrehe, und den Durst des Tantalus durch Füttern von Salz ins Unerträgliche zu treiben. Nicht einmal das Strafsystem der Mythologie, so weit Murphy weiß, sieht solcherlei Verschärfungen für seine Opfer vor.

Ein von Beckett später immer wieder benutzter Gedanke zur näheren Bezeichnung der Art, wie sich das Leid in der Welt verteilt, ist in *Murphy* angelegt und wird in mehreren Variationen vorgetragen. Der Erzähler legt die erste Version Wylie in den Mund, einem jungen Mann, welcher die Jagd auf die schwer greifbare Hauptperson des Buches organisiert und (vom eigenen erotischen Interesse an Miss Counihan

4 *Murphy* 21 (Übersetzg. verändert)

getrieben) vorantreibt. Wylie, in einer seiner Stakkato-Unterredungen mit dem offiziellen Auftraggeber Neary, liefert die bruchstückhafte Entfaltung einer kleinen Gleichgewichtstheorie für die Erfahrungswelt, die sich bei Schopenhauer ähnlich anhört. Es ist des näheren eine Theorie vom Gleichgewicht oder dem gleichbleibenden Quantum des Leidens.

»›Ich fürchte sehr‹, sagte Wylie, ›daß das Syndrom Leben zu diffus ist, um eine Linderung zu erlauben. Für jedes gelinderte Symptom verschlimmert sich ein anderes. Die Tochter des Blutegels ist ein geschlossenes System. Das Quantum ihres Mankos ist unveränderlich.‹
›Sehr hübsch ausgedrückt‹, sagte Neary.«[5]

Wylie drückt es kurz darauf (mit einer alten Tradition) noch schöner aus.

»›Aus alledem muß ich schließen‹, sagte Neary, ›verbessere mich, wenn ich mich irre, daß der Besitz –*Deus det!* – des Engels Counihan eine schmerzliche Leere gleichen Ausmaßes erzeugen wird.‹
›Die Menschheit ist ein Brunnen mit zwei Eimern‹, sagte Wylie, ›einer geht in die Tiefe, um gefüllt zu werden, der andere steigt in die Höhe, um entleert zu werden.‹«[6]

Murphy kennt zwei Verfahren, dem geschlossenen System der Körperwelt, in dem für jeden erfüllten Wunsch eine schmerzliche Leere gleichen Ausmaßes eintritt, zu entgehen. Das eine ist der Tod. Nachdem sein und Celias gemeinsamer Nachbar sich die Kehle durchgeschnitten hat, verbringt er den größten Teil der Nacht, den folgenden Tag und die fol-

5 *Murphy* 47 (Übersetzg. verändert)
6 *Murphy* 47. Praktisch dieselbe Theorie verkündet Pozzo in *Warten auf Godot*, als Estragon von Lucky den Tritt bekommen hat und nun heult, nachdem Lucky gerade damit aufgehört hat.
POZZO Er weint nicht mehr. *Zu Estragon.* Sie haben ihn sozusagen abgelöst. *Träumerisch.* Die Tränen der Welt sind unvergänglich. Für jeden, der anfängt zu weinen, hört irgendwo ein anderer auf. Genauso ist es mit dem Lachen. *Er lacht.* Sagen wir also nichts Schlechtes von unserer Epoche. Sie ist nicht unglücklicher als die vergangenen. *Pause.* Sagen wir auch nichts Gutes von ihr ...
(*Warten auf Godot*, in: S. Beckett, *Werke*, Frankfurt 1976, Bd. I, S. 35 f.)

gende Nacht damit, »Celia immer wieder zornig klarzumachen, welche unsagbaren Vorteile dem alten Kerl durch sein Ableben erwachsen würden und schon jetzt erwüchsen«.[7] Das andere Verfahren ist das Sich-Zurückziehen aus der Erfahrungswelt und das Lebendigwerden im Geist. Wir werden noch die Begründung kennenlernen, mit welcher der Erzähler von der ersten Phase dieses Lebendigwerdens sagen kann: »Hier wurde das ganze physische Fiasko zu einem brausenden Erfolg.«[8]

35. So tragen alle Dinge hinkend zu dem einzig Möglichen bei

Die Teile der Erfahrungswelt sind nach bestimmten Prinzipien organisiert. Bei Schopenhauer waren es die Ordnungsformen Raum, Zeit und Kausalität, in der Ästhetik der *Proust*-Schrift genauso. Der Erzähler des *Murphy* läßt es sich nicht nehmen, auf die Ordnungsprinzipien der Welt, in der Murphy offiziell zu leben gezwungen ist, immer wieder halb ernst, halb spottend einzugehen. Daß diese Welt im Raum ausgebreitet ist, scheint aus Murphys Perspektive alles andere als einen Vorteil auszumachen. Bei der Auseinandersetzung mit der Voreingenommenheit der Psychiater, die den Kontakt mit dieser Welt für eine notwendige Bedingung geistiger Gesundheit erachten, heißt es:

»Die Natur der äußeren Realität blieb dunkel ... Die Definition der äußeren Realität, oder kurz der Realität, änderte sich je nach der Sensibilität dessen, der sie zu definieren wagte. Den Kontakt mit ihr, und sei es auch nur der stumpfsinnige Kontakt des Laien, schienen alle einmütig für ein seltenes Vorrecht zu halten. ... Es war der Zweck der Behandlung, den Abgrund zu überbrücken, den Patienten von seinem eigenen, verderblichen, kleinen Misthaufen in die glorreiche Welt diskreter Partikel zu versetzen, wo er wieder das unschätzbare Vorrecht haben würde, sich zu wundern, zu lieben, zu hassen, zu begehren, sich in vernünftig ausgeglichener

7 *Murphy* 103 (Übersetzg. verändert)
8 *Murphy* 85 (Übersetzg. verändert)

Weise zu freuen und zu beklagen und sich in Gesellschaft anderer, die in derselben mißlichen Lage waren, darüber hinwegzutrösten.«[9]

Daß »die glorreiche Welt diskreter Partikel« (das ist eine *räumliche* Welt) für Murphy eher ein Gegenstand der Lächerlichkeit ist, scheint erkennbar zu sein. Die mit dem Raum traditionell zusammengehende andere Ordnungsform *Zeit* personifiziert der Erzähler als *Chronos* und verleiht dem mythologischen Herrn das Epitheton: »der alte Hurenbock«.[10]

Geringfügig ernsthafter setzen sich Murphy und sein Erzähler mit der Kausalität auseinander. Sie scheint ein Ordnungsprinzip zu sein, an dem sich der Unterschied zwischen der großen Welt, die Murphy verabscheut, und der kleinen Welt, nach der er sich sehnt, besser als irgendwo sonst vorführen läßt. Schon der Anfang des Romans kontrastiert, als gehöre dies zu seinen allerwichtigsten Gegenständen, kausal bestimmtes und freies Verhalten. Murphy sitzt, *als wäre er frei,* in seinem Schaukelstuhl, und die Sonne scheint, *da sie keine andere Wahl hat,* auf nichts Neues. Nachdem die Welt von West Brompton durch das ›quid pro quo‹ gekennzeichnet ist, erfährt der Leser sehr bald von der erstaunlichen Gabe Murphys, das gefesselte Stillsitzen im Schaukelstuhl so weit zu treiben, daß es ihn *in seinem Geist frei setzt.* Von diesem Punkt an verschwindet der Kontrast zwischen kausaler Notwendigkeit, die die physische Welt beherrscht, und Freiheit, die sich Murphy von seiner persönlichen Form des Rückzugs verspricht, nicht mehr aus dem Buch.

In der kausal geordneten Welt herrscht ›Notwendigkeit‹ in dem Sinn, daß bei gegebenen Ausgangsbedingungen und Gesetzen genau ein Ereignis als kausale Folge eintreten kann. Dieses Eine ist unter den existierenden Bedingungen das einzig Mögliche (›möglich‹ im Sinn von ›real-möglich‹). Murphy erkennt das an. Es gibt immer wieder Hinweise auf seinen Glauben an eine Mechanik der Erfahrungswelt; ihre

9 *Murphy* 132
10 *Murphy* 87

Prinzipien sind am besten durch Deutung des Sternenlaufs zu erforschen. Aber vielleicht *weil* die Astrologie als die einzige voraussagefähige Wissenschaft in Anspruch genommen wird, haben die der Kausalität unterworfenen Ereignisse in Murphys Sicht und auch der des Erzählers etwas Groteskes. Oder umgekehrt: Weil die Kausalität trotz der mit ihr zusammengehenden ›Notwendigkeit‹ als eine irgendwie schiefe Ordnungsform erfahren wird, erscheint die Astrologie des Horoskopverkäufers Suk vom Berwick Market als die einzige voraussagefähige Wissenschaft. Die Bewegungsweise der weltlichen Ereignisse in Richtung auf ihren einzig möglichen Effekt gilt dem Erzähler nach wiederholter Auskunft als *ein Hinken.* »So tragen alle Dinge hinkend zu dem einzig Möglichen bei.«[11] Das ist eine Kennzeichnung des Kausalnexus, die späteren Aussagen Becketts (oder seiner Figuren) über diese Ordnungsform vorarbeitet. Als Molloy sich einmal vorstellt, wie er schneller zu seiner Mutter kommen könnte, entsinnt er sich der psychischen Mechanik, die von guten Gründen auf prompte Handlungen führt, und imaginiert sich selbst, wie er von solchen Gründen angetrieben geradezu im Flug zu seiner Mutter segelt: »auf den Hühnerflügeln der Notwendigkeit«.[12]

Das Verdrehte der kausal organisierten Welt kommt in *Murphy* noch zur Darstellung mit den Gegenbildern dieser Welt, den Systemen nämlich, die Murphy dann anzuschauen imstande ist, wenn er sich aus dem Zusammenhang der Erfahrungsdinge zurückgezogen hat. Von einem dieser anderen Systeme (dessen Platz noch näher zu bestimmen sein wird) heißt es: Es hatte *keinen Modus, aus den Fugen zu sein*[13]; und der dazu konträre Zustand, *aus den Fugen,* aber trotzdem ein System zu sein, scheint nach Murphys privater Kosmologie und auch nach der des Erzählers die Verfassung der Erfahrungswelt darzustellen. Eine andere, aus Murphys

11 z. B. *Murphy* 174

12 *Molloy,* in: Beckett, *Werke,* Frankfurt 1976, Bd. III, S. 36

13 *Murphy* 85 (Übersetzg. verändert)

Sicht offenbar zentrale Charakteristik für die Ordnungsform selbiger Welt lautet schlicht, sie sei *korrupt*.[14]

Die Personen sind nach diesem Weltbild Wesen, die von Natur aus in der Erfahrungswelt zu leben und *als Mechanismen* zu leben haben; es sei denn, sie besitzen eine besondere Weise, sich aus diesem Bereich zu entfernen und in einer *anderen* Welt lebendig zu sein. Eine solche Technik beherrscht in diesem Buch nur Murphy. (Die Irren genießen zwar das Leben in einer anderen Welt, aber nicht kraft eigener bewußter Steuerung.) Man kann vermuten, daß es deshalb einen grundsätzlichen Unterschied der Person Murphys von allen anderen ›gesunden‹ Romanpersonen gibt: Alle ›normalen‹ Personen in diesem Buch können als Marionetten (also Mechanismen) gelten, macht der Erzähler einmal deutlich: »mit Ausnahme von Murphy, der keine Marionette ist.«[15] Die Normalperson ist in ihrem Charakter ein für allemal festgelegt, und ihre Handlungen gehen mit Notwendigkeit aus diesem Charakter hervor. Murphys deterministische Theorie der empirischen Person deckt sich mit der Schopenhauers. Als Celia einmal sich herausnimmt, über die Ursachen ihrer Handlungsweise mit ihm in einen Disput einzutreten, und in Übereinstimmung mit gewissen Freiheitslehren behauptet: »Ich bin, was ich tue«, da ist die Antwort:

»Nein«, sagte Murphy. »Du tust, was du bist, du tust einen Bruchteil von dem, was du bist, du erleidest einen kläglichen Abfluß deines Seins ins Tun.« Er äffte das Wimmern eines kleinen Kindes nach. »›Ich kann nichts machen, Maaamiii.‹ Diese Art Tun. Unvermeidlich und langweilig.«[16]

14 Das scheint hervorzugehen aus einer von Murphys Visionen. In Kapitel 5 spricht der Erzähler schon einmal über das, was Murphy sehen kann, wenn er sich zurückzieht. »Und was das Grab der Harpyen betraf, so konnte er sich mit geschlossenen Augen in eine archaische Welt versetzt fühlen, die viel weniger korrupt war als alles, was im B. M. [= British Museum] zu sehen war.« (73; Übersetzg. verändert)

15 *Murphy* 93

16 *Murphy* 33. Wladimir und Estragon halten sich in *Warten auf Godot* an dieselbe Lehre vom Charakter.

Murphys heitere Verachtung für das kausal organisierte System der Erfahrungsdinge läßt sich noch an einem Zug ablesen, der gegen Ende seiner empirischen Existenz vom Erzähler beigebracht wird. Während die neuzeitliche Philosophie sich verschiedener Rechtfertigungsstrategien erfreut, die sie für eine kausale oder mindestens irgendwie regelhafte, gesetzmäßige Weltstruktur gefunden hat, freut sich Murphy an allen Erscheinungen, die Aussicht darauf bieten, daß die regelhafte Beschaffenheit der Erfahrungswelt zusammenbricht. Er hat eine artikulierte Vorliebe, gerade nicht für die kausale Ordnung, sondern für ihr weltliches Gegenteil, das Chaos. Als es dem zweifelhaften Genossen Ticklepenny (dessen Gesellschaft Murphy strikt auf das Maß der Nützlichkeit für seine eigenen Zwecke beschränkt) endlich gelungen ist, in der Toilette der Pflegerunterkunft einen Gasanschluß zu finden, und als es endlich zum ersten Mal dazu gekommen ist, daß durch die mühsam und dilettantisch von der Toilette in Murphys Dachkammer heraufgeführten und zusammengestückten Röhren Gas strömt und mittels des Gasöfchens die Dachkammer erwärmt, fragt sich Murphy:

»Was war die Etymologie von Gas? . . . Könnte es dasselbe Wort wie Chaos sein? Kaum. . . . Chaos geht noch an, es mochte nicht richtig sein, war aber amüsant. Für ihn würde hinfort Gas Chaos und Chaos Gas sein.«[17]

Murphy identifiziert sich dann mit dieser Etymologie so innig, daß die Einleitung zu seiner Sterbeszene, in der das

WLADIMIR Eine Frage des Temperaments.
ESTRAGON Des Charakters.
WLADIMIR Man kann nichts dafür
ESTRAGON Was man auch anstellen mag.
WLADIMIR Man bleibt, wie man ist.
ESTRAGON Wie man sich auch winden mag
WLADIMIR Im Grunde ändert sich nichts.
ESTRAGON Nichts zu machen.
(*Warten auf Godot*, a. a. O. 23. »Man kann nichts dafür« gälte in Schopenhauers Sicht nur für die *empirische* Person)

17 *Murphy* 131

Gasöfchen die Dachkammer entzündet, woraufhin der Held mitsamt dieser Kammer verbrennt, so lauten kann:

»Die meisten Dinge unterm Mond wurden langsamer und langsamer und hörten dann auf, das Schaukeln wurde schneller und schneller und hörte dann auf. Bald würde sein Körper ruhig sein, bald würde er frei sein.
Auf dem WC begann das Gas zu strömen, ausgezeichnetes Gas, hochfeines Chaos.«[18]

36. Der jämmerliche Solipsist Murphy

Solipsismus ist die philosophische Theorie von der alleinigen Wirklichkeit der eigenen Person. Ein Solipsist ist einer, der sich selbst als wirklich, alles andere aber als unwirklich oder wenigstens nicht im vollen Sinn wirklich betrachtet. Es gibt auch moralische Solipsisten; für sie ist die eigene Person der alleinige Teilnehmer der Moral; andere Personen mögen existieren, sind aber in der Hinsicht, auf die es hier ankommt, nicht vorhanden. Von diesen Verwendungen her hat das Wort ›Solipsist‹ einen weiteren Gebrauch angenommen und bietet sich in allen Kontexten an, in denen *unter einem bestimmten Gesichtspunkt* einer sich selbst als das allein existente oder relevante Wesen betrachtet.
Daß Murphy ein Solipsist sei, wird mehrfach mitgeteilt.[19] In welchem präzisen Sinn das Wort auf ihn zutrifft, nicht. Es erscheint für den weiteren Gang der Dinge nicht unwichtig, eine kurze Klärung zu versuchen.
Daß Murphy die Existenz der Außenwelt und damit auch der anderen Personen schlechthin bestreitet, wird man nicht sagen können. Daß er andere Personen als moralisch unwichtig betrachtet, erscheint zwar möglich, betrifft aber wegen seines Desinteresses an Moral überhaupt einen Weltaspekt, an dem diesem Buch nichts liegt und der also auch kaum der Punkt sein kann, von dem her er mit Nachdruck ›Solipsist‹ genannt wird. Ich denke, daß für die Anwendung des Wortes zunächst Murphys Zwei-Welten-Lehre den An-

18 *Murphy* 187   19 z. B. 64

laß liefert. Der von Anfang an betonte Unterschied zwischen der großen (=empirisch realen) und der kleinen Welt, die sich nur dem Geist Murphys erschließt, gibt zumindest die Basis ab für eine Sonderbehandlung Murphys. Er ist in mehreren für ihn selber relevanten Hinsichten von allen anderen ›gesunden‹ Personen des Romans unterschieden.

Wir wissen, daß er inständig hofft, *nicht* mit seiner ganzen Person ein Teil der großen Welt zu sein. Er zählt die Geräusche der Gasse, in der er zu Anfang wohnt, und vor allem das *quid pro quo* zu einem Bereich des Seienden, für den *quid pro quo* wie ein Titel einzusetzen ist; aber derart, daß Murphy dem so Titulierten nicht zugehört. Doch das letztere ist kein ausgemachtes Faktum, sondern eher eine wertende Stellungnahme und ein Wunsch. So bleibt es bis zum Schluß. Die Passage, die über Murphys Erfolge beim Rückzug aus der Erfahrungswelt befindet, lautet so:

»Also bestand der Konflikt, so wie Murphy ihn zu vereinfachen und zu verdrehen liebte, zwischen nichts weniger Fundamentalem als der großen Welt und der kleinen Welt; er war von den Patienten zugunsten der letzteren entschieden, von den Psychiatern der ersteren zunutze wieder entfacht worden und für Murphy ungelöst geblieben. Faktisch ungelöst, nur faktisch, denn er hatte seine Wahl getroffen. ›Ich bin nicht von der großen Welt, ich bin von der kleinen Welt‹, war ein alter Refrain Murphys und eine Überzeugung, zwei Überzeugungen, zuerst die negative.«[20]

Murphy ist Solipsist seiner Wahl und seinem Zugehörigkeitswunsch nach. Er hat *Stellung genommen* zugunsten der kleinen Welt und rechnet sich dazu. Nach seiner eigenen Zuordnung und seiner Sehnsucht ist Murphy unter den Normalen ein solus ipse; und natürlich kraft der sehr eigentümlichen Erlebnisse, die er haben kann, wenn er sich in seinen Geist zurückzieht.

Es bleibt für Murphy während der größten Strecken des Romans dabei, daß es nach wie vor einen Konflikt gibt; es gelingt ihm nicht, zumindest bis kurz vor seinem Ende nicht, so zu werden wie die Irren, die den Konflikt zugun-

20 *Murphy* 133

sten der kleinen Welt *entschieden* haben und wirklich so leben, wie Murphy es nur wünschen kann. (Der Erzähler läßt offen, ob diese Personen, die Murphy einmal als eine Bruderschaft ins Auge faßt, seine Stellung als Solipsist aufheben würden, wenn es ihm gelänge, zu ihnen einzugehen.[21]) Immerhin nimmt Murphy, als er auf sein Ende zugeht, gegenüber dem bisher zuverlässigsten Teil der äußeren Welt, den Sternen nämlich, eine neue Haltung ein. Die Sterne waren lange die Repräsentanten irdischer Notwendigkeit für Murphy. Kurz bevor er stirbt, entzieht er ihnen ihre Selbständigkeit und fängt an, sie als nichts anderes denn seine eigene Projektion zu betrachten – ähnlich wie ein Solipsist im ursprünglichen, aus der Erkenntnistheorie genommenen Sinn. Als die Rede davon ist, wie eng sich Murphy den Irren verwandt fühlt und welch skandalöses Zeugnis das eigentlich für einen rechten Pfleger darstellt (der doch gesund und überlegen zu sein hat), berichtet der Erzähler über eine Wendung in Murphys Interpretation des Sukschen Horoskops:

»Murphy war empört darüber, daß Suk seine [=Murphys] sonderbare Begabung nur dem Umstand zuschrieb, daß der Mond in der Stunde seiner Geburt im Zeichen der Schlange gestanden hatte. Je mehr sein eigenes System sich um ihn schloß, um so weniger konnte er dulden, daß er einem anderen unterworfen wäre. Zwischen ihm und seinen Sternen gab es zweifellos eine Verbindung, jedoch nicht im Sukschen Sinne. Es waren *seine* Sterne, er war das primäre System. Er war in jener unseligen Stunde larvenhaft und dunkel auf den Himmel projiziert worden, um dort vergrößert und verklärt in seiner eigenen Bedeutung zu erscheinen. Aber es war *seine* Bedeutung.«[22]

Schopenhauer war der Ansicht, daß jeder in sich mehr und Gewisseres vom Kern der Welt finden könne als in den Erscheinungen der raumzeitlichen Außenwelt. Daß diese immer nur eine verstandesmäßige Deutung innerer Daten sei. Es ist fair, diese Deutung als eine *Projektion* zu beschreiben.

21 Gelegentlich scheint es so, als seien die Irren eine Gemeinschaft und Murphy ein potentielles Mitglied. So im Motto des neunten Kapitels: »Il est difficile à celui qui vit hors du monde de ne pas rechercher les siens.« (116)
22 *Murphy* 136

Beckett tat das in der *Proust*-Schrift, und hier scheint er darauf zurückzukommen. Es bleibt eine Differenz bei der Betonung der Individualität. Beckett scheint dem Individuum Murphy mit dem Wort »das primäre System« etwas zuzugestehen, was Schopenhauer höchstens einem unpersönlichen *Willen* konzedieren würde. Es wird sich noch zeigen, daß trotz dieser Differenz auch für Murphy der *Individualitätsverlust* zu den höchsten Phasen seiner Existenz gehört.

37. Und Leben in seinem Geist gab ihm Lust

Es ist seit langem absehbar, daß, wenn es an Murphy überhaupt Zustände gibt, die mit Becketts früher Ästhetik zu tun haben mögen, diese Zustände unter den Titel des *Lebens in seinem Geist* fallen. Darüber sagt der Erzähler gleich zu Anfang: »And life in his mind gave him pleasure, such pleasure that pleasure was not the word.« Ich übersetze das mit: »Und Leben in seinem Geist gab ihm Lust, solche Lust, daß Lust nicht das Wort war.« Es mag als erste Andeutung einer gewissen Ähnlichkeit dieser Zustände mit Schopenhauers ästhetischer Betrachtung genommen werden, daß für Murphy und seinen Erzähler, genauso wie für Schopenhauer, ein *Wort*, das diese besondere Art von positivem Gefühl richtig kennzeichnet, nicht ohne weiteres verfügbar ist. Daß vielmehr die gewohnte Nomenklatur erfreulicher Gemütszustände, in der » Lust« den prominentesten Platz einnimmt, an diesem Punkt ihre Grenze findet.

Es ist jetzt eine Eigenschaft von Murphys Weltbild zu nennen, die weder in Becketts eigene Arbeit zu Proust, noch in Schopenhauers philosophisches System paßt: Murphy betrachtet sich selbst als geteilt in zwei Hälften, einen Körper und einen Geist. Es ist ihm nicht bekannt noch gar einsichtig, wie die beiden miteinander in Verbindung treten können. Er kann nur konstatieren, daß sie es tun. Er stellt sich seinen Geist überdies als eine hermetisch gegen das äußere Universum abgeschlossene, große Kugel vor, welche die Eigenschaft hat, in sich trotz ihres hermetischen Abgeschlossenseins das ganze äußere Universum zu enthalten:

»Nichts war je im äußeren Universum gewesen, war noch darin oder würde darin sein, was nicht virtuell oder aktuell oder sich entwickelnd vom virtuellen Zustand zum aktuellen oder vom aktuellen in den virtuellen Zustand fallend bereits in seinem inneren Universum vorhanden war.«[23]

In Murphys privatem Weltbild sind Züge der Substanzmetaphysik des 17. Jahrhunderts erkennbar: Die Trennung zwischen Körper und Geist, die Unfähigkeit des Subjekts, ihre Verbindung einzusehen, die substantielle Selbständigkeit des Geistes, die Idee der Fensterlosigkeit, genauso wie die Idee des Vorhandenseins der ganzen äußeren Welt in virtueller oder aktueller Form als Zustand der geistigen Substanz. Obwohl Schopenhauers Philosophie auch eine Korrespondenz kennt zwischen dem, als was die Person sich in ihrem Bewußtsein erfährt, und dem zeitunabhängigen Wesen der gesamten Welt, wäre es doch künstlich, Murphys private Kosmologie als eine Anwendung von Schopenhauers Gedankengut zurechtzubiegen. Es ist offensichtlich, daß sich Murphy, wo er über den ontologischen Status seines Geistes im Gegensatz zu der übrigen Welt reflektiert, einer Kosmologie bedient, die viel besser verstanden werden kann als eine Kombination von Elementen aus Descartes, Geulincx und Leibniz, mit besonderer Berücksichtigung der Astrologie, bei Streichung der Existenz Gottes. Ich habe schon gesagt, daß es nicht zu meinen Aufgaben gehört, die historischen Quellen aller Philosopheme, deren sich Murphy und sein Erzähler bedienen, vollständig aufzuweisen. Es bleibt mir nichts, als festzustellen, daß Murphys Geist-Leib-Metaphysik in ihren Aussagen zur Ontologie und partiell auch Erkenntnistheorie etwas ist, das weder in die Redefigur von der ›Anwendung Schopenhauers‹ noch in die Erwartung nach einem Weiterführen von Becketts eigener früher Ästhetik paßt.

Etwas anderes ist es mit den Aussagen über die ›*Gegenstän-*

23 *Murphy* 82 (Übersetzg. verändert)

de‹[24], die Murphy in günstigen Augenblicken, wenn er in seinem Geist lebendig werden kann, *wahrnimmt*, über die *Art, wie er sie wahrnimmt*, über die *Empfindungen*, die mit diesen Wahrnehmungen zusammengehen, über *Voraussetzungen und Begleitumstände* seines ›Lebens im Geist‹ überhaupt. Man kann grob und vorläufig sagen, es handle sich hier um bestimmte, sehr eigenartige *Erlebnisse*. Die Erlebnisse sind von der Kosmologie, in die Murphy sie mit seiner Selbstinterpretation einbaut, zu unterscheiden. Die Kosmologie stammt aus der Substanzmetaphysik; die Erlebnisse, die Murphy so wertvoll sind wie nichts sonst, und auf die hin sich sein Leben im Lauf des Buches immer weiter konzentriert, haben mit der Substanzenlehre wenig zu tun und erscheinen mir an vielen Stellen wie ästhetische Erlebnisse im Sinn der *Proust*-Schrift; und das heißt auch: wie ästhetische Erlebnisse in Schopenhauers Verständnis.
Charakteristisch für die köstlichsten Erfahrungen, die Murphy kennt, ist die Korrespondenz zweier Vorgänge: Das Verschwinden der Außenwelt und das Auftreten des gesuchten Erlebnisses im Geist. Das Verschwinden der Außenwelt wird beschrieben als Sich-Lösen des Geistes von den Normalvorstellungen welthafter Dinge und als *Versinken ins Bewußtsein*. Die stehenden Formeln dafür lauten: *»to disconnect his mind«* und *»to lapse into consciousness«*. Als es Murphy nach einem ermüdenden Tag, der zum ersten Mal seit Monaten die Aussicht auf eine würdige Zukunft (als Irrenpfleger nämlich) gebracht hat, endlich gelingt, ein Stück Rasen zu finden und sich auf dem Rücken liegend aus der Außenwelt zu entfernen, beschreibt der Erzähler den Vorgang so:

»Er wandte sich darum dem anderen Extrem zu, löste seinen Geist von den rohen Zudringlichkeiten von Empfindung und Reflexion und schickte sich an, auf seinem hohlen Rücken der Erstarrung zu verfallen, nach der er sich

24 ›Gegenstände‹ in dem weiten Sinn von ›Bewußtseinsgegenstände‹. Natürlich nicht im Sinn von ›raumzeitliche Dinge‹.

seit fünf Stunden gesehnt hatte ... Aber nun schien ihn nichts mehr zurückzuhalten. Nun kann mich nichts mehr zurückhalten, war sein letzter Gedanke, bevor er ins Bewußtsein versank, und nichts wird mich zurückhalten. Es tauchte wirklich nichts auf, um ihn zurückzuhalten, und er glitt hinweg, fort von Pensen und Zensuren, von Celia, Drogisten, öffentlichen Wegen, usw., von Celia, Autobussen, öffentlichen Gärten, usw., dorthin, wo es weder Pensen noch Zensuren, sondern nur einen über alles Wissen vervollkommneten Murphy gab.«[25]

Typisch an dieser Beschreibung sind: Der Torpor, in den Murphy verfällt, das Sich-Ablösen des Geistes von allen Eindrücken der Außenwelt und der Reflexion, ein Zustand, der wie Schlaf erscheint, jedoch bei vollem Bewußtsein, und die Behauptung, dort, wo der Liegende sich jetzt hingewandt habe, gebe es keine *Pensen* mehr, sondern nur noch einen über alles Wissen vervollkommneten Murphy (»only Murphy himself, improved out of all knowledge«).

Ich denke, die Ähnlichkeit mit der ekstatischen Selbst- und Weltverlorenheit, die die rein anschauende Person in Schopenhauers ästhetischer Betrachtung durchlebt, ist deutlich. Murphy löst seinen Geist nicht nur von den Zudringlichkeiten der sinnlichen Umwelt (»importunities of sensation«), sondern auch von denen des gewöhnlichen Selbstbewußtseins, denn das gehört unter den Titel *»importunities of reflection«*. Daß Murphy die Wahrnehmung seiner selbst als empirischer Person verliert, scheint auch angezeigt zu werden durch die Art, wie er sich von seiner Normal-Einstellung verabschiedet; »nichts kann mich mehr zurückhalten, *war sein letzter Gedanke* ...« Wie Schopenhauer es von der Anschauung des Genies fordert, verschwindet für Murphy die Welt, und es verschwindet sein eigenes empirisches Selbst, um einer Gegenständlichkeit Platz zu machen, die den Grundstrukturen gewöhnlicher Erfahrung nicht mehr verhaftet ist. Was Murphy sieht, wenn er sich so weit verloren hat, besitzt formal den Status der nicht-empirischen Anschauung, im Deutschen mag man sagen: der *Vision*. Das englische *vision*, dessen sich der Erzähler bedient, hat einen

25 *Murphy* 81 (Übersetzg. verändert)

etwas weiteren Gebrauch; es kann auch für anschauliche Wahrnehmung überhaupt stehen. Das ermöglicht dem Erzähler einen Vergleich zwischen Murphys Art der Vision und der anschaulichen Wahrnehmung anderer Personen (in diesem Fall Wylies); beides unter dem Titel ›vision‹.

»Wylie glich Murphy etwas mehr [als Ticklepenny], wenn auch seine Art zu sehen von der Murphys so verschieden war wie die eines Voyeurs von der eines Hellsehers, obgleich Wylie ebensowenig der eine im unanständigen Sinne wie Murphy der andere im überanständigen Sinne war. Die Ausdrükke sind nur gebraucht, um zu unterscheiden zwischen der Vision, die von Licht, Objekt, Standpunkt usw. abhängt, und der Vision, die durch alle diese Dinge behindert wird.«[26]

Das letztere ist kennzeichnend: Murphys Vision hängt nicht nur von Licht, Objekt, Standpunkt *nicht* ab, sondern wird durch diese Dinge gerade *behindert;* er sieht nicht im realen Licht Teile der realen Welt, sondern in einer ganz eigenen Beleuchtung (oder Dunkelheit) etwas anderes.
Schwierig für meine Lesetendenz ist, daß es in jenem Passus heißt, es gebe da, wohin er gerät, wenn er in sein Bewußtsein versinkt, nur einen *über alles Wissen vervollkommneten Murphy.*[27] Das mag eine gute Basis für einen Einwand sein. Ich möchte immerhin zweierlei dazu sagen. *Zum einen:* Was Murphy sieht, wenn er sich aus der Erfahrungswelt zurückzieht, wird noch anders und sehr viel ausführlicher beschrieben. Das für mich entscheidende Moment an nahezu allen Beschreibungen, die der Erzähler für Murphys ekstatische Rückzüge aus der Welt der raumzeitlichen Dinge bereithält, ist, daß Murphy *Formen* sieht. Der Erzähler sagt manchmal *shapes*, manchmal *forms,* und es scheinen in jedem Fall Entitäten gemeint zu sein, die mindestens dies Eine gemeinsam haben: Nicht Sachen, sondern die Form von Sachen zu sein. In dieser Hinsicht (und es ist freilich nur *eine* Hinsicht) gleichen sie Schopenhauers Ideen. *Zum anderen:* Wenn es

26 *Murphy* 70 (Übersetzg. verändert)
27 Die Übersetzung von »improved out of all knowledge« mag auch anders vorgenommen werden als hier; das ist aber an diesem Punkt irrelevant.

heißt, dort, wohin Murphy sich zurückzieht, wenn er ins Bewußtsein versinkt, gebe es nur einen über alles Wissen vervollkommneten Murphy, dann kann das *auch* heißen, daß er dort, wohin er versinkt, eine Anschauung vom Wesen der ganzen Welt gewinnt. Man muß sich nur an das vorhin Zitierte erinnern: Murphy kommt gegen den Höhepunkt seiner Entwicklung zu der Meinung, sein System sei das primäre und die Welt der Sterne, die Verkörperung äußerlicher Solidität und Zuverlässigkeit, sei eine Projektion auf der Basis seines eigenen Systems. Obwohl Schopenhauer das nicht für die ganze Wahrheit halten könnte, hat Murphys Ansicht doch unter Schopenhauers Prämissen ein gewisses Recht, weil zur Theorie der ästhetischen Betrachtung *auch* gehört, daß der willenlos Anschauende, weil er im Kern seines Wesens mit der Basis der ganzen Welt, dem Willen überhaupt, identisch ist, auch sich selbst als identisch mit der ganzen Welt und sogar als identisch mit deren Grund *empfindet.*

38. Der Innenraum der Seligkeit

Das nächste, was meinem Versuch entgegenkommt, ist das Wort »bliss« für das Glück selbstvergessenen Anschauens. »Bliss« ist im Englischen ungefähr so tauglich oder untauglich, in jedem Fall aber genauso gewagt wie Schopenhauers »Seligkeit«. Es paßt auch genauso wenig in eine herkömmliche Schematik der positiven Empfindungen. Leben in seinem Geist gab ihm Lust, solche Lust, daß Lust nicht das Wort war. *Lust (pleasure)*[28] ist so etwas wie eine allgemeine Bezeichnung für die Empfindung des in hohem Maß Angenehmen. *Seligkeit* und *bliss* sind Wörter, die anzeigen, daß der so genannte Zustand etwas Inkommensurables hat, etwas, das nicht in den gewöhnlichen Empfindungshaushalt

28 Auch wenn man *pleasure* als *Vergnügen* übersetzt, bleibt der auffällige Unterschied zu *bliss* bestehen.

mitsamt seinen Beschreibungsmodi eingeordnet werden kann. Die Wörter sind nicht nur unklare Ausdrücke für ein empfindungsmäßiges Maximum, sondern scheinen auch Ausdrücke für eine Empfindungsqualität zu sein, die sich den gewöhnlichen Möglichkeiten der Selbstbeschreibung, welche die empirische Person zur Verfügung hat, entzieht. *Bliss* wird mehrfach benutzt, wo die Lust auftritt, für welche ›Lust‹ nicht mehr das Wort ist. Bezeichnend sind zwei Stellen der Verwendung: Einmal, als gesagt werden soll, was Murphy empfindet, wenn er, in seinem Geist lebendig, ein System sieht, das keinen Modus hat, in dem es aus den Fugen wäre. Ein anderes Mal, als Murphy die ›Polsterkammern‹ des Gnadenstuhls (sprich Irrenhauses) bewundert, die wir im Deutschen eher ›Gummizellen‹ nennen würden. Die werden ihm zu einer Metapher für die gegen alle Erfahrungsdinge abgeschirmte *kleine Welt,* in der zu leben er sehnsüchtig wünscht. Von diesen Kammern mit drei leicht konkaven Dimensionen, in denen das Fehlen der vierten (der Zeit) kaum zu spüren ist, heißt es, sie »übertrafen bei weitem alles, was er sich in puncto Innenraum der Seligkeit je hatte vorstellen können.«[29]

Jetzt endlich muß über den Inhalt der kleinen Welt, in der sich Murphy diese Seligkeit erhofft, gesprochen werden. Als der erwähnte Nachbar des Helden und seiner Freundin Celia, der alte Kerl, sich, wie gesagt, die Kehle durchgeschnitten hat und röchelnd sowie blutend, aber immer noch lebend, am Boden liegt, hält der Erzähler inne und teilt mit: »Leider ist hier der Punkt der Geschichte erreicht worden, wo eine Rechtfertigung des Ausdrucks ›Murphys Geist‹ versucht werden muß.«[30]

Murphys Geist hat drei Zonen, und die Dinge,[31] die Murphy dann wahrnehmen kann, wenn er in seinem Geist lebendig

29 *Murphy* 135

30 *Murphy* 82

31 ›Dinge‹ wieder, wie schon einmal angemerkt, in dem sehr weiten Sinn von ›Bewußtseinsgegenstände‹.

ist, werden gegliedert, indem der Erzähler (und auch Murphy selbst) sie diesen Zonen zuordnet. Ich nehme von der Beschreibung dieser Bereiche und der Gegenstände nicht alles auf, sondern nur das, was ich brauche, um plausibel zu machen, daß zwischen Murphys Visionen und der selbstverlorenen Anschauung des Genies in Schopenhauers Ästhetik zumindest eine Affinität besteht.
Die Zonen unterscheiden sich zunächst nach der Beleuchtung. In der ersten ist Licht, in der zweiten Halbdunkel oder auch Licht, das sich zum Dunkel abschattet; in der dritten ist Dunkelheit. Von ihr heißt es an anderem Ort: »Murphy glaubte, kein Dunkel sei so wie sein eigenes Dunkel.«[32] Schon da scheint sich anzukündigen, daß Murphy seine tiefsten Befriedigungen, die das Leben im Geist gewährt, von der Zone des Dunkels hernimmt. Die Inhalte der Zonen werden getrennt beschrieben:

»In der ersten gab es die Formen mit Parallelen, ein herrlicher Abriß des Hundelebens, die für eine neue Anordnung verfügbaren Elemente physischer Erfahrung. Hier bestand die Lust in der Vergeltung, es war die Lust, die physische Erfahrung umzudrehen. Der Fußtritt, den der physische Murphy bekam, teilte der geistige Murphy hier aus. Es war der gleiche Fußtritt, jedoch mit korrigierter Richtung. Hier ließen die Drogisten sich langsam die Haare ausrupfen und Miss Carridge sich von Ticklepenny vergewaltigen und so weiter. Hier wurde das ganze physische Fiasko zu einem brausenden Erfolg.«[33]

Ich nehme an, daß dies die Zone der *phantasierenden Erinnerung an die Erfahrungswelt* ist. In ihr ist Murphy nicht mehr an die Notwendigkeiten und Leidigkeiten gebunden, die in jener Welt bestehen, sondern kann mit den Ereignissen, denen er sonst ausgeliefert ist, schalten und walten, wie er will. Er tut es mit Vergnügen. Er »fühlte sich souverän und frei ... um zu vergelten, was er empfangen«.[34] Die wichtigste Bestimmung des Inhalts, »Formen mit Paralle-

32 *Murphy* 70 (Übersetzg. verändert)
33 *Murphy* 85 (Übersetzg. verändert)
34 *Murphy* 86

len«, lese ich als Hinweis darauf, daß die Formen, mit denen Murphy hier umgeht, denen der Erfahrungswelt parallel entsprechen, das heißt wie ein relativ getreues Abbild entsprechen. Sie unterscheiden sich von der faktischen Form der Erfahrungsdinge eigentlich nicht durch das Formale, sondern durch die Korrekturen, die Murphy anzubringen beliebt. Es sind Korrekturen der *Richtung*. Diese Zone ist der Erfahrungswelt noch sehr nah, zu nah, um schon als das nicht-empirische Wesen dieser Welt genommen zu werden. Die Erfahrungswelt ist in dieser Zone in Richtung auf Murphys Vergnügen korrigiert, aber nicht in Richtung auf ein Wesentliches, das allen Erfahrungsdingen gemeinsam sein könnte.

»In der zweiten waren die Formen ohne Parallelen. Hier war die Lust die der Kontemplation. Dieses System hatte keinen anderen Modus, in dem es aus den Fugen hätte sein können, und brauchte deshalb in seinem Modus auch nicht korrigiert zu werden. Hier war die Belacqua-Seligkeit und andere kaum weniger genaue.«[35]

Ich denke, daß das die Zone des Anschauens idealer Formen ist. Ideal, weil dieses System keinen Modus hat, in dem es aus den Fugen sein kann, und deshalb auch kein Erfordernis, von Murphy korrigiert zu werden. Es brauchen nicht genau diejenigen Formen zu sein, die Schopenhauer ›Ideen‹ nannte. Wir wissen aus der *Proust*-Schrift, daß Beckett die ganze transzendente Ideenwelt Schopenhauers ersetzt durch ein Konzept, das den Ideen ihre Eigenart als wahre Realität, auch ihre Eigenart als ein Vollkommenes und Integres läßt – das sie aber nicht mehr als Gattungstypen faßt, sondern, wir sagten: als die *wahre*, im Normalbewußtsein nie gegenwärtige Realität des Lebewesens und seiner Welt. Eine solche wahre Realität paßt unter den Titel ›Formen ohne Parallelen‹, weil sie für Murphy *allein* in seinem Geist zur unverfälschten Darstellung kommt. Auch weil eine ideale Realität, die außerhalb von Zeit, Raum und Kausalität ist, sich schon

35 *Murphy* 85 f. (Übersetzg. verändert)

wegen des Fehlens dieser Ordnungsformen zu einem eventuellen Pendant *nicht* parallel verhalten könnte.
Für das Anschauen dieser Realität hat der Erzähler das Wort, das Schopenhauer für den Zustand reservierte, in dem die Idee vor das Bewußtsein tritt: *Kontemplation*. Und auch das andere Wort, das für die Beschreibung visionärer Ausnahmesituationen typisch ist: *bliss* = *Seligkeit*. Die ideale, in keiner Wirklichkeit auch nur annähernd erreichte Eigenart der Formen, die Murphy in dieser Zone anschaut, reflektiert sich in der Weise, wie der Erzähler Murphys Bewegung in diesem Teil der kleinen Welt und seine Empfindungen beschreibt: Er fühlte sich hier souverän und frei, »um sich nach Belieben von einer Seligkeit ohnegleichen [wörtlich: ohne Parallelen] zur anderen zu bewegen. Es gab keine konkurrierende Initiative.«[36]
In den beiden ersten Zonen scheint Murphys Freiheit eine Freiheit von kausalen Antezedentien zu sein; er scheint aber auch (und hier unterscheidet sich Beckett von Schopenhauer) als eine Person, die eine Wahl vollzieht und sogar ›sich souverän fühlt‹, erhalten zu bleiben. Anders wird das Verhältnis zwischen Person und Angeschautem erst in der dritten Zone; dort gibt es gleichfalls eine ›Freiheit‹, aber eine, die nach Murphys Selbstdeutung wie auch nach Schopenhauers System erst da zu finden ist, wo keine individuellen Personen mehr vorhanden sind.

39. Der Wille Staub im Staub seines Objekts

Eines der wichtigsten Merkmale der gelingenden ästhetischen Betrachtung bei Schopenhauer war die *Willenlosigkeit*. Erst die komplette Lösung der Person von ihrem Individualwillen trug mehrere notwendige Bedingungen zum Entfalten der ästhetischen Einstellung bei: Sie machte es möglich, die normale Wahrnehmungsstruktur, die immer dem persönli-

36 *Murphy* 86 (Übersetzg. verändert)

chen Willen dienstbar ist, aufzugeben. Sie machte es der Person auch möglich, als Individuum so weit von sich zurückzutreten, daß die Einheit von Subjekt und Objekt zustande kam. Diese Einheit wieder trat nur auf, wo zugleich mit der empirischen wollenden Subjektivität auch der Gegenstand empirischer Wahrnehmung, das normale Erfahrungsobjekt, sich auflöste. Nietzsche nannte dieses Sich-Auflösen ein Zerbrechen. Beckett nannte den ganzen Vorgang im *Proust*-Essay: In das Innerste des Wirbels gezogen werden. Ich denke, daß der Erzähler des *Murphy* das korrespondierende Zergehen des Individualwillens *und* des erfahrungsmäßigen Objekts solchen Willens beim Auftreten einer ästhetischen Vision im Sinn hat, wenn er diese Formel einführt: *»Der Wille Staub im Staub seines Objekts.«*[37] Die Formel steht für eine der visionären Anschauungen, die Murphy wie ein Versprechen erlebt, als ihm die Tätigkeit als Irrenpfleger angeboten und die Hoffnung auf intensiveres Leben in seinem Geist eröffnet worden ist.

Die Beschreibung für die dritte Zone von Murphys Geist lautet:

»Die dritte, die dunkle Zone, bestand aus einer Flut von Formen, einem beständigen Zusammenkommen und Auseinanderfallen von Formen. Das Licht enthielt die fügsamen Elemente einer neuen Mannigfaltigkeit, die körperliche, wie in Spielzeugteile zerbrochene Welt; das Halbdunkel Zustände des Friedens. Aber das Dunkel enthielt weder Elemente noch Zustände, sondern nur Formen, aber werdende und zu Fragmenten eines neuen Werdens zerfallende Formen, ohne Liebe oder Haß oder irgendein erkennbares Wandlungsprinzip. Hier gab es nur Tumult und die reinen Formen des Tumults. Hier war er nicht frei, sondern ein Stäubchen im Dunkel absoluter Freiheit. Er bewegte sich nicht, er war ein Punkt in dem unaufhörlichen, bedingungslosen Werden und Vergehen der Linien.«[38]

Wir erinnern uns an Schopenhauers Beschreibung für die allgemeinsten Eigenschaften des Kerns der Welt überhaupt: Sie waren beständiges Sich-Anspannen, Streben nach Erfül-

37 *Murphy* 80 f. (Übersetzg. verändert; Original: »the will dust in the dust of its object«)

38 *Murphy* 86 (Übersetzg. verändert)

lung und Abfallen der Spannung, ein Zustand, in dem sich eine Weise des Unerfülltseins abwechselte mit einer anderen. Das ist gewiß nicht dasselbe wie das, was der Erzähler hier von Murphys Dunkel behauptet. Aber gemeinsam haben beide Beschreibungen doch, daß die tiefste Zone möglichen Erlebens, die Zone, in der sich, wenn überhaupt irgendwo in einem Bewußtsein, so etwas wie Kontakt mit der wahren Natur des Kosmos ereignet, beschrieben wird als ein Wechsel von Werden und Vergehen, als ein beständiges Hin und Her ohne Ruhe, oder auch als unaufhörliches In-Bewegung-Sein.

Es ist wahrscheinlich sinnvoll, hier einige der Aussagen zu hören, die Schopenhauer da macht, wo er über die Bewußtseinsform spricht, die gemäß seiner These den Kern der Welt am vollständigsten und am wenigsten verfälscht in Vorstellungen darbietet. Ich greife bewußt einige Äußerungen aus ihrem Zusammenhang, um danach festzustellen, wohin sie gehören und wie sie vielleicht mit Murphys ganz eigenem Dunkel zusammenhängen. Eine dieser Beschreibungen ist:

»... die größte Verwirrung, welcher doch die vollkommenste Ordnung zum Grunde liegt, der heftigste Kampf, der sich im nächsten Augenblick zur schönsten Eintracht gestaltet: es ist ›rerum concordia discors‹, ein treues und vollkommenes Abbild des Wesens der Welt, welche dahinrollt im unübersehbaren Gewirre zahlloser Gestalten und durch stete Zerstörung sich selbst erhält. ... in zahllosen Nuancen, jedoch alle gleichsam nur in abstracto und ohne alle Besonderung: es ist ihre bloße Form ohne den Stoff wie eine bloße Geisterwelt ohne Materie.«[39]

Andere Beschreibungen Schopenhauers lauten so:

»stets erneuerte *Entzweiung und Versöhnung*«[40],

»Die ... beständige *Entzweiung und Versöhnung* ihrer ... Elemente ist, metaphysisch betrachtet, das Abbild der Entstehung neuer Wünsche und sodann ihrer Befriedigung.«[41]

»Wir sehn also hier die Willensbewegungen auf das Gebiet der bloßen

39 Schopenhauer W II, 577
40 W II, 583
41 W II, 584

Vorstellung hinübergespielt, als welche der ausschließliche Schauplatz der Leistungen aller schönen Künste ist; da diese durchaus verlangen, daß der *Wille selbst* aus dem Spiel bleibe ...«[42]

Mir scheint, die schlagendsten Übereinstimmungen zwischen diesen Beschreibungen, die Schopenhauer für ein vorstellungsmäßiges Abbild des (metaphorisch gesprochen) ›Innersten‹ der Welt selber liefert, und dem, was Murphy in der dunklen Zone anschaut, sind enthalten in den Wendungen »größte Verwirrung«, » rerum concordia discors«, »unübersehbares Gewirre zahlloser Gestalten«, »durch stete Zerstörung sich selbst erhält«, »zahllose Nuancen, jedoch alle gleichsam nur in abstracto und ohne alle Besonderung, *es ist ihre bloße Form ohne den Stoff* ...«

Auch für Schopenhauer also stellt sich das metaphysisch am weitesten reichende Bewußtsein, der Zustand, in dem es gelingt, ein vorstellungsmäßiges Bild dessen zu gewinnen, was die Welt jenseits aller Erfahrungsobjekte wirklich ist, dar als *Werden und Vergehen von Formen.* Und auch für Schopenhauer ist eine der Bedingungen dafür, daß die Person dieses Werden und Vergehen überhaupt in ihrem Bewußtsein auftreten lassen kann, die *Ausschaltung des Willens,* so weit, daß die Person sich als wollendes Individuum preisgegeben hat. Zugleich gilt etwas, das wie die bisherigen Bestimmungen für Schopenhauers Philosophie eigentümlich ist: Daß eine Freiheit in emphatischem Sinn, eine *absolute Freiheit,* nicht in der empirischen Person, sondern nur da wirklich sein kann, wo die Person *nicht mehr als Individuum vorhanden* ist. *Absolut frei* und sogar allmächtig ist in Schopenhauers Philosophie der Wille als Kern der Welt. Um diesen Kern der Welt in vorstellungsmäßiger Form näherungsweise anschauen zu können, muß sich die Person als Individuum aufgeben und übertreten in einen Zustand persönlicher *Willenlosigkeit.* Beide Bestimmungen sind bei Beckett ausgesprochen: Murphy ist beim Anschauen der werdenden und vergehenden Formen seines Dunkels *nicht frei,* als Individu-

42 W II, 578 f.

um nämlich, sondern *ein Stäubchen im Dunkel absoluter Freiheit;* also wo die absolute Freiheit auftritt, erscheint Murphy selber qua Person stäubchenhaft, das dürfte heißen: so gut wie aufgegangen in der Anschauung werdender und vergehender Formen. Und daß er dabei als Murphy keinen Willen mehr hat, sagt der Erzähler kurz darauf in aller Eindeutigkeit:

»Somit verbrachte er in dem Maße, wie sein Körper ihn mehr und mehr in seinem Geist befreite, immer weniger Zeit im Licht, wo er auf die Sturzwellen der Welt spie; und weniger Zeit im Halbdunkel, wo die Wahl der Seligkeit noch ein Moment von Anstrengung mit sich brachte, und mehr und mehr und mehr im Dunkel, in der Willenlosigkeit, ein Stäubchen in seiner absoluten Freiheit.«[43]

Hier scheint die Formel *Der Wille Staub im Staub seines Objekts* so gut wie wörtlich erfüllt: Murphys Person ist Staub, sein personaler Wille ist Staub, die ganze Welt dinglicher Objekte ist Staub – aber gerade in einem Erlebnis dieser Art kommt das ekstatische Bewußtsein für Murphy wie für Schopenhauer am weitesten an das, was die Welt eigentlich ist, heran.[44]

43 *Murphy* 86 f. (Übersetzg. verändert) Becketts Wort für »Willenlosigkeit« klingt ziemlich unenglisch und hört sich an wie eine direkte Übernahme aus dem Deutschen: »will-lessness«.

44 Murphy scheint in diesen Zuständen, genauso wie es Beckett von dem ekstatisch versunkenen Proust behauptet, ein Wesen außerhalb von Zeit und Raum zu sein. Für die Art, wie er sich in seinem Dunkel fühlt, gibt der Erzähler diese eigenartige Beschreibung: »Aber eine wieviel größere Lust war das Gefühl, ein Geschoß ohne Herkunft oder Bestimmung zu sein, das von einem Tumult nicht-newtonscher Bewegung ergriffen wird. Es war eine solche Lust, daß Lust nicht das Wort war.« (86). Was ist eine nicht-newtonsche Bewegung? Ich nehme an: Es ist eine Bewegung außerhalb der Ordnungsformen, die für Newtons physikalisches System grundlegend und unabdingbar sind: Raum und Zeit. Newton unterscheidet sich in der Theorie dieser Ordnungsformen von anderen Naturphilosophen durch seine besonders energische Haltung: Er insistierte auf der Existenz eines *absoluten Raumes* – unter anderem, weil es in ihm allein *wahre* Bewegung gebe.

40. musik, Musik, MUSIK[45]

Ich führte eben einige Passagen aus Schopenhauer an, um zu zeigen, wie sehr dessen Beschreibung einer Kontemplation, in welcher das Innerste der Welt vorstellungshaft wiederkehrt, derjenigen Beschreibung ähnelt, die Beckett für die tiefste und genußreichste Zone von Murphys Geist bereithält. Es war erkennbar, daß jene Passagen aus Schopenhauers Theorie der *Musik* stammen. Im zweiten Band der *Welt als Wille und Vorstellung* führt Schopenhauer die in § 52 des ersten Bandes eher skizzenhaft und tentativ vorgetragene Deutung der Musik als vorstellungsmäßiges Bild des Willens qua Ding an sich weiter aus unter dem Titel: *Zur Metaphysik der Musik*. Da erfolgt die sorgfältigere und an verschiedenen Formen der musikalischen Komposition exemplifizierte Rechtfertigung für Schopenhauers These, die Musik liefere ein Bild des Wesens der Welt überhaupt, und das angemessene Hören von Musik sei eine Form willenloser Kontemplation, in der die Personen in sonst nie erreichter Vollständigkeit etwas von dem, was die Welt an sich ist, erführen.

Daß die Musik in der Wertordnung Murphys eine hohe Position einnimmt, ist schon aus den anfänglichen Beschreibungen seines Lebenswandels als mittelloser Gammler bemerkbar. Als *einziges*, wofür er gelegentlich rätselhafterweise Geld hat, steht nämlich »ein Konzert«[46], und von den Gegenständen, die er früher besaß, versetzte er beim Übergang in seine jetzige Lebensform alle Habseligkeiten, jedoch *zuletzt* seine Musikinstrumente. Zurück behielt er nur den Schaukelstuhl, als das spärliche physische Requisit, das sein Geist nützlich findet, wenn es darum geht, sich von seinem

45 Der Erzähler bittet im Roman seinen Setzer darum, diese drei Wörter in sprunghaft größer werdenden Schrifttypen zu setzen, so daß ein »typographischer Schrei« zustande kommen möge. Der Passus ist in Tophovens Übertragung, wie vieles andere, einfach weggelassen. Man vergleiche in einem beliebigen englischen Exemplar des *Murphy* den Beginn des Abschnitts 11.

46 *Murphy* 18

Körper zu lösen und in der eigenen Sphäre lebendig zu werden.

Daß die Beschreibung des Erzählers von der genußreichsten und fortgeschrittensten Weise Murphys, in der *kleinen Welt* zu leben, eine so starke Ähnlichkeit mit Schopenhauers Aussagen über die metaphysische Vision beim Hören von Musik zeigt, bringt mich auf diese Vermutung: *Eine* Möglichkeit, sich Eigenart und Leistung der Formen verständlich zu machen, die Murphy vor sich hat, wenn er in sein eigenstes Dunkel versinkt, ist die Annahme, daß es sich (mindestens partiell) um *musikalische* Formen handelt.

In dem Kapitel, welches Murphys Geist gewidmet ist, gibt es dafür als Hinweise nur die Aussagen, die ich zitiert habe, und einige andere von ähnlichem Stellenwert. Die metaphysische Valenz des letzten und tiefsten Meditationszustandes, den Murphy kennt, deckt sich mit zentralen Elementen von Schopenhauers Beschreibung der musikalischen Meditation – und auch mit Becketts Erinnerungen daran in der *Proust*-Schrift. Doch die Musik wird in dem Kapitel über Murphys Geist nicht ausdrücklich erwähnt, und daß Murphy, wenn er in sein Dunkel eintaucht, unter anderem Musik imaginiere oder halluziniere (daß die Formeln des Dunkels in der Beschreibung seines Geistes für solche Erlebnisse *stehen*), bleibt eine plausible, aber nicht vollkommen belegte Hypothese.

Man kann sie *geringfügig* stärker machen, indem man sich an die Serie eigentümlicher Zustände erinnert, die Murphy zu erleben imstande ist, bevor er stirbt; diese Zustände scheinen ihm übrigens auch das Gefühl zu geben, etwas sehr Wichtiges sei jetzt erreicht, er *könne* sterben.

Bekanntlich stirbt Murphy, weil er im Zustand wacher Bewußtlosigkeit es unterläßt, das Gasöfchen neben seinem Schaukelstuhl abzustellen, so daß die Dachkammer in Brand gerät und er selbst im Feuer umkommt. Die als Ersatz für nicht vorhandene Angehörige zur Leichenschau gebetenen Bekannten haben Anlaß zu schließen, daß Murphy vorher wußte, daß er sich so weit vergessen würde. Denn es gibt einen angesengten, aber nicht verbrannten Umschlag, adressiert an Celia in der Brewery Road, der Murphys jüngst verfaßtes Testament enthält. Unter den Ereignissen, deren Folge in Murphys Tod zu ihrem Höhepunkt gelangt, spielt das Imaginieren von Musik eine nicht ganz gleichgültige Rolle: Es leitet die Serie dieser Ereignisse ein und scheint auch an ihrem Ende noch einen Anteil zu haben. Murphy verbringt den Nachmittag vor der Nacht, in der sein Leben zu seinem Schluß kommt, im Schaukelstuhl. Der Erzähler sagt, er sitze dort viele fruchtlose Stunden lang. Aber dann tritt plötzlich etwas ein, das die Realität seines Bewußtseins verändert. Das M. M. M. (abkürzende Bezeichnung für das Irrenhaus *Magdalen Mental Mercyseat*) wird für Murphy zu »musik, Musik, MUSIK«.[47] Damit endet das fruchtlose Sitzen, und es beginnt der Abend, in dessen Verlauf Murphy die verkehrte Schachpartie mit dem schizophrenen Mr. Endon spielt, ein Bewußtsein ohne Selbstwahrnehmung erlebt und schließlich nach weiteren rätselhaften, aber auch verzückten Erlebnissen seinen Posten als Irrenpfleger verläßt. Er zieht sich auf dem Weg von der Station zu seiner Dachkammer aus und setzt sich wieder in den Schaukelstuhl, nackt, wie zu Anfang des Buches, bindet sich am Stuhl fest und wendet sich den Inhalten seines Geistes zu. Auf diesem Punkt der Geschichte steht M. M. M. ihm immer noch für »musik, Musik, MUSIK«. Und er erwägt, auch die mit Celia verbundene Musik (Serenade, Nocturno und Morgenständchen) wieder zu genießen. Es scheint wirklich, als sei das Vorstellen musikalischer Formen zumindest *ein Bestandstück* des visionären Seligkeitszustandes, in dem Murphy das Gefühl gewinnt, seine Laufbahn in der Erfahrungswelt sei beendet, das Gasöfchen und das auf dem Boden um es herum festgeklebte, durch die Hitze weich und entflammbar gewordene Wachs könne vergessen werden.

47 *Murphy* 174

V. Moran

41. Brocken eines Pensums

Als Murphy sich auf den Rücken legt, im Park, nach dem anstrengenden Tag, an dem es ihm endlich gelungen ist, durch Ticklepennys Vermittlung eine Aussicht auf würdige Arbeit aufzutun, *gleitet er ins Bewußtsein.* Wir haben gelesen, daß er mit dem Übergang in diesen hochgeschätzten Zustand zugleich *sich entfernt* von den Pensen und Zensuren, von Celia, Drogisten, öffentlichen Straßen und der ganzen korrupten Erfahrungswelt. Murphy unterscheidet sich von Becketts späteren ›Helden‹ unter anderem durch eben dies: Die Fähigkeit, sich loszumachen und in einen Sonderbereich einzutreten, in welchem die Person (oder was dann von ihr noch da sein mag) *frei* ist von den Strukturen der ›normalen‹ Existenz. Die Freiheit erstreckt sich auch auf die Leiden, die Schopenhauer für ein Leben unter der Herrschaft des personalen Willens als typisch ansah.

Molloy, Moran, Malone, der Namenlose, die Erzähler der *Texte um Nichts* und von *Wie es ist* können das nicht. Es gibt auch unangesehen der Erzähler keine Individuen mehr, denen eine glaubwürdige, nicht bloß illusionäre Weise des Sich-Entziehens offenstünde. Das befreiende Reservat einer anderen Wirklichkeit, wie Murphys kleine Welt es war, ist gestrichen.[1] Die Personen haben das, was sie sind, in der Welt, in der sie sich finden, zu vollziehen.

Die genannten erzählenden Texte Becketts vom Beginn der Trilogie an sind der Grammatik nach Ich-Erzählungen; freilich so, daß das Pronomen der ersten Person nur noch in einem zunehmend formalen Gebrauch erscheint: Ein Teil

1 Ich sehe von bloßen *Erwähnungen* einer solchen Welt, die die Hoffnungslosigkeit des Wunsches nach einem Rückzug dorthin eher betonen, ab. (Eine kleine Serie solcher Erwähnungen steht gegen Ende des *Namenlosen.*)

der Entwicklung in der Trilogie vollzieht sich gerade als ein fortschreitendes Sich-Auflösen des erzählenden ›Selbst‹. Die Erzähler geben einen Bericht oder versuchen wenigstens, das zu tun. Das Berichten oder Schreiben oder Erzählen von Geschichten oder Sprechen oder auch nur Zitieren scheint ihre Haupt-Tätigkeit zu sein; mehrfach ist es sogar die Tätigkeit, mit der sie ihren ›Lebensunterhalt‹ zu bestreiten suchen. Die Erzähler sind zugleich in der Regel die ›Hauptpersonen‹. Damit wird ihr Erzählen, gleich in welch eingeschränkter und zerstückter Form es sich vollzieht, zu einem ihrer wichtigsten Gegenstände. Die Erzählungen sind allemal auch Berichte über den Versuch, zu erzählen.

Dieser Versuch ist gewöhnlich ein Teil des ›Lebens‹, das die Personen ›führen‹. Sie stehen beim Erzählen nicht auf einem Punkt außerhalb der Situation, über die berichtet wird; vielmehr ist das Berichtete meist so eng mit dem Prozeß des Berichtens verbunden, daß dieser Prozeß selber zu seinem Gegenstand wird – mit Paradoxien, die für ein Sprechen über das eigene Sprechen kennzeichnend sind. Das ›Leben‹ einiger dieser Erzähler hat sich so weit zusammengezogen, daß es mit dem ›Erzählen‹ partiell oder ganz und gar zusammenfällt.

Ich werde mich, was Becketts spätere Prosa angeht, in der Hauptsache auf die Romantrilogie beziehen. Es ist schon angekündigt, daß für meine Betrachtung die beiden wichtigsten Erzählerfiguren Moran und der Namenlose sein werden. Molloy steht mit Moran in so enger Verbindung, daß ich den einen nicht ohne einige Hinweise auf den anderen besprechen kann. Und über Malone, der (mit einiger Grobheit) als ›Vorstufe‹ des Namenlosen angesehen werden kann, wird in diesem Gang ebenfalls kurz zu referieren sein. Ich organisiere meine Arbeit an der Trilogie so, daß die äußere Abfolge der Hauptfiguren erhalten bleibt. Gleichzeitig versuche ich, in der chronologischen Ordnung auch eine sachliche zu verfolgen: Die Gliederung der Teilstücke über Moran und dem Namenlosen (ich bezeichne ihn von einem bestimmten Punkt an mit Absicht als *Unnennbaren*) folgt einzelnen Themen von Becketts *Proust*-Schrift und Schopenhauers Ästhetik, manchmal auch Teilen seiner ›praktischen Philosophie‹, wo diese über die Existenz des Künstlers spricht.

Am Ende der *Proust*-Schrift machte Beckett sich Schopenhauers Deutung des Lebens als eines *Pensums, das abgearbeitet werden muß,* zu eigen.[2] Er schloß sich der alten These an, die größte Schuld des Menschen sei es, geboren zu sein, und mit seinem Leben habe er diese Schuld abzudienen. In der Kunstform der Tragödie werde eine Buße vorgeführt, nicht eine Buße für einen mehr oder weniger gleichgültigen Gesetzesbruch, sondern die Buße für die Sünde, geboren zu sein.[3] Das lateinische Wort für einen Verschiedenen, *defunctus,* werde durch das Auffassen des Lebens als eines *Pensums* erst angemessen verstanden (nämlich als das Attribut dessen, der *es abgearbeitet hat*).

Daß mit dem Faktum des Lebens eine Schuld verknüpft sei und daß diese Schuld im Durchlaufen des Lebens mit schließlichem Tod abgedient werde, ist ein Gemeinplatz des Redens über Leben und Tod in Becketts späterem Werk. Sogar von Tieren heißt es, sie hätten eine solche Schuld, und mit dem Tod werde sie abgezahlt.[4] Damit, daß das Erzählen (oder Berichten oder Sprechen oder Zitieren) zur Lebenstätigkeit einiger Zentralfiguren wird, nimmt es dort auch den Charakter an, der dem Leben überhaupt zugeschrieben wird: *Ein Pensum zum Abarbeiten* zu sein.

Molloy spricht mehr oder weniger ständig über seine Erzählertätigkeit. Eines dieser Stücke ist:

»Und ob ich dies oder das oder etwas anderes sage, daran ist wirklich nicht viel gelegen. Sprechen ist Erfinden. Falsch – ganz wie zu erwarten war. Man erfindet nichts, man glaubt zu erfinden, sich zu entkommen, aber man

2 Schopenhauer W II, 728; *Proust* 93
3 *Proust* 67
4 vgl. *Watt,* in: Beckett, *Werke,* Frankfurt 1976, Bd. II, S. 305

stammelt nur seine Lektion herunter, Brocken eines Pensums[5], die man gelernt und wieder vergessen hat...«[6]

Es scheint dem Erzähler, als sei sein Sprechen ein Erfinden. Und sofort korrigiert er sich: Man glaube zu erfinden, aber man stammle nur Teile eines *Pensums* herunter. Erfinden wäre ein Sich-Entkommen; darüber verfügt die Person nicht. Das Herunterstammeln von Brocken eines Pensums ist seinerseits das Wieder-Hervorbringen von solchem, das einmal aufgenommen, dann aber vergessen wurde. Das könnte ein schwaches Anzeichen dafür sein, daß die Schreibtheorie der Schrift über Proust im Selbstverständnis der Trilogie-Erzähler, und sei es auch nur spurenweise, wieder erscheint. Molloy als Autor versteht sich so, daß er nicht über Erfundenes schreibt, sondern über solches, das einmal in die Erinnerung eingegraben[7] und dann unverfügbar wurde. Das Wort »Pensum« scheint hier sowohl die herabgedienten früheren Lebens-Stücke zu kennzeichnen als auch die Stammeleien, in denen sie wieder vor die Aufmerksamkeit gebracht werden. Daß es dazu einer besonderen Einstellung bedarf, die nicht die Attitüde normaler Lebensmeisterung ist, wird sich an anderen Belegen zeigen.

Moran hat an den Punkten, an denen er sich über seine Schreibtätigkeit ausspricht, eine direktere Mitteilungsweise als Molloy. Bei ihm ist ohne alle Zweideutigkeit das Schreiben ein Pensum, auch im Sinn einer Lebensaufgabe, und er nimmt damit die Haltung des Namenlosen vorweg, der sein

5 Tophoven übersetzt *»pensum«* regelmäßig mit *»Strafarbeit«*. Das ist nicht unangemessen, verdeckt nur zu einem Teil die sachlichen Verbindungen. Ich habe an dieser Stelle Becketts eigenes Wort wieder eingesetzt.

6 *Molloy*, zitiert nach der Ausgabe: Samuel Beckett, *Werke*, hg. von E. Tophoven und K. Birkenhauer, Frankfurt 1976, Bd. III, S. 7-243; dieses Zitat S. 42 (Übersetzg. verändert).

7 Die Mehrdeutigkeit von »appris« in Becketts Französisch und »got by heart« in Becketts Englisch läßt zu, daß die Brocken des Pensums nicht gelernt wurden wie in einer Schule, sondern in die Erinnerung eingeschrieben wurden dadurch, daß die Person sie *lebte*.

Sprechen (das Einzige, wodurch er ›existiert‹) beständig als Pensum zu erkennen gibt. Moran schreibt:

»Aber vorher werde ich das wenige berichten, was ich beim Verlassen meines Hauses von Molloys Land wußte, einem Land, das so anders war als das meine. Denn eine der Eigentümlichkeiten dieses Pensums besteht darin, daß es mir verwehrt ist, einzelne Umstände zu überspringen und ohne Umschweife zu sagen, um was es sich handelt. Doch muß ich so tun, als ob mir nicht bekannt sei, was mir nicht mehr unbekannt ist, und als ob ich nur wüßte, was ich zu wissen glaubte, als ich von zu Hause fortging. Und wenn ich ab und zu von dieser Regel abweiche, so tue ich es nur dann, wenn es sich um Einzelheiten von geringer Bedeutung handelt. Im ganzen halte ich mich daran. Und mit einem solchen Eifer, daß ich, ohne Übertreibung, eher derjenige bin, der entdeckt als derjenige, der erzählt, heute noch, die meiste Zeit.«[8]

Der Erzähler spielt offen auf Konventionen an, die für vieles traditionelle Schreiben von Geschichten gelten. Und er hält sich an diese Regeln mit so viel Gefühl (»avec une telle chaleur«), daß sein Bewußtsein dann für die meiste Zeit auch so *ist*, wie die Regeln es vorzuspiegeln verlangen. Damit ist dieses Bewußtsein aber *nicht* mehr das eines traditionellen Erzählers, der seine Unwissenheit nur mimt, sondern es ist eng verwandt dem ganz anderen Bewußtsein, welches Becketts frühe Ästhetik vom Künstler forderte: Wie ein Forscher zu sein, der in eine bisher nicht entdeckte Zone *hinabsteigt* und *Ausgrabungen macht*[9] – statt bloß wiederzugeben, was ohnehin bekannt und verfügbar ist. Morans *Pensum* ist das eines *schreibenden Entdeckers.*

8 *Molloy* 183 (Übersetzg. verändert)
9 *Proust* S. 65: »The only fertile research is excavatory, immersive, a contraction of the spirit, a descent. The artist is active, but negatively, shrinking from the nullity of extracircumferential phenomena, drawn in to the core of the eddy.«

42. Eine Arbeit, die fortbestehen wird

Molloy ist ein Roman, der unter anderem daraus seine Rätselhaftigkeit bezieht, daß er zwei verschiedene Erzähler hat, zwei verschiedene ›Helden‹, zwei verschiedene, auch äußerlich klar getrennte Geschichten. Das Buch hat zwei Teile, mit I und II bezeichnet, deren erster die ›Arbeit‹ eines gewissen Molloy und der zweite der ›Bericht‹ eines gewissen Moran ist. Jeder schreibt über eine Reise, die er unternommen hat. Keiner ist auf seiner Reise mit dem anderen in Berührung gekommen. Auch das übrige Personal und die Örtlichkeiten sind dem Augenschein nach[10] verschieden. Nach traditionellen Vorstellungen über die ›Einheit‹ einer Erzählung sollten es zwei verschiedene Bücher sein. Dieser Eindruck wird kaum gemildert dadurch, daß Moran seine Reise unternimmt, weil er von einem Auftraggeber den Befehl erhält, sich um Molloy zu kümmern. Moran stellt sich vor als ›Agent‹. *Was für ein* Agent er ist, welche Art des ›Agierens‹ seine Spezialität darstellt, teilt er nicht oder höchstens sehr unzureichend mit. Mindestens scheint aber der besagte Befehl auch vorzuschreiben, daß er jenen Molloy zunächst *zu finden* hat. Mit dieser Absicht unternimmt Moran seine Reise, und sie bleibt vergeblich. Moran wird krank und beginnt zu verkrüppeln. Er wird zunehmend unfähig, sich aus eigener Kraft weiter fortzubewegen. Sein Sohn, den er zum Mitmachen der Reise gezwungen hat, befördert ihn eine Zeitlang widerwillig auf dem Gepäckträger eines Fahrrades. Dann wird Moran von seinem Sohn verlassen. Als klar ist, daß Moran *auf diese Weise* den gesuchten Molloy nicht fin-

10 Ich verzichte darauf, mir Hinweise zunutze zu machen, die die Vermutung erlauben, daß Molloy vielleicht mit Moran identisch ist. Molloy erwähnt in seiner Situationsangabe zu Beginn einen Mann, der deutliche Ähnlichkeit mit Gaber hat, und räsonniert auch über einen Sohn, den es irgendwo noch geben mag. Moran wiederum hat nicht nur eine eigenartige Kenntnis von Molloy, sondern glaubt auch eine (freilich noch vagere) von der Mutter Molloys zu haben. Ohnehin gehen die Erzählerpersonen der Trilogie ineinander über; aber das ist erst vom *Namenlosen* her klar zu sehen.

den wird, befiehlt der Auftraggeber die Umkehr. Zu diesem Zeitpunkt hat Moran sich das Scheitern seines Unternehmens schon selbst eingestanden.
Ich bin der Meinung, daß das Verhältnis Morans zu Molloy dem Verhältnis eines Agenten zu seinem Such- oder Beobachtungsobjekt ziemlich unähnlich ist. Daß dieses Verhältnis in einigen Aspekten hingegen der Beziehung eines Künstlers zu seinem Gegenstand, wie von Beckett im *Proust*-Essay beschrieben, unerwartet nahe kommt. Ich will versuchen, plausibel zu machen, daß die Beziehung Morans zu Molloy an wesentlichen Punkten als eine ästhetische oder künstlerische verstanden werden darf, und daß Morans Agentenrolle für die Darstellung dieser Relation bestenfalls ein *Vorwand* oder ein *raumzeitliches Vehikel* ist.
Moran wohnt in guten Verhältnissen mit einer Köchin, einem Sohn, Bienenstöcken, einem gepflegten Heim, zivilen Nachbarn und anderen Insignien bürgerlicher, obendrein kirchentreuer Lebensart. An einem Sonntag im Sommer besucht ihn, der in einem Korbstuhl im Garten sitzt, ein Mann, den er kennt und nicht mag, ein gewisser Gaber. Beide scheinen sich über die Situation im klaren zu sein. Gaber ist der Bote jenes Auftraggebers (oder Arbeitgebers) und überbringt einen Befehl. Der Befehl wird vorgetragen durch Verlesen einer Reihe von Instruktionen, die in Gabers Notizbuch festgehalten sind. Den Kern der Anweisung bezeichnet Moran mit den Worten *mich mit Molloy befassen.*[11] Moran will sich zunächst, wissend, daß es nichts nützen wird, gegen den Befehl wehren; er versucht, den Auftrag an einen anderen Agenten abzuschieben. Erst als er eine bestimmte Auskunft über ein besonderes Verhältnis *seiner* Person zu diesem Auftrag erhält, gibt er sein Sträuben auf.

»Als er endlich fertig war, sagte ich ihm, dieser Auftrag interessiere mich nicht und der Chef solle sich lieber an einen anderen Agenten wenden. Er will aber, daß Sie es machen, Gott weiß warum, sagte Gaber. Er hat Ihnen

11 »de m'occuper de Molloy« – »to see about Molloy«

sicher gesagt, warum, sagte ich, ein Kompliment witternd, denn darauf war ich immer ziemlich scharf. Er hat gesagt, erwiderte Gaber, daß kein anderer als Sie diese Arbeit tun kann. Das war mehr oder weniger, was ich hatte hören wollen.«[12]

Moran versucht etwas später noch einmal, sich versichern zu lassen, daß er in Sachen dieses Auftrags eine Sonderstellung vor allen anderen Agenten genießt. Dieses zweite Mal weicht Gaber aus. Schließlich teilt Moran mit: »Ich kann also schwer ablehnen, sagte ich: dabei wußte ich genau, daß ich unter keinen Umständen ablehnen konnte ... Sie werden heute aufbrechen, sagte Gaber.«[13]
Der Typ der Arbeit, die Moran aufgetragen wird, scheint ihm vertraut zu sein. Er spricht von früheren Fällen[14]; er erwähnt frühere Methoden; er spricht auch von der Weise, in der er sich als Agent zu seinen Aufträgen verhält. Ein Agent wie er sei seinen Aufträgen gegenüber nicht frei, läßt er wissen; es sei nur ein Spaß, den Agenten sich untereinander oft machen, wenn sie beim Erhalt eines Auftrags bocken und so tun, als seien sie freie Männer. Die Arbeit (der konkrete Auftrag) ist so eng an die Person des Agenten gebunden, daß Moran sich versichern lassen kann, nur er sei imstande, sie zu tun. Damit geht zusammen, daß er irgendwelche Agenten-Kollegen zu Anfang zwar erwähnt, im weiteren Gang der Angelegenheit aber mitteilt, daß es Kollegen

12 *Molloy* 131 13 *Molloy* 132

14 Daß zu den früheren Fällen auch Figuren von Becketts eigener Erzählertätigkeit gehören, mag eine Anspielung darauf sein, daß der ›Agent‹ Moran in Wahrheit etwas anderes ist. »Ich interessierte mich nicht mehr für meine Patienten, wenn der Eingriff einmal vorgenommen war. Ich glaube sogar, daß ich niemals auch nur einen einzigen hinterher wiedergesehen habe. Das sage ich ohne Hintergedanken. Oh, ich könnte Ihnen Geschichten erzählen, wenn ich in ruhiger Verfassung wäre. Welch ein Gesindel lebt in meinem Kopf, welch ein Panoptikum lebender Leichen. Murphy, Watt, Yerk, Mercier und so viele andere.« (*Molloy* 189).
»Würden wir uns eines Tages alle im Himmel wiederfinden, ich, meine Mutter, mein Sohn, seine Mutter, Youdi, Gaber, Molloy, seine Mutter, Yerk, Murphy, Watt, Camier und die übrigen?« (*Molloy* 232)

beim Auftrag Molloy nicht gibt.[15] In der Realität seiner Arbeit ist Moran der einzige Agent. In hartem Kontrast zu Morans wiederholten Feststellungen über ein unverwechselbares Verhältnis seiner Person zu dieser Tätigkeit stehen seine Aussagen über das *Arbeitsergebnis.* Dieses Ergebnis scheint, wenn es einmal da ist, von dem Individuum Moran ablösbar, überhaupt von den sogenannten Agenten ablösbar zu sein. Es scheint aufgefaßt zu werden als etwas, was unabhängig von der Geschichte derer, die es hervorbrachten, Bestand hat.

»Denn was ich tat, tat ich weder für Molloy, der mir völlig gleichgültig war, noch für mich, denn ich galt mir nichts mehr, sondern ich tat es im Interesse einer Arbeit, die sich zwar ohne uns nicht erledigen ließ, die jedoch in ihrem Wesen anonym war und fortbestehen und im Geist der Menschen lebendig sein würde, wenn ihre elenden Handwerker längst nicht mehr wären. Man wird also, glaube ich, nicht sagen, daß ich meine Arbeit nicht ernst nahm. Man wird eher gerührt sagen: Ja, das waren noch Kerle, die Rasse ist ausgestorben, und die Form zerbrochen.«[16]

Vielleicht ist das die klarste unter einigen Aussagen Morans, mit denen er eine Agententätigkeit im ›normalen‹ oder dem Wort sonstwie treuen Sinn dementiert und von seiner Arbeit spricht wie viel eher ein Künstler darüber sprechen würde. Zugleich kommen die früheren Feststellungen über eine einzigartige Rolle seiner Person für das Durchführen dieser Arbeit in einen anderen Zusammenhang. Die *Arbeit* kann ›ohne uns‹, ohne die Agenten, nicht getan werden. Aber in ihrem Wesen ist sie anonym (unpersönlich, nicht ans Subjekt gebunden) und wird fortbestehen; sie wird sogar *im Geist der Menschen lebendig sein.*[17] Es scheint vollkommen angemessen, dieses Fortbestehen als die Seinsweise eines Ergebnisses oder Produkts zu nehmen, wie ein *Werk* es ist. Das Werk darf auch »in seinem Wesen anonym« heißen, selbst wenn die Arbeit des Hervorbringens von einer und nur einer Person geleistet werden kann. Mit dem Wort »Handwerker«

15 *Molloy* 155 16 *Molloy* 158 f. (Übersetzg. verändert)
17 »qui habiterait l'esprit des hommes« – »haunting the minds of men«

(»artisan«) für den, der das Werk macht, scheint sich Beckett wörtlich an das zu erinnern, was in der *Proust*-Schrift, angelehnt an Prousts eigene Thesen, über die Entstehung von Literatur behauptet wurde: Als einer, der ein Werk herstellt, ist der Autor ein *Handwerker*, dessen Tätigkeit darin besteht, die im Bewußtsein angeschaute ideale Realität in ein mitteilbares Gebilde zu *übersetzen. Künstler* ist er dadurch, daß er sich diese Realität als inneren Gegenstand (Beckett sagt *Text) erworben* hat.[18]

Wenn man an die konkreten Lebensumstände Morans denkt und sich fragt, was an seiner Agententätigkeit jenes Fortbestehende und geistig Weiterlebende sein möchte, dann kommt nur eines in Frage: der *Bericht*, den Moran über seine Tätigkeit schreibt, das heißt der Text der zweiten Hälfte des Romans *Molloy*, dessen Erzähler Moran ist.

Vorhin haben wir gehört, daß Moran sich beim Schreiben als *Entdecker* ausweist. Das mag die Rolle sein, die im *Proust*-Essay ›Künstler‹ hieß und von der Rolle des Handwerkers unterschieden wurde. Jetzt ist deutlich, daß Moran sich auch, wie Proust selber und wie nach Becketts früher Ästhetik jeder Schriftsteller, der nicht Pfuscher ist, gleichfalls als übersetzender *Handwerker* versteht. Dessen Produkt bleibt zurück, wenn die Form (wörtlich »moule«, die »Gußform«, der erlebende und entdeckende Moran) längst zerstört sein wird.

43. In meinem Innern

Welches die Region ist, in der Moran seine *wichtigeren* Entdeckungen macht, läßt sich mutmaßen, wenn man liest, wie er noch vor dem eigentlichen Beginn der Reise, während der Vorbereitungen und gewissermaßen zum Zweck des inneren Fertigwerdens, einen Kontakt mit Molloy herzustellen sucht. Es gehört zu den größten Merkwürdigkeiten des ›Agenten‹ Moran, daß er die Person, die er suchen soll, in

18 *Proust* 84: »The artist has acquired his text: the artisan translates it.«

der Außenwelt *nicht*, dafür aber (wenngleich undeutlich) *in sich selber* findet.

»Molloy, oder Mollose, war für mich kein Unbekannter. Hätte ich Kollegen gehabt, so wäre der Verdacht in mir aufgestiegen, daß ich von ihm als von einem Menschen, der uns einmal beschäftigen würde, erzählt haben könnte. Doch ich hatte keine Kollegen und wußte nicht, unter welchen Umständen seine Existenz mir bekannt geworden war. Vielleicht hatte ich sie erfunden, ich meine, fertig in meinem Kopf vorgefunden. Es steht fest, daß man manchmal Unbekannten begegnet, die einem bekannt vorkommen, weil sie in bestimmten Vorgängen im Gehirn eine Rolle gespielt haben. Mir war das nie passiert; ich glaubte, daß ich für solche Erfahrungen nicht geschaffen sei und daß selbst das einfache déjà vu völlig außerhalb meiner Fähigkeiten liege. Und doch schien gerade das mir damals zu widerfahren. Denn wer anders als ich selbst hätte mir von Molloy erzählen, und wem außer mir selbst hätte ich von ihm erzählen können?«[19]

Dieses Stück des Berichts ist geschrieben aus der Sicht des Moran, der am Anfang seines Unternehmens steht. Er hat sich noch nicht so fest mit seiner Aufgabe identifiziert wie später. Er ist sich seiner eigentümlichen Autonomie noch nicht bewußt geworden. Es geschieht ihm, daß er sich über die Bekanntschaft mit seinem artistischen Gegenstand wundern muß, die er, ohne zu wissen wie, in sich findet. Er wehrt sich dagegen, als eine Person angesehen zu werden, zu deren psychischem Leben das Phänomen des déjà vu gehört; trotzdem ist er genötigt, sich einzugestehen, daß seinem Verhältnis zur Existenz Molloys etwas Ähnliches zugrunde liegen dürfte. »Erfunden« wird von Moran übersetzt mit »fertig in meinem Kopf vorgefunden«.[20] Der Agent ist geneigt, sich dieses Vorfinden zu erklären damit, daß Molloy in der Vergangenheit seines Kopfes einmal eine Rolle spielte wie in Fällen, wo man Unbekannten begegnet, die einem bekannt vorkommen. Daß Moran beteuert, er wisse nicht, wie seine Kenntnis von Molloy zustande kam, und zugleich das bloße

19 *Molloy* 155 (Übersetzg. verändert)

20 »Peut-être l'avais-je inventée, je veux dire trouvée toute faite dans ma tête.« – »Perhaps I had invented him, I mean found him ready-made in my head.« (Der grammatische Bezugspunkt des französischen Satzes ist »son existence«.)

Phantasieren verwirft zugunsten eines wörtlich genommenen déjà vu, scheint mir etwas zu zeigen: Der ›Agent‹ selber sieht keine anderen Mittel, sich über sein wunderliches Verhältnis zu dem Gesuchten zu verständigen, als Wörter, die auch in der ästhetischen Theorie der *Proust*-Schrift stehen könnten. Dort ist von den vergangenen Erlebnissen im Normalfall dem Bewußtsein nur eine willensmäßig erblindete Ungestalt verfügbar, oder eine arglos erscheinende ›Hieroglyphe‹[21], die durchaus so unversehens und undurchsichtig vor die Aufmerksamkeit kommen (und daraus verschwinden) mag wie ein déjà vu.

»In meinem Innern«[22] (»dans mon for intérieur«) ist die Ortsangabe, die Moran für denjenigen Molloy bereithält, zu dem er eine Art von Kontakt herstellen *kann*. Er nennt ihn auch den Molloy »meines Grundes« (»de mes bas-fonds«) und »meiner Eingeweide« (»de mes entrailles«)[23]. Und er unterscheidet ihn ausdrücklich von dem ›wirklichen‹ Molloy, dem Molloy der Außenwelt, in welcher der ›Agent‹ Moran seine offizielle Suchtätigkeit abzuwickeln hat. »Der Molloy, dem ich mich auf diese Art behutsam näherte, hatte sicher nur eine entfernte Ähnlichkeit mit dem wirklichen Molloy, mit dem ich so bald bergauf, bergab zu kämpfen haben würde.«[24]

21 Einiges spricht dafür, daß auch Molloy wenigstens *zeitweise* für Moran nur als Hieroglyphe ins Bewußtsein tritt. Der Erzähler macht einmal einen Unterschied zwischen *auf dem laufenden sein* (être au courant) und *wissen* (savoir) und spricht sich in Sachen Molloy das erste zu, das zweite weitgehend ab: »Ich war also auf dem laufenden über Molloy, ohne jedoch allzuviel von ihm zu wissen.« (156) ›Wissen‹ steht traditionell für eine Kenntnis im Modus der Gewißheit; die scheint Moran über Molloy nur in geringem Maß zu haben. ›Auf dem laufenden sein‹ mag eine vagere, weniger präzise Kenntnis bezeichnen; sie besitzt Moran kraft der Tatsache, daß Molloy gelegentlich in ihm »auftaucht« (surgir) oder ihn »heimsucht« (visiter).

22 *Molloy* 156 (Übersetzg. verändert)

23 Becketts englische Äquivalente dieser Ausdrücke (in der gleichen Reihenfolge) sind: »in my soul«; »the true denizen of my dark places« und »he that inhibited me«.

24 *Molloy* 159

Den ›*wirklichen*‹ Molloy findet Moran nicht. Es kann auch fraglich bleiben, ob ihm mit dem Dingfestmachen einer solchen Person gedient wäre. Denn dieser ›wirkliche‹ Molloy wäre zugleich Teil der raumzeitlichen Erfahrungsrealität und unterläge deren Verzerrungen.

Moran nennt noch weitere ›Molloys‹, die hier unwichtig bleiben mögen.[25] Die beiden bis jetzt nominierten, der ›wirkliche‹ und der des ›Inneren‹, zeigen, daß es streng genommen auch mindestens zwei Morans gibt oder vielmehr, daß der eine Moran, der das Buch erzählt, auf mindestens zwei gänzlich verschiedene Weisen seinem anfangs mitgeteilten Geschäft, ›sich mit Molloy zu befassen‹, nachgeht. Er unternimmt eine schlecht geplante, schlecht vorbereitete und

25 Moran unterscheidet fünf Molloys. »Im ganzen gab es drei, nein vier Molloy. Der meiner Eingeweide, die Karikatur, die ich daraus machte, Gabers Molloy und der, der mich in Fleisch und Blut irgendwo erwartete... Ich werde also einen fünften, Youdis Molloy hinzufügen.« (159). Gabers Molloy und Youdis Molloy gehören in den Vorstellungsbereich des Boten und des Auftraggebers und scheinen mit Morans Bewußtsein wenig zu tun zu haben. Der Molloy von Fleisch und Blut ist der besagte ›wirkliche‹, der nicht gefunden wird. Also bleiben im Zugangsbereich Morans nur noch der Molloy der Eingeweide und ›die Karikatur, die ich daraus machte‹. Ich denke, hier wiederholt Moran an sich selbst von neuem die Unterscheidung von Künstler und Handwerker: Der Molloy des Innern, des Grundes oder der Eingeweide ist der Molloy des Künstlers, der seinen Text erworben, das heißt in sich einschreiben lassen hat (vgl. *Proust* 84). ›Die Karikatur, die ich daraus machte‹ dürfte sich auf das Produkt des Handwerkers = Übersetzers beziehen, dem seine Arbeit natürlich auch karikaturhaft mißlingen kann. (Es mag sogar sein, daß Moran die Fiktion seiner eigenen offiziellen Agenten-Reise, den geschriebenen Text von *Molloy II,* zu dem all diese Aussagen gehören, als ›Karikatur‹ diskreditiert – wie er ihn durch die am Ende eingesetzte Lügner-Antinomie auch widersprüchlich und unreal macht.) Übrigens scheint Moran sich in der Rolle dessen, der eine Beziehung zu dem Molloy des Innern zu gewinnen sucht, zugleich als einen zu verstehen, der Molloy zu *befreien* hat – wie in *Proust* die in einer Schale gefangene Idee befreit werden mußte: »Fern der Welt ... bilde ich mir ein Urteil über sie und über alle, die, wie ich, ohne Rettung in ihr untergegangen sind, und über den, den ich befreien soll; ich, der ich mich selbst nicht befreien kann.« (153)

höchst tapsig ausgeführte Suchaktion in der ›wirklichen‹ Welt. Diese Aktion bleibt vergeblich. Zugleich ereignet sich an ihm eine andere Suche, die, obwohl ihr Objekt nicht ›wirklich‹ heißen kann, doch dazu führt, daß sich eine Beziehung zwischen Moran und Molloy herstellt (wenn man will: daß eine solche Beziehung sich *aufdeckt*).

»Denn ich wagte die Aufgabe, die ich auszuführen hatte, nur ins Auge zu fassen, wenn ich sie in dieser Atmosphäre – wie soll ich es ausdrücken – von Zweckmäßigkeit ohne Zweck – warum nicht – versetzte. Denn dort, wo Molloy nicht sein konnte, Moran übrigens ebensowenig, konnte Moran sich über Molloy neigen. Und sollte sich aus dieser Prüfung nichts besonders Nützliches und Fruchtbares für die Ausführung des Auftrags ergeben, so würde ich immerhin eine Art von Beziehung, die nicht notwendig eine falsche Beziehung sein mußte, hergestellt haben. Denn soviel ich weiß, zieht die Falschheit der Relata nicht unbedingt die der Relation nach sich.«[26]

Beckett benutzt für die Atmosphäre, in der Moran sich über Molloy neigen kann, den seit Kant klassischen Ausdruck für das Klima, in dem ästhetische Gebilde adäquat wahrgenommen werden: »Zweckmäßigkeit ohne Zweck« (»finalité sans fin«). Für die Ausführung des Agentenauftrags in der Außenwelt bleibt das in solcher Haltung Gewonnene offensichtlich ohne Nutzen und Fruchtbarkeit. Aber damit, daß es Moran gelingt, seine Aufgabe in ästhetischer Einstellung aufzufassen, gewinnt er eine Beziehung zu Molloy, die nicht nur einen (wenngleich unvollständigen) Kontakt darstellt, sondern sogar von der Wirklichkeit der beteiligten Personen, also auch von der Wirklichkeit des unseligen ›Agenten‹, unabhängig ist. Wenn Moran darauf verzichtet, der zielorientierte Agent zu sein und seine Aufgabe statt dessen in einem ästhetischen Bewußtsein angeht, ist so etwas wie ein Gelingen *möglich*. Aber ein Gelingen in gänzlich anderem Sinn als das Fassen des raumzeitlich realen Molloy es wäre.

26 *Molloy* 154 (Übersetzg. verändert). Die letzte Bemerkung ist, denke ich, eine Anspielung an eine logische Eigenschaft der materialen Implikation wie der Koimplikation: Diese Relationen sind bei Falschheit ihrer beiden Relata wahr.

44. Diese Art Bilder kann der Wille nicht heraufbeschwören

Erst wenn die Person sich von ihrem Willen gelöst habe, schrieben Schopenhauer und Beckett, gelange sie in Berührung mit dem wahren Gegenstand der Kunst. Beckett schrieb die Forderung der Willenlosigkeit darüber hinaus um in eine notwendige Bedingung für das Freiwerden der Erkenntnis von karikaturhafter Verzerrung. Das Aufdecken des wahrhaft Seienden wurde gedacht als ein beschwörendes Wieder-Heraufrufen aus einem Bereich der eigenen Person, in dem ohne Kenntnis des Bewußtseins all das *lagert,* was diese Person an wahrer Realität in sich aufgenommen hat. Moran berichtet über seinen Versuch, mit dem Molloy seines Innern in Verbindung zu treten:

»Aber diese Art Bilder kann der Wille nicht heraufbeschwören, ohne ihnen Gewalt anzutun. Er nimmt ihnen etwas und fügt ihnen etwas hinzu. Und der Molloy, den ich an jenem denkwürdigen August-Sonntag wieder an die Oberfläche hob, war gewiß nicht ganz der Molloy meines Grundes, denn es war nicht seine Stunde. Aber was die wesentlichen Züge anging, war ich ruhig, die Ähnlichkeit war da.«[27]

Der Moran, der seine Reisevorbereitungen trifft und bei dieser Gelegenheit versucht, jenen zu findenden Molloy vor seine Aufmerksamkeit kommen zu lassen, ist in diesem Augenblick (am Abend des August-Sonntags, an dem er den Befehl erhalten hat) auf eine willentliche Aktivität verwiesen. Er sucht nach Molloy mit selbst in Gang gesetzter und in Gang gehaltener Konzentration. Den Molloy seines Grundes findet er auf diese Weise nicht (oder höchstens Bruchstücke davon). Durch Einsatz seines Willens steht er sich an diesem Abend selbst im Weg.

Es sagt etwas aus über die Entwicklung, die Moran im Lauf der Angelegenheit Molloy durchmacht, daß es ihm mit der Zeit immer besser gelingt, die Beteiligung seines Willens aus seinem Verhalten zu entfernen, ja sogar, sie von vornherein nicht aufkommen zu lassen. Ab und zu schreibt er Bemer-

27 *Molloy* 158 (Übersetzg. verändert)

kungen in den Bericht, die erkennen lassen, daß seine Aktionen in zunehmendem Maß zu etwas werden, das ein anderes ist als Handlungen im gewöhnlichen Sinn. Es ist nicht zu verkennen, daß Moran sich diese Veränderung als Fortschritt und unschätzbaren Gewinn zurechnet. Als die Agentenreise ins Stocken gekommen ist, kurz vor dem endgültigen Schluß der Suche nach Molloy in der Welt, die wir normalerweise ›real‹ nennen, zeichnet sich der Übergang Morans in Richtung auf ein Lebewesen mit anderer Verhaltensweise und anderer ›Persönlichkeitsstruktur‹ deutlich ab. Dieses Lebewesen gehört nicht mehr der bürgerlichen Ordnung an, verzichtet auf die Techniken der willentlichen Selbststeuerung, hat dafür aber eine Existenzweise eingetauscht, die es selbst als ergiebiger und fruchtbarer empfindet als alles, was ihm früher in dieser Hinsicht zur Verfügung stand. Moran notiert in diesem Stadium der Reise:

»Und mehrere Tage, ich weiß nicht wie viele, blieb ich an der gleichen Stelle, wo mein Sohn mich verlassen hatte, ich aß meine letzten Vorräte auf (er hätte sie leicht mitnehmen können), ich bekam keine lebende Seele zu Gesicht, ich war unfähig zu handeln oder vielleicht endlich stark genug, um nicht mehr zu handeln.«[28]

»Handeln« (»agir«) steht in unserem System sprachlicher Mittel für eine willentliche oder absichtliche Tätigkeit. (Zur vollen Erfüllung des Ausdrucks müssen noch andere Bedingungen gegeben sein; sie sind hier unwichtig). Das Auftreten der wahren Realität, das heißt des eigentlich künstlerischen Gegenstandes, kann nach Becketts früher Ästhetik nicht im Modus des Handelns erzwungen werden; und eine Person,

28 *Molloy* 223. In den gleichen Zusammenhang gehört diese etwas früher geschriebene Äußerung: »Und während ich mir vor zwei Jahren mit Vergnügen ausgerechnet haben würde, wie lange ich mit den Lebensmitteln, die übriggeblieben waren, haushalten könnte, wobei ich wahrscheinlich die Frage der Vitamine und Kalorien berücksichtigt und die Mahlzeiten im voraus so bemessen hätte, daß sie sich asymptotisch dem Nullpunkt der Nahrungszufuhr näherten, gab ich mich jetzt teilnahmslos mit der Feststellung zufrieden, daß ich in kurzer Zeit an Erschöpfung zugrunde gehen müsse, wenn ich meine Vorräte nicht erneuern könnte.« (*Molloy* 206)

die sich eher als das Gegenteil eines Handelnden erfährt, ist dafür sehr viel besser geeignet. *Ohne Willen zu sein* wurde dem Proustschen Erzähler als eine seiner höchsten Eigenschaften bescheinigt. Der Moran, der vom Ende des Buches her schreibt, also vom Ende der äußerlich mißlungenen Reise her, kann sich genau diese Eigenschaft auch beilegen. Als der ›Agent‹ auf dem Standpunkt seines *Schreibens*, also auf einem Punkt am Schluß der offiziellen Geschichte, über die Bindung an eine Stimme berichtet, von der er jetzt (statt von einem äußeren Auftraggeber oder einem personalen Selbst) seine Anweisungen empfängt, teilt er mit, daß die Stimme ihn mahne, der treue Diener einer Sache zu sein, die *nicht die seine* ist; und daß sie ihn auch mahne, »geduldig bis zum bitteren Ende, bis zum Äußersten meine Rolle zu erfüllen, ganz so, wie ich es zu der Zeit, als ich noch einen Willen hatte, von den anderen verlangte.«[29]

Das Erzählen der Reise, das Abfassen des Berichts also, gelingt Moran besser als das Unternehmen der Reise selbst. Denn der Bericht über die Reise *wird* zu Ende geführt, das heißt, er gelangt bis zu dem Moment am Ende der ursprünglichen Suchaktion, wo Moran sich niedersetzt und zu schreiben beginnt. Welche logischen Schwierigkeiten sich aus dem Schreiben über den eigenen Schreib-Anfang auch herleiten mögen: Der Bericht nimmt, allein schon weil er durchgeführt wird, einen weit glücklicheren Gang als die Agententätigkeit – gleich ob ›wahr‹, ›widerspruchsfrei‹, ›gelungen‹ oder nicht. Es scheint, als trage gerade das Nicht-Mehr-Wollen dazu bei, daß Moran als der Berichterstatter, der er am Ende geworden ist, ein weit weniger klägliches Bild abgibt als der ›Agent‹, der er die meiste Zeit war.

»Ich hatte die Absicht, ich hatte fast das Verlangen, all dieses zu erzählen, ich freute mich bei der Idee, daß der Augenblick kommen würde, wo ich es tun könnte. Jetzt habe ich die Absicht nicht mehr, der Augenblick ist gekommen, und das Verlangen danach ist mir vergangen.«[30]

29 *Molloy* 181 30 *Molloy* 218 (Übersetzg. verändert)

Daß Moran *ohne Absicht* und *ohne Verlangen* seinen Bericht schreibt, scheint gerade der Garant dafür zu sein, daß er bei dieser künstlerischen Tätigkeit – dem Erzählen von *Molloy II* – ungleich näher an seinem Gegenstand ist als bei seinen plumpen Detektivarbeiten in der Erfahrungswelt.

45. Ich habe geschworen, geradeaus zu gehen

Molloy II kann gelesen werden als Geschichte der Veränderung des bürgerlichen Moran in Richtung auf einen neuen, anderen, der zur bürgerlichen Selbsterhaltung so gut wie unfähig und dazu auch nicht mehr willens ist. Der dafür aber Haltungen erworben hat, die ihn zu einer künstlerischen Lebensweise im Sinn von Becketts *Proust*-Schrift und im Sinn von Schopenhauers Philosophie sehr viel besser befähigen.

Unter den Erwerbungen Morans ist aber zunächst und mit Vorzug eine zu nennen, die auch gegenüber Becketts eigener früher Theorie (und gewiß gegenüber Schopenhauer) *neu* ist: *Die Stimme*, von welcher der reisende und schreibende Moran schließlich sich leiten läßt. Der Befehl zum Schreiben des Berichts hört nach einiger Zeit auf, eine Anweisung von außen zu sein und wird einer Instanz zugeschrieben, die Moran in sich selber findet. Die Stimme ist wie eine in die Person eingelassene, selbständig gewordene, gesetzgebende Einrichtung, die ihrerseits keinen personalen Charakter hat. Wenigstens sind personale Züge an ihr in diesem Buch nicht wahrnehmbar. Sie ist demnach auch nicht Morans eigene Stimme; sie tritt in ihm auf und wird stärker mit zunehmendem Verfall von Morans empirischer Person. Auf der letzten Seite des Berichts, d. h. zeitlich am Beginn seiner Schreibtätigkeit, sagt Moran von ihr:

»Ich habe von einer Stimme gesprochen, die mir dies oder das sagte. Damals begann ich, mich mit ihr zu vertragen, zu begreifen, was sie wollte. Sie bediente sich nicht der Worte, die man den kleinen Moran gelehrt und die er später seinen eigenen Sohn gelehrt hatte. Daher wußte ich anfangs nicht, was sie wollte. Aber ich habe geendet damit, daß ich diese Sprache verstand. Ich habe sie verstanden, ich verstehe sie, wenn auch vielleicht schief. Darauf kommt es nicht an. Auf ihr Geheiß schreibe ich den Bericht.«[31]

Ausdrücklich hat Moran lange vorher von der Stimme festgestellt: »Sie ist in mir.«[32] Mit der Bindung an die Stimme hat sich seine Person umgewandelt von dem Bürger, der für sich selbst etwas will, zu einem anderen, der sich selbst nichts mehr gilt.[33] Die eigentümliche Autonomie, die Moran im Lauf seiner Arbeit an der Sache Molloy gewinnt, ist etwa so bestimmt: Moran ist am Schluß des Buches der Dinge, die er zu tun hat, viel sicherer als am Anfang; er ist nicht mehr in Gefahr, durch die Sorge um Besitz, andere Personen oder gar sich selber abgelenkt zu werden; er ist unabhängig geworden von seinem Auftraggeber; er ist nicht mehr der dienstbare Agent, sondern ein selbständig Schreibender und Forschender; der Priester, mit dem er früher umging, ist ihm gleichgültig geworden und der Bote des bisherigen Auftraggebers lächerlich. Die Autonomie des neuen Moran ist aber, weil die entscheidenden Setzungen von der innerlich wahrgenommenen Stimme kommen, auch eine nicht-personale Autonomie; es kann keine Rede davon sein, daß der empirisch wahrnehmbare Berichterstatter als dieses Individuum der Autor seiner eigenen Befehle und Informationen wäre. Er ist am Schluß nach außen hin in höchstem Maß unabhängig, sogar von den Wechselfällen seines eigenen Körpers; aber im Verhältnis zu der steuernden Instanz in ihm selbst ist er ein Gehorchender geblieben. Es erscheint nicht unberechtigt, ihn ›autonom‹ zu nennen, wenn man seine Entwicklung als ein Sich-Lösen von äußerlicher Dienstbarkeit und ein

31 *Molloy* 243 (Übersetzg. verändert)

32 *Molloy* 181

33 *Molloy* 158; vgl. oben S. 266. Obwohl früher in den Bericht geschrieben, bezieht sich diese Selbstkennzeichnung doch dem Kontext nach offensichtlich auf einen Moran, der seine Sache schon in einer charakteristisch unpersönlichen Haltung auffaßt.

Sich-auf-sich-selber-Stellen ansieht. Man hat aber hinzuzusetzen, daß das ›Zentrum‹, auf das er sich zurückzieht, nicht ein ›Ich‹ oder ›Selbst‹ oder etwas dieser Art in herkömmlichem Verständnis heißen darf, sondern daß dieses Zentrum von Moran erfahren wird als unabhängig von seinem eigenen Subjekt und in diesem Sinn als *objektiv*. Es fällt leicht, hier an die *Objektivität* zu denken, die Schopenhauer als Haupteigenschaft des Genies forderte. Doch ist im gleichen Augenblick einzuräumen, daß dieses Wort in seiner Anwendung auf Moran einen anderen Sinn haben muß. Moran wird mit zunehmender Annäherung an seine neue Lebensweise ›objektiv‹ insofern, als zu den Dingen, die ihm gleichgültig werden, auch sein empirisches Selbst gehört. Dies hat er gemein mit Schopenhauers Künstlerpersonen. Aber das ›Objekt‹, zu dessen Gunsten er seine Subjektivität zurückstellt, ist als jene Stimme noch nicht wie von selbst identisch mit seinem künstlerischen Gegenstand; wenigstens gäbe es dafür nur schwache Anzeichen.[34] *Diese* Entwicklung – Aufgehen des Subjekts in einer Stimme, die zugleich Autor wie Gegenstand des Werkes ist – wird sich erst am *Namenlosen* in aller Klarheit studieren lassen.

Moran hat ein deutliches Bewußtsein davon, daß sich seine

34 »Aber ich habe geendet damit, daß ich diese Sprache verstand« (»Mais j'ai fini par comprendre ce langage«) ist eine Aussage, die, wenige Worte vom Ende der Geschichte, das heißt wenige Worte vom Beginn der eigentlichen *Schreibarbeit* entfernt, auch heißen kann: Jetzt, wo der geschlagene Moran es aufgegeben hat, in der Außenwelt etwas zu wollen, versteht er die Sprache der Stimme, nach der er sich richten kann, wenn er mit der künstlerischen Tätigkeit beginnt, deren Ergebnis *Molloy II* sein wird. Es mag nach diesen Worten sein, daß der ganze Bericht ein *Zitat* nach der Stimme ist, so daß man sagen könnte, Moran habe sich am Ende seiner Reise die ästhetische *Vision* (eine Vision akustischer Art) erworben, die es ihm zusammen mit seiner neuen, willenlosen, selbst-indifferenten Lebensweise erlaubt, im vollen Sinn Künstler zu sein. Die Stimme wäre dann nicht nur der neue Auftraggeber, sondern lieferte auch, wie im *Namenlosen* und in *Wie es ist*, den ästhetischen (= metaphysischen) Gegenstand. – Ich mache mir diese Lesart nicht zunutze, weil ich nicht hinreichend viele zusätzliche Belege dafür sehe.

Person im Lauf der Reise verändert und fortentwickelt; daß sie zugleich bestimmte Merkmale herkömmlichen Personseins hinter sich läßt. Mehrfach setzt er dazu an, über sich und den Stand seines Subjekts nachzudenken. Die Phasen dieses Nachdenkens sind näherungsweise auch Phasen der Lösung von einer früheren, durch Individualwillen und Besitz korrumpierten Person und des Aufbaus einer neuen, welche die künstlerischen Anteile der zu erledigenden Arbeit besser bewältigen kann.

»Und ich beugte mich auch über mich selbst, über das, was sich seit einiger Zeit in mir geändert hatte. Und ich glaubte mich sehr schnell altern zu sehen, gleich einer Eintagsfliege. Und genaugenommen war es nicht die Vorstellung des Alterns, die mir dabei durch den Kopf ging. Was ich sah, glich vielmehr einem Prozeß der Auflösung, einem jähen Zusammenbruch alles dessen, was mich seit jeher davor bewahrt hatte, der zu sein, der ich seit jeher zu sein verdammt war... Und daß ich nicht länger darüber nachgrübelte, war ein neues Zeichen dafür, wie sehr ich mich schon verändert hatte und wie gleichgültig es mir wurde, ein Ich zu besitzen.«[35]

Etwas später, kurz vor dem Augenblick, in dem Youdi den Abbruch der Suche nach Molloy befiehlt, heißt es:

»Und was mein Ich betrifft, diesen verläßlichen Zeitvertreib, so muß ich gestehen, daß ich kaum mehr daran dachte. Aber in manchen Augenblicken schien es mir, daß ich nicht mehr sehr weit davon weg war, daß ich ihm näher kam, wie der Strand einer in weißer Gischt aufsteigenden Woge näher kommt – ein allerdings wenig passendes Bild für meine Lage, die viel eher derjenigen der Scheiße beim Warten auf die Wasserspülung glich.«[36]

Bei aller Rücksichtslosigkeit im Spott über den Agenten, der bald von seinem Auftraggeber abserviert werden wird, zeigt Moran doch gleichzeitig eine Kenntnis davon, daß er dabei ist, jemand zu werden, der mit den herkömmlichen Denk-

35 *Molloy* 204 f. Das Wort ›Ich‹ ist nur im Deutschen in der Weise gebräuchlich, die der Übersetzer hier wählt. In Becketts eigenen Sprachen heißt es: »et combien il me devenait indifférent de me posséder« – »and of my growing resignation of being dispossessed of self«.
36 *Molloy* 224 f. (Übersetzg. verändert). Becketts Originale für »Und was mein Ich betrifft, diesen verläßlichen Zeitvertreib« lauten: »Et quant à moi, ce passe-temps fidèle« – »And as for myself, that unfailing pastime«.

mitteln nicht mehr als Person verstanden werden kann. Was immer das Bild von Strand und Gischt sagen mag; in jedem Fall ist hier eine Persönlichkeit geleugnet, die sich selbst wie einen ruhenden, gleichbleibenden Pol oder Bezugspunkt von Erlebnissen betrachtet. Daß er in eins damit vermutet, er sei bei dem rapiden Prozeß seiner Auflösung zugleich im Begriff, derjenige zu werden, *der zu sein er seit jeher verdammt war,* tritt auf wie der Appell an einen Rest von intelligiblem, vor aller Zeit festgelegtem ›Charakter‹. Freilich wäre das nicht automatisch der Charakter im Sinn eines außerzeitlichen Willensakts wie bei Schopenhauer, sondern eher ein Charakter im Sinn der Bestimmung, ein *anderes,* nicht-wollendes, nicht-besitzendes, nicht-ichhaftes, nur noch einer unpersönlichen Stimme verpflichtetes Lebewesen zu sein.

Wie weit die Existenzform dieses Lebewesens an anderen Punkten sich aber deckt mit den Bestimmungen, die Schopenhauer und auch der Beckett des *Proust*-Essays für den Künstler vorsahen, mag man noch an drei Eigenschaften ablesen, die Moran um so deutlicher zeigt, je mehr er von seiner traditionellen Persönlichkeit zurückläßt. Sie sind: das *Desinteresse am Wohlergehen der eigenen Person,* die *Bereitschaft für ein erhöhtes Maß an Leid* und eine *gewählte Einsamkeit.*[37]

Als das Aussichtslose des Agentenunternehmens offensichtlich geworden ist, als der gescheiterte Moran sich auf den Heimweg gemacht hat, weist er reihenweise typische Gele-

37 Über seine *Einsamkeit* und ihr Verhältnis zu seiner *Arbeit* macht Moran sehr früh schon, als er nämlich vom Molloy seines Inneren zu sprechen beginnt, diese Bemerkung: »Ich sah in meinem Zustand nur das Bedürfnis eines Einsamen, ein gewiß wenig zu schätzendes Bedürfnis, das aber befriedigt werden mußte, wenn ich einsam bleiben wollte, und daran hielt ich fest, zwar mit ebensowenig Begeisterung wie an meinen Hühnern oder an meinem Glauben, aber doch mit der gleichen Hellsicht.« (*Molloy* 158). Wie sich die künstlerischen Haltungen, die mit Morans frühem Verhältnis zum Molloy seines Inneren angelegt sind, zum Schluß hin steigern, so auch die Einsamkeit.

genheiten zurück, sich sein Leben und seine Tätigkeit zu erleichtern. Dabei ist der Heimweg (wie auch das eventuelle Leben danach) wegen der immer schlechter werdenden Beine viel schwieriger als der frühere Teil des Unternehmens. Früher legte er größten Wert darauf, daß sein Sohn ihn, der wegen seines steifen Knies kaum gehen kann, auf einem Fahrrad transportierte. Jetzt will er etwas dieser Art gerade nicht mehr. Wie er als ein Verkrüppelter den Heimweg schaffen will, ist rätselhaft. Trotzdem stellt er fest:

»Ich dachte nicht im entferntesten daran, mich auf die große Landstraße zu begeben und mich fahren zu lassen.
Der Gedanke, mir in den Dörfern bei den Bauern Hilfe zu holen, hätte mir mißfallen, wenn ich ihn gehabt hätte.«[38]

Als ihn unterwegs ein Bauer aufgreift, auf dessen Grund und Boden er sich entlangzuschleppen gewagt hat, beruhigt Moran den Ärgerlichen zunächst, indem er ihn um einen Gefallen bittet (etwas heißen Tee, ohne Zucker und ohne Milch). Als der Bauer aber darauf eingeht und Moran zu sich nach Hause einlädt, damit er dort sich und seine Kleider trocknen könne, ist die Reaktion des Ex-Agenten:

»Ich kann nicht, ich kann nicht, schrie ich, ich habe geschworen, geradeaus zu gehen. Und um den schlechten Eindruck dieser Worte zu verwischen, nahm ich einen Gulden aus meiner Tasche und gab ihn ihm. Für Ihre Armen, sagte ich ... Vor allen Dingen nichts zum Essen, sagte ich, wirklich nicht, ich darf nichts essen.«[39]

38 *Molloy* 238. Moran hat zwar auch schon früher einmal das Angebot, sich (zusammen mit seinem Sohn) fahren zu lassen, zurückgewiesen; aber da hoffte er noch auf Erfolg in der Agentensache und konnte glauben, es sei für einen Agenten *sinnvoll*, sich nicht helfen zu lassen. Im jetzigen Stadium der Reise hat dieses Argument keinerlei Kraft mehr. Es muß ein anderer Grund sein, dessentwegen Moran jede Hilfe meidet, als sei sie eine Gefahr.

39 *Molloy* 240. Die Rede Morans an den Bauern dient zwar der Abwehr einer Bedrohung; aber daß die Bedrohung *auf diese Weise* und mit diesen Äußerungen abgewehrt wird, scheint mir symptomatisch für Morans spätere Einstellungen überhaupt. Ich löse deshalb diesen Teil ohne weitere Kautelen aus dem Bericht heraus.

Mit dem Bankrott seiner äußerlichen Agentenrolle verliert Moran die Beweglichkeit seines Körpers und die Verbindung zu den Personen, mit denen er früher lebte. Er kehrt zurück als ein Lahmer, er sagt von sich, es sei aus mit ihm.[40] Alles, was verkäuflich ist, hat er verkauft. Trotzdem hat er drückende Schulden. Sein Haus verfällt, seine Hühner hat man getötet, seine Bienen sind verhungert. Er hat den Sohn verloren, die Köchin ist davongelaufen, die Kontakte des Priesters und des Boten weist er von sich. Als er die Nachricht erhält, der Sohn sei wieder zurück, zeigt er sich gleichgültig. Im Haus hat die Elektrizitätsgesellschaft den Strom abgestellt. Dann wollte sie ihn wieder anstellen. Moran weigerte sich. Er sagt von sich, er werde es nicht mehr ertragen, ein Mann zu sein, er werde es *nicht mehr versuchen.* Nachdem er mitgeteilt hat, daß er nun die Stimme zu verstehen beginnt und auf ihre Anweisung den Bericht schreibt, kann er sich fragen, *ob er jetzt freier sei.*

Eine Antwort auf diese Frage gibt der Autor nicht. Aber mehrere Sinne von ›Freiheit‹ kann man bejahend unterstellen, die sich aus der Verwandtschaft zwischen Moran und dem, der in der *Proust*-Schrift ›Künstler‹ hieß, ergeben: Was Moran seinen sämtlichen Verlusten gegenüberstellen kann und was für ihn am Schluß die Bilanz überwältigend positiv macht, ist Freiheit von den Antrieben eines personalen Willens, Freiheit von den Verzerrungen der Gewohnheitsexistenz und Gewohnheitswahrnehmung, Freiheit von dem Schein freundschaftlicher Bindungen (»eine gesellschaftliche Hilfseinrichtung wie Polstermöbel oder die Verteilung von Mülleimern«[41]), Freiheit von der Karikatur einer verstandesmäßigen Weltansicht. Moran hat, mit den Worten der *Proust*-Schrift, der *Langeweile zu leben* das *Leiden zu sein* vorgezogen. Was er sich damit erschlossen hat, ist eine Weise

40 *Molloy* 128; trotz ihrer Position am Anfang gehört diese Äußerung zeitlich ans Ende der Reise.

41 *Proust* 63

des Wahrnehmens und Existierens, die dem, was Beckett *das Reale* nannte, viel näher ist als die Lebensform, die er verlor.[42]

42 Wenn man betrachtet, wie sehr der Molloy vom Anfang des ersten Teils dem Moran vom Ende des zweiten Teils ähnelt (vgl. oben S. 263 Anm.), drängt sich die Vermutung auf, daß das Buch vom zweiten Teil her geschrieben wurde und auch zu lesen ist (ähnlich wie Kierkegaards *Entweder-Oder*). Es liegt *sehr* nahe, daß Moran am Ende seiner Reise nicht nur fähig geworden ist, in künstlerischer Form seine eigene Geschichte zu erzählen, das heißt den Bericht zu schreiben, sondern auch fähig geworden ist, mit seinem künstlerischen Objekt Molloy angemessen umzugehen, das heißt *Molloys* Geschichte zu verfassen – also auch der Erzähler des ersten Teils zu sein. Moran ist auch unter den Erzählern der Trilogie, von denen einer wie eine Fortentwicklung des jeweils ›früheren‹ wirkt, der *jüngste* und zunächst *beweglichste*. Am Anfang seiner offiziellen Reise ist er ein gesunder Mann in kräftigen Jahren. Die Verkrüppelungen und Verfallsprozesse, die wie ein sich beschleunigender Rückzug aus der Erfahrungswelt wirken, setzen bei ihm ein; bei Molloy sind sie schon weit fortgeschritten.

VI. Der Unnennbare

46. Wenn wir letzten Endes nur einer wären

Das bestimmende Ereignis der Reise, die Moran antritt, um Molloy zu finden, ist die Erkrankung seines Knies. Eines Nachts, als Moran neben seinem Sohn schläft, wacht er auf und glaubt, man habe ihm einen Schlag versetzt. Gerade als er sich sagen will, es sei nur ein Traum gewesen, fährt ihm ein stechender Schmerz durchs Knie, ein Schmerz, den er der Stärke nach mit dem Tritt eines Pferdehufs vergleichen möchte. Am Morgen nach der gestörten Nacht hat sich Morans Knie versteift. Der Agent kann nur noch äußerst mühsam gehen. Er ist, da sich das Bein eher verschlimmert als bessert, von dieser Nacht an ein Invalide. Wenn er sich aus eigener Kraft fortbewegt, geschieht es quälend langsam. Das führt dazu, daß sein Sohn ihn auf dem Gepäckträger eines Fahrrades transportieren muß. Zerwürfnisse mit dem Sohn bringen Moran auf den Gedanken eines eigenen Fahrrades, in dessen Konstruktion sein steifes Bein berücksichtigt wäre. Bevor es beschafft werden kann, verschwindet der Sohn, der aktionsunfähige Agent muß die Rückreise beginnen. Als er nach vielen Monaten in seinem verödeten Haus angekommen ist, schreibt er in den Bericht: »Ich habe jetzt Krücken.«[1]

Diese Eigenschaften: Ein steifes Knie, die Fortbewegung auf Krücken, der Besitz eines Fahrrades, das so gebaut ist, daß ein Mensch mit einem steifen Bein es fahren kann, kennzeichnen auch den gesuchten Molloy. Jedenfalls gilt das für den Anfang der Reise, die Molloy seinerseits unternimmt, um zu seiner Mutter zu gelangen.[2] Wenn der Vorschlag angemessen ist, in Moran ein Lebewesen mit künstlerischen Haltungen zu sehen, dann paßt die Tatsache, daß Moran

1 *Molloy* 242
2 *Molloy* 19/20

dem gesuchten Molloy in so auffallender Weise äußerlich gleich wird, zu einer Kunsttheorie, welche behauptet, eine Hauptbedingung künstlerischer Tätigkeit sei *das Zusammenfallen von Subjekt und Objekt.*

Was bei Moran und Molloy nur ein Stück Klügelei bleiben kann, läßt sich an den zwei übrigen Romanen der Trilogie in größerer Deutlichkeit notieren. Malone, der sterbend sich in seinem Bett Geschichten erzählt, beginnt mit der Lebensdarstellung eines gewissen Sapo. Sapo ist der Sohn eines armen Ehepaares. Malone berichtet über die Erziehungs- und sonstigen Förderungsmaßnahmen, die das Ehepaar dem Sohn zukommen läßt. Dann bemerkt er:

»Wie langweilig. Und so was nenne ich spielen. Ich frage mich, ob es nicht immer noch ich bin, um den es sich handelt, all meinen Vorkehrungen zum Trotz. Werde ich bis ans Ende unfähig sein, über etwas anderes zu lügen?«[3]

Die Frage, ob Sapo nicht eigentlich Malone sei, bleibt bis zum Ende des Buches offen; aber die Entwicklung, die der junge Mann nimmt, ist der des Malone in seltsamer Weise ähnlich. Vielleicht bedeutet es ein Anerkennen dieser Entwicklung durch den Erzähler, daß er auf einer bestimmten Stufe den Namen Sapo durch einen der vielen Namen ersetzt, die mit M anfangen (wie Murphy, Mercier, Molloy, Moran, Malone, Mahood).

»Denn Sapo – nein, ich kann ihn nicht mehr so nennen, und ich frage mich sogar, wie ich diesen Namen bis jetzt ertragen konnte. Also, denn, wer denn, denn Macman, das klingt kaum besser, aber es ist keine Zeit zu verlieren ...«[4]

Wie Moran und der Namenlose rechnet auch Malone frühere Hauptfiguren von Becketts Prosa zu seinem eigenen Tätigkeitsbereich. Er stellt sich in diese Reihe selbst mit ein. Wenn er hinscheidet, in zwei oder drei Tagen, werde es aus sein mit den Murphy, Mercier, Molloy, Moran, Malone und

3 *Malone stirbt,* zitiert nach der Werkausgabe Frankfurt 1976, Bd. III, S. 247-394; dieses Zitat S. 259 f.

4 *Malone stirbt* 313

so weiter, es sei denn, daß es jenseits des Grabes weitergeht.[5] So scheint sich Malone in der gleichen Weise als ein Produkt des Geschichtenerzählens zu betrachten, wie er es zum Beispiel rückblickend mit Murphy tut. Er ist sein eigenes Hervorbringsel. Und Macman alias Sapo entwickelt sich gegen Ende des Buches nach einer schlappen Liebesbeziehung mit einer gewissen Molly (die den Bettlägerigen wartet) zum Insassen eines Zimmers in einem Pflege- oder Irren- oder Greisenheim, der von dem Erzähler Malone höchstens noch durch einen gewissen, aber schwindenden Grad von Beweglichkeit unterschieden ist.[6]

Der *Namenlose* behauptet und verleugnet schon zu Anfang seine eigene Rolle als Erzähler und als erzählter Gegenstand. »Ich scheine zu sprechen, es ist nicht ich, über mich, es ist nicht über mich.«[7] Von den ›Personen‹, über die gesprochen wird, haben etwa vier eine begrenzte Beständigkeit und Auffälligkeit. (Den zu Anfang erscheinenden Malone zähle ich nicht mit). Die ganze Sache bezeichnet der ›Erzähler‹ einmal als »eine Partie zu vieren«[8]. Man erfährt erst von einem einarmigen, einbeinigen Mann, auf den der Name Mahood angewandt wird. Dann hört man von Mahood als einem armlosen, beinlosen Rumpf, der in einem Gefäß steckt, auf Sägemehl. Die dritte ›Figur‹ ist Worm, ein Nichtexistenter, dessen Entstehen, das nicht einmal ein Geborenwerden hei-

5 *Malone stirbt* 323

6 Malone ist sich nicht einmal seines eigenen Namens sicher. Auch scheint er *keine anderen Gegenstände* zu haben als sich selbst und Macman, der ihm ähnlich wird: »Ich habe gerade zwei unvergeßliche Tage verlebt, von denen wir niemals das geringste wissen werden, weil es jetzt zu spät ist, oder noch zu früh, ich weiß nicht mehr, es sei denn, daß sie mir gestatten, alles zu lösen und alles zu vollenden, ich meine alles, was Malone betrifft (so nenne ich mich nämlich zur Zeit) und den anderen, denn der Rest geht mich überhaupt nichts an.« (*Malone stirbt* 304)

7 *Der Namenlose*, zitiert nach: Beckett, *Werke*, hg. von E. Tophoven und K. Birkenhauer, Frankfurt 1976, Bd. III, S. 397-566; dieses Zitat S. 397

8 *Der Namenlose* 462/463

ßen kann, beobachtet wird. Der ›Erzähler‹ müßte als vierter nominiert werden, wenn es ihn denn geben sollte.

Der Erzähler oder mindestens ein Etwas, das irgendwie spricht, befaßt sich in diesem Buch in der Hauptsache mit seiner eigenen Lage und den ›Figuren‹, über die er (es) der Form nach von ›außen‹ sprechen kann. Sehr viel rascher als beim Übergang Morans in einen Molloy-Ähnlichen und dem Übergang Macmans in einen Malone-Ähnlichen löst sich in allen Fällen die Trennung zwischen dem Erzählenden und seinem Gegenstand auf. Daß diese Grenze nicht festgehalten werden kann, daß trotzdem aber dauernd über sie gesprochen werden muß, ist für das Verhältnis zwischen dem ›Subjekt‹ des Erzählens und seinem ›Objekt‹ in diesem Roman *kennzeichnend.* Die Wesen, denen der Erzählende seine Aufmerksamkeit nacheinander zuwendet, bezeichnet er als seine *Delegierten* oder auch *Stellvertreter.* Sie vertreten ihn in der Existenz. Es heißt bei einer dieser Bemerkungen zunächst über den einbeinigen Mahood: »Bevor ich jedoch sein Porträt entwerfe, auf stehendem Fuße, er hat nur noch einen, sei erwähnt, daß mein nächster Stellvertreter im Dasein ein Krüppelrumpf im Napf sein wird, das steht fest ...«[9] Das Porträt des Einbeinigen wird angekündigt. Auf die nächste Figur wird vorausgedeutet. Dann wird angemerkt: »Mahood. Wenn wir letzten Endes nur einer wären, wie er behauptet und ich bestreite?«[10] Zum Zeitpunkt dieser Frage, so erfährt man kurz darauf, sieht der Erzähler in der einen Hinsicht, nach der Mahood jetzt charakterisiert ist, aber schon genauso aus: »Diesmal habe ich nur noch ein Bein ...«[11]

Als der im Gefäß lebende Rumpf das Zentrum der Erzählung bildet (angekündigt als »eine Geschichte von Mahood«), spricht der Erzähler mit »ich«. »Gleich einem Blumenstrauß in einem tiefen Krug steckend, dessen Ränder mir

9 *Der Namenlose* 425
10 *Der Namenlose* 430
11 *Der Namenlose* 430

bis zum Mund reichen, bin ich am Rand einer ruhigen Straße in der Nähe des Schlachthofs zur Ruhe gekommen, endlich.«[12] Obwohl er der Grammatik nach sich die Möglichkeit reserviert hat, den Unterschied zwischen Mahood und ihm selber beizubehalten (er will diese Geschichte wiedergeben »als meine«), läßt er doch die Einstellung, in der er sich von seinem eigenen Ich-Tonfall noch distanzieren kann, nach kurzer Zeit zurück. Er erwägt, ob nicht eigentlich Mahood ihm die Geschichte erzählt (statt daß er selbst der Erzähler wäre)[13]; dann spricht er von mehreren Erzählenden, möglicherweise der Summe seiner Stellvertreter. Von ihrer Berichterstattung heißt es: »Alles, was sie mir erzählt haben, bezieht sich vielleicht auf eine einzige Existenz, wobei das Durcheinander der Identitäten nur scheinbar wäre, aufgrund meiner geringen Fähigkeit, irgendeine zu haben.«[14] Diese Mutmaßung gibt ihm Anlaß, den, als welchen er sich beim jetzigen Stand der Dinge kennt, mit seiner vorigen Erscheinungsweise, das heißt seinem vorigen Stellvertreter, *zusammenzuschieben:* »Es ist mir also erlaubt, anzunehmen, daß der einarmige Einbeinige von vorhin und der Rumpf mit dem Keilkopf, in dem ich zur Zeit stecke, gar nichts anderes als zwei Aspekte ein und derselben fleischlichen Hülle darstellen ...«[15]

Über das Zusammenfallen des Erzählers mit Worm, seinem dritten Hauptobjekt, wird noch ein Stück ausführlicher beratschlagt als über die Gleichheit mit den Vorgängern. Es gibt Punkte, an denen der Erzähler ohne Umschweife behauptet, er *sei* Worm, andere Punkte, an denen er behauptet, er sei zumindest Worm *gewesen.*[16] (Da die Rolle der *Zeit* in diesen Vorgängen nicht klar bestimmt werden kann, ist freilich nicht klar, was eine Behauptung des Typs ›ich war

12 *Der Namenlose* 446
13 *Der Namenlose* 449
14 *Der Namenlose* 450
15 *Der Namenlose* 450
16 Beide Typen von Behauptung z. B. auf S. 478/479

Worm‹ wirklich heißen soll.) Als sei dies eine Konsequenz aus seiner Unsicherheit, erwägt der Erzähler auch dann die Gleichheit aller, die zu seinen Geschichten beitragen.[17]
Es ist dem Sprechenden nicht möglich, einer seiner Figuren durch eine Geschichte, Beschreibung oder sonst ein Darstellungsmittel näherzutreten, ohne daß er sehr bald beginnt, *diese Figur selbst zu sein*. Er schiebt sich mit seinem ›Objekt‹ zusammen; es findet etwas statt, was *einen* möglichen Sinn der Wendung ›Zusammenfallen von Subjekt und Objekt‹ wörtlich erfüllt.
Diese Tendenz kann man feststellen, auch wenn sie durch Dementis, die sich mit ritueller Monotonie wiederholen, implizit oder ausdrücklich wieder bestritten wird. Das Aufstellen und nachfolgende Durchstreichen einer Behauptung gehört zur artistischen Methode dieses Buches und definiert auch die Seinsweise der berichteten ›Vorgänge‹ als etwas logisch Unmögliches. Von Beginn an hat der Namenlose seine Mitteilungen als ›Hypothesen‹ deklariert; der Gesamtzusammenhang der Sätze ist durch vielfaches Anwenden der Lügner-Antinomie bewußt im Status des Widersprüchlichen gehalten. ›Hypothesen‹ über Identitätsbeziehungen werden beständig aufgestellt, wieder zurückgenommen, von neuem aufgestellt und so fort. Hätte der Erzähler aber wirklich, wie seine Negationen nahelegen wollen, nichts mit seinen Figuren zu schaffen, dann brauchte er über seine Identität mit ihnen nicht beständig affirmierend oder abstreitend zu mutmaßen. Er könnte schlicht erzählen und sich selbst aus dem Spiel lassen. Das Zusammenfallen von erzählendem Subjekt und erzähltem Objekt, gleich ob als Wirklichkeit, Hypothese oder sich selbst zurücknehmende Behauptung, ist nicht nur etwas vom Wichtigsten am ›Thema‹ des Romans (wenn man eines vermuten mag), sondern ist auch jederzeit irritierend gegenwärtig im Vorgang des ›Erzählens‹ oder ›Sprechens‹ oder ›Berichterstattens‹ selber. So sehr, daß der Urhe-

17 *Der Namenlose* 479

ber der gesprochenen Worte oft schon im Augenblick des Sprechens seiner eigenen Urheberschaft nicht mehr gewiß sein kann und sich fragen muß, ob nicht vielmehr der Gegenstand jener Worte auch das ist, was sie hervorbringt.[18]

47. Es gibt kein Pronomen für mich

Wenn zwei Personen, die unter verschiedenen Namen oder Beschreibungen bekannt sind, als identisch bezeichnet werden, stellt man die eine und selbe Person, über die man mit dem identifizierenden Satz sprechen will, immer noch vor als *Individuum.* Das heißt, man glaubt sich imstande, denjenigen, über den man spricht, immer noch prinzipiell von anderen Personen unterscheiden zu können. Durch das gelegentliche Identifizieren einer Romanfigur mit einer anderen hat man sich noch nicht des principium individuationis begeben; *wären* Becketts Erzählungen nur Berichte, in denen von Zeit zu Zeit ein Identitätsirrtum unterläuft oder korrigiert wird, dann stünden sie noch auf dem Boden derjenigen Erfahrungsstruktur, die Schopenhauer den *Schleier der Maja* nannte. Denn zum Schleier der Maja gehört der Glaube an das Individuationsprinzip und die Nötigung, Personen als Individuen vorzustellen – gleichgültig, ob es dabei manchmal zu Verwechslungen, zur Korrektur von Verwechslungen und zum vexierbildhaften Hin und Her kommen mag. Hundertschaften bürgerlicher Komödien leben vom letzteren, ohne daß die Zuschauer je an dem Satz Joseph Butlers zwei-

18 Jemand könnte sagen, auch bei einer traditionellen Ich-Erzählung, besonders wenn sie im Präsens gehalten ist, sei eine Identität von Sprechendem und Objekt des Sprechens erfüllt. – Aber die herkömmlichen Ich-Erzähler unterscheiden ihr eigenes Subjekt sehr sicher von den übrigen Personen ihrer Geschichte, von eventuellen ›Stimmen‹ und sonstigen Erscheinungen. Es besteht ein großer Unterschied zwischen einem, der in gewohnter Weise über sich selbst spricht und einem, der den wahren Gegenstand des von ihm gebrauchten Wortes ›ich‹ nicht einmal angeben, geschweige denn von anderem getrennt halten kann.

feln müßten, welcher die Gewißheit des identischen Subjekts gegen verwirrende Gedanken der frühen Bewußtseinsphilosophie bekräftigen wollte: *Everything is what it is, and not another thing.*

Der ›Erzähler‹ des *Namenlosen* gibt seine Schwierigkeiten mit der Individuation schon durch die ersten Worte zu erkennen: »Wo nun? Wann nun? Wer nun? Ohne es mich zu fragen. Ich sagen. Ohne es zu glauben. So was Fragen, Hypothesen nennen.«[19]

Es ist oft notiert worden, daß mit diesem Beginn die typischen Anfangsmitteilungen einer herkömmlichen Erzählung

19 *Der Namenlose* 397. (»Où maintenant? Quand maintenant? Qui maintenant? Sans me le demander. Dire je. Sans le penser. Appeler ça des questions, des hypothèses.«)

Schon in *Murphy* gab es mehrere Punkte, an denen beim Kennzeichnen der ekstatischen Zustände, in die sich der Held aus der feindseligen und platten Erfahrungswelt zurückziehen kann, das Individuationsprinzip nicht mehr benutzt wurde. Die Erzähler der *Trilogie*, Molloy, Moran, Malone und der Namenlose, haben allesamt Probleme mit der Individuation ihres eigenen Subjekts. So sagt Molloy einmal von sich: ». . . ich hatte vergessen, wer ich war (es gab Gründe dafür), und von mir gesprochen, wie ich von einem anderen hätte sprechen müssen. Ja, es passiert mir, und es wird mir wieder passieren, daß ich vergesse, wer ich bin, und mich vor meinen Augen wie ein Fremder bewege.« (*Molloy* 57). Was Molloy empfindet, als mehrere Personen seiner Welt sich zu vermischen beginnen, ohne daß er als Erzähler und Subjekt dieser Bewußtseinsformen ein Prinzip der Trennung in der Hand behielte, schreibt er so auf: »Es gibt Tage, wie zum Beispiel heute abend, wo die beiden sich in meinem Gedächtnis vermischen und ich versucht bin, in ihnen nur ein einziges, vom Leben erniedrigtes und rasend gemachtes Geschöpf zu sehen. Und Gott verzeihe mir – um euch das Geheimnis meines Entsetzens zu enthüllen –, manchmal vereinigt sich das Bild meiner Mutter mit dem Bild jener beiden, und das ist eigentlich unerträglich, man glaubt ans Kreuz geschlagen zu werden, ich weiß nicht warum und lege keinen Wert darauf, es zu wissen.« (*Molloy* 81) *Moran* hat (im Gegensatz zu Molloy und Malone) am Ende seiner Reise eine begrenzte Sicherheit über seine Identität (s. *Molloy* 235); aber es scheint, daß er eben diese Sicherheit erst mit dem Verlust einer herkömmlichen Persönlichkeitsstruktur und dem Übergang zu einem eher *objektiven* Verhältnis zu sich selbst gewinnt. Wir haben gesehen, daß er nach seinen späteren Beschreibungen kein im vollen Sinn personales Lebewesen mehr ist.

verweigert und die Gegenstände solcher Mitteilungen für unbestimmt erklärt werden. Über Ort, Zeit und Person der zu berichtenden Angelegenheit wird der Leser nicht ins Bild gesetzt; der Erzähler, oder wie immer man den Urheber der Sätze nennen will, gibt in dieser Sache seine eigene Unwissenheit bekannt. *Ich sagen. Ohne es zu glauben:* Der Urheber gibt im gleichen Zug bekannt, daß er sich nicht einmal seiner eigenen Person mit dem Pronomen vergewissern kann, das dafür herkömmlich bereitsteht. Damit hat er eine Erzählung eingeleitet, in deren Gang er immer wieder auf die Schwierigkeit, das heißt in diesem Fall *Unmöglichkeit,* sich mittels gewohnter Identifikationsverfahren als Person dingfest zu machen, zurückkommen wird.

Mit Schopenhauer gesehen erscheint die Ungewißheit des Urhebers konsequent und solange unvermeidlich, wie die zu Anfang kundgetane Situation besteht: Wenn es nicht gelingt, den Gegenstand einer Erzählung, traditionell im Singular oder Plural mit dem Wort ›Hauptperson‹ bezeichnet, *in Raum und Zeit festzumachen,* können die ›Subjekte‹, um die es geht, nicht individuiert werden. Denn Raum und Zeit sind das principium individuationis. Sind Ort und Zeitpunkt ungewiß, und bestehen sogar Zweifel daran, ob das Ganze der Erzählung überhaupt in die raumzeitliche Welt gehört, dann kann, unter Schopenhauers Prämissen, ein Individuum nicht vorgezeigt und über den Gegenstand des Berichts nicht *als* Individuum gesprochen werden.

Ich sehe keinen Systemzwang für die Unterstellung, daß Beckett beim Schreiben des *Namenlosen* die Absicht hatte, sich an Schopenhauers Theorie zu halten. Es ist auch für sich genommen hinreichend klar, daß der Erzähler dieses Buches in Sachen seiner eigenen ›Person‹ über ein Prinzip der Individuation nicht verfügt – die Gründe mögen sein, welche sie wollen.

Er bescheinigt sich, mit eigenen ironischen Worten wie zitiert, eine nur geringe Fähigkeit, eine Identität zu haben; und der Gang des Buches zeigt, *daß er keine hat.*

Unter diesem Gesichtspunkt läßt sich die ›Handlung‹ des *Namenlosen* etwa so erzählen: Ein Sprechendes ohne Körper, ohne Platz in Raum und Zeit, ohne Namen, ohne definitive Existenz oder Nichtexistenz muß zwanghaft versuchen, sich gleichsam zu materialisieren, indem es Geschichten erfindet. Die ›Geschichten‹ sind nur ›Hypothesen‹, die beliebig zurückgenommen werden können. Jedesmal wird das Sprechende, da es sich nicht als ein Unterschiedenes festhalten kann, zu der Figur, über die es gerade spricht, und distanziert sich doch wieder davon. Der Grammatik nach wird oft von irgendwie existierenden Wesen gesprochen. Aber ein wohlbestimmtes Seiendes kann das unpersönliche, in Zeit und Raum unansiedelbare Sprechende nicht werden, weil es eine bestimmte Voraussetzung dafür nicht erfüllt: *Keine Entität ohne Identität.* So bleiben alle Figuren, die das Sprechende durchläuft, nur *Stellvertreter* oder *Delegierte* seiner in der Existenz, gleich, ob es sich um den einarmigen, einbeinigen Mann namens Mahood, einen Mahood als armlosen, beinlosen Rumpf, einen nicht geborenen, aber irgendwie entstehenden Worm oder schließlich vielleicht um einen unablässig plappernden, körperlosen Mund[20] handeln mag. Die *Hypothese*, das unpersönliche Sprechende sei irgendeiner dieser Kandidaten (oder ein anderer), wird, kaum daß sie aufgestellt wurde, wieder preisgegeben. Das unpersönliche Sprechende geht auch so weit, Becketts frühere Figuren an sich zu ziehen und sich als den wahren Urheber, das ist *zwanghaft redenden Erfinder* von Murphy, Mercier, Molloy, Moran, Malone auszugeben; nicht diese Figuren oder ihre Erzähler hätten seinerzeit gesprochen, sondern *es*, das nicht dingfest zu machende, immer weiter schwadronierende Sprech-Monstrum. Schließlich aber, als auch der Breimensch Worm längst abgehandelt und die Wahrscheinlichkeit gering geworden ist, noch näher am Nichts liegende Wesen zu entdecken, findet das Sprechende einen Stellvertreter, der gegenüber allen bisherigen etwas

20 Vgl. *Der Namenlose* 532; 552

Neues an sich hat. Dieser letzte Gegenstand der Rede ist *das Schweigen* (»le silence«).

»... er besteht aus Schweigen, das ist eine feine Analyse, er ist im Schweigen, er ist es, den man suchen muß, der man sein muß, über den man sprechen muß, er kann jedoch nicht sprechen, dann könnte ich aufhören, ich werde er sein, ich werde das Schweigen sein, ich werde im Schweigen sein, wir werden vereint sein...«[21]

Während sich das Sprech-Unding über das Schweigen hermacht, werden die Teile des Gesprochenen noch schneller und kürzer, als sie es bisher schon waren, es gibt keine Haltepunkte zwischen den Sätzen mehr; es ist, als ließen die letzten Ausstöße des Sprechens sich in ihren neuen Gegenstand, der Schweigen ist, hineinfallen, um darin zu verschwinden. Das Schweigen zu *sein* wäre aufhören zu sprechen. Zwar behauptet die allerletzte Zeile des Buches noch »man muß weitermachen, ich werde weitermachen«; aber der Punkt des Zusammenfallens von sprechendem ›Subjekt‹ und dem Schweigen als ›Objekt‹ scheint fürs erste erreicht zu sein; die Ankündigung des Weitermachens wird in diesem ›Roman‹ nicht mehr erfüllt.[22] Der Namenlose heißt bekanntlich in Becketts eigenen Sprachen *der Unnennbare.* (»l'innommable« – »the unnamable«). Ich denke, daß er nicht wegen zufälliger Umstände unnennbar ist oder weil der Autor es halt so wollte, sondern weil hier von einem Punkt her erzählt wird, auf dem es die Möglichkeit des normalen Gebrauchs von Namen nicht mehr gibt. Einen Na-

21 *Der Namenlose* 564

22 Erfüllt wird sie, mag man sagen, in den *Texten für Nichts:* Sie könnten wie eine Fortsetzung aufgefaßt werden. Dort sieht ein erzählendes ›Selbst‹ etwa so aus: »Und jener andere, natürlich, was soll man von jenem anderen sagen, der so irre redet, von einem zu versehenden Ich und einem unversehenen Er, jener andere ohne Numerus noch Person, dessen verlassenes Sein wir heimsuchen, nichts. Das ist ein hübsches Trio, und wenn man bedenkt, daß das alles nur eins ist, und daß dieses Eine gar nichts ist und was für ein Nichts, es taugt nichts.« (Beckett, *Werke,* ed. Tophoven und Birkenhauer, Frankfurt 1976, Bd. IV, S. 168. Die *Textes pour rien* heißen dort *Texte um Nichts*).

men für etwas festsetzen und in Gebrauch nehmen heißt gewöhnlich, daß man den Träger des Namens als einen Bestimmten kennt und wiedererkennt. Wo es nicht einmal so etwas wie Individuation gibt, ist diese Bedingung gewöhnlichen Namengebrauchs nicht erfüllt.
Trivialerweise sind mit dem Verzicht auf ein Individuationsprinzip auch die Voraussetzungen des Existierens als Person nicht mehr gegeben. Von Personen behauptet die philosophische Tradition, sie seien (oder hätten) ein *Selbst.* Mit dem Wort verbindet man unter anderem zwei Fähigkeiten: (1) Sich von anderen Personen zu unterscheiden und (2) seine eigenen Äußerungen, Körperteile, Erscheinungsformen, Zustände sich selbst zuschreiben, das heißt (in unserer Sprache) mit den entsprechenden Ableitungsformen des Wortes ›ich‹ versehen zu *können.* Dem Unnennbaren sind diese Leistungen gleichgültig und in demselben Maß die ganze Ontologie individueller Subjekte. Die Skepsis gegenüber diesen herkömmlichen Einheiten tritt auf als die Skepsis gegenüber der *pronominalen Redeweise.*

»Aber genug von dieser verfluchten ersten Person, es wird schließlich zu viel, es handelt sich nicht um sie, ich werde mir Scherereien bereiten. Aber es handelt sich auch nicht um Mahood, noch nicht. Um Worm noch weniger. Bah, irgendein altes Pronomen tut es, vorausgesetzt, daß man es durchschaut.«[23]

Daß die Pronomen *durchschaut* werden können, scheint nahezulegen, daß man sie als einen Betrug, eine Fälschung oder wenigstens, milde gesprochen, als eine *geläufige Täuschung* zu behandeln hat. Der Weg des Sprechens zum Ende des Buches hin ist zugleich ein Weg zunehmender Distanzierung vom Verwenden der Pronomen und den damit verbundenen stillschweigenden Annahmen über individuelle, voneinander verschiedene und sich in der Zeit identisch durchhaltende Personen. Seinen offiziellen Abschied von den Pronomen nimmt das Erzählende so:

23 *Der Namenlose* 467 f.

»Moran hat nie gesprochen, ich habe nie gesprochen, ich scheine zu sprechen, weil er ich sagt, als ob ich es wäre, ich hätte es beinahe sogar selbst geglaubt, man höre ihn, als ob er ich wäre, ich, der ich fern bin, der sich nicht rühren kann, den man nicht finden kann, ihn jedoch auch nicht, er kann nur sprechen, wenn überhaupt, er ist es vielleicht nicht, es ist vielleicht eine ganze Bande, einer nach dem anderen, wie verwirrt das ist, jemand spricht von Verwirrung, ist es eine Sünde, alles hier ist Sünde, man weiß nicht warum, man weiß nicht von wem, man weiß nicht gegenüber wem, jemand sagt man, es ist der Fehler der Pronomen, es gibt keinen Namen für mich, kein Pronomen für mich, alles kommt daher, man sagt das, es ist eine Art Pronomen, das ist es auch nicht, das bin ich auch nicht, lassen wir das alles, vergessen wir das alles . . .«[24]

Obwohl die Pronomen weiterhin benutzt werden müssen, weil es die Grammatik so mit sich bringt, wird die Erzählung doch nach ihrem Ende hin immer mehr zu dem Versuch des *Aufdeckens* einer ›Wirklichkeit‹, in der es gewöhnliche Dinge, gewöhnliche Raum-Zeit-Beziehungen, gewöhnliche Individuen und vor allem irgendwelche *Personen* nicht mehr gibt. Ein Aspekt der ›Entwicklung‹ oder ›Geschichte‹ in diesem Buch besteht darin, daß es dem erzählenden Etwas immer besser gelingt, seine Rede von normalen Erzählgegenständen, wie Individuen, Raum-Zeit-Beziehungen oder gar Personen es wären, zu *leeren* und in einer Weise zu ›erzählen‹, die darauf nicht mehr Bezug nehmen muß. Die mit den ersten Worten schon (vorläufig noch etwas abstrakt) kundgegebene Situation wird im Lauf des Buches immer überzeugender eingelöst; die ›Gegenstände‹ des Sprechens, alias Stellvertreter, entfernen sich immer weiter von den Strukturen personalen Daseins in einer Welt, wie wir sie kennen. Und der letzte Kandidat dieser Reihe, »das Schweigen«, hat wirklich nichts mehr an sich, was den Leser versucht machen könnte, es mit einem personalen Seienden oder auch nur einem raumzeitlichen Individuum zu verwechseln. »Das Schweigen« ist gewiß nicht als Stille an einem bestimmten Ort zu einem gewissen Zeitpunkt gemeint.

24 *Der Namenlose* 551

Beckett sah in *Proust* den Gegenstand künstlerischer Tätigkeit in etwas, dessen Auftreten vor dem Bewußtsein nicht im Belieben des Einzelnen lag. Das »seltene Geschenk wachen Wahnsinns« hieß die Erfahrung wahrer Realität, und sie hatte wie bei Schopenhauer den Charakter der *Vision*. Es ist schon gesagt worden, daß an Becketts eigener Arbeit gleichfalls *Visionen* beteiligt sein werden, mindestens in der Selbstdarstellung seiner Erzähler. Es sind gewiß nicht mehr die herausgerückten Zustände des Anschauens einer idealen Wirklichkeit, wie Schopenhauer sich die Grundlage der Kunstproduktion dachte, aber sie haben mit jenen (neben einigen anderen Besonderheiten) noch die Unverfügbarkeit durch das Subjekt gemein.

Die Visionen, von denen Becketts Erzähler in der Trilogie berichten, sind nicht optische Visionen, sondern *akustische*. Die Erzähler hören *Stimmen*, eine oder mehrere. Von *Molloy* bis zum *Namenlosen* und darüber hinaus bis *Wie es ist* gibt es eine Entwicklung, die der gehörten Stimme (den Stimmen) einen immer größeren Anteil an der erzählten Substanz zuschreibt. So daß das Berichterstatten, dessen sich Moran und Molloy noch befleißigen, nahezu stetig übergeht in eine ganz andere Haltung, die der aktiven Tätigkeit des Erzählers nur noch wenig, der von ihm aufgenommenen und umgesetzten Stimme dagegen die Hauptsache verdankt.[25]

Das eigentliche Agens, das in dem Unnennbaren oder durch

25 Ich werde mich mit *Wie es ist* nicht im einzelnen befassen. Es ist dort ganz deutlich, daß die *Stimme* der eigentliche Erzähler ist; das erzählende ›ich‹ schreibt seine eigenen Worte der Stimme im Modus des Zitates zu: »wie es war, ich zitiere vor Pim mit Pim nach Pim wie es ist drei Teile ich sage es wie ich es höre« – Das ist der erste Satz des Buches. Der letzte Satz des Buches beendet das Zitieren: »gut gut Ende des dritten und letzten Teils so ist es wie es war Ende des Zitats nach Pim wie es ist« (*Wie es ist*, in der Ausgabe Frankfurt 1976 Bd. III, S. 569-707; diese Zitate S. 569 und 707). Das *Zusammenfallen* der sprechenden Stimme mit der einzigen Wirklichkeit überhaupt ist aber am Ende des *Namenlosen* deutlicher ausgebildet.

ihn hindurch spricht, ist ausdrücklich als *Stimme* oder als mehrere Stimmen vorgestellt.[26]

Auf dieses Agens wird sich zunächst auch eine Frage richten, die sich bei jeder Reflexion über die Geschichte des Unnennbaren vor die Aufmerksamkeit drängt. *Warum* muß in diesem Buch unablässig gesprochen werden; warum kann, da das Sprechen alias Berichten alias Erzählen von Anfang an als Quälerei erfahren wird, nicht einfach geschwiegen werden? Da das Buch keine Handlung in Raum und Zeit, sondern nur noch das sich-forttreibende Sprechen und Hypothesenbilden selber zum Bewegungsverlauf hat, ist die Frage gleichbedeutend mit der Frage, *warum hier überhaupt etwas geschieht und nicht vielmehr nichts.*

Die Antwort ist ausnahmsweise ziemlich eindeutig und kann mit dem, was wir aus dem Selbstverständnis von Becketts Trilogie-Erzählern aufgenommen haben, ohne Schwierigkeit erteilt werden: Der Unnennbare hat zu sprechen, das heißt zu erzählen, das heißt Hypothesen zu erfinden, weil (1) dies sein einziger greifbarer Lebensvollzug, und weil (2) das Leben überhaupt ein *Pensum* ist, das *abgedient werden muß.* Einer, der im Sprechen *lebt,* hat am Sprechen sein *Pensum;* wenn man die bewußt außerrationale Ontologie des Unnennbaren zugibt, folgt dies wieder durch einfaches Hinzufügen des einschlägigen Satzes aus Schopenhauer. So weist es der Unnennbare auch aus:

»Ich habe von Lektion gesprochen, ich habe davon sprechen müssen, ich hätte Pensum sagen sollen, ich habe Pensum mit Lektion verwechselt. Ja, ich habe ein Pensum abzuleisten, bevor ich frei sein kann, frei zu geifern, frei zu schweigen, nicht mehr zu lauschen, und ich weiß nicht mehr welches. Dies ist endlich eine getreue Schilderung meiner Lage. Man hat mir ein Pensum aufgegeben, bei meiner Geburt vielleicht, um mich zu strafen dafür, daß ich geboren wurde vielleicht, oder ohne besonderen Grund, weil man mich nicht mag, und ich habe vergessen, worin es besteht.«[27]

26 Das geschieht bald nach dem Beginn des Buches (S. 418/419) und wiederholt sich mit Variationen immer wieder bis zum Ende.

27 *Der Namenlose* 423 (Übersetzg. verändert). Bekanntlich weist auch Schopenhauer die Deutung des Lebens als einer *Lektion* zurück und deutet

Es mag offen bleiben, ob hier gleichzeitig mit dem *Vergessen* eine Erklärung dafür nachgeliefert wird, daß der Unnennbare nach eigener Ankündigung nur Hypothesen darbietet, die er jederzeit wieder streichen kann; nicht aber rechte Geschichten, für die ein Erzähler sich auch zu verbürgen bereit ist. In jedem Fall erläutert sich mit dieser Aussage und einigen kurz darauf gebotenen Zusätzen das immer wieder bekundete Gefühl, im Sprechen das Schicksal zu haben, das vollzogen werden muß, bevor es so etwas wie Ruhe geben kann.

»Sonderbare und mit äußerster Vorsicht zu betrachtende Idee übrigens, daß von der Erfüllung einer Aufgabe die Ruhe abhängen soll. Sonderbare Aufgabe, von sich sprechen zu müssen. Seltsame Hoffnung, auf das Schweigen und den Frieden gerichtet. Da ich nichts als meine Stimme, eine Stimme habe, mag es natürlich scheinen, daß ich sie, wenn der Begriff der Verpflichtung einmal geschluckt ist, als die Verpflichtung, irgend etwas zu sagen, auslege.«[28]

Der Unnennbare verbessert sich in dieser Äußerung an einem signifikanten Punkt. Er ersetzt *›meine Stimme‹* durch *›eine Stimme‹*. Damit hält er sich an das, was er davor schon

es statt dessen als *Strafe und Buße* (W II, 742 f.). Daß es ein *Pensum* zum Abarbeiten sei, hat er kurz vorher erklärt (W II, 728). – Es gibt andere Passagen, wo sich Schopenhauer aber an sein Zurückweisen von ›Lektion‹ nicht mehr hält (z. B. *Paralipomena* § 172a).
Der Unnennbare als ein Erzählender hat keinen von ihm unabhängigen Gegenstand; er schafft sich gleichsam erzählend die einzige Welt, die es für ihn gibt. Und er bleibt, wie Brahma in Schopenhauers Deutung, büßend so lange darin, bis er seinen Fehltritt abgedient hat: »*Brahma* bringt durch eine Art Sündenfall oder Verirrung die Welt hervor, bleibt aber dafür selbst darin, es abzubüßen, bis er sich daraus erlöst hat. – Sehr gut! –« (W V, 354).

28 *Der Namenlose* 424 (Übersetzg. verändert). Schopenhauer bezeichnet das Leben als eine *Aufgabe* auch an einem der Orte, an denen er es für ein *Pensum* deklariert (W II, 728).
Der Wunsch des Unnennbaren, durch Ableisten seines Pensums endlich zur *Ruhe* zu kommen, die er auch als ein *Nichts* sich in Aussicht stellt, hört sich an wie die praktische Konsequenz aus Schopenhauers These: »Man kann auch unser Leben auffassen als eine unnützerweise störende Episode in der seligen Ruhe des Nichts.« (W V, 352).

ausführlicher zur Frage des sprechenden Agens erklärt hat. Die Stimme ist seine Stimme, und sie ist es nicht; er ist der Sprechende und spricht doch nur kraft eines anderen, das sich in ihm oder durch ihn äußert. Das Verhältnis des Unnennbaren zu der Stimme, die spricht, ist *ein offizielles Hauptthema* des Romans; das eigentümliche Verhältnis zwischen produzierendem ›Bewußtsein‹ und dem ›Objekt‹ seiner ästhetischen oder metaphysischen Tätigkeit läßt sich daran vielleicht etwas besser bestimmen.

»Diese Stimme, die spricht, die weiß, daß sie lügt, der gleichgültig ist, was sie sagt, die vielleicht zu alt und zu gedemütigt ist, um jemals endlich die Worte sagen zu können, die sie aufhören lassen, die weiß, daß sie unnütz, vergeblich ist, die sich nicht zuhört, sondern dem Schweigen lauscht, welches sie bricht, von wo eines Tages vielleicht wieder der lange helle Seufzer von Ankunft und Abschied zu ihr dringt, ist sie eine? Ich werde keine Fragen mehr stellen, es gibt keine Fragen mehr, ich kenne keine mehr. Sie bricht aus mir hervor, sie erfüllt mich, sie schreit gegen meine Wände, es ist nicht meine, ich kann sie nicht anhalten, ich kann sie nicht hindern, mich zu zerreißen, mich zu erschüttern, mich zu bestürmen. Es ist nicht meine, ich habe keine, ich habe keine Stimme, und ich muß sprechen, das ist alles, was ich weiß, darum muß ich kreisen, darüber muß ich sprechen, mit dieser Stimme, die nicht meine ist, aber nur meine sein kann, da es nur mich gibt, oder wenn es andere gibt als mich, denen diese Stimme gehören könnte, so kommen sie nicht bis zu mir, mehr sage ich nicht darüber, ich werde mich nicht klarer ausdrücken.«[29]

Wir wissen, daß das sprechende ›ich‹ nur wegen des allgemeinen Defektes der Grammatik, die auf Pronomen angewiesen ist, ein Individuum zu sein *scheint*. Da es kein funktionierendes Individualitätsprinzip mehr gibt, kommt alles, was diesem ›ich‹ an Eigenschaften zugesprochen werden mag, keinem wohlbestimmten Subjekt mehr zu. Das Verhältnis des sprechenden ›ich‹ zu der Stimme, von der die gesprochenen Worte stammen, ist nicht nur wegen der Unfaßbarkeit des ›ich‹ unklar; es scheint, daß auch kein mögliches anderes Subjekt für die Stimme bereitsteht; jedenfalls keines, das mit den Mitteln des hier vor sich gehenden Sprechens erfaßt und bestimmt werden könnte. Die Stimme wird

29 *Der Namenlose* 418 f.

einerseits als selbständig, von dem ›ich‹ wie ein Fremdes abgetrennt, erfahren; andererseits bleibt nach dem Wegstreichen aller soliden raumzeitlichen Vereinzelung eben diese Stimme als das Wichtigste des ›ich‹ zurück; der Unnennbare muß sich mit dieser Spannung auseinandersetzen, bis es ihm gelingt, zum Schweigen zu kommen.

Die Stimme ist nicht die des ›ich‹ und kann nur die des ›ich‹ sein. Damit kommt das Verhältnis zwischen ›ich‹ und Stimme in eine Reihe mit den anderen Paradoxien der Situation. Der Unnennbare ist da und doch muß er sich vertreten lassen; er lebt irgendwie und ist doch noch nicht geboren; er unterscheidet sich als ›ich‹ von anderen und hat doch keine Möglichkeit, einen Unterschied zu machen; er ist außerhalb der Zeit und trennt doch zwischen vorher und nachher; er ist außerhalb des Raumes und spricht doch von Ferne und Nähe. Weil die Bedingungen feststellbarer Existenz nicht gegeben sind, muß er sich gestehen, daß er nicht ist, und doch spricht er, also ist er. Einmal sagt er, *er sei, durch das Absurde, nicht sein zu können.*[30]

Ein Bezugspunkt des Wortes ›ich‹, der *unabhängig* von der nicht-personalen Stimme Bestand hätte, scheint in diesem Buch nicht verfügbar zu sein. So bestätigt es auch das Ende des Romans. Die letzten Bruchstücke der Rede sind ähnlich vielsagend wie ihr Anfang, negieren aber auch in ähnlich abrupter Weise typische Grundannahmen über das Verhältnis zwischen einem Erzähler und seinem ›Objekt‹. Wenn ein Buch endet, endet im Normalfall nicht das Bewußtsein seines Erzählers; oder wenn das ausnahmsweise geschieht, liegt es am besonderen Schicksal der erzählenden Person (wie vielleicht bei *Arthur Gordon Pym*). Es gibt paradoxe Erzähl-Schlüsse; *Der Unnennbare* fügt dem klassischen Bestand solcher Schlüsse eine neue und auch radikalere Variante hinzu. Die letzten Redeteile sind:

30 *Der Namenlose* 472; »Oder mich durch das Absurde davon zu überzeugen, daß ich, durch das Absurde, nicht sein zu können, bin.«

». . . es wird ich sein, es wird das Schweigen sein, da wo ich bin, ich weiß nicht, ich werde es nie wissen, im Schweigen weiß man nicht, man muß weitermachen, ich werde weitermachen.«[31]

Der Unnennbare wird im Schweigen sein, aber es nie wissen, denn: *Im Schweigen weiß man nicht.* Die philosophischen Theorien des Todes, gleich auf welcher Grundlage sie arbeiten, pflegen zu versichern, daß man den Tod nicht erlebe und nicht erleben könne, weil er das Erreichthaben der Grenze bedeutet, an der das Bewußtsein aufhört. Man mag eine Annäherung an diese Grenze erleben, die den Namen *Sterben* führt; aber das Ende des Lebens selbst ist, weil es *als Ende* nur erfahren werden könnte, wenn man über es hinaus noch erlebte, nicht bewußt zu machen. Es sagt etwas aus über die in diesem Buch dargestellte ›Wirklichkeit‹, daß, wenn das Sprechen zu Ende ist, nichts mehr *gewußt* werden kann. Denn darin offenbar liegt so viel wie, daß das *Sprechen,* gleich welchem ›Subjekt‹ man es zuschreibt, hier dasselbe ist wie *Bewußtsein.*[32]
Drei Unterschiede, die für traditionelles Darbieten von Geschichten gelten, sind hier *mindestens* gestrichen: der Unterschied zwischen erzählendem Bewußtsein und der Quelle seiner Informationen; der Unterschied zwischen erzählendem Bewußtsein und dem Vorgang des Erzählens; der Unterschied zwischen dem Vorgang des Erzählens und der erzählten ›Sache‹. Das Sprechen spricht vorwegnehmend über sein eigenes Enden, indem es sich der Grenze nähert; und wegen des mit den letzten Sprechfragmenten bestätigten Zu-

31 *Der Namenlose* 566; (Ich vernachlässige eine vor diesem Ende gesprochene Partie, die auf eine mögliche neue Geschichte im Schweigen vorausweist; wichtig ist mir nur, daß diese neue Geschichte, falls es sie geben sollte, nicht mehr erzählt werden *und auch nicht erlebt werden* könnte – denn Sprechen und Erleben fallen am Ende dieses Buches zusammen; also auch Schweigen und Nicht-Erleben.)
32 Ich unterstelle, daß der Autor mit »savoir« nicht speziell eine Kenntnis im Modus der Gewißheit meint, wie der Ausdruck »Wissen« in der philosophischen Tradition geläufig ist, sondern etwas Weiteres, etwa so viel wie ›Bewußtsein haben von‹ oder einfach ›Bewußtsein haben‹.

sammenfallens von Wissen und Sprechen vergeht mit dem letzten Wort auch das letzte Moment von Kenntnis über das, was hier gewesen ist. Und dies scheint nicht zu geschehen durch ein Mißgeschick, das dem Träger des Bewußtseins widerfährt (wie einer beim Schreiben sterben könnte), sondern es scheint zu geschehen wegen einer Grundstruktur dieser Art von Erzähltätigkeit, auf die man verbal ebenfalls Schopenhauers Gedanken vom Verschwinden des Unterschieds zwischen Subjekt und Objekt beziehen darf. Nur würde er mit dieser Anwendung in einem neuen und viel weiter reichenden Sinn erfüllt, als Schopenhauer es sich vorzustellen traute.

49. Ich bin all diese Worte

Unsere bisherige Arbeit an dem Buch mit dem offiziellen deutschen Titel *Der Namenlose* war in drei Abschnitte gegliedert. Sie entsprachen im Ungefähren drei Themen, die sich durch Schopenhauers Ästhetik und durch Becketts Fortentwicklung dieser Ästhetik in der *Proust*-Schrift nahelegten. Man kann die Themen bezeichnen als: Das Empfinden einer Gleichheit von Subjekt und Objekt; das Ungültigwerden des principium individuationis; das Verschwinden des rein anschauenden[33] Bewußtseins in seinem visionären Gegenstand.

Schopenhauer meinte damit drei Momente an der ursprünglich künstlerischen Wahrnehmung. Das ist die Wahrnehmung, die nach seiner Philosophie der Kunstproduktion vorausgeht und im Werk (als einem Bestandteil der Erfahrungswelt) nur unvollkommen wiederholt wird. Seine These vom Verschwinden des Unterschieds zwischen Subjekt und Objekt galt dabei in zweierlei Sinn; die beiden Auffassungen gehören in der eben vorgenommenen Aufzählung zu dem

33 »Anschauung« ist in der philosophischen Überlieferung das Wort für unmittelbares, meist sinnliches Bekanntwerden mit einer Sache. In diesem Verständnis ist ein Bewußtsein, das eine Stimme hört, ›anschauend‹.

ersten und dem dritten Thema. Zum ersten Thema: In der ästhetischen Betrachtung oder Kontemplation erlebt sich das Subjekt auf dunkle Weise als eins mit seinem Gegenüber und des weiteren mit der ganzen Welt; denn im Zustand der Kontemplation, wie Schopenhauer ihn beschreibt, nimmt das Subjekt nicht mehr raumzeitliche Einzeldinge wahr, sondern hat ein (wenngleich nicht-begriffliches) Empfinden von der Einheit alles Seienden. Zum dritten Thema: Weil das Subjekt nicht mehr in raumzeitlicher Vereinzelung wahrnimmt, ist es in der Kontemplation auch als selbstbewußte Person nicht mehr vorhanden; sein Bewußtsein ist nichts anderes als Präsenz des ästhetischen Gegenstandes, das heißt *der Idee*, oder auch: Das Subjekt ist in der Anschauung des ästhetischen Gegenstandes *verschwunden*.

Die notwendige (und vielleicht auch hinreichende) Bedingung für beide Besonderheiten der ästhetischen Betrachtung war das, was in der von mir benutzten Reihenfolge das zweite Thema bildete: Aufheben des Individuationsprinzips und Sich-Freisetzen des Bewußtseins von den Wahrnehmungsformen, innerhalb deren die Vereinzelung des Seienden in Individuen möglich und gewöhnlich auch unvermeidbar ist. Beckett wandte Schopenhauers Theorie bei der Interpretation Prousts so, daß der außerzeitliche, außerräumliche Gegenstand der ästhetischen Betrachtung nicht irgendwo (in einer transzendenten Ideenwelt), sondern allein ›in‹ der Person selber gefunden werden kann. Damit wurde für ihn die Aufgabe des Entdeckens wahrer Realität zu einer Aufgabe des In-Sich-Hinabsteigens. Gemäß dieser Aufgabe findet Moran das, was er von dem gesuchten Molloy zu finden imstande ist, in sich, statt in der Außenwelt; und der Unnennbare scheint an der Stimme, die von ›innen‹ her gegen seine ›Wände‹ schreit und sich schließlich als die Substanz seines Bewußtseins erweist, überhaupt die eine und einzige Quelle von ›Wirklichkeit‹ zu haben.

Mit dem Sprechen des Unnennbaren ist etwas aufgetreten, das beim Sich-Zurückziehen aus der Erfahrungswelt und

Herstellen von Einheit mit einem andersartigen ›Realen‹ Haltungen und Situationen erschließt, die von Schopenhauers Kunsttheorie und auch von der Becketts in *Proust* her wie ein pfeilgerades Weitergehen auf dem Weg ins Unmögliche erscheinen. In einem nicht der Logik verpflichteten Sinn kann man das Weitergehen sogar ›konsequent‹ nennen; aber es ist eine ›Konsequenz‹, die jene Theorien nicht ins Auge faßten.

Schopenhauer fand ein Nicht-Unterschiedensein von Subjekt und Objekt verwirklicht, wo die ästhetische Betrachtung stattfindet. In ihr ›fühle‹ sich die Person (oder was von ihr noch bestehen mag) eins mit dem Ganzen der Welt, und sie sei als Individuum auch in ihrem Gegenstand (= der Idee) verloren. Aber dieser Zustand geht der Kunstproduktion nur voraus; das Machen des Werks ist eine willentliche Tätigkeit, bei der sich die in den Zustand eines Individuums zurückversetzte Person an das in Versenkung Angeschaute erinnert oder es sonstwie präsent hält. Die Differenz zwischen ekstatischem Anschauen eines wahrhaft Seienden und willentlichem Herstellen eines bleibenden Produkts nahmen Proust wie auch Beckett auf mit der Unterscheidung zwischen Künstler und Handwerker (oder Übersetzer). Es scheint nun, als sei der Unnennbare ein Erzähler, der auch in seinem Sprechen nicht nötig hat, Übersetzer zu sein (wie noch Moran), sondern ein Erzählen vollziehen kann, das *nichts ist als die Sache selber.* Der überdies auch als ein Sprechender so weit in seinem Sprechen aufgeht, daß er die Vermutung plausibel finden kann, die ausgesprochen ist mit der Wendung: »ich bin all diese Worte«.[34]

Einem herkömmlich erzählenden Bewußtsein sind unter anderem beizuordnen (wie eben genannt): Die Quelle seiner Informationen, der Vorgang des Erzählens und die erzählte Sache. *Die Quelle der Informationen* hätte Schopenhauer ›Idee‹ genannt und gefordert, daß das Subjekt einmal in herausgerücktem Zustand sie angeschaut haben muß, wenn ihr

34 *Der Namenlose* 527

Gegenstück im Werk keine bloß phantasierte Angelegenheit sein soll. Das Verschwinden des Subjekts in seinem Objekt, das bei solchen Zuständen nach seiner Theorie stattfindet, erfüllen das ›ich‹ des Unnennbaren und die Stimme, mit der es schließlich zusammenfällt, in ihrer Weise auf einfachstem Weg. Denn wie sich beim Schluß des Buches zeigt, ist das ›ich‹ vom Sprechen nicht unterschieden, und das Sprechen nicht von der Stimme.

Den *Vorgang des Erzählens* hätte Schopenhauer vom Anschauen des wahrhaft Seienden getrennt und in die Erfahrungswelt gesetzt. Der nicht existierende, nicht wollende, seiner Stimme ausgelieferte Unnennbare hat sein einziges glaubwürdiges, nicht bloß als Hypothese anwesendes Substrat am Sprechen = Erzählen. Wenn er überhaupt irgendwie ist, ist er in dem Äußern der Worte, aus denen die Erzählung besteht. Während Schopenhauers Künstlerpersonen trotz ihrer mystischen Vorrechte immer wieder in die sichere Umgrenzung ihres weltlichen Individuums zurückkehren konnten, etwa um zu produzieren, ist der Unnennbare im Hören und Hervorbringen seiner Worte zugleich und allein darin. Wie er mit der Quelle seiner Informationen zusammenfällt, so auch mit deren Wiedergabe.

Die erzählte Sache schließlich ist in diesem Buch zuletzt gleichermaßen nichts als das sich forttreibende Sprechen. Es existiert nicht zusätzlich noch ein anderes; sogenannte ›Gegenstände‹ à la Malone, Mahood, Worm und wen es sonst noch ›geben‹ mag, sind erklärtermaßen nur Stellvertreter dessen, worum es sich in Wahrheit handelt. Die erzählte Sache hätte Schopenhauer als das näherungsweise *Abbild* der Idee bezeichnet; natürlich gälte sie ihm als verschieden vom erzählenden Subjekt. Aber im Prozeß des Sprechens, den wir am Unnennbaren (und *als den* Unnennbaren) beobachten, gibt es auch diese Differenz nicht mehr; das ›Subjekt‹ setzt nicht die erzählte Sache wie einen intentionalen Gegenstand aus sich heraus in die Welt des Werkes; sondern es *ist* sie.

Man könnte meinen, der Kontakt zu Stimmen, denen die im literarischen Werk gebrauchten Wörter zugeschrieben werden, garantiere Becketts Erzählern einen hohen Grad von ästhetischer Sicherheit. Weil die berichtende oder sprechende Person sich nach einer von ihr selbst unabhängigen Instanz richten kann, weil diese Instanz die im Werk niedergelegte Leistung in immer höherem Maß vorgibt, bis zu ihrem Zusammenfallen mit der Wiedergabe, scheint auch in zunehmendem Maß das Gelingen des Werkes vorentschieden zu sein. Schopenhauers Kriterium der *Objektivität* als Kennzeichen gelungener künstlerischer Arbeit sollte hier seine Erfüllung in der Weise der Selbstverständlichkeit erfahren. Dazu stehen Becketts eigene Äußerungen und die seiner Erzähler in offenem Widerspruch. Der Autor wie auch seine mit ›ich‹ sprechenden ›Helden‹ schreiben sich als erwünschtes Prädikat nicht das *Gelingen,* sondern das *Scheitern*[35] zu. Moran eignet sich einerseits Becketts frühere Figuren als Objekte seiner eigenen Tätigkeit an; andererseits gibt er bekannt, er habe die Geschichten dieser Figuren nicht erzählen können und werde das auch mit seiner eigenen nicht fertigbringen.[36] Malone sagt einmal, er werde sich jetzt nur noch mit dem Dringendsten befassen; doch bei diesem Dringendsten (seinem *Erzählen,* kann man einschieben) verfährt er nicht mit der Absicht zu gewinnen, sondern mit der Absicht zu scheitern.[37] Der Unnennbare scheint ausdrücklich *Scheitern* und *sein Ziel Erreichen,* das heißt sprechend ins Schwei-

35 Ich muß hier offenlassen, wie weit an dieser Aussage die Existenzphilosophie beteiligt ist; wahrscheinlich ist sie es zu einem gewissen Grad. Ob sich Beckett an Kierkegaard orientiert hat (z. B. an dessen These, erst indem sie wahrhaft und mit Ernst verzweifle, komme die Person zu sich selbst) oder an Jaspers oder an Camus oder eventuell an sehr frühen Arbeiten Sartres, kann ich nicht entscheiden.

36 *Molloy* 189

37 *Malone stirbt* 268

gen einzugehen, in eins zu setzen. Er macht das Scheitern zur Beschreibung seiner Aufgabe überhaupt.

»Ich tue mein Bestes, ich bin dabei zu scheitern, wieder einmal. Es macht mir nichts aus zu scheitern, ich habe das gern, ich möchte nur schweigen. Nicht so, wie ich es gerade tat, um besser zu lauschen, sondern friedlich, als Sieger, ohne Hintergedanken.«[38]

Mit seiner gewohnten Verwendung konträrer Prädikate beschreibt der Unnennbare die Situation, die er herbeiführen möchte, sowohl wie ein *Scheitern* als auch wie ein *Sieger sein*. Es scheint, als sei erst die rechte Form des Scheiterns das Gelingen der erzählerischen Absicht. Die rechte Form des Scheiterns, im Fall des Unnennbaren, ist das Zu-Ende-Bringen des Pensums, das Sprechen bis auf einen Punkt, wo es ins Schweigen übergeht und auf rechtmäßige Weise absterben kann.

Es fällt mir schwer zu sehen, wie man die Situation des Unnennbaren in jederlei künstlerischer Arbeit wiederfinden können soll. Beckett nimmt aber eine solche Verallgemeinerung vor.

Ich verwende den Rest dieses Abschnitts auf eine sehr knappe Betrachtung der bruchstückhaften Theorie, die Beckett dem Unnennbaren gleichsam mitgibt. Sie steht in den Dialogen mit Georges Duthuit. In dem dritten jener Dialoge, dem Stück über Bram van Velde, heißt es:

»Da ich auf der Anklagebank sitze, plädiere ich dafür, daß Bram van Velde der erste war, der von diesem ästhetisierten Automatismus abließ, der erste, der sich ganz dem unbezwingbaren Fehlen von Beziehung unterwarf, wegen des Fehlens von Bezugspunkten oder, wenn Sie wollen, angesichts nicht verfügbarer Bezugspunkte, der erste, der eingestand, daß Künstler sein in einem Maße Scheitern ist, wie kein anderer zu scheitern wagt, daß das Scheitern seine Welt ist und seine Weigerung Desertion, Kunstgewerbe, gute Haushaltsführung, leben.«[39]

38 *Der Namenlose* 422 (Übersetzg. verändert)
39 Samuel Beckett und Georges Duthuit, *Drei Dialoge*, in: H. Engelhardt und D. Mettler (Hg.), *Materialien zu Samuel Becketts Romanen ›Molloy‹, ›Malone stirbt‹, ›Der Namenlose‹*. Frankfurt 1976, S. 10-27, Zitat S. 25

Der ›ästhetisierte Automatismus‹ ist eine Tendenz, die Beckett in der neueren Malerei wahrzunehmen glaubt, eine Antwort auf das Fraglichwerden und den Verfall stabiler, verläßlicher Beziehungen zwischen künstlerischem Subjekt und dargestelltem Objekt. Er meint, die Malerei habe auf das wachsende Bewußtsein von der Unzuverlässigkeit dieser ›Beziehung‹ mit automatenhaftem Verbessernwollen der Beziehung reagiert, indem man sie ›authentischer‹, ›umfassender‹ und ›weniger exklusiv‹ machen wollte. Bram van Velde habe sich als erster dieser Tendenz entzogen, indem er eben dies eingestand: Daß Künstler sein Scheitern sei und daß die Weigerung zu scheitern gerade das Falsche verbürge, das Herunterkommen des Werkes zu Kunstgewerbe und guter Haushaltsführung.

Die Dialoge mit Georges Duthuit erschienen 1949, in dem Jahr, auf das Beckett selbst auch den *Namenlosen* datiert.[40] Die dort diskutierten Maler (Tal Coat, Masson, Bram van Velde) bringt Beckett in eine Reihe derart, daß Tal Coat (zusammen mit dem Matisse einer bestimmten Stufe) die Krise der Objektdarstellung in der Malerei zu meistern suchte durch angemesseneres Wiedergeben der natürlichen Erfahrung. Er habe sich bemüht, im Prinzip ähnlich wie die traditionelle Malerei, einen Kompromiß herzustellen; der Kontext legt nahe, daß es der Kompromiß ist zwischen Wahrnehmendem und Wahrgenommenem – nur jetzt so formuliert, daß *mehr* in ihn eingehen kann, so daß ein »Gewinn an Natur« zustandekommt. Masson, obgleich »aufgespießt auf dem grausamen Dilemma des Ausdrucks«, habe sich diesem Dilemma nicht wirklich gestellt, sondern sei zuletzt wieder zurückgefallen in Attitüden des Besitzergreifens (von solchem, das *Objekt* ist, kann man ergänzen). Bram van Velde habe als erster eine typische Situation anerkannt und einen charakteristischen Akt vollzogen: Die Situation des-

40 *L'innommable* in der Ausgabe von Les éditions de minuit trägt auf der letzten Seite, unmittelbar nach dem Ende des Textes, die offenbar von Beckett eingesetzte Jahreszahl.

sen, der hilflos ist, nicht handeln kann, nicht malen kann, da er malen muß; den Akt dessen, der hilflos ist, unfähig zu handeln, der handelt, das heißt malt, da er malen muß. Hilflos ist er, »weil es nichts zu malen gibt und nichts, mit dem gemalt werden kann«.[41] Der malerischen Tradition schreibt Beckett den »gewöhnlichen Eifer, so viel auszudrücken, wie auszudrücken möglich ist«, zu; Bram van Velde den Verzicht auf jederlei Haltung dieser Art. Seine Malerei sei frei von »Anlaß in jederlei Gestalt und Form, ideal wie materiell«. Er versage es sich auch, seine eigene Schwierigkeit (Objekt-Armut, Ausdrucksunfähigkeit) wiederum zum Anlaß der Kunstproduktion zu nehmen und dadurch ein neues Objekt zu schaffen. Er sei nicht nur arm an Welt, arm an Selbst, sondern *ohne diese geschätzten Artikel.* Er habe als erster die Situation anerkannt (und sich ihr unterworfen), die gekennzeichnet ist durch das *Fehlen von Relation* und auch das *Fehlen von Termen einer Relation* oder die *Unverfügbarkeit von Termen.* »van Velde is the first ... to submit wholly to the incoercible absence of relation, in the absence of terms or, if you like, in the presence of unavailable terms ...«[42]

Es kann (bei dem Text aller drei Dialoge zusammengenommen) kein Zweifel daran sein, daß Beckett mit »terms« die überlieferten Relata der künstlerischen Relation meint: das darzustellende Objekt und das darstellende Selbst. Seine Begründung dafür, daß Künstler sein notwendig Scheitern sei und daß im Auf-Sich-Nehmen des Scheiterns gerade die angemessene künstlerische Haltung bestehe, geschieht durch den Hinweis auf eben dies: Daß es die Konstituentien herkömmlicher künstlerischer Beziehungen *nicht gibt* und deshalb auch nicht eine Relation von der Art, wie sie herkömm-

41 a. a. O. 18

42 a. a. O. 24; eine weniger technische, aber möglicherweise auch von Becketts Intention weiter entfernte Übersetzung wurde gerade schon zitiert: oben S. 307

lich zwischen Künstler und Gegenstand oder zwischen Werk und Gegenstand vermutet wird.
Für Becketts Ästhetik in *Proust gab es* einen ästhetischen Gegenstand (die wahre Realität vergangener Erlebnisse), es *gab* ein ästhetisches Subjekt (den Künstler, der in sich hinabsteigt und im Zustand willensfreier Vision erlebt, was sich ihm zum Ausgraben oder Ans-Licht-Heben darbietet). Mit dem *Unnennbaren* ist eine Situation erreicht, die nicht mehr die gewohnte *dualistische* Ansicht von der Textherstellung zur Grundlage hat. (»Dualistisch« ist Becketts eigenes Wort.)[43] Es gibt keine *zwei* Terme einer erzählerischen Relation mehr, die als verschiedene existieren und irgendwie in Beziehung gesetzt werden müssen; was übriggeblieben ist, darf auch, wenn man den *Dialogen* folgt, nicht als ›Einheit von zwei Termen‹, die für sich selbständig sein können, gedacht werden. Was wir als ›Nicht-Unterschiedensein von Subjekt und Objekt‹ konstatierten, wird von dem Autor Beckett nicht mehr (wie noch von Schopenhauer und von der *Proust*-Schrift) als das Zusammenfallen von solchem vorgestellt, das *ursprünglich* zweierlei wäre und im Prinzip (wenn es die Kunst nicht gäbe) auch zweierlei bleiben könnte. Die »adäquate Vereinigung von Subjekt und Objekt«, von der Beckett in *Proust* noch sprach, ist jetzt in einer Form verwirklicht, die nur noch als Grenzfall unter die alte Beschreibung paßt – als derjenige Grenzfall nämlich, in welchem Subjekt und Objekt für sich genommen nichtig sind; so daß es zwar ein Erzählen oder Sprechen, aber nicht mehr die bei solchen Tätigkeiten gewöhnlich unterstellten Partner gibt.
Ich denke, daß mit dieser Position gewisse Schwierigkeiten der Kunstauffassung, von der Beckett ausging, wirklich zurückgelassen sind. Aber nicht ohne Kosten: Der Preis für das neue Theoriefragment, das mit den Dialogen vorgestellt wird, sind neue *außerrationale* Annahmen, die einigen aus

43 a. a. O. 23

Schopenhauers Kunstphilosophie in der Distanz gegenüberliegen.
Man benutze zwei Voraussetzungen. (1) Kunst beruht auf einer Vereinigung von Subjekt und Objekt; (2) Subjekt und Objekt sind im Normalzustand unterschiedene Entitäten. – Dann ist aus der Geschichte der Philosophie leicht zu vermuten, daß es nicht gelingen wird, auf der Basis von (2) die Forderung, die (1) an gelingende Kunst stellt, zu erfüllen, ohne daß man mit der Theorie an irgendeinem Punkt etwas nicht restlos »versteht«. Denn das Problem ist der Struktur nach analog zu der Situation derjenigen Erkenntnistheorien, die von einem Dualismus ausgehen und Erkenntnis als einen Fall gelungener Überwindung oder Überbrückung der Dualität darzustellen suchen. Autoren des Idealismus, aber genauso gut auch die Positivisten der Generation von Mach, Avenarius und William James, mokierten sich über das Dilemma, in das man gerät, wenn man Erkenntnis als eine Einheit von zweien denkt, die zur Einheit zu bringenden Sachen aber ›vor‹ dem Erkenntnisvollzug als voneinander unabhängig und ihrer Seinsweise nach autark vorstellt. Das ›Zusammenkommen‹, die ›Überbrückung‹, oder wie man eine Vereinigung, deren Resultat *Erkenntnis* sein soll, sonst denken mag, hat in solchen Konstruktionen regelmäßig den Geruch des nicht restlos Einsehbaren, dessen, das an einem bestimmten Punkt irrational wird, nicht verstehbar gemacht werden kann und, wie man sagt, ›zuletzt‹ auf etwas nur Geglaubtes hinausläuft.
Becketts Vorschlag in den *Dialogen* verzichtet auf einen Dualismus als Ausgangszustand, zugleich mit der Existenz der ›Terme‹ eines solchen Denkmodells. Auf dieser Basis wird die Behauptung der ›Einheit‹ zu etwas, das in gewissem Sinn von selbst erfüllt ist; es sind nicht zwei Verschiedene vorausgesetzt, die irgendwie zusammengebracht werden müssen, sondern nur *eines*, genannt Erzählen, Hypothesen erfinden, Sprechen oder *Scheitern*. Nur: Da ein unabhängig bestehendes ›Objekt‹ dieser Tätigkeit gestrichen ist, genauso

wie deren gewöhnliches Subjekt (beide Terme des ›Dualismus‹), wirkt das Neue zwar als ›Einheit‹ für die ›Theorie‹ der Dialoge problemlos, gerät dafür aber in Sachen seiner Existenz widersprüchlich. Der Unnennbare wurde nicht zufällig mit konträren Prädikaten konstruiert, sondern mindestens in einer Hinsicht unausweichlich (wenn man annimmt, daß seine Tätigkeit die Kunstauffassung der *Dialoge* erfüllt). Da er als Erzähler nicht vorhanden sein soll und sein Objekt auch nicht, ist diese Lage entstanden: Das Subjekt der Erzählung muß, damit es als Subjekt eines ›ich‹-Romans fungieren kann, irgendwie als existent behauptet werden, und sei es auch nur unausdrücklich. Diese seine Existenz muß andererseits, weil es nicht existieren *soll*, verneint werden. Der Unnennbare ist also und ist nicht – er ist, weil man einen Erzählenden braucht, er ist nicht, weil er als das Subjekt einer Erzählung, die *diesen* künstlerischen Status hat, nicht da sein darf. Genauso ist es mit seinen Gegenständen. Sie müssen als welthaft beschrieben werden, um irgendwie Gegenstände zu sein; so erscheint der Einbeinige, Einarmige, es erscheint Mahood in seinem Gefäß, es erscheint Worm, wenngleich nur als Ungeborener oder dergleichen. Und das Erscheinen oder Existieren dieser Figuren, selbst in der Fiktion, muß zugleich bestritten werden, denn es gibt, wenn die Kunsttheorie der *Dialoge* zutreffen soll, *kein künstlerisches Objekt*.

Es ist angemessen, die Situation dessen, der unter solchen Bedingungen künstlerisch produzieren soll, so zu kennzeichnen, wie Beckett die Lage Bram van Veldes kennzeichnet: Er kann nicht malen, weil es nichts zu malen gibt und nichts gibt, womit gemalt werden kann; und er malt, weil er malen muß. Becketts Erzähler hat nichts, was er erzählen kann, er hat nichts, womit er erzählen kann (nicht einmal den eigenen Mund, denn er existiert nicht), und er erzählt trotzdem, weil er erzählen muß.

Beckett hat in jenen *Dialogen*, ähnlich wie einige Philosophen in der Erkenntnistheorie, die unlösbaren Schwierigkeiten eines überkommenen Dualismus durch einen radikalen Monismus ersetzt, der sich selbst etabliert, indem er bekanntgibt, unlösbare Schwierigkeiten zu haben. Mindestens *eine* dieser Schwierigkeiten scheint auch dann noch nicht entwirrt zu sein, wenn man eine widersprüchliche Erzählsituation (wie in dem Roman *Der Namenlose*) akzeptiert. Es scheint mir auffällig, daß Becketts Kunsttheorie der *Dialoge* an der Erzähltätigkeit dieses Buches ganz gut erläutert werden kann. Sie ist sogar erhellend für einiges an jenem ›Erzähler‹, das man sonst unerläutert hinnehmen müßte. Dabei setzt man voraus, daß die Situation des ›Erzählers‹ die des ›Künstlers‹ in den *Dialogen* ist. Es gibt aber, wie man zu wissen meint, bei dem Buch *Der Namenlose* nicht nur den verwirrend unfaßbaren ›Erzähler‹ alias Unnennbaren alias Stimme alias Mund alias Sprechen alias Wortstaub, sondern es gibt *auch den Autor Samuel Beckett.* Es gibt ihn nicht in der (ihrerseits fiktiven) Erzählerposition eines Romans, sondern in der realen Welt. Jedenfalls wird das, und sei es im Präteritum, jeder glauben, der meint, Beckett habe dieses Buch geschrieben, danach sei es zum Verlag gebracht worden, gesetzt worden, gedruckt worden und so weiter. In den *Dialogen* behauptete Beckett, den Künstler als Term der Relation zu seinem Objekt *gebe es nicht.* Was er damit über sich als *Angehörigen der Erfahrungswelt* sagen wollte, hat er uns nicht mehr mitgeteilt.[44]

44 Über das Verhältnis des *realen* Künstlers zu seinem ›Objekt‹ scheint Beckett sich deutlicher auszusprechen in dem Gedicht *Für Avigdor Arikha.*

Pour Avigdor Arikha

Siège remis devant le dehors imprenable. Fièvre œil-main dans la soif du non-soi. Œil par la main sans cesse changé à l'instant même où sans cesse il la change. Regard ne s'arrachant à l'invisible que pour s'assener sur l'infaisable et retour éclair. Trêve à la navette et traces de ce que c'est que d'être et d'être devant. Traces profondes.

(Text und Zeilung – ohne Präjudiz, daß Beckett sie so beabsichtigte – nach dem Urdruck in: Avigdor Arikha, *Dessins,* Jerusalem und Paris 1967).

VII. Gogo und Didi, Hamm und Clov

51. In einem Käfig außerhalb von Zeit und Raum

Molloy, als er im Haus von Lousse still liegt und sich nachdenkend auf seine Person und deren Lage richten kann, bemerkt einmal dabei, seine Bewegungsweise sei von solcher Langsamkeit, »als ob ich in einem Käfig außerhalb der Zeit, ... und wohlverstanden auch außerhalb des Raumes eingeschlossen wäre.«[1]

Es ist unvermeidlich, daß die Aufführung eines Dramas in der Zeit sich erstreckt; es ist auch unvermeidlich, daß die Figuren auf der Bühne ein Vorn, Hinten, Links, Rechts, Oben und Unten haben. Schwerlich an dem äußerlichen Bühnenablauf, vielleicht aber an der durch ihn dargestellten, früher so genannten ›Handlung‹ kann etwas abgelesen werden über die Rolle jener klassischen Ordnungsformen in der bühnenhaft erscheinenden ›Welt‹. Die Art, wie sich die Personen selbst einen Platz anzuweisen suchen, und die Mittel, über die sie dabei verfügen oder von denen sie allein gelassen werden, könnten etwas mitteilen über zeitliche und räumliche Beziehungen oder ihr Fehlen im ›Gegenstand‹ der dramatischen Produktion. Die Personen könnten auf der Bühne sich bewegen wie in einem Käfig außerhalb von Zeit und Raum: In den Maßen des Käfigs gäbe es notgedrungen eine isolierte Zeit und isolierte räumliche Verhältnisse; über den Käfig hinaus wäre den Personen ein sicheres Sich-Plazieren in diesen Ordnungsformen nicht mehr möglich.

Die Dialogteile, in denen sich die ›Handelnden‹ über das Gestern, das Morgen oder auch nur das Heute Gewißheit zu schaffen versuchen, wiederholen sich immer wieder. In *Warten auf Godot* wird stets von neuem gefragt (und nicht beantwortet), wo man ist, wo man gestern war, wo man morgen sein wird. Es wird immer von neuem überlegt, was ei-

1 *Molloy* 70

gentlich gestern gewesen ist, ob man sich noch an gestern erinnern kann, und wenn ja, ob die Erinnerung wirklich die Ereignisse von gestern anliefert oder die Ereignisse eines beliebigen früheren oder auch nur phantasierten Tages.

ESTRAGON	Wir sind gestern schon hier gewesen.
WLADIMIR	Ach was, da täuschst du dich.
ESTRAGON	Was haben wir gestern gemacht?
WLADIMIR	Was wir gestern gemacht haben?
ESTRAGON	Ja.
WLADIMIR	Hm ... *Ärgerlich.* Wenn was zu bezweifeln ist, bist du da.
ESTRAGON	Ich meine, daß wir hier waren.
WLADIMIR	*blickt in die Runde:* Kommt dir die Gegend bekannt vor?
ESTRAGON	Das will ich nicht sagen.
WLADIMIR	Also?
ESTRAGON	Das will nichts heißen.
WLADIMIR	Immerhin ... dieser Baum ... *Zum Publikum gewandt.* Dieser Sumpf.
ESTRAGON	Bist du sicher, daß es heute abend war?
WLADIMIR	Was?
ESTRAGON	Daß wir warten sollten?
WLADIMIR	Er sagte: am Samstag. *Pause.* Meine ich jedenfalls!
ESTRAGON	Nach Feierabend.
WLADIMIR	Ich muß es aufgeschrieben haben. *Er wühlt in seinen Taschen, die mit den verschiedensten Dingen vollgestopft sind.*
ESTRAGON	Aber an welchem Samstag? Ist heute denn Samstag? Kann nicht auch Sonntag sein? Oder Montag? Oder Freitag?
WLADIMIR	*blickt aufgeregt um sich, als wenn das Datum irgendwo in der Landschaft zu lesen wäre:* Es ist nicht möglich.
ESTRAGON	Oder Donnerstag?
WLADIMIR	Was soll man machen?
ESTRAGON	Wenn er sich gestern abend vergebens hierher bemüht hat, dann kannst du dir wohl denken, daß er heute nicht kommt.
WLADIMIR	Du sagst doch, wir wären gestern abend hier gewesen.

ESTRAGON Ich kann mich irren. *Pause.* Schweigen wir ein wenig, ja?[2]

Die Mittel, mit denen man gewöhnlich sich einen Halt in der Zeit verschafft, sind zu Bruch gegangen; die Erinnerung liefert keinen Fixpunkt mehr in der eigenen Geschichte, von dem her der Platz der Gegenwart genau bestimmt werden könnte. Die beiden Haupt-›Personen‹ sind für ihre eigenen Orientierungsbedürfnisse zu Wesen geworden, die sich der Vorteile einer sicheren zeitlichen Ordnung nicht mehr bedienen können. Sie haben nicht mehr die Organe dafür, und sie haben auch keine äußeren Zeichen, von denen sich eine zeitliche Ordnung ohne ihr Dazutun abnehmen ließe.
Es gibt zwar noch *Veränderung;* etwas, das gewöhnlich durch Zeit bedingt ist; aber was die Personen als Veränderung erleben, widerfährt ihnen häufig so, daß sie einen wohlgegliederten Übergang von Vorher zu Nachher nicht mitvollziehen können. Deshalb gelingt es ihnen auch nicht, ihre Erlebnisse für eine klare zeitliche Navigation nutzbar zu machen. Die Blätter wachsen dem Baum *ohne Übergang;* Pozzo und Lucky erscheinen bei ihrem zweiten Auftreten als Blinder und Stummer, *ohne Übergang*.[3] Die Unsicherheit über die zeitlichen Verhältnisse hat einen so hohen Grad, daß nicht entscheidbar ist, ob der Verlust einsehbarer Ver-

2 *Warten auf Godot*, zitiert nach S. Beckett, *Werke*, Frankfurt 1976, Band I, S. 15 f.

3 Pozzo leugnet sogar das Erlebnis eines gegliederten Nacheinander *bei seinem eigenen Erblinden.* Er verlagert überhaupt alles, was man sonst zeitlich zu trennen pflegt, in einen einzigen Augenblick; das heißt, daß er die Zeit als Ordnungsform der erlebten Welt prinzipiell für nichtig deklariert.

POZZO *plötzlich wütend:* Hören Sie endlich auf, mich mit Ihrer verdammten Zeit verrückt zu machen? Es ist unerhört! Wann! Wann! Eines Tages, genügt Ihnen das nicht? Irgendeines Tages ist er stumm geworden, eines Tages bin ich blind geworden, eines Tages werden wir taub, eines Tages wurden wir geboren, eines Tages sterben wir, am selben Tag, im selben Augenblick, genügt

bindungen ein objektives Fehlen von Kontinuität oder ein subjektiv bedingtes Verpassen der relevanten Zwischenglieder ist.[4]

Wie man das Entstehen eines verläßlichen Zeitbewußtseins auch ableiten mag; Wladimir und Estragon haben gewiß nicht mehr eine subjektive Organisation, die sich als Ursprung eines verbindlichen Beziehungssystems dieser Art wüßte; sie besitzen aber auch keinerlei soliden Kontakt zu einem Außersubjektiven, an dem so etwas wie stetiges Fortlaufen beobachtet und nach seinen Momenten festgehalten werden könnte. Die Existenz der Personen und sogar die der Ereignisse, an denen sie Anteil haben, vollzieht sich ohne zeitlichen Hintergrund, in den das Ganze eingepaßt wäre und an welchem die Veränderungen durch Vergleich sicher gegliedert werden könnten.[5]

Das Versagen der Erinnerung als der subjektiven Funktion, die zeitliche Verläufe zusammenhält, erweist sich zugleich

> Ihnen das nicht? *Bedächtiger.* Sie gebären rittlings über dem Grabe, der Tag erglänzt einen Augenblick und dann von neuem die Nacht.
> *Er zieht am Strick.* Los, voran!

(*Warten auf Godot* 94)

4 Die Unsicherheit wird für mein Verständnis nicht gemildert dadurch, daß die Regieanweisung für den Beginn des zweiten Akts vorschreibt: »Am nächsten Tag, um dieselbe Zeit, an derselben Stelle.« Nicht der Zuschauer erfährt das, auch nicht die handelnden Personen, höchstens der Leser des Textes und der Inszenator. Ich verstehe die Notiz nur als Anweisung zum Herstellen einer sehr ähnlichen Bühnensituation. Im Stück, für die Wahrnehmung der Personen, die in dieser Zeit zu leben haben, ist sie nicht wirklich nachvollziehbar (allein schon wegen der Blätter, die der Baum getrieben hat).

5 Über den Gebrauch zeitlicher Ausdrücke unter den Bedingungen von *Endspiel* gibt es zwischen Hamm und Clov diese kleine Verständigung:

Hamm Hol das Kännchen
Clov Wozu?
Hamm Um die Röllchen zu ölen.
Clov Ich habe sie gestern geölt.
Hamm Gestern! Was soll das heißen? Gestern?

als das Versagen einer Bewußtseinsinstanz, die auch für das Sich-Orientieren im *Raum* unabdingbar ist. Es gelingt Wladimir und Estragon nicht mehr, sich klar zu werden darüber, ob der Ort, an dem sie jetzt sind, der gleiche ist, an dem sie gestern abend waren. Das hängt mit ihrer Unfähigkeit, ›gestern abend‹ sicher aufzufassen, zusammen. Das Bestimmen des eigenen Platzes in einem Raum, der hinreichend groß ist, um einzig *sukzessiv* erfahren werden zu können, ist nicht mehr möglich, wenn die Erinnerung als Organ für das Festhalten zeitlicher Verhältnisse ihre Funktion verweigert. Und praktisch alle räumlichen Verhältnisse sind so, daß sie nur durch eine Aufeinanderfolge verbundener Wahrnehmungsakte, also im Modus der Sukzession, erkundet werden können.

Ironisch, mit Spott auf die eigene Lage, kehrt die Vorstellung einer *trotz allem* möglichen Existenz außerhalb von Zeit und Raum wieder in Luckys Denk-Vorführung. Der persönliche Gott, Gegenstand der neuesten Forschungen von Poiçon und Wattmann, existiert mit weißem Bart *außerhalb von Zeit und Raum* und hat uns lieb aus der Höhe seiner göttlichen Apathie göttlichen Athambie göttlichen Aphasie, bis auf einige Ausnahmen. Gottes forschungsmäßig abgesicherte Existenz außerhalb der treuen vier Dimensionen ist hier das Gegenbild der ungewissen Existenz ›realer‹ Dramenfiguren – aber ein Gegenbild, das es nur gibt im Anwendungsbereich nicht mehr geglaubten Glaubens und wissenschaftshöriger Sophisterei.

CLOV *heftig:* Das soll heißen, es ist schon ein dickes Ende Elend her. Ich gebrauche die Wörter, die du mir beigebracht hast. Wenn sie nichts mehr bedeuten, bring mir andere bei. Oder laß mich schweigen.

(*Endspiel,* zitiert nach der Werkausgabe Frankfurt 1976, Bd. I, S. 101-151; dieses Zitat S. 127; Übersetzg. verändert)

52. In einer einzigen Nacht

Beckett meinte in *Proust*, Schopenhauers Kennzeichnung des ästhetischen Objekts als außerhalb von Raum, Zeit *und Kausalität* sei eine richtige Angabe seines ontologischen Ortes. Es erscheint konsequent, daß Beckett selbst bei seinem Schreiben zunehmend auf kausale Korrektheit verzichtet und sich außerdem coram publico über sie amüsiert. Viele haben beobachtet, daß er in seinen Dramen eigentlich mit dem Publikum spielt. Wenn das so ist, dann spielt er mit den in ihren Stühlen Sitzenden auch das Schließen und Kündigen von Wahrnehmungsverträgen über die kausale Ereignisordnung, welche nach der *Proust*-Schrift die Welt sicher und risikofrei halten – *solange sie nicht gebrochen sind.*

Estragon schaut den Baum an.

Estragon	Ich sehe nichts.
Wladimir	Gestern abend war er noch schwarz und kahl wie ein Skelett! Heute ist er voller Blätter.
Estragon	Blätter?
Wladimir	In einer einzigen Nacht!
Estragon	Es ist sicher Frühling?
Wladimir	Aber in einer einzigen Nacht.
Estragon	Ich sag dir, daß wir gestern abend nicht hier waren. Wieder ein Alptraum von dir.
Wladimir	Und wo sollen wir gestern abend gewesen sein?
Estragon	Ich weiß nicht. Woanders. In einem anderen Abteil. Es fehlt ja nicht an leerem Raum.
Wladimir	*seiner Sache sicher:* Gut. Wir waren gestern abend nicht hier. Was haben wir also gestern abend gemacht?[6]

Das gleiche Versagen der Erinnerung, das die sichere Verwendung räumlicher wie zeitlicher Muster unmöglich machte, verhindert das Herstellen einer plausiblen kausalen Folge. Das läßt sich verallgemeinern: Gelingt es nicht, die Ereignisse, die man verbinden möchte, in der Zeit so weit zu ordnen, daß man über das Verhältnis der Kandidaten Gewißheit her-

6 *Warten auf Godot* 68 f.

stellen kann, dann fällt es schwer, die Ereignisse kausal zu verbinden. Wie das Behaupten eines Nebeneinander im Raum setzt auch das Behaupten eines ursächlich verknüpften Vorher und Nachher voraus, daß man über eine funktionierende Bewußtseinstätigkeit verfügt, der es gelingt, die Ereignisse, um deren Verbinden es geht, sicher an einen Platz in der Zeit zu stellen und dort festzuhalten. Andernfalls herrscht von vornherein Zweifel an der Legitimität der Verbindung, lange bevor die Frage nach empirischer Wahrheit oder Falschheit irgendwelcher *Behauptungen* über kausale Verhältnisse noch auftritt.

Die generelle Unsicherheit über das kausale Verhältnis zwischen Vorher und Nachher macht die Welt, in der Becketts spätere Personen leben, deutlich unsicherer als die Murphys oder Belacquas. Dort gehörte die Kausalität nur zu den Grundformen der *äußeren* Realität, die Murphy aber zugunsten einer ganz anderen Wirklichkeit verlassen konnte. Spätestens seit der Trilogie ist ein innerer Fluchtraum nicht mehr verfügbar; und die nur noch metaphorisch so zu nennenden ›äußeren‹ Verhältnisse haben nicht einmal mehr die schiefe Stabilität, die ihnen Murphy noch zugestand.

Eine neuere philosophische Theorie nennt die Kausalität den *Zement des Universums.* Das ist keine plumpe Metapher: Zumindest *für uns* werden die verschiedenen Zustände des Universums zusammengehalten durch die Unterstellung der regelhaften Abfolge; und das ist in einer Minimaldeutung so viel wie die kausale Abfolge. Nimmt man Personen mit dieser Weltperspektive die Möglichkeit, in kausalen Verhältnissen zu denken, dann fehlt ihnen der kategoriale Zement, mit dem bisher die zeitlich getrennten Teile aneinandergeheftet wurden. Das trägt bei zu einer Erfahrungsform, welche man gewöhnlich bezeichnet als: *das Absurde*.

Ein Merkmal absurder Verhältnisse ist, daß in ihnen die regelhafte Folge von Vorher und Nachher zugunsten einer andersartigen Verbindungsform aufgehoben ist. Daß Becketts Dramen einem mit diesem Wort klassifizierten Theater zugerechnet werden können, geht nicht auf einen mehr oder weniger zufälligen Stilbeschluß des Autors zurück, sondern auf eine früh konzipierte und im Werk immer weiter entwickelte Eigenschaft des ästhetischen oder *metaphysischen* Gegenstandes seiner Art von Kunst. Kein Autor aus der Menge derer, die mit Beckett oft zusammengeworfen werden, dürfte die Beschaffenheit seiner dramatischen Ordnung aus einer solchen Gedanken- und Werkgeschichte gewonnen haben.

Freilich ist das Absurde in Becketts dramatischer Anwendung nicht das Chaos. Es gehört dazu das systematische Unsicherwerden und Sich-Auflösen der kausalen Verhältnisse, zugleich mit einem begrenzten Grad ihres Sich-Wiederherstellens. Wären die Ereignisse in Becketts Dramen nur das, was Kant ein »vielfarbiges Bewußtsein« nannte, das nicht zur Einheit zusammenkommt, dann hätte man kaum Lust, sie anzusehen. Faktisch wechseln Partien, in denen man sich begrenzt auf Kausalität verlassen kann, ab mit solchen, in denen sie, vom Spott des Autors begleitet, ihren Kollaps erfährt.

Becketts früh gebildete Ansicht, die Kausalität stehe für eine *logische* Ordnung der Welt, mag entscheidend dazu beigetragen haben, daß in den Dramen die Kausalität das Haupt-Vehikel für Becketts Auseinandersetzung mit einem verstandesmäßigen Weltverhältnis ist. Das Sich-Abwechseln kausal geordneter Verläufe mit solchen, welche die eben noch durchgehaltenen und vom Zuschauer beobachteten Regeln ins Gesicht hinein falsch machen, wird zum effektiven Mittel, wo es darum geht, das »zur Einsehbarkeit verzerrte« Bild einer geordneten, verläßlichen, durch und durch regelhaften Wirklichkeit aufzulösen. Wenn man Becketts Thesen aus *Proust* hier anwenden darf, kann man sagen: Das Auflösen geschieht nicht in Richtung auf ein komplett Beliebiges, sondern mit der Tendenz, eine ›wahre Realität‹ – freilich eine nicht verstandeshafte, nicht durch Gewohnheit entstellte – ins Gesichtsfeld zu bringen. Allein einer Welterfahrung, die auf den Kausalitäts-Zement verzichtet, ist nach jener Schrift so etwas wie genuine Erkenntnis möglich.

53. Du verpestest die Luft

Schopenhauer meinte, das *Wahrhaft Seiende* werde sichtbar, wenn das Subjekt seinen Gegenstand *außerhalb aller Relation* wahrnehme. Gelinge es der anschauenden Person, beim Betrachten von etwas nicht mehr an den Beziehungen zu haften, die sie selbst mit jenem Etwas und das Etwas mit anderen Teilen der Welt verbinden, sondern allein an dem beziehungsfreien Gegenstand, dann gehe die Anschauung eines welthaften Dinges (oder Menschen) über in die Anschauung dessen, was die *wahre Natur* dieses Dinges oder Menschen ist; das heißt seine Idee oder seine außerzeitliche, unverrückbare *Form.* Wenn die anschauende Person an einem Gegenstand dasjenige sehen soll, was daran *wahrhaft seiend* heißen darf, dann muß sie den Gegenstand außerhalb jeglichen Verhältnisses zur übrigen Welt auffassen.
Es ist unmöglich zu übersehen, daß Beckett seine Personen als *Wesen mit fortlaufend zerfallendem Weltverhältnis* konstruiert.
Wahrscheinlich gilt das für nahezu alle ›Geschichten‹, die die Figuren durchleben (wo es Geschichten im Sinn von nichtkreisförmigen Entwicklungen gibt). Schon Belacqua hatte seine ›Geschichte‹ unter anderem daran, daß ihm die ohnehin chaotischen Verbindungen zu irgendwelchen Heiratskandidatinnen, Gattinnen und anderem Volk zunehmend belanglos wurden, bis zu seinem Tod in einem Pflegeheim. Murphy entwickelt sich zum Ende seines Lebens hin immer mehr zu einem, der in der realen Welt ein solus ipse, dafür aber Teil einer anderen Welt ist, die für ihn die allein relevante Wirklichkeit ausmacht. Molloy ist einer, der zwar seine Mutter sucht und daran äußerlich einen Grund für seine Reise hat; der aber seine Mutter erstens nicht findet und zwei-

tens zugesteht, daß er, wenn er sie fände, mit ihr bestenfalls durch abgezählte Schläge auf den Kopf eine Verständigung pflegen könnte. Moran besitzt, als er abreist, einen Sohn, eine Köchin, gute Beziehungen zu anderen Ortsbewohnern. Als er zurückkehrt und über der Reise, man kann getrost sagen, zu sich selbst gekommen ist, zu dem, *der zu sein er seit jeher verdammt war*[7], sind seine Kontakte auch zusammengebrochen. Neue will er nicht mehr. Malone erzählt sich seine Geschichten; die Geschichte seiner selbst ist aber, nur episodisch zwischendurch mitgeteilt, die des zunehmenden Weltverlusts. Zu Anfang wird er noch aus der Distanz gewartet, indem eine Hand ihm Suppe hereinschiebt und seinen Topf leert. Am Ende hat er jedes an Handlungen festzumachende Verhältnis zur Außenwelt eingebüßt. Zwischendurch war schon einmal ein Mann da, den Malone nur als einen zu früh geschickten Vertreter des Beerdigungsinstituts einordnen konnte. Der Unnennbare ist schon per nominem eine Unperson ohne Beziehung zu anderen, und auch was er seine Stellvertreter nennt, entwickelt sich von einem Wesen mit Arm und Bein über einen Rumpf, einen Mund, etwas wie Brei bis zum Schweigen.

Die Geschichte von *Warten auf Godot*, wenn es eine gibt, hat *auch* den Zug, daß sich die Beziehung zwischen Didi und Gogo in ihrer eigentümlichen Substanzlosigkeit zeigt und die ›Beziehung‹ zwischen Pozzo und Lucky sich verringert auf das, was von einem Blinden per Peitsche noch an einen Stummen weitergegeben werden kann. Die Enden beider Akte werden unter anderem dadurch markiert, daß Estragon den Vorschlag macht, endlich auseinanderzugehen. Bei seinem zweiten Erscheinen widerfährt Pozzo das Mißgeschick zu fragen: »Sind Sie denn Freunde?« Worauf Estragon anweisungsgemäß *mit schallendem Lachen* reagiert: »Er fragt, ob wir Freunde sind!« Es ist Wladimir überlassen, die unverfängliche Lesart von Pozzos Frage, die nicht die Zumutung einer Freundschaft zwischen Gogo und Didi enthält, seinem

7 *Molloy* 204

Kumpan nahezubringen: »Nein, er meint: Freunde von ihm.«[8]

Endspiel kann *auch* verstanden werden als die Geschichte, mit welcher in der Beziehung zwischen Hamm und Clov das Auseinandergehen gespielt wird. Hamms erstes Wort zu Clov ist: »Du verpestest die Luft!«[9]; kurz vor dem Schluß ist seine letzte Bitte an den verabschiedeten Diener, Gefährten oder Sohn, er möge ihn wieder mit dem Laken bedecken. Das ist das Laken, unter dem der sitzende Hamm aussieht wie ein verhülltes Möbelstück. (Nicht einmal diese Bitte wird erfüllt; was Hamm nur tun kann, um sich weiter zurückzuziehen, ist das Bedecken seines Gesichts mit dem alten, befleckten Taschentuch.) Elegisch hat die im Mülleimer mit ihren Beinstümpfen auf Sand aufsitzende Nell dem neben ihr im anderen Mülleimer steckenden Nagg zwischendurch gesagt, *ja gestern* hätten sie sich noch küssen können. *Gestern* hätte sie ihn noch kratzen können. Die Regieanweisung für den Zärtlichkeitsakt ihrer Gesichter lautet: *»Die Köpfe nähern sich mühsam einander, ohne sich berühren zu können, und weichen wieder auseinander.«*[10]

Die Geschichten ließen sich leicht vermehren, die bei Bekkett darin bestehen, daß sich Personen aus menschlichen Verhältnissen, welche ohnehin schon auf das Geringste eingeschränkt schienen, *noch* weiter hinausbewegen. Winnie und Willie sind trotz der am Schluß vergeblich unternomme-

8 *Warten auf Godot* 89

9 *Endspiel* 105. (Clov scheint objektiv zu stinken; daß seine Annäherung an Hamm als stinkend erfahren und die Erfahrung *so* ausgesprochen wird, scheint aber auch eingesetzt zu sein wie ein Zeichen für die Art ihres Verkehrs überhaupt.)

10 *Endspiel* 111. Nagg und Nell, Winnie und Willie, Henry und Ada, der alte Krapp und seine erinnerte Liebe wirken wie das Einlösen eines Halbsatzes aus *Proust* (dessen ersten Teil Beckett auf den Erzähler und seine Liebe zu Albertine gemünzt hat): ». . . die typische Tragödie der menschlichen Beziehung, deren Scheitern vorherbestimmt ist.« (*Proust* 18). Das Scheitern setzt die Personen, ebenfalls schon in der *Proust*-Schrift, in ihre *wahre* Seinsverfassung wieder ein.

nen Kriechvisite genauso gut wie Nell und Nagg, Henry und Ada, der ›Held‹ von *Film* und der alte Krapp, der sich am Ende etwas darauf zugute tut, die Zeit der Liebe nicht einmal mehr zurückzu*wünschen*.

Die Verluste, die Becketts Personen in ihren Beziehungen zur Welt erleiden, sind nicht nur soziale. Auffälliger, weil aufdringlich sichtbar, sind die körperlichen Vorgänge, die sich an ihnen abspielen. Niemandem braucht man die Krankheiten, Verunstaltungen, Rückbildungen, Verkrüppelungen aufzuzählen, die Becketts Geschöpfe beim Abarbeiten ihres Pensums mehr oder weniger regelmäßig befallen. Diese Vorgänge sind – was immer sie sonst noch sein mögen – in fast jedem Fall Prozesse, in denen die Betroffenen ein Organ oder mehrere Organe des Kontakts mit der Welt einbüßen. Die Lahmen, Kranken, Blinden, Stummen, Tauben, Altersschwachen, an ihrem Körper dauerhaft Geschädigten, die in schrecklichen Gefäßen Sitzenden, die auf einzelne Körperteile Zurückgebildeten, die ganz und gar Toten – sie sind praktisch alle, in einfacher Terminologie gesagt, Fälle fortschreitenden Verlustes der Beziehung zur Welt. Sie sind damit auch allesamt Fälle fortschreitender Isolierung und Vereinzelung innerhalb ihrer konkreten Umgebung.

Damit erfüllten Becketts Personen zugleich der Tendenz nach *ein mögliches* Verständnis von Schopenhauers These, daß der Gegenstand der Kunst als metaphysischer Erkenntnis *außerhalb aller Relation* zur übrigen Welt sich befinde. Sicher hat Schopenhauer nicht an diese Weise des Erfüllens seiner Forderung gedacht. Vielleicht hat auch Beckett nicht daran gedacht. Objektiv hat man aber an seinen Figuren und ihren Geschichten Beispiele einer künstlerischen Arbeit, die *im Werk*, an vorzeigbaren und vorspielbaren Eigenschaften, so etwas wie Annäherung an den Zustand der Relationslosigkeit demonstrieren kann.

Bei Schopenhauer bleibt eine Frage zur ›Dichtkunst‹ notorisch schwierig: Worin denn die von ihm als gelungen gepriesenen Tragödien, Komödien oder Epen *als Werke* ihre

Ähnlichkeit mit dem *relationslosen* Urbild haben, das ihrer Produktion zugrundeliegen soll. Becketts Arbeit zeigt mindestens *einen* Weg, wie man sich das vorstellen kann, ohne die Literatur zur Bildbeschreibung für unbewegt posierende Charakterprofile zu machen.

Zum Weltverlust, der an Becketts Figuren sich abspielt, gehört auch die vielfältige Rückbildung von Bewußtseinsleistungen. Die harmloseste, aber auch augenfälligste davon ist das Trübewerden der Erinnerung. Es führt dazu, daß es den Personen nicht mehr gelingt, ihre Erlebnisse in Raum und Zeit anzuordnen, noch auch die Identität anderer oder ihrer selbst festzuhalten. Man sieht aber auch leicht, besonders wegen des allgegenwärtigen Sich-Entleerens der wichtigsten sozialen Bindungen, daß die Verfallserscheinungen eines herkömmlichen ›Selbst‹ nichts sind als Stücke eines größeren Prozesses. Der Prozeß ist in den Dramen, wo es nicht mehr um das Herstellen künstlerischer Haltungen, sondern um das Vorführen oder Sichtbarmachen eines ästhetischen (= metaphysischen) Gegenstandes geht, der Gesamtprozeß des Freilegens einer Realitätsebene, zu der dieser Gegenstand gehört. Was den Personen geschieht, damit das Wesentliche, das zu Zeigende auftreten kann, darf als ein durchgängiges Zu-Bruch-Gehen des Weltverhältnisses überhaupt beschrieben werden, von dem das Kollabieren des herkömmlichen ›Subjekts‹ *nur ein Teilvorgang* ist.

54. Gib mir eine gelbe Rübe

Was sichtbar werden sollte, nach dem Hinfälligwerden von Raum und Zeit, nach dem Preisgeben der kausalen Erfahrungsordnung, nach dem Herauslösen des Gegenstandes aus seinen Relationen zu anderen Teilen der Welt, war für Schopenhauer das *wahrhaft Seiende;* er sah darin die *Urformen* oder die unveränderliche, wahre Gestalt der weltlichen Dinge und Personen. Wenn man Becketts frühe Ästhetik als

Hypothese ernst nehmen und seine eigene Arbeit mit Schopenhauer lesen will, sollte man an der Stelle, die wir jetzt erreicht haben, etwas sagen können über das, was bei Beckett übrig bleibt, nachdem der Autor die Operationen des Aufdeckens eines metaphysischen Objekts von Kunst, wie von Schopenhauer gefordert, vollzogen hat. (Freilich hat er sie nicht, so weit wir es prüfen können, in einer mystischen Versenkung als reales Individuum Samuel Beckett, sondern in der literarischen Tätigkeit selbst vollzogen; das macht einen Unterschied zu Schopenhauer, den ich hier zurückstelle. Genauso stelle ich die Probleme zurück, die daraus entstehen können, daß Beckett beim Schreiben von *Warten auf Godot* vielleicht bereits über die Kunst das dachte, was er in den Dialogen mit Georges Duthuit aussprach. *Vielleicht:* So viel man weiß, entstand *Warten auf Godot* früher als *Der Namenlose* und die *Dialoge;* was Beckett zu jenem Zeitpunkt dachte, ist nicht entscheidbar. Und es geht in den Dramen nicht, wie in den Dialogen, primär um Künstler, sondern in der Regel um Personen, die zunächst alles andere sind als das. Die Aussagen über Künstlertum hier zurückgestellt zu lassen, erscheint mir deshalb als angemessen.)
Was übrig bleibt, in Becketts Stücken, die den metaphysischen Gegenstand ohne die Verwirrungen eines sprechenden ›ich‹ bieten können, hat in sich aufdrängender Deutlichkeit mindestens *einige* Eigenschaften, die Schopenhauer dem Ansich der Welt zuschrieb. Es war für ihn der letzte (uns unerreichbare) ›Grund‹ wie auch das letzte ›Subjekt‹ jedes Lebensprozesses und der Welt überhaupt. Als das Ding an sich ist der Kern der Welt nicht darstellbar; es gibt allerdings einige Eigenschaften an existierenden Personen, in denen er sich nach Schopenhauers Theorie *besonders deutlich objektiviert,* das heißt in seinem Wesen bildlich zeigt, ohne selbst ins Bild zu treten. Obwohl Beckett die Metaphysik Schopenhauers schon in *Proust* nicht pauschal übernahm, übernahm er doch *typische Prädikate* einer vom Willen bestimmten Existenz, die Schopenhauer aus jener Metaphysik herlei-

tete. Es sind eben die Prädikate, an denen sich für Schopenhauer die *wahre Natur* des Lebendigen am besten kundtut. Diese Eigenschaften sind ein Haupt-Thema in den Geschikken und in der Selbstverständigung von Becketts Dramenpersonen. Sie zu betrachten ist der letzte kleine Teil meiner Beschäftigung mit Becketts Literatur.

ESTRAGON	Ich hab Hunger
WLADIMIR	Willst du eine gelbe Rübe?
ESTRAGON	Gibt's nichts anderes?
WLADIMIR	Ich muß noch ein paar weiße haben.
ESTRAGON	Gib mir eine gelbe!
	Wladimir sucht in seinen Taschen, zieht eine weiße Rübe heraus und gibt sie Estragon.
ESTRAGON	*beißt hinein. Klagend:* Das ist eine weiße![11]

Schopenhauer meinte, das innere und wesentliche Schicksal alles Lebendigen sei einem *»unlöschbaren Durst«* zu vergleichen; die Basis des wollenden Lebens sei »Bedürftigkeit, Mangel, also Schmerz«.[12] Es sei darin »nirgends ein Ziel, nirgends endliche Befriedigung, nirgends ein Ruhepunkt«.[13] Auf allen Stufen seiner Erscheinung, am deutlichsten aber auf der Stufe menschlicher Existenz, zeige sich, daß »alles Leben Leiden«[14] sei.

Die *Bedürftigkeit* von Becketts Bühnenfiguren, die ohne reale Aussicht auf Befriedigung bleibt, und ihr *Leiden*[15] braucht man wirklich nicht zu suchen. Kaum zu Ende zu bringen ist die Reihe derer, die nach etwas verlangen, aber es nicht bekommen; oder auch derer, die etwas verlangen, es bekommen und (als hätte Schopenhauer den dramatischen

11 *Warten auf Godot* 21
12 Schopenhauer, W I, 427 f.
13 I, 424
14 I, 426
15 Pozzo sagt, bevor er endgültig geht, als letztes: »Sie gebären rittlings über dem Grabe, der Tag erglänzt einen Augenblick und dann von neuem die Nacht.« Wladimir nimmt diese Beschreibung des Lebens auf in seinem letzten Monolog und fügt das Leiden hinzu: »Rittlings über dem Grabe und eine schwere Geburt. Aus der Tiefe der Grube legt der Totengräber träume-

Handlungsplan entworfen) baldigst das Nächste verlangen. Das Nächste bekommen sie bei Beckett gewöhnlich nicht, oder nur in schlechterer Ausgabe. An der eben abgedruckten Stelle kriegt Estragon schließlich, auf seine erste Frustration hin, eine gelbe Rübe. Es ist die letzte. Als er das nächste Mal eine verlangt, geht der Dialog bekanntlich so:

Wladimir	Willst du ein Radieschen?
Estragon	Ist das alles, was da ist?
Wladimir	Es gibt Radieschen und weiße Rüben.
Estragon	Sind keine gelben mehr da?
Wladimir	Nein. Du übertreibst es mit den gelben.[16]

Wladimir will unablässig pinkeln, aber nie gelingt es ihm richtig. Das Höchste ist, daß er einmal nachts nicht aufzustehen braucht. Nagg will seinen Brei und kriegt einen Zwieback, den er nicht kauen kann. Hamm will sein Beruhigungsmittel; es gibt kein Beruhigungsmittel mehr. Hamm will auch (da fortpflanzungsfähige Lebewesen der Ausrottung zu überantworten sind) einen künstlichen Hund; Clov hat ihm einen gebastelt, aber erst mit drei Beinen und ohne Geschlecht; die Fertigstellung des Tier-Ersatzes findet in *dieser* Aufführung von *Endspiel* nicht mehr statt.

Möglicherweise ist die am stärksten ins Auge fallende Struktur, an der ein Moment aus Schopenhauers Kennzeichnung des Daseins sich wiederholt, das *Warten auf Godot* selber. Godot, wer er auch sein mag, wird von der dünnen Erinnerung und der noch dünneren Phantasie der Wartenden mit einer Reihe von Zügen ausgestattet, die allesamt nicht dazu taugen, ihn, sollte er denn kommen, auch zu *erkennen.* Kä-

risch die Zangen an. Man hat Zeit genug, um alt zu werden. Die Luft ist voll von unseren Schreien ...« Schopenhauer beginnt das Kapitel *Von der Nichtigkeit und dem Leiden des Lebens:* »Aus der Nacht der Bewußtlosigkeit zum Leben erwacht, findet der Wille sich als Individuum in einer end- und grenzenlosen Welt unter zahlreichen Individuen, alle strebend, leidend, irrend; und wie durch einen bangen Traum eilt er zurück zur alten Bewußtlosigkeit.« (*Warten auf Godot* 94; 96. Schopenhauer, W II, 733).

16 *Warten auf Godot* 71

me einer und gäbe sich fälschlich als Godot aus, hätten Wladimir und Estragon kaum ein Mittel, seine Anmaßung zurückzuweisen. Irgendwie erhoffen sie sich wohl, daß sie bei dem richtigen Godot zur Ruhe kommen, daß sie eine Schlafstelle, etwas zu essen und vielleicht auch etwas zu tun erhalten.[17] Sie hätten einen Platz, und ihr Leben hätte vielleicht sogar etwas wie eine zuverlässige Orientierung. Es scheint klar, daß es das letztere in der Welt, in der Wladimir und Estragon ihre Warterei abdienen, schwerlich geben kann. Viel plausibler erscheint, daß es in der besagten Welt nur Versprechen gibt, *die nicht gehalten werden*, wie die Versprechen, die ›Godot‹ durch den Knaben übermitteln läßt. So hat die Situation von Wladimir und Estragon den Zug, daß sie auf etwas warten müssen, dessen Kommen höchstens in der Weise des *Betruges* noch ein Moment von Wahrscheinlichkeit besitzt. (Es kommt ja auch einer, dessen Name in der Aussprache des Urtextes, wo die Betonung auf der zweiten Silbe liegen dürfte, sich von ›Godot‹ kaum unterscheidet; und die Wartenden geben erst, als er darauf insistiert, *Pozzo* zu sein, die Hoffnung, daß sie *Godot* getroffen hätten, auf.[18]) Käme ein falscher Godot und proklamierte seine Echtheit, dann wären das Erkenntnisvermögen und die Informationen der ›Helden‹ viel zu ärmlich, um ihm zu widersprechen.[19] Sie würden in kurzzeitigem Glück dem Be-

17 Vgl. *Warten auf Godot* 19-23

18 *Warten auf Godot* 24. (Der Urtext weist besser als die Übersetzung aus, daß auch Wladimir zuvor nicht sicher ist, ob es sich bei dem Ankömmling um Godot oder einen anderen handelt.)

19 Gäbe es einen ›richtigen‹ Godot und käme er dazu und stellte sich neben den falschen, dann müßten sie (unter Auswechseln der zuständigen Mahlzeit) wohl so entscheiden, wie Sosias im Angesicht zweier Amphitryone seine (*falsche*) Entscheidung trifft:
»Mein Seel, ich wußt es wohl. – Dies Wort, ihr Herrn,
Streut allen weitern Zweifel in die Lüfte.
Der ist der richtige Amphitryon,
Bei dem zu Mittag jetzt gegessen wird.«
(Kleist, *Amphitryon*, Dritter Akt, Fünfte Szene)

trug aufsitzen und bestenfalls im nachhinein sich fragen, ob es *das* gewesen ist, worauf sie warteten. Nimmt man ihre zwischendurch ergatterten Kurz-Befriedigungen, die bald neue Bedürftigkeit sichtbar machen, hinzu und verdeutlicht man sich noch ihren eigentümlichen Ort zwischen einer illusionären Zukunft und einer von Wladimir verklärend erinnerten Weinlese in der Vaucluse, dann kann man sie wohl als ein *Bild* für Schopenhauers Kennzeichnung willensgelenkten Daseins ansehen (wenn sie auch bestimmt *nicht* so direkt gemeint sind):

»Das Leben stellt sich dar als ein fortgesetzter Betrug, im Kleinen wie im Großen. Hat es versprochen, so hält es nicht; es sei denn, um zu zeigen, wie wenig wünschenswert das Gewünschte war: so täuscht uns also bald die Hoffnung, bald das Gehoffte. Hat es gegeben; so war es, um zu nehmen. Der Zauber der Entfernung zeigt uns Paradiese, welche wie optische Täuschung verschwinden, wann wir uns haben hinäffen lassen. Das Glück liegt demgemäß stets in der Zukunft oder auch in der Vergangenheit, und die Gegenwart ist einer kleinen dunklen Wolke zu vergleichen, welche der Wind über die besonnte Fläche treibt: vor ihr und hinter ihr ist alles hell, nur sie selbst wirft stets einen Schatten. Sie ist demnach allezeit ungenügend, die Zukunft aber ungewiß, die Vergangenheit unwiederbringlich.«[20]

55. Ich langweile dich hoffentlich nicht

Schopenhauers Haupt-Formel für die willensgesteuerte Existenz war die vom *Pendel zwischen Schmerz und Langeweile.* Das Hin und Her zwischen zugeordneten Formen des

20 Schopenhauer, W II, 733 f. Über das Leben als *eine Prellerei* spricht Schopenhauer in demselben Paragraphen, aus dem Beckett die Verbindung der Wörter *pensum* und *defunctus* nahm (W V, 353; oben S. 182). Etwas früher gibt es diese Verständigung über das Leben *ad interim:* »Daher heißt ›etwas Ersehntes erlangen‹ dahinterkommen, daß es eitel ist, und leben wir allezeit in der Erwartung des Besseren, auch oft in reuiger Sehnsucht nach dem Vergangenen. Das Gegenwärtige hingegen wird nur einstweilen so hingenommen und für nichts geachtet als für den Weg zum Ziel. Daher werden die meisten, wenn sie am Ende zurückblicken, finden, daß sie ihr ganzes Leben hindurch ad interim gelebt haben ...« (W V, 337).

Leidens, das für das ewige Schicksal des Willens kennzeichnend ist, sollte in dem Wechsel zwischen Schmerz und Langeweile sich am deutlichsten objektivieren. Schopenhauer meinte, mit diesen zwei Phänomenen die letzten, nicht weiter zerlegbaren Bestandteile des Daseins gefunden zu haben. Er faßte beide demnach auf wie die Elemente, aus denen sich die Vielfalt der lebendigen Erscheinungen zusammensetzt, in welche diese Vielfalt aber auch durch philosophische Analyse wieder zerlegt werden kann. Beckett bescheinigte in *Proust* ausdrücklich seine Zustimmung (verband nur das Bild vom Pendel mit Schopenhauers These, daß allein Leiden fähig mache, *wahre Realität zu erkennen* – die Langeweile sei in dieser Sache unergiebig).

Schmerz und Langeweile geben in Schopenhauers philosophischer Betrachtung des Existierens auch die Inhalte für das reale Trauerspiel ab, das sich mit den Subjekten beständig zuträgt; ein Natur-Trauerspiel, welches einerseits so täppisch, andererseits so trübselig verläuft, daß es in Schopenhauers Augen nicht einmal eine Kunstform dafür geben kann. Er hielt die *wahre* Tragödie der Normalpersonen, deren Handlung durch jene Formel zusammengefaßt ist, der künstlerischen Wiederholung nicht für zugänglich. Wir haben beim Diskutieren über Schopenhauers Tragödientheorie beobachtet, daß demnach seine eigene Vorstellung des Trauerspiels an den augenfälligsten Gegenständen seiner eigenen Weltbetrachtung gerade vorbeigeht. Schopenhauer konnte keine Form des Trauerspiels namhaft machen, die dem Gegenstand jenes Naturschauspiels gerecht geworden wäre. Dem, worin sich besonders getreu das An-sich der Welt vergegenständlicht, war in der ›Dichtkunst‹ keine Gattung oder Arbeitsweise gewachsen.

Vielleicht nicht mit Intention, aber sicher dem Faktum nach verhält Beckett sich anders. Wenn Schopenhauers Vormeinung von der künstlerischen Unfaßbarkeit des Pendels zwischen Schmerz und Langeweile irgendwo widersprochen wird, dann durch Becketts Dramen.

Alle Personen haben ihren eigenen Schmerz; Gogo seine scheuernden Füße, Didi seine zum Bersten volle Blase, Lukky Peitsche, Tritte, Strick. Nagg hat seinen Hunger und dann den harten Zwieback im zahnlosen Mund; Nell friert im Eimer auf ihrem Sand, Clov ist leidend an Augen und Beinen, Hamm ist blind, arthritisch und braucht den Katheter.

Vergessen Didi und Gogo oder Hamm und Clov oder Nagg und Nell für kurze Zeit ihre diversen Übel, und passiert auch sonst nichts, woran ihre Aufmerksamkeit haften könnte, dann *langweilen* sie sich.[21] Sie haben ein bestimmtes Repertoire von Mitteln, mit denen sie der Langeweile zu Leibe rücken, wenn sie zu sehr fühlbar wird. Zu den Mitteln gehört das Erzählen von Geschichten, vorzugsweise Witzen. Nur daß es, weil ihr fades Zusammensein schon endlos lange dauert, auch meistens endlos abgedroschene Geschichten sind, die sie einander bieten können. Daher, wenn der eine zu erzählen anfängt, der andere schon auf Durchzug schaltet. Denn was eigentlich für den Zeitvertreib gedacht ist, gerät, weil es zu oft benutzt wurde, zu einem Ereignis, an dem sich das Immer-Gleiche der gemeinsamen Situation nur noch deutlicher zeigt. Um die Lage erträglicher zu machen, erzählen sie Geschichten, und an den Geschichten wird das kaum Erträgliche der Lage heller als an irgend etwas anderem erfahren. Wie eine mildere Ausnahme, weil nur der Sache nach bekannt, aber offenbar noch nicht tausendmal erzählt, wirkt Wladimirs anfängliche Darbietung aus der Bibel. Trotzdem zeigt Estragon die Reaktion, welche die Personen dem gemeinsamen Geschichtenproviant schon bei den ersten Bewegungen des Auspackens durch den jeweils anderen entgegenbringen.

21 »Daß hinter der *Not* sogleich die *Langeweile* liegt, welche sogar die klügeren Tiere befällt, ist eine Folge davon, daß das Leben keinen *wahren echten Gehalt* hat, sondern bloß durch Bedürfnis und Illusion in *Bewegung* erhalten wird: sobald aber diese stockt, tritt die gänzliche Kahlheit und Leere des Daseins zutage.« (*Paralipomena* § 146)

WLADIMIR	Ach ja, ich hab's, die Geschichte der beiden Schächer. Erinnerst du dich?
ESTRAGON	Nein.
WLADIMIR	Soll ich sie dir erzählen?
ESTRAGON	Nein.
WLADIMIR	Dann vergeht die Zeit. *Pause.* Es waren zwei Diebe, die zusammen mit unserem Erlöser gekreuzigt wurden. Man ...
ESTRAGON	Mit unserem was?
WLADIMIR	Mit unserem Erlöser. Zwei Diebe. Man sagt, der eine sei erlöst worden und der andere ... *Er sucht das Gegenteil von erlöst* ... verdammt.
ESTRAGON	Wovon erlöst?
WLADIMIR	Von der Hölle.
ESTRAGON	Ich gehe. *Er rührt sich nicht*
WLADIMIR	Und doch ... *Pause.* Wie ist es möglich, daß ... Ich langweile dich hoffentlich nicht.
ESTRAGON	Ich hör gar nicht zu.[22]

Im Gegensatz zu praktisch allen anderen Personen scheint einer, mindestens bei seinem ersten Auftreten, relativ gesund zu sein. Wenn man davon absieht, daß er über seine Vergeßlichkeit und seine nachlassende Phantasie sich betrübt, wirkt *Pozzo* im ersten Akt wie jemand, der wenig zu klagen hat. Was sich dafür an ihm vielleicht noch deutlicher als an den übrigen zeigt, ist *languor, leeres Sehnen nach Objekt* (so hätte Schopenhauer es genannt). Der mächtige Mann, auf dessen Grund und Boden alle sich getroffen haben, will sich unterhalten. Er hat das Bedürfnis *menschlicher Gesellschaft.* Den zweifelhaften Herren Wladimir und Estragon wird von dem Mächtigen gedankt dafür, daß sie sich mit ihm unterhalten haben; es wird ihnen gesagt, sie seien anständig gewesen. Wahrscheinlich bestand ihre Anständigkeit darin, daß sie nicht weggingen, ihm mit halbem Ohr zuhörten, ein- oder zweimal Anerkennung heuchelten, ihn mit falscher Höflichkeit zu weiterem Bleiben einluden, ihm mit gespielter Neugier Fragen stellten, die er als Stichworte für sein Bramarbasieren nehmen konnte. »Sehen Sie, meine Freunde, ich kann

22 *Warten auf Godot* 13

nicht lange auf die Gesellschaft von meinesgleichen verzichten«, sagt Pozzo zu Beginn, als er sich überraschend bei den zwei Landstreichern niederläßt. »Selbst dann nicht, wenn sie mir nur unvollkommen gleichen«, fügt er hinzu. So kommt es zu einer äußerlich unmotivierten, in sich genauso ziellos wie die Reise wirkenden Rast. In ihrem Verlauf packt Pozzo *seinen* Unterhaltungsproviant aus. Als er dann mit dem Zeug am Ende ist, Gogo und Didi sich prompt von neuem langweilen, bietet Pozzo, da er sich in die Schrecken ihres Zustandes aufs beste einfühlen kann, den am Strick mitgeführten Lucky als Zugabe. Ob Lucky tanzen, singen, deklamieren, denken oder sonst etwas tun soll, fragt der mächtige Mann. Und genau vor dieser Frage, gleichsam als Ankündigung für das, was der Zerstreuung folgen wird, hat Pozzo ohne erkennbaren Grund gesagt: »Denn ich werde leiden, das ist sicher.«[23]

Vielleicht weil Pozzo nicht von Anfang an in der Situation festsitzt, sondern unvermutet auftritt, als einziger keine größeren Beschwerden hat und mit seiner Kraft und Leidensfreiheit nichts Besseres zu tun weiß, als ein erbarmungsloses Zeittotschlagen aufzuführen, wirkt er wie eine lebende Vignette zu Schopenhauers Theorie der *Geselligkeit*.

»Nun ist es aber sogleich sehr bemerkenswert, ..., daß, sobald Not und Leiden dem Menschen eine Rast vergönnen, die Langeweile gleich so nahe ist, daß er des Zeitvertreibes notwendig bedarf. Was alle Lebenden beschäftigt und in Bewegung erhält, ist das Streben nach Dasein. Mit dem Dasein aber, wenn es ihnen gesichert ist, wissen sie nichts anzufangen: daher ist das zweite, was sie in Bewegung setzt, das Streben, die Last des Daseins loszuwerden, es unfühlbar zu machen, ›die Zeit zu töten‹, d. h. der Langenweile zu entgehn. Demgemäß sehn wir, daß fast alle vor Not und Sorgen geborgene Menschen, nachdem sie nun endlich alle andern Lasten abgewälzt haben, jetzt sich selbst zu Last sind und nun jede durchgebrachte Stunde für Gewinn achten, also jeden Abzug von eben jenem Leben, zu dessen möglichst langer Erhaltung sie bis dahin alle Kräfte aufboten. Die Langeweile aber ist nichts weniger als ein gering zu achtendes Übel: sie malt zuletzt wahre Verzweiflung auf das Gesicht. Sie macht, daß Wesen, welche einander so

23 *Warten auf Godot* 43

wenig lieben wie die Menschen, doch so sehr einander suchen, und wird dadurch die Quelle der Geselligkeit.«[24]

Es ist nicht *nur* Pozzo, der diese Geselligkeitstheorie erfüllt; auf ihre eigene Weise tun es Didi und Gogo, Hamm und Clov genauso. Lieben können Didi und Gogo einander nicht. Mit Gleichgültigkeit erörtern sie das Auseinandergehen. Warum sie zusammenbleiben, und übrigens seit unübersehbar langer Zeit zusammen sind, wird aus der Warterei auf Godot genausowenig plausibel wie aus ihren kumpelhaften Umarmungen. Die glaubwürdigste Erklärung liefert vielleicht die Sache mit dem Aufhängen. Als sie erörtern, ob der Baum (alias Strauch alias Bäumchen) ihrem Versuch, sich aufzuhängen, dienlich sein kann, ist der Haupteinwand gegen das Gewächs dieser: Der Ast könnte das Erhängen des ersten Kumpels durchstehen, beim zweiten aber brechen. Der zweite hätte dann allein weiterzuleben. Mit der Entscheidungstheorie gesprochen: Die Präferenz für das Totsein ist größer als die für das Zusammen-Leben. Aber es handelt sich um eine Entscheidung unter Risiko, und weil beide weder die Tragkraft des Baumes noch ihr eigenes Gewicht sicher berechnen können und das Allein-Zurückbleiben als schlimmstes Übel in jedem Fall vermeiden wollen, tun sie in dieser Situation gar nichts; das Aufhängen wird vertagt bis zur Ankunft des Herrn Godot. »Warten wir ab, was er uns sagen wird.«[25] Sie bleiben beieinander, obwohl sie sich nicht sonderlich mögen, und pflegen eine dürftige Geselligkeit[26], weil das Dasein allein herumzubringen eine noch größere Quälerei wäre. Wenn sie sich in

24 Schopenhauer, W I, 429 f.

25 *Warten auf Godot* 19

26 Es paßt auf sie nicht allzu schlecht die Geschichte von den Stachelschweinen.
»Eine Gesellschaft Stachelschweine drängte sich an einem kalten Wintertage recht nahe zusammen, um durch die gegenseitige Wärme sich vor dem Erfrieren zu schützen. Jedoch bald empfanden sie die gegenseitigen Stacheln; welches sie dann wieder von einander entfernte. Wann nun das Bedürfnis der Erwärmung sie wieder näher zusammenbrachte, wiederholte sich jenes zweite Übel; so daß sie zwischen beiden Leiden hin- und hergeworfen wurden, bis sie eine mäßige Entfernung voneinander herausgefun-

Gefahr wähnen, klammern sie sich aneinander und wollen ihr Leben retten. Wenn die Gefahr vorbei ist, schätzen sie jede durchgebrachte Stunde desselben Lebens als Gewinn. »So ist die Zeit vergangen«, sagt Wladimir, als Pozzo und Lucky abgezogen sind. »Sie wäre sowieso vergangen«, antwortet Estragon. »Ja. Aber langsamer«, sagt Wladimir.[27]
Hätte Hamm den Clov nicht, der ihn auf- und zudeckt, wartet, im Zimmer herumfährt, für ihn aus dem Fenster guckt, ihm einen Hund bastelt, ihm den Bootshaken bringt, dann wäre sein Dasein noch ein Stück weniger erträglich. Er hat sogar kleine Freuden gehabt mit Clov, es gab eine Zeit, wo sie sich im Modus der Geselligkeit gemeinsame Vergnügen gönnten; und sie erfuhren auch das Schalwerden des Vergnügens durch das, was Beckett in der *Proust*-Schrift der Langeweile vor-ordnet.

HAMM Fahre mich unters Fenster. *Clov geht zum Sessel.* Ich will das Licht auf meinem Gesicht spüren. *Clov schiebt den Sessel.* Weißt du noch, am Anfang, wenn du mich spazieren fuhrst, wie dumm du dich dabei anstelltest? Du drücktest zu weit oben. Bei jedem Schritt kipptest du mich beinahe um! *Mit zitternder Stimme:* Hehe! Wir haben viel Spaß gehabt, wir zwei, viel Spaß! *Trübsinnig:* Dann haben wir uns daran gewöhnt ...[28]

den hatten, in der sie es am besten aushalten konnten. – So treibt das Bedürfnis der Gesellschaft, aus der Leere und Monotonie des eigenen Innern entsprungen, die Menschen zueinander; aber ihre vielen widerwärtigen Eigenschaften und unerträglichen Fehler stoßen sie wieder voneinander ab.« (Schopenhauer, W V, 765; Schopenhauer leitet in der Fabel aus dem Dilemma der Stachelschweine die Regeln der feinen Sitte ab; Gogos und Didis Rituale trüber Zweisamkeit ließen sich daraus sicher genausogut entwickeln.)
Selbst Pozzo, obwohl er zur Zeit seines ersten Auftretens Lucky wie einen Sklaven mißhandeln kann, fühlt sich von dessen Gegenwart auch bedrängt. Er hat seinen unmotiviert erscheinenden Zusammenbruch, den er gleich darauf nicht mehr wahrhaben will. (*Warten auf Godot* 37). Schopenhauer leitet auch den Charakterzug der *Bosheit* aus der Langeweile ab; das wird mit dem Pozzo von Akt I angemessen wiederholt (W I, 496).
27 *Warten auf Godot* 53
28 *Endspiel* 138 f. Wie die Gewohnheit hier als das auftritt, was das kurzfri-

Schopenhauer sah zumindest *ein* Mittel, um aus der Bewegung zwischen Schmerz und Langeweile herauszutreten. Es war das Betrachten des Daseins in der willenlosen Einstellung, die auch der Kunst zugrundeliegen und von ihr wieder hervorgerufen werden soll. Er erklärt sich unmittelbar nach seiner Herleitung der Geselligkeit über dieses Mittel. Was uns herausheben könne, sei »das reine Erkennen, dem alles Wollen fremd bleibt, der Genuß des Schönen, die echte Freude an der Kunst ...«[29] Aber die, die das Mittel zu benutzen wüßten, bezahlten dafür durch höhere Empfänglichkeit für Leiden; und so gleiche alles sich aus. Das *Mittel* versuchen einige Personen Becketts auch zu gebrauchen. Pozzo und Hamm gefallen sich in Literatur-Attitüden. Die Ergebnisse stellen nicht einmal ihre Urheber zufrieden. Lukky soll früher fähig gewesen sein, das Schöne, die Gnade, die allerletzten Wahrheiten mitzuteilen; aber eben nur früher; jetzt scheint er allein noch mit Leiden für sein vergangenes Privileg zu zahlen. In *Endspiel* ist die Bühne ausdrücklich ein *unmöblierter* Raum. Außer den Mülleimern, den kleinen zugezogenen Gardinen und Hamms Sessel gehört zum ständigen Inventar nur *ein* weiteres Objekt. Es ist ein Kunstgegenstand: ein Bild. Es hängt *umgedreht* an der Wand. Genau einmal im Verlauf der Handlung, gegen Ende, wird jemand darauf aufmerksam. Die Anweisung ist an dieser Stelle: *»Clov wird das Gemälde gewahr, nimmt es vom Haken, stellt es, weiterhin umgedreht, auf die Erde und lehnt es gegen die Wand.«*[30]

stige Vergnügen wieder in Langeweile einebnet, erinnert sich Wladimir an sie als das Mittel, welches auch das Leiden einebnet (und das mit Leiden zu öffnende Fenster zum Realen geschlossen hält – so erklärte Beckett in *Proust*). Wladimir setzt, nachdem er sich Pozzos Deutung der Existenz als eines Augenblicks zwischen Geburt und Sturz ins Grab zu eigen gemacht hat, hinzu: »Die Luft ist voll von unseren Schreien. *Er lauscht.* Aber die Gewohnheit ist eine mächtige Sordine.« (*Warten auf Godot* 96)

29 Schopenhauer, W I, 430

30 *Endspiel* 143 f. (Übersetzg. verändert)

56. Warum läßt du mich nie schlafen

Wo unter den Bedingungen des Pendels zwischen Schmerz und Langeweile so etwas wie *Glück* allenfalls zu finden sein mag, erläutern Estragon und Wladimir an den Punkten, an denen Estragon sich aus der Situation zurückzieht. Estragon besitzt, im Gegensatz zu Wladimir, die Gabe eines schnell einsetzenden Schlafs. Wladimir ist nicht bereit, ihm den Genuß dieser Gabe unnötig lange zukommen zu lassen. Er hat seinen Grund dafür. Die erste Szene dieser Art geht so:

ESTRAGON	... Schweigen wir ein wenig, ja?
WLADIMIR	*mit schwacher Stimme:* Ja, meinetwegen. *Estragon setzt sich wieder auf die Erde. Wladimir geht mit großen Schritten erregt auf und ab, von Zeit zu Zeit bleibt er stehen, um den Horizont abzusuchen. Estragon schläft ein. Wladimir bleibt vor Estragon stehen.* Gogo ... *Stille.* Gogo ... *Stille.* Gogo! *Estragon erwacht und fährt auf.*
ESTRAGON	*in den ganzen Schrecken seiner Situation zurückversetzt:* Ich schlief. *Vorwurfsvoll:* warum läßt du mich nie schlafen?
WLADIMIR	Ich fühlte mich einsam.[31]

Glück, meinte Schopenhauer, sei, wenn es im willensgelenkten Dasein überhaupt auftritt, *nur negativ*.[32] Nicht die Befriedigung von Wünschen gewähre ein irgendwie nennenswertes Glück, sondern – von den Ausnahmezuständen der ästhetischen Betrachtung und der echten Willensverneinung

31 *Warten auf Godot* 16 (Übersetzg. verändert)

32 »Alle Befriedigung, oder was man gemeinhin Glück nennt, ist eigentlich und wesentlich immer nur *negativ* und durchaus nie positiv ... Denn Wunsch, d. h. Mangel ist die vorhergehende Bedingung jedes Genusses. Mit der Befriedigung hört aber der Wunsch und folglich der Genuß auf. Daher kann die Befriedigung oder Beglückung nie mehr sein als die Befreiung von einem Schmerz, von einer Not ...« (Schopenhauer, W I, 438; vgl. oben S. 121)

abgesehen – höchstens das *Nichtvorhandensein von Leid.*[33] Da das Leben der Subjekte aber gewöhnlich nach dem Modell des Pendels organisiert ist, dessen beide Pole, wenngleich auf verschiedene Art, Leid darstellen, erscheint als die sicherste Quelle von Glück, solange das Leben dauert, *der Schlaf.* Selbst die, die man im Vergleich zu anderen, welche sich in Sklavenarbeit verbrauchen müssen, »glücklich« nennt, sind es in Schopenhauers Augen nur *relativ:* »Was man auch sagen mag, der glücklichste Augenblick des Glücklichen ist doch der seines Einschlafens wie der unglücklichste des Unglücklichen der seines Erwachens.«[34]
Estragon ist am glücklichsten, wenn er schläft, und er scheint etwas davon zu wissen; denn er beklagt das Erwachen. Wladimir ist, wenn Estragon schläft, noch unglücklicher als gewöhnlich, weil ihm das Linderungsmittelchen der Geselligkeit fehlt. Also weckt er Estragon grundsätzlich, sobald der sich in den Schlaf zurückgezogen hat, wieder auf. Die geplagteste Figur des Stückes, der mit einem Strick um den Hals an seinen Herrn gehängte Lucky, hat sich auch das Mittel des Schlafs entschiedener zu eigen gemacht (oder zu eigen machen müssen) als die anderen. Beim Stehen und Kofferhalten sinkt er regelmäßig langsam in sich zusammen, bis der Koffer den Boden berührt, und richtet sich dann plötzlich wieder auf. *»Rhythmus eines, der im Stehen schläft«*[35] ist die Regieanweisung. Wenn Lucky vollends hinfällt, hat Pozzo denselben Grund zur Klage wie Wladimir und reagiert auf seine Weise ähnlich. »*Er zieht an dem Strick.* Auf! Schwein! *Pause.* Jedesmal, wenn er hinfällt, schläft er ein. *Er zieht an dem Strick.* Auf, du Aas!«[36]
Für Hamm beginnt, als *Endspiel* angefangen hat, eine Art Tag. Clov hat ihn gerade aufstehen lassen. Gegenüber die-

33 Die oberste Regel einer philosophischen Glückslehre lautet in seiner Philosophie bekanntlich: »Der Vernünftige geht auf Schmerzlosigkeit, nicht auf Genuß aus.« (W IV, 483)

34 Schopenhauer, W II, 740.

35 *Warten auf Godot* 27 (Übersetzg. verändert)

36 *Warten auf Godot* 26

sem Helfer ist, wie berichtet, Hamms erste Mitteilung, daß er die Luft verpeste. Als zweites schon sagt Hamm zu Clov: »Mach mich fertig, ich will mich schlafen legen.«[37] Der Wunsch, fertig gemacht zu werden und schlafen zu gehen, gehört zum Wichtigsten, was Hamm überhaupt in diesem Stück vorhat. Er kommt mehrfach darauf zurück; nur daß Clov den Wunsch nicht erfüllt. Denn erstens ist es nicht die Zeit dafür, und zweitens hat Clov die Absicht, diese Stelle zu verlassen. Zur Verschlimmerung der Lage gehört, daß Hamm auch das Beruhigungsmittel, das den Schlaf möglich macht und das Ende des ›Tages‹ einleiten könnte, nicht bekommt. *Es gibt kein Beruhigungsmittel mehr.*[38] Hamm gönnt anderen nicht, was ihm selbst versagt bleibt. Nagg beklagt sich über ihn wie Estragon: »Ich schlief, ich war wie ein König, und du hast mich wecken lassen, damit ich dir zuhöre.«[39]

Verläßlicher als das Stillstehen des Pendels durch Schlaf erscheint, wenn man einmal zum Leben gekommen ist, nur der Tod. Hamm wünscht sich, von Clov erledigt zu werden. Er bietet ihm als Lohn den Zugang zum Speiseschrank. Clov sagt, er könne es nicht. Hamm befiehlt gegen Ende: »Leg mich in meinen Sarg.« Clov hat zu erwidern: »Es gibt keine Särge mehr.«[40] Die Zeit vor dem Geborenwerden wird aus

37 *Endspiel* 105

38 Im Englischen sagt Beckett »pain-killer« für »calmant«; aber die Position des Mittels, das das Ende des ›Tages‹ markiert (wenn nicht alles umgekehrt ist) bleibt bestehen; offensichtlich auch die Rolle des Beruhigens; »in the evening they calm you down«.

39 *Endspiel* 135 (Übersetzg. verändert). Umgekehrt fühlt sich auch Hamm von Nagg und Nell am Schlafen gehindert.

HAMM *überdrüssig:* Seid doch still, seid still, laßt mich doch schlafen. *Pause.* Sprecht leiser. *Pause.* Wenn ich schlafen könnte! Ich würde vielleicht lieben. In die Wälder gehen. Sehen . . . den Himmel, die Erde! Laufen! Fliehen! *Pause.* Natur! *Pause.* Es tropft, es tropft in meinem Kopf. *Pause.* Es ist ein Herz, ein Herz in meinem Kopf. *Pause.*

(*Endspiel* 113)

40 *Endspiel* 147

der Perspektive derer, die das Leben herunterdienen müssen, wie ein verlorenes Paradies gesehen; der Geburtsakt selber wie ein Unglück, eine Sünde oder Schlimmeres. Hamm verflucht seinen Erzeuger. Estragon fragt, ob sie bereuen sollen, geboren zu sein. Ihre Lage scheint Wladimir so übel, daß er über die Frage nur wie über einen Luxus lachen kann. Einmal setzt Hamm dazu an, von einem Verrückten zu erzählen, der glaubte, das Ende der Welt sei gekommen. Clov fragt, wann das gewesen sei.

HAMM	Oh, es liegt weit, weit zurück. Du warst noch nicht auf der Welt.
CLOV	Die goldene Zeit![41]

Als das Spiel zu Ende gehen soll, oder besser: sich dem nähert, was aufführungstechnisch ›Ende‹ heißt, will Hamm den Clov überraschen mit der Botschaft: »Ich bin nie dagewesen.« Clov läßt es sich einmal wiederholen und gibt dann zurück: »Du hast Schwein gehabt.«[42]

Das Dasein selber, das zwischen einer verwünschten Geburt und einem erhofften Tod sich erstreckt, hat den Charakter von Strafe und Buße; und der Ort, dem es gleichgestellt wird, ist die Hölle. Wie Schopenhauer beides begründete, ist bekannt.[43] Wie das Dasein in *Endspiel* erfahren wird, spricht

41 *Endspiel* 128

42 *Endspiel* 145. Wladimir hat einmal eine ähnliche Idee, nur daß statt Nicht-Sein der Schlaf gesetzt ist. Die Worte leiten den Monolog ein, in dem er am Ende so etwas wie ein Resümee seiner Erfahrungen zusammenstellt.

WLADIMIR	Habe ich geschlafen, während die anderen litten? Schlafe ich denn in diesem Augenblick? Wenn ich morgen glaube, wach zu werden, was werde ich dann von diesem Tage sagen? ...

(*Warten auf Godot* 95)

43 »Denn das menschliche Dasein, weit entfernt, den Charakter eines *Geschenks* zu tragen, hat ganz und gar den einer kontrahierten *Schuld*. Die Einforderung derselben erscheint in Gestalt der durch jenes Dasein gesetzten dringenden Bedürfnisse, quälenden Wünsche und endlosen Not. Auf Abzahlung dieser Schuld wird in der Regel die ganze Lebenszeit verwendet: doch sind damit erst die Zinsen getilgt. Die Kapitalabzahlung geschieht

Clov – vielleicht stellvertretend für andere – gleich zu Anfang aus. Er beginnt sein Spiel damit, daß er das herbeigewünschte Ende vor die Aufmerksamkeit bringt. Es ist als Ende beschrieben wie das Ende eines Pensums, dessen Teile man ableistet, indem man Körnchen zusammenträgt.

CLOV *mit starrem Blick und tonloser Stimme:* ... Ende, es ist zu Ende, es geht zu Ende, es geht vielleicht zu Ende. *Pause.* Ein Körnchen kommt zum anderen, eins nach dem anderen, und eines Tages, plötzlich, ist es ein Haufen, ein kleiner Haufen, der unmögliche Haufen. *Pause.* Man kann mich nicht mehr strafen. *Pause.* ...[44]

Wie einige andere Personen darf auch Clov, als seine Rolle für dieses Mal bis zum Ende des Stückes gespielt ist, ein paar Worte sagen, in denen so etwas wie ein Fragment seiner Deutung des Geschehenen (oder beständig Geschehenden) enthalten ist. Hamm fordert ihm die Worte sogar ab, indem er verlangt, er möge ihm zum Schluß, zum Auseinandergehen, noch etwas sagen, was aus dem Herzen kommt. Clov bedient seinen Auftraggeber diesmal schlecht. Hamm ist von der Darbietung enttäuscht und hat genug, als Clov noch immer weiterredet und dann sagt, wie er sich *jetzt* sehen kann. Mit dem gleichen Blick und der gleichen Stimme wie zu Anfang (»regard fixe, voix blanche«) kommt er auf die Hoffnung, daß man ihn nicht mehr strafen werde, zurück.

CLOV *desgleichen:* Ich sage mir ... manchmal, Clov, du mußt noch besser leiden lernen, wenn du willst, daß man es satt kriegt, dich zu strafen ... eines Tages. Ich sage mir ... manchmal, Clov, du mußt noch

durch den Tod. – Und wann wurde diese Schuld kontrahiert? – bei der Zeugung. – Wenn man demgemäß den Menschen ansieht als ein Wesen, dessen Dasein eine Strafe und Buße ist – so erblickt man ihn in einem schon richtigeren Lichte.« (Schopenhauer, W II, 743) »Man hat geschrieen über das Melancholische und Trostlose meiner Philosophie: es liegt jedoch bloß darin, daß ich, statt als Äquivalent der Sünden eine künftige Hölle zu fabeln, nachwies, daß, wo die Schuld liegt, in der Welt, auch schon etwas Höllenartiges sei ...« (W II, 744).

44 *Endspiel* 104

besser da sein, wenn du willst, daß man dich gehen läßt ... eines Tages ...[45]

Das Ende des Bestraftwerdens wäre nur zu erreichen durch noch besseres Leiden; noch besseres Leiden würde die Schuld (das Pensum) des Daseins schneller tilgen. Noch besseres Da-Sein, das heißt das eigene Bestrafungs-Leben[46] noch besser vollziehen, könnte dazu führen, daß man eines Tages gehen darf.

Zum Wichtigsten an Gogo und Didi, Hamm und Clov gehört, daß sie ihre Situation, die der Hölle verglichen wird[47], verlassen wollen. Estragon und Wladimir möchten *gehen*. Das ist der Vorschlag, den Estragon beständig macht, dem Wladimir einwendet, daß sie auf Godot zu warten hätten, dem er am Schluß der Akte jedesmal zustimmt, und den sie beide doch nicht ausführen. Clov will von Beginn an, daß es *endet*. Für ihn hat das mögliche Ende auch den Zug, daß er von Hamm weggeht. Einmal sagt ihm Hamm schlankweg, er

45 *Endspiel* 149

46 »Um allezeit einen sichern Kompaß zur Orientierung im Leben bei der Hand zu haben und um dasselbe, ohne je irrezuwerden, stets im richtigen Lichte zu erblicken, ist nichts tauglicher, als daß man sich angewöhne, die Welt zu betrachten als einen Ort der Buße, also gleichsam als eine Strafanstalt, a penal colony ...« (*Paralipomena* § 156).

47 Als Hamm sich herumfahren läßt, in seinem Sessel, kommt er auch an die Wand und legt die Hand daran. Dabei sagt er unter anderem: »Alte Wand! *Pause.* Jenseits ist ... die andere Hölle ...« (*Endspiel* 117; Satz verändert)

Wladimir spricht zu Beginn über die beiden Schächer. Es scheint, daß er geneigt ist, seine und Estragons Lage mit dem Problem der Schächer in eine Beziehung zu setzen. Wovon einer der Schächer erlöst worden sei, fragt Estragon. »Von der Hölle«, antwortet Wladimir. Ein paar Dialogbrocken weiter ist Estragon mit der Vermutung an der Reihe. Er fragt: »Von der Hölle?« (*Warten auf Godot* 13 f.)

Ein Kennzeichen für die Höllenhaftigkeit des Existierens in der Welt sah Schopenhauer darin, »daß einer der Teufel des andern sein muß« (W II, 740). Hamm fragt Clov: Ich habe dich zuviel leiden lassen. *Pause.* Nicht wahr? CLOV Das ist es nicht. HAMM *entrüstet:* Ich habe dich nicht zuviel leiden lassen? CLOV Doch. (*Endspiel* 106)

möge doch gehen. Clov rührt sich nicht, sondern stößt nur einen Seufzer aus. Hamm erinnert ihn: »Ich dachte, ich hätte dir gesagt, du solltest gehen.« Clovs Antwort ist: »Ich versuch's ... Seit meiner Geburt ...«[48] Hamm will nicht nur, daß er selber stirbt, sondern auch, daß alles Leben mit ihm endet – alles *fortpflanzungsfähige* Leben; das Leben Clovs scheint er dessen nicht mehr für fähig zu halten. Eifersüchtig und ängstlich wacht er darüber, daß kein Wesen übrig bleibt, von dem her sich neues Leben produzieren könnte. Clov findet auf seinem Körper bekanntlich einen Floh.

HAMM Einen Floh! Gibt es noch Flöhe!
CLOV *sich kratzend:* Auf mir ist einer. Es sei denn, es ist eine Filzlaus.
HAMM *sehr beunruhigt:* Von da aus könnte sich ja die Menschheit von neuem entwickeln! Fang ihn, um des Himmels willen![49]

Genauso wie es für Didi und Gogo, Hamm und Clov kennzeichnend ist, daß sie ihre Lage verlassen wollen, ist es auch kennzeichnend, daß sie ihre Lage *nicht verlassen.* Jeder erinnert sich, daß Wladimir und Estragon, nach gefaßtem Beschluß zu gehen, *sich nicht bewegen.* Daß Clov nur das Reisekostüm anzieht, sich mit Schirm, Koffer und Regenmantel behängt, aber nicht geht, sondern *unbeweglich stehenbleibt.* Daß Hamm nicht stirbt, nicht einschläft, nicht in seinen Sarg gelegt wird, sondern in seinem Sessel verharrt. Beckett hat im englischen Text die Regieanweisung des Schlusses verändert, indem er etwas hinzufügte. Dazu gehört die Vorschrift für Hamms allerletzte Haltung. Sie heißt: *»remains motionless.«*

48 *Endspiel* 110
49 *Endspiel* 121. Hamm verhält sich gemäß Schopenhauers Wertung über das Leben auf der Erdoberfläche: »Wenn man, soweit es annäherungsweise möglich ist, die Summe von Not, Schmerz und Leiden jeder Art sich vorstellt, welche die Sonne in ihrem Laufe bescheint; so wird man einräumen, daß es viel besser wäre, wenn sie auf der Erde sowenig wie auf dem Monde hätte das Phänomen des Lebens hervorrufen können, sondern, wie auf diesem, so auch auf jener die Oberfläche sich noch im kristallinischen Zustande befände.« (W V, 352)

Das Thema von *Warten auf Godot* ist *Da-Sein und Nicht-Gehen-Können.* Das Thema von *Endspiel* ist *Da-Sein und Nicht-Enden-Können.* In dem, was es heißt, da zu sein und dieser elementaren Verwicklung nicht entkommen zu können, scheint die Hauptsache im dramatischen Gang der beiden Stücke zu bestehen. Die Strukturen der Verwicklung werden erkundet und entfaltet; das Sich-Auflösen wird erhofft; die Unauflöslichkeit wird vorausgesagt; am Ende wird die Unauflöslichkeit festgestellt und (ausdrücklich oder ohne Worte) anerkannt. Dann gibt es nichts mehr zu sagen.

In beiden Stücken wissen die Personen, oder ahnen mindestens, daß sie eine ähnliche Geschichte schon früher abgespielt haben. Sie wissen auch, oder ahnen mindestens, daß sie eine wiederum ähnliche (vielleicht in ein paar Variablen zum Schlimmeren fortentwickelte) Geschichte bei der nächsten Gelegenheit wieder aufführen müssen. Als Pozzo und Lukky nach ihrem ersten Durchzug verschwunden sind, sagt Wladimir, die beiden hätten sich sehr verändert. Estragon gibt vor, sie nicht zu kennen. Wladimir besteht darauf, daß sie sie schon früher gesehen haben. Dasselbe sagt Wladimir zu dem Jungen, der die Nachricht des Herrn Godot zu bringen hat. Am Ende sind sie sich einig, daß sie morgen wieder auf Godot warten werden. Wladimir scheint sogar sicher zu sein, daß auch der Junge wieder kommen, wieder seine Nachricht hersagen und wieder behaupten wird, er kenne Wladimir nicht, und er sei auch nie hier gewesen.

Es ist ein Moment von eigener Entscheidung in ihrem Nicht-Handeln. Niemand, so weit man sehen kann, würde sie hindern zu gehen. Deshalb erscheint ihr bewegungsloses Verharren nach dem förmlich gefaßten und mitgeteilten Beschluß »wir gehen« wie etwas Absurdes und wird oft genug auf bloße Absurdität verrechnet. Schon nach der Bedürfnistheorie von Becketts *Proust*-Schrift ist es aber konsequent, daß sie in ihrer Lage bleiben, obwohl sie den gleichen Mißerfolg des Wartens für den nächsten Abend voraussehen; und vielleicht auch für alles, was hier ›Zukunft‹ heißen kann. Beckett: »So befinden wir uns vielmehr in der Position des Tantalus, mit diesem Unterschied: Daß wir es selbst zulassen, wie Tantalus gequält zu werden.«[50] Das ist eine allgemeine Aussage über die wahre (gewöhnlich von den ›Opfern‹ unerkannte) Situation der Personen in der Welt. Gogo und Didi tun nichts, als sich gemäß Becketts Aussage zu verhalten. Beckett wieder leitete in *Proust* die Unerfüllbarkeit von Bedürfnissen ab aus den Bedingungen des Existierens in der *Zeit*. Auf klare zeitliche Ordnung scheint er in diesen Dramen verzichtet zu haben; mindestens was die Erfahrung derer angeht, die die ›Handlung‹ abbüßen müssen. Der Teilsatz »daß wir es selbst zulassen, wie Tantalus gequält zu werden« war jedoch schon in *Proust* von der Zeit-Analyse unabhängig. Wenn es dort eine Begründung für ihn gab, dürfte sie am ehesten daraus stammen, daß die Individuen als *wollende* Lebewesen konzipiert sind, daß ihr Wille alle ›normalen‹ Lebensäußerungen durchdringt und sich selbst dabei nicht in Frage stellt. Ausdrücklich behauptete das zuständige Teilstück von Schopenhauers Theorie des wollenden Lebewesens, daß der Wille in ihm grundsätzlich und ohne besonderen Akt *sich selbst bejaht*. Die Selbstbejahung des Willens zum Leben war gedacht wie ein Analogon zum Prinzip der Selbsterhaltung *(conservatio sui)*, das auch nicht eigens bewußt beschlossen werden muß, um in Kraft zu sein. So bei der tantalushaften Warterei von Wladimir und Estragon. Sie lassen es selbst zu, wie Tantalus gequält zu werden, weil das zur Struktur ihrer selbst als wollender Lebewesen in einer Welt gehört, in welcher es glaubwürdige, illusionsfreie Befriedigung nicht gibt. Was es statt dessen gibt, und was mit dem Wollen selbst akzeptiert wird, beschrieb Schopenhauer mit den Wendungen, die wir kennen: »Nirgends ein Ziel, nirgends endliche Befriedigung, nir-

50 *Proust* 13; vgl. oben S. 197–201

gends ein Ruhepunkt«[51]; »unser Zustand ... ein so elender, daß gänzliches Nichtsein ihm entschieden vorzuziehen wäre«[52]; »eine Art Verirrung«[53]; »eine Reihe fehlgeschlagener Hoffnungen, vereitelter Entwürfe und zu spät erkannter Irrtümer«.[54]

Hamm und Clov wissen, daß sie es zum soundsovielten Male miteinander spielen. Daß das Spiel auch immer das Spiel des *Endens* ist. Sie sind, genauso wie Wladimir und Estragon, gemessen an menschlichen Zeitvorstellungen *uralt;* der immer wiederholte Versuch zu enden wird von Wesen unternommen, die längst außerhalb zeitlicher Vorstellungsmuster stehen (wie auch Molloy, Malone, der Unnennbare und andere von Becketts Personen, die trotz äußerster Totenähnlichkeit immer noch irgendwie weitermachen und weitermachen müssen).

Hamm und Clov wissen ebenfalls, daß sie das Enden, wie alle vorigen Male, so auch dieses Mal nur *spielen.* Daß es kein wirkliches Enden ist, wie sehr sie das auch wünschen mögen. Sie wissen, daß das Endspiel nur das Spiel eines Endes ist, welches *nicht eintritt.* Nachdem er sich den Rat gegeben hat, noch besser zu leiden, damit man es endlich satt werde, ihn zu strafen, stellt Clov fest: »Gut, es wird also nie enden, ich werde also nie gehen.«[55] Er stellt sich noch einige mögliche Veränderungen vor, die vielleicht einem Enden verglichen werden können; sie sind von der Art, wie sich Malone verändert oder der Unnennbare verändert: Weiter von der Menschenähnlichkeit weg und hin zu einer Gestalt, für die ein wahres Enden wenigstens wahrscheinlicher wäre als für die eigene. In dieser Richtung ist Clovs letzter Gedanke einer kommenden Form seiner selbst, daß er als krumm gewachsenes, des Aufrichtens nicht mehr fähiges Gestell

51 W I, 424 52 W I, 445 53 W V, 379 54 W V, 379

55 *Endspiel* 149. Vorher haben sich die beiden über die Zukunft so verständigt:

CLOV: ... Glaubst du an das zukünftige Leben?

HAMM: Meines ist es immer gewesen ... (*Endspiel* 130)

gleichsam automatenhaft geht (*es* geht), und daß er dann fällt: »Wenn ich falle, werde ich weinen vor Glück.«[56] Aber auch das, nach der Lebens-Logik Molloys, Malones, des Unnennbaren und so fort, wäre noch lange nicht gleichbedeutend mit einem *Ende*.

Hamm kündigt, als es auf der Bühne aufzuhören beginnt, genauso wie zu Beginn an, daß er jetzt *spiele*. Dann sagt er die Worte, die den Status wie den Erfolg, das heißt: seit jeher bestimmten Mißerfolg dieses Spiels verkünden. »Altes, von jeher verlorenes Endspiel, Schluß damit, nicht mehr verlieren.«[57] Der französische und der englische Text gehen auseinander; wieder so, daß Beckett in seiner englischen Übertragung etwas hinzufügt und die Lage damit klarer macht: »Vieille fin de partie perdue, finir de perdre.« – »Old endgame lost of old, play and lose and have done with losing.« Das alte (oft gespielte) Endspiel, in dem das Ende immer neu herbeigewünscht, aber nicht erreicht wird, ist, weil es nicht enden kann, das heißt, sein Ziel nicht einlösen kann, von alters her ein *verlorenes*.

Im Schach gibt es Endspiele, die nicht gewonnen werden können; das heißt, sie können nicht zu einem erspielten Ende kommen. Für einen, der in diesen Endspielen die Initiative hat und sie gewinnen will, ist der permanente, für die Unendlichkeit absehbare Mißerfolg zwar nicht den Regeln nach, aber doch im Vergleich zu seiner Absicht und Hoffnung ein *Verlieren*. Für jeden Spieler überhaupt, dessen Haupt-Ziel das *Enden* ist, gilt, gleich welche Steine er führt, in diesen Endspielen dasselbe.[58] Am Schluß gibt Hamm den Stand des Wettkampfs bekannt: »Egalité« oder »Deuce«.

56 *Endspiel* 149. Zwischendurch hat Clov wirklich gesagt: »Puis un jour, soudain, ça finit« – aber er hat es sofort abgeschwächt, so, wie der Unnennbare es abschwächen könnte »ça change, je ne comprends pas, ça meurt, ou c'est moi, je ne comprends pas, ça non plus ...«

57 *Endspiel* 150

58 Vielleicht spielen Hamm und Clov auch ein Endspiel, in dem jeder Spieler das Ziel des Selbstmatt verfolgt. Das wäre für solche, die *enden*

Die gedruckte deutsche Übersetzung ist nicht ganz glücklich: »Null zu Null«.[59] Das könnte wie ein Endergebnis klingen. Der französische und englische Ausdruck bedeuten den Gleichstand der Kräfte oder Positionen in einem Kampf, der andauert. So hat auch Beckett die Anweisungen für Clov im englischen Text umgeschrieben, derart, daß die absolute Gleichheit der Positionen beider Spieler am Anfang und am Ende ausdrücklich festgehalten ist; wie in einem Schach-Endspiel, das nach dem erfolglosen Versuch zu enden wieder die Position erreicht, von welcher der Versuch ausgegangen ist, und von neuem (vielleicht mit Varianten) unternommen werden muß.[60]

Hamms und Clovs Endspiel ist so angelegt, daß es seit langer Zeit oder seit Urzeiten gespielt wird, nicht enden kann und in diesem Sinn verloren ist. Das einzige, was Hamm zu tun bleibt, ist, daß er sich auffordert zu *spielen* und zu *verlieren* (das heißt *nicht* zu enden) und zu hoffen (oder zu wünschen oder sich zu befehlen), daß es aufhört mit dem Verlieren. Das Aufhören des Verlierens *wäre* das Enden. Nur daß Hamm höchstens so tun kann, als sei Clov gegangen (er steht regungslos bei der Tür), oder höchstens so tun kann, als gehe es mit ihm selbst zu Ende (er bleibt in seinem Sessel und bringt sich in die Position, die er zu Anfang innehatte, mit dem Taschentuch über dem Gesicht). Daß es mit ihm

wollen, konsequent. (In ungefährer Näherung spielen diese Art des Schach schon Murphy und der glänzende *Mr. Endon*. Murphy spielt sich absichtlich in eine Situation, in der Endon ihn mit minimalem Aufwand mattsetzen könnte. Als Endon nicht darauf eingeht und sogar seine schlagbereite Dame außer Position bringt, *gibt Murphy auf*.) Endspiele mit dem Ziel des Selbstmatt sind *so gut wie nie zu gewinnen*. Sie sind wirklich Endspiele, die fast immer schon bei ihrem Beginn verloren sind. Nur unter extrem glücklichen und für normales Schach sehr künstlichen Umständen kann ein Selbstmatt erzwungen werden.

59 *Endspiel* 150

60 Die Textveränderung betrifft dieses Mal den Anfang des Stückes; Bekkett hat im englischen Text die Anfangsposition Clovs seiner Endposition wörtlich angeglichen.

wirklich *zu Ende* sei, bloß weil er seine Pfeife weggeworfen hat und ankündigt, nicht mehr sprechen zu wollen, wird nach den Maßstäben für ein Ende in Becketts Arbeiten keiner glauben.

Das *Endspiel* ist zugleich eine Theater-Aufführung, die von den Personen bewußt als solche vollzogen wird. Es wird vorgespielt, daß man ende; man weiß aber, daß man nur die Spielzüge einer Aufführung herunterquält. Hamm sagt von sich, er *spiele*, als er das Taschentuch in Anschlag bringt und seine letzte Pose einnimmt (die so gut wie die erste ist). Daß das Spiel von Hamm selbst als ein bühnenhaft vorgeführtes erfahren wird, zeigt sich aufs deutlichste an den Interpretationen seiner selbst als *Schauspieler*, die er von den ersten Worten an in seinen Text streut. Kurz vor dem Spiel-Ende kündigt er Clov den letzten Monolog an; die Bemerkung unmittelbar vorher deklarierte er als ein *Beiseite*. Wenige Brocken davor wieder hat Clov, der mehr *leidet*, also auch mehr *Einsicht hat*, ihn um etwas gebeten.

CLOV	*flehend:* Laß uns aufhören zu spielen!
HAMM	Nie! *Pause.* Leg mich in meinen Sarg.
CLOV	Es gibt keine Särge mehr.[61]

Mit dem Schach gesprochen ist Clovs Bitte das Angebot des Aufgebens oder schwächer, des Remis; in jedem Fall ist sie die Bitte, das Endspiel *abzubrechen*. Hamm nimmt nicht an. Mit dem Theater gesprochen ist Clovs Bitte der Wunsch, mit dem Spiel definitiv aufzuhören; Hamm lehnt ab; es wird weiter *gespielt*, daß man ende. Aufgehört wird nie.

58. Sie sind auf der Erde, dagegen gibt es kein Mittel

Wenn wir bis jetzt irgend etwas wissen: Wir wissen nicht, *warum* die Figuren eine Partie zu spielen haben, die nicht enden kann, oder warum sie das Theaterstück vom Enden aufführen müssen, in dem ein glaubwürdiges Ende nicht

61 *Endspiel* 147

vorkommt. Das nicht zu gewinnende Endspiel und das mit kleinen Variationen sich immer weiter fortspielende Stück sind offensichtlich nur Bilder für die Art, wie die Personen zu existieren haben. Warum *diese* Bilder gewählt werden und gelten sollen und keine anderen, kann mit ihrer eigenen Logik nicht mehr erklärt werden; man braucht einen Grund an der Sache selbst, für die das Nicht-Enden-Können ein Bild abgibt; das heißt man braucht einen Grund, der zeigt, daß die Sache selber eine Ähnlichkeit mit eben diesen Bildern hat; vielleicht sogar unter einem gewissen Blickwinkel ein solches Bild selber *ist.*

Hamm hat einige Male in der Zwischenzeit einen Grund zu erkennen gegeben. Eine der Bemerkungen, die sich wiederholt, steht in Hamms Geschichte (seinem Roman, wie er vorzieht zu sagen); die Geschichte hat für ihn, ähnlich wie für Pozzo dessen poetische Versuche, den Stellenwert des Sich-Erheben-Wollens mit der Kunst, und des Nicht-Könnens. In der Geschichte sagt Hamm zu dem Bettler, der Brot will für sein Kind: »Aber überlegen Sie doch, überlegen Sie, Sie sind auf der Erde, dagegen gibt es kein Mittel!«[62]

So war Schopenhauers Bild für das Leben unangesehen der Individualität: Es ist wie der Mann, der fürchtet oder sich wünscht, vom Erdball herunterzufallen. Von ihm sagt Schopenhauer gleichfalls, er sei auf der Erde; dagegen gebe es kein Mittel. Er möge sich bitte keine Illusionen machen. Es ist hier der Ort, einige von Schopenhauers Aussagen, wiewohl wir Teile davon schon kennen, in Erinnerung zu rufen.

»Die Gegenwart allein ist das, was immer da ist und unverrückbar feststeht. Empirisch aufgefaßt das Flüchtigste von allem, stellt sie dem metaphysischen Blick, der über die Formen der empirischen Anschauung hinwegsieht, sich als das allein Beharrende dar, das ›Nunc stans‹ der Scholastiker. Die Quelle und der Träger ihres Inhalts ist der Wille zum Leben oder das Ding an sich – welches wir sind. Das, was immerfort wird und vergeht, indem es entweder schon gewesen ist oder noch kommen soll, gehört der Erscheinung als solcher an, vermöge ihrer Formen, welche das Entstehn

62 *Endspiel* 133

und Vergehn möglich machen. Demnach denke man: Quid fuit? – Quod est. – Quid erit? – Quod fuit.«[63]

Die Unterscheidung eines *empirischen* Blickes und eines *metaphysischen* Blickes hat Beckett in *Proust* nicht wörtlich, aber sinngemäß nachvollzogen: Der *empirische* Blick ist der, der an der karikaturhaften Oberfläche haftet und durch die Gewohnheiten der Alltagswahrnehmung sich steuern läßt. Er hat immerhin den Vorteil, daß er sich durch die Mittelchen der Gewohnheit über das Leiden, das die Existenz der eigenen Person zuletzt darstellt, hinwegtäuschen kann. Der *metaphysische* Blick ist der des Künstlers, welcher nicht die Karikatur auffaßt, sondern die wahre Realität. Der Künstler, welcher der *Langeweile zu leben* das *Leiden zu sein* vorzieht, gewinnt auch den Blick auf das, was das Leiden zu sein erst erschließt: *das Reale.* Es ist ausdrücklich als ein nicht-empirisches Reales ausgewiesen; es heißt auf der Stufe von *Proust* die *Idee,* das *ideale Reale,* und nimmt die Stelle dessen ein, was Schopenhauer mit Platon das *wahrhaft Seiende* nannte.

Wieviel von einer Ideenlehre in *Endspiel* und *Warten auf Godot* zurückgeblieben ist, läßt sich schwer entscheiden. Aber sicher ist zurückgeblieben ein passendes Bild für das, was außerhalb normaler Raum-Zeit-Verhältnisse und überhaupt außerhalb normaler Erfahrungsformen, also auch *außerhalb der Individualität* nach Schopenhauer ›Leben‹ noch heißen kann. Das Entstehen und Vergehen sei nur scheinbar: »Was war? – Das, was ist. – Was wird sein? – Das, was war.« So gilt es in den Grenzen kleiner Variationen für *Warten auf Godot* und für das *Endspiel* in ähnlicher Weise. Vor dem metaphysischen Blick, der die Formen der Individualität zurückgelassen hat (und höchstens noch mit ihnen spielt), sieht die wahre Situation der Personen so aus, daß sie auf einer Erde sind, von der sie nur in der Illusion, nicht in der Realität herunterkönnen. Die Zeit vergeht auch nur in der Illusion, nicht in der Realität, und *real* ist eine nicht endende

63 Schopenhauer, W I, 385 f.

Gegenwart mit Lebendigem in tantalushafter Lage. Es sind augenscheinlich nicht mehr Ideen als Gattungs- oder Charaktertypen, welche die Personen in dieser Kunst darzustellen haben. Vielmehr ›objektivieren‹ sie auf eine von Raum, Zeit und Individuation freie Weise den Grundzug oder die ursprüngliche Situation von Lebendigem, dessen Wesen Schopenhauer in jenem ›Ding an sich‹ gesehen hätte.

»Wie aber auf der Erdkugel überall oben ist, so ist auch die Form alles Lebens *Gegenwart*, und den Tod fürchten, weil er uns die Gegenwart entreißt, ist nicht weiser als fürchten, man könne von der runden Erdkugel, auf welcher man glücklicherweise nun gerade oben steht, hinuntergleiten. Der Objektivation des Willens ist die Form der Gegenwart wesentlich, welche als ausdehnungsloser Punkt die nach beiden Seiten unendliche Zeit schneidet und unverrückbar feststeht, gleich einem immerwährenden Mittag ohne kühlenden Abend; wie die wirkliche Sonne ohne Unterlaß brennt, während sie nur scheinbar in den Schoß der Nacht sinkt: daher, wenn ein Mensch den Tod als seine Vernichtung fürchtet, es nicht anders ist, als wenn man dächte, die Sonne könne am Abend klagen: ›Wehe mir! ich gehe unter in ewige Nacht.‹ – Hingegen auch umgekehrt: wen die Lasten des Lebens drücken, wer zwar wohl das Leben möchte und es bejaht, aber die Qualen desselben verabscheut und besonders das harte Los, das gerade ihm zugefallen ist, nicht länger tragen mag: ein solcher hat nicht vom Tode Befreiung zu hoffen und kann sich nicht durch Selbstmord retten; nur mit falschem Scheine lockt ihn der finstere kühle Orkus als Hafen der Ruhe. Die Erde wälzt sich vom Tage in die Nacht, das Individuum stirbt: aber die Sonne selbst brennt ohne Unterlaß ewigen Mittag. Dem Willen zum Leben ist das Leben gewiß: die Form des Lebens ist Gegenwart ohne Ende; gleichviel wie die Individuen, Erscheinungen der Idee, in der Zeit entstehn und vergehn, flüchtigen Träumen zu vergleichen.«[64]

Der Unnennbare zeigt trotz aller Unterschiede so etwas wie eine Familienähnlichkeit mit der ›Welt‹ der Stücke; und in

64 Schopenhauer, W I, 387 f. Man bemerkt die Spannung in Schopenhauers Aussagen über Sonne und Gegenwart: Dem empirischen Blick der Figuren scheint die Vergangenheit und die Zukunft sonnig, die Gegenwart bewölkt (oben S. 331); der metaphysische Blick, den die Bühnenpersonen in Momenten der Einsicht auch haben können, sieht das wahre Wesen des Lebens außerhalb der Zeit, ein Wesen, das keine Zukunft, keine Vergangenheit hat, sondern immer nur Gegenwart – und auch dieses Wort nur uneigentlich genommen. Was in Wahrheit stattfindet, ist das unaufhörliche (weil außerzeitliche) Brennen einer schmerzenden Sonne.

diesem Buch ist *spätestens* (in der Folge von Becketts Romanen) die Individualität als Form des ›Lebens‹ zurückgelassen. Gilt das auch für die Dramen, dann sind die ›Individuen‹ der Stücke nur Teile der Bühnenkonvention; wie es ein Oben, Unten, Vorher, Nachher geben muß, gibt es auch Schauspieler, die man agieren sieht, und ›Charaktere‹, die sie darstellen. Die wahre Logik in den Erfahrungen jener ›Charaktere‹ scheint aber nicht die der Individualität zu sein, sondern die des Lebens *außerhalb der Individuenform*.[65] Als Leben außerhalb dieser Form ist es so dargestellt, wie Schopenhauer das Schicksal des Lebens, sofern es ein Vollzug des Dinges an sich ist, beschrieb. Es bejaht sich beständig, ohne es zu wissen, und vollzieht das Leiden, das es ist, ohne sich selbst voll zu verstehen. Es ist (mit Becketts Vergleich) in der Position des Tantalus, der selbst zuläßt, wie Tantalus gequält zu werden. Mit dem Leben empirischer Personen teilt es, ein Leiden unter »unlöschbarem Durst« zu sein, ein »Konkrement von tausend Bedürfnissen« und überhaupt »Bedürftigkeit, Mangel, also Schmerz«.[66] Nur daß es für das Leben, mit *metaphysischem* Blick angesehen, die Schein-Erlösung, die der persönliche Tod den Individuen vorspielt, nicht gibt. Vor dem Blick, der die Individuenform nicht mehr verbindlich findet, erscheint das Leben als ein beständig brennender Mittag der Bedürftigkeit; eine unverlierbare, aber auch unverlaßbare, schmerzhafte Gegenwart. Für sie gilt, weil dieser ›Gegenwart‹ eine echte Ablösung in der Zeit, ein wirkliches Nachher fehlt, in viel schlimmerem denn einem zeitlichen Sinn Clovs Wort: »Es wird also nie enden«. *Warten auf Godot* und *Endspiel* sind, mit Schopen-

65 Vielleicht ist das der Grund dafür, daß Becketts Zentralpersonen mit dem Gedanken des willentlichen Todes (des sogenannten Selbstmordes) zwar manchmal spielen, aber ihn nicht aktiv vollziehen. Er ist von einem Gesichtspunkt außerhalb der Individuenform her gesehen – mindestens nach Schopenhauer – sinnlos. Gogos und Didis Beratschlagung würde dann, wie vieles in den Bühnenvorgängen, zum *Spiel* mit dieser Form gehören.

66 Schopenhauer, W I, 428

hauer und mit Becketts früher Ästhetik angesehen, metaphorische, in Bühnen- und Augenkonvention übersetzte Darstellungen der Sache, die ein ›metaphysischer Blick‹ als das wahre Wesen des Lebens erkennen muß. So liegt es frei, wenn der Schleier der Maja davon abgezogen ist.

59. Da es so gespielt wird, spielen wir es so

Hamm und Clov als Teilnehmer eines Bühnenstücks haben auch den Zug, daß sie von ihrer Teilnehmerschaft wissen und sie als zwanghaften Ablauf selbst erfahren. Keiner von ihnen, wie sie auch jeder auf seine Weise das Aussteigen wünschen,. kommt aus dem Spielen des Endspiels heraus. Noch die letzten Handlungen sind von Hamm (genauso wie seine ersten Worte) als ein Spielen ausgewiesen.[67] *Endspiel* ist eine auf dem Theater wiederholte Aufführung; nicht ein Spiel im Spiel, sondern ein Stück über das unablässige Aufführen-Müssen eines Stückes.

Wir wissen, daß Schopenhauer dem metaphysischen Blick zutraute, nicht nur das Leben der Personen als ein Theater anzusehen, sondern die Welt überhaupt mit sämtlichen Ereignissen, gleich welcher Objektivationsstufe des Dinges an sich sie zugehören. Er übernahm das Bild vom Welttheater; nicht nur in Angelegenheiten personalen Lebens, sondern für ›Geschichte‹ und Schicksal des Dinges an sich im ganzen. In der Welt gewinnt das Ding an sich eine objekthafte Anschauung seiner selbst; die Welt überhaupt ist nur da, weil das Ding an sich die Tendenz hat, sich zu objektivieren und durch Betrachten seiner eigenen Objektivation ein indirektes

67 Selbst Clovs Berichte beim Aus-dem-Fenster-Sehen könnten gespielt sein. Sie wären dann eine Mauerschau im klassischen Sinn, nur eine obendrein noch bewußt als Spiel vollzogene. Daß draußen gar nicht das Meer oder irgendwelches Land ist, sondern vielleicht nur der nächste Trakt eines Wohnblocks aus ähnlichen Räumen, liegt nahe bei Hamms Bemerkung, als er die Hand an die Wand legt. »Alte Wand! *Pause.* Jenseits ist ... die andere Hölle« (117).

Bewußtsein seiner selbst zu gewinnen. »Seine Selbsterkenntnis und darauf sich entscheidende Bejahung oder Verneinung ist die einzige Begebenheit an sich.«[68] Das für diesen Zweck angezettelte »große Lust- und Trauerspiel« führt der Wille auf eigene Kosten auf; er ist letztlich selbst der Autor, der Regisseur, der einzige Zuschauer und der einzige Leidtragende. Deshalb ist darüber auch »von keiner Seite weiter eine Klage zu erheben«[69]; denn die Welt ist gerade so, wie der Wille, der sich in ihr auslebt, sie will.

Im Leben der Personen gelange das Ding an sich zur höchsten Form seines Selbstbewußtseins. Im Leiden der Personen gewinne es (außerhalb des Bereichs der Kunst) die deutlichste Ahnung seiner wahren Natur. Mit Schopenhauers Ausdruck kann man von Becketts Stücken sagen, sie seien *Theater des metaphysischen Blicks.* Für den metaphysischen Blick gelten nicht die Grundstrukturen der normalen Erfahrung. Wo in den Stücken von Raum oder Zeit gesprochen wird, ist deren Wahrnehmung von vornherein korrupt. Wo etwas als Individuum auftritt, wird es als ein Schein durchschaubar; spätestens dann, wenn ihm von dem Gang der Dinge das falsche Versprechen eines Todes, der ein *Ende* wäre, gebrochen ist. Die Figuren von *Endspiel* haben mit größerer Deutlichkeit als andere von Becketts Charakteren[70] die vage Vermutung, Teil einer zwanghaften Darbietung für einen möglichen Zuschauer zu sein, den sie nicht kennen.

68 Schopenhauer, W I, 264

69 W I, 453

70 Wladimir sagt sich am Ende, daß auch ihn ein anderer sieht (einer, der nicht im Stück auftritt). Winnie (in *Glückliche Tage*) sagt etwa dasselbe. Obwohl nicht der Technik nach Dramenfiguren, haben auch der Unnennbare und der Erzähler von *Wie es ist* das Bewußtsein, *gesehen* zu werden und demnach für einen anderen – wenngleich nicht im engeren dramatischen Sinn – etwas darzustellen. Für den ›Helden‹ von *Film* ist Wahrgenommenwerden so viel wie *Sein.* Nimmt man Schopenhauers Aussage über die ›einzige Begebenheit an sich‹ wörtlich, dann ist auch in seiner Philosophie Sein (sofern es Begebenheit ist) = Wahrgenommenwerden. Das eine, unvergängliche Subjekt solcher Wahrnehmung ist das Ding an sich in seiner Rolle als ›ewiges Weltauge‹. (W I, 390)

Während die Normalpersonen nicht begreifen, daß sie nur durch ihre Würdelosigkeit von Tragödienfiguren unterschieden, mit täppischen Lustspielcharakteren aber gleichbedeutend sind[71], ›leben‹ die Personen des *Endspiel* und handeln auch mit einem Gefühl, daß sie als Spielende mindestens gesehen werden *könnten*.[72] Vielleicht haben sie deshalb auch selbst das kärgliche Fragment einer metaphysischen Perspektive.

Im Trauerspiel, meinte Schopenhauer, büßten die Helden die Schuld des Daseins ab. Beckett bekräftigte das in *Proust*. Was die tragische Figur zu sühnen habe, sei »die ursprüngliche und ewige Sünde ihrer und all ihrer ›socii malorum‹, die

71 Schopenhauer, W I, 442 (wie zitiert): »So muß ... unser Leben alle Wehen des Trauerspiels enthalten, und wir ... im breiten Detail des Lebens unumgänglich läppische Lustspielcharaktere sein.«

72 Hierher gehört die bekannte Verständigung Hamms und Clovs darüber, ob sie etwas bedeuten.

CLOV	Warum diese Komödie, jeden Tag?
HAMM	Die Routine. Man kann nie wissen. *Pause.* Diese Nacht habe ich in meine Brust gesehen. Darin war eine große Wunde.
CLOV	Du hast dein Herz gesehen.
HAMM	Nein, es lebte. *Pause. Ängstlich:* Clov!
CLOV	Ja.
HAMM	Was geht eigentlich vor?
CLOV	Etwas geht seinen Gang.
	Pause
HAMM	Clov!
CLOV	*gereizt:* Was ist los?
HAMM	Wir sind doch nicht dabei, etwas zu ... zu ... bedeuten?
CLOV	Bedeuten? Wir, etwas bedeuten? *Kurzes Lachen.* Das ist aber gut!
HAMM	Ich frage es mich. *Pause.* Wenn ein vernunftbegabtes Wesen auf die Erde zurückkehrte, wäre es nicht versucht, sich Gedanken zu machen, wenn es uns lange genug beobachtete? *Mit der Stimme des vernunftbegabten Wesens:* Ah, gut, ich sehe, was es ist, ich verstehe, was sie machen! ...

(*Endspiel* 120 f.; Übersetzg. verändert)

Die Auseinandersetzung zwischen Adornos unvergleichlicher Lesart für diese Stelle und der Lesart, die Schopenhauer (und der Beckett von *Proust*) wählen müßte, möge der Leser selbst führen.

Sünde, geboren zu sein.«[73] *Am Ende* des Trauerspiels aber, so glaubte Schopenhauer zu beobachten, werde den Helden so etwas wie Einsicht in die gemeinsame Natur alles Seienden zuteil. Was die empirischen Personen gewöhnlich nicht zustandebringen, das Heraustreten aus der Illusion, gelinge den tragischen Helden durch das erfahrene Übermaß an Leid. Zugleich gelinge ihnen das Heraustreten aus der mechanisch-unbewußten Selbstbejahung des Willens zum Leben. Das freiwillige, resignierende Aufsichnehmen weiteren Leidens und des schließlichen Todes sei das äußerliche Zeichen davon. So werde ihnen die einzige Haltung möglich, mit der ein Lebendes *als* Lebendes sich dauerhaft[74] erlösen könne: Die *Verneinung des Willens zum Leben.* Daß diese Haltung den Helden zugänglich werde und den Zuschauern wenigstens als mögliche Lebensform ins Bewußtsein trete, war Schopenhauers neue Interpretation der tragischen Erfahrung.

Am Schluß von *Endspiel*, das haben wir vorhin angeführt, sagte Clov, worin vielleicht so etwas wie *Befreiung* bestünde:

»Ich sage mir ... manchmal, Clov, du mußt noch besser leiden lernen, wenn du willst, daß man es satt kriegt, dich zu strafen ... eines Tages. Ich sage mir ... manchmal, Clov, du mußt noch besser da sein, wenn du willst, daß man dich gehen läßt ... eines Tages.«[75]

Das *Endspiel* ist, in Schopenhauers Betrachtungsweise, sowohl *wahrer* als auch *gnadenloser* denn die herkömmliche Tragödie. Wahrer, weil seine Personen von Anfang an wissen, daß sie spielen. Gnadenloser, weil sie am Ende weder sterben noch auch die erlösende Haltung zum Lohn für ihre Leiden einfach geschenkt bekommen. Die Haltung wird ih-

73 *Proust* 67

74 Die Erlösungen der ästhetischen Betrachtung und des Anschauens von Kunst sind immer nur vorübergehend. Dauerhaft wäre allein ein endgültiges Heraustreten aus der »Kreisbahn von glühenden Kohlen«, deren immer neues Durchlaufen das Dasein ausmacht.

75 *Endspiel* 149

nen bestenfalls in einer gleichsam unendlichen Entfernung *sichtbar*; ob sie sie je einnehmen können, wissen sie nicht. (Bekanntlich erschien sie auch Schopenhauer *außerhalb* der Tragödie als eine Sache der Gnade.[76]) Immerhin kann das Sichtbarwerden, das Clov zukommt, so etwas wie ein minimales Überbleibsel von *Erkenntnis* abgeben. An diesem Überbleibsel hätte man den Rest eines Hervortretens von Einsicht, wie es sich die Philosophen seit alters vom Trauerspiel erhofften.

Vielleicht ist übrigens Hamms Sich-Schicken in die Spielregeln eine Art Signal dafür, daß er die Resignation, das Sich-nicht-mehr-Wehren gegen das Unvermeidliche, ähnlich wie Clov aus unüberbrückbarer Distanz zumindest in den Blick bekommt: »Da es so gespielt wird ... *er faltet das Taschentuch auseinander* ... spielen wir es so ...«[77] Ob das so aufgenommen werden muß, bleibt offen. Immerhin wäre ein solcher Gedanke Hamms die Vorstellung, daß man auf das Endenwollen (das Nicht-mehr-Verlieren-Wollen) den Rat anwenden könnte, den Beckett in *Proust* mit Zustimmung weitergibt: Daß die Weisheit nicht in der Erfüllung, sondern in der Ausmerzung des Verlangens bestehe.

76 Oben S. 115 ff. So wie Clov das, was er sich für die Zukunft erhofft, nicht *verstehen* kann, blieb in Schopenhauers Theorie die Deutung für das endgültige Verneinen des Willens zum Leben unverständlich. Genauso unverständlich erscheint dem ›normalen‹ Bewußtsein schon der bloße Wunsch, den Willen zu wenden und so zu werden wie die »welche dann nur noch seine [des Willens] letzte Spur mit dem Leibe ... verschwinden zu sehn abwarten«. Über das Befremdliche und der Person *Unverfügbare* dieser Umwendung spricht Schopenhauer am deutlichsten auf den letzten Seiten der *Welt als Wille und Vorstellung* (W I, 557 f.). Die allerletzten Worte von Schopenhauers Hauptwerk sind wie das Verkünden einer Erlösung, die Clov sich nicht angeeignet hat, aber in der Distanz wenigstens sehen kann: »Wir bekennen es vielmehr frei: was nach gänzlicher Aufhebung des Willens übrigbleibt, ist für alle die, welche noch des Willens voll sind, allerdings nichts. Aber auch umgekehrt ist denen, in welchen der Wille sich gewendet und verneint hat, diese unsere so sehr reale Welt mit allen ihren Sonnen und Milchstraßen – nichts.« (W I, 558)

77 *Endspiel* 151 (Übersetzg. verändert)

Bemerkung

60. »Schopenhauer angewandt«

Die Aussagen, die ein Werk unumwunden übersetzen oder auch nur eine bestimmte Leseweise zur Verbindlichkeit erheben wollen, sprechen über es hinweg. Ohnehin haben Becketts Arbeiten das Eigene, daß sie sich vor den Wörtern, mit denen man sich über sie verständigen will, zurückziehen. Daß die Anwendung von Schopenhauers Philosophie darin nicht in der Weise der gewollten Bebilderung geschehe und daß dergleichen auch von keinem ernsthaften Stück Literatur erwartet werden könne, habe ich zu Anfang gesagt. Daß mein Sprechen von der »Anwendung Schopenhauers« deshalb zu Teilen das Mich-Bewegen in einer Redefigur sei, auch. Ich benutze die Redefigur, weil ich denke, daß Beckett sich Schopenhauers Philosophie sehr früh zu eigen machte und daß bis zu den letzten Arbeiten, die wir von ihm kennen, Stücke dieser Philosophie darin weiterleben – in der Weise, in der Gedanken fortexistieren und sich fortentwikkeln, ohne daß ihr Träger unablässig ein Bewußtsein der geschichtlichen Bezüge zu haben braucht. Es sind nicht zufällige oder am Rand gelegene Stücke von Schopenhauers Philosophie, sondern solche, in denen er das Eigentümliche seines Blicks auf die Kunst und auf das Dasein der Personen am deutlichsten ausspricht. In diesem Sinn sind sie ›zentrale‹ Teile seines Systems.

Ich denke, es konnte gezeigt werden, daß Becketts Schrift über Proust, wo sie sich theoretischer Mittel bediente, sehr vieles von jenen zentralen Stücken aus Schopenhauers Philosophie zur Grundlage nahm. Die Werkzeuge des Redens über Literatur wurden verändert und auf einen neuen Gegenstand der philosophischen Kunstbetrachtung eingestellt. Auch Partien dessen, was man ›Grundlage‹ nennen darf, wurden neu gedeutet; Beckett befreite sie von den Bindungen an eine Tradition bildsäulenhafter Idealität und zeigte,

wie man sie für unvermutet neue Kunsterscheinungen gebrauchen kann. Aber es belegte sich auch, vielleicht am klarsten noch durch die verschwiegenen Rückgriffe auf Schopenhauer an Punkten, die Beckett seinem Leser nicht auswies, daß der Autor beim Schreiben über Prousts Werk beständig Schopenhauers Philosophie gegenwärtig hielt und mit jenem Werk, wie auch mit seinem eigenen Text, verglich. (Übrigens hat man herausgefunden, daß Beckett Teile der *Proust*-Schrift, wo über Prousts *A la recherche du temps perdu* nur referiert wird, aus Sekundärliteratur zusammenstellte. Um so stärker scheint mir das Gewicht Schopenhauers in dem Essay zu werden: Von seiner Philosophie übernimmt Beckett neben einigen System-Ecksteinen auch Winzigkeiten der Formulierung, die er schwerlich in einem Werk über Schopenhauer hätte entdecken können.)
Von Becketts literarischen Arbeiten habe ich nur eine Auswahl betrachtet. Weil zwischen den Teilen dieser Auswahl Lücken offen bleiben und weil ich auch an den herausgegriffenen Arbeiten immer nur Einzel-Züge (von manchmal kleiner, manchmal größerer Tragweite) abgehandelt habe, kann ich nicht versucht sein, aus dem bis jetzt Notierten ein fortlaufendes curriculum über das Auftauchen von Schopenhauers Denkelementen in Becketts Werk zurechtzuklügeln. Das ist gut so. Denn über das jetzt Geschriebene hinaus Zusammenhänge sehen zu wollen, die so etwas wie eine ›Entwicklungsgeschichte‹ abgäben, oder wie man ähnliche Konstruktionen nennen mag, könnte aus bloßem Systemzwang das, was vielleicht an Richtigem vorhanden ist, nachträglich noch verfälschen. Es scheint immerhin, daß sich mindestens vier verschiedene und nicht glatt aneinanderliegende Weisen unterscheiden lassen, wie Teile von Schopenhauers Philosophie in Becketts Literatur sich wiederfinden. Ich habe diese Weisen des Auftretens zu beschreiben, aber die Verwerfungen zwischen ihnen nicht wegzubügeln versucht. (Es ist zu vermuten, daß man zu meinem Bestand an Beobachtung noch vieles mehr hinzubringen kann; auch noch einige andere

›Formen‹ oder ›Weisen‹ des Gebrauchs von Material aus Schopenhauers Ästhetik und Metaphysik.)
Belacqua und Murphy sind Personen, die von außen beschrieben werden. Murphy ist deshalb auch ein Subjekt, dessen Erlebnisse des Sich-Auflösens von Erfahrungswelt und Selbst nicht den Prozeß des Erzählens selber umformen. Der Erzähler ist nicht Murphy, und sogar da, wo sein Bericht die innersten Teile von Murphys Person erreicht (in dem Kapitel über Murphys Geist und den Partien kurz vor dem Brand, in dem Murphy umkommt), bleibt dieser Bericht die Arbeit eines anderen. Die Ähnlichkeiten von Murphys ekstatischen Anschauungen mit Schopenhauers ästhetischer Betrachtung konnten trotzdem markiert werden – und auch trotz der aus anderen Quellen genommenen Substanzmetaphysik, mit welcher Murphy selbst sich ein Bild von großer und kleiner Welt ausdenkt. Für mich sind das Verschwinden der Erfahrungswelt, das Sich-Auflösen des Selbst, die proklamatorisch hervorgehobene Willenlosigkeit, das ›selige‹ Anschauen einer anderen, niemals aus den Fugen zu bringenden Wirklichkeit, das selbstvergessene Wahrnehmen musikähnlicher Formen diejenigen Züge an Murphys Visionen, die Schopenhauers ästhetischer Betrachtung am nächsten kommen. Aber Murphy ist nicht primär als eine Person beschrieben, die künstlerische Gebilde hervorbringt und eben dafür lebt; deshalb ist die Beschreibung seiner ekstatischen Zustände nicht mit Aussagen über das Umsetzen in ein Werk verbunden.
Moran, die zweite ›Hauptperson‹ des Romans *Molloy*, ist nach den Kennzeichnungen der *Proust*-Schrift und auch Schopenhauers nur sehr oberflächlich ein ›Agent‹. In der Wirklichkeit seines Bewußtseins und seines Lebens ist er eine Person mit unbedingt künstlerischen Haltungen. Die wichtigere Weise seines Zugangs zu dem ›Gegenstand‹ seiner ganzen Arbeit deckt sich mit Beschreibungen, die Beckett in *Proust* für den Künstler bereithielt. Im Lauf seiner Geschichte erwirbt er sich eine Autonomie, die in der Bindung

an eine unpersönliche, innere Instanz besteht. Es ist die gleiche Instanz, die in späteren Teilen der Romantrilogie und anderen Prosa-Arbeiten Becketts die *Sache* der Erzählung überhaupt vorgibt. Morans neue Integrität, die er zugleich mit der Verkrüppelung seines Körpers und dem Verzicht auf sämtliche Wahrzeichen des normalen Wohlbefindens gewinnt, deckt sich mit der eigentümlichen Unversehrbarkeit derer, die in Schopenhauers Philosophie wie in Becketts *Proust*-Schrift durch freiwillig angenommenes Mißgeschick sich von der Oberfläche der Welt abgewandt und ihrem Blick ein »Fenster zum Realen«, zum *wahrhaft Seienden* geöffnet haben.

Der Unnennbare (im offiziellen Deutsch *Der Namenlose*) hat nicht mehr eine irgendwie greifbare Erzählerperson, wie noch Moran es ist. Das Buch verwirklicht im Prozeß seiner Fortbewegung selber in mehrerlei Hinsicht ein Nicht-mehr-unterschieden-Sein von Subjekt und Objekt, erkennbar radikaler und weiter reichend, als Schopenhauer und auch der Beckett von *Proust* es sich als Zeichen künstlerischer Erfahrung oder Grundlage des Machens von Kunst einfallen ließen. Das Buch ist ein Unternehmen, in dem ein ›Erzähler‹ mit der eigenen ›Person‹ und dem eigenen Sprechen von vornherein die Grenzauflösungen vollzogen hat, die Schopenhauer und Beckett früher nur in der Theorie nennen konnten – und zusätzliche Grenzauflösungen obendrein. Trotz aller Unwirklichkeit, sogar logischen Unmöglichkeit seines ›Lebens‹ deutete der Unnennbare selber eben dieses ›Leben‹ aber immer noch sporadisch mit Formeln, die Beckett in *Proust* nachweisbar aus Schopenhauer herübertransportiert hatte. (›Nachweisbar‹ in den Grenzen, in denen Aussagen über Begriffs-Beförderungen nachweisbar sind.)

Die Dramen haben keinen sich selbst – und sei es auch durch ein Sich-Widersprechen – darstellenden Erzähler mehr. Es ist plausibel, daß die ästhetische Theorie engeren Sinnes *in den Aktionen und Reden* der sogenannten Handelnden höchstens noch verballhornt auftritt. Ich habe nur über zwei

Dramen geschrieben. In ihnen wird auf der Bühne etwas durchgespielt, was zu sehen Schopenhauer allein einem ›metaphysischen Blick‹ zutraute; für das er eine Kunstform aber nicht wußte. Was Schopenhauer als ›Trauerspiel‹ kannte und in seinen Abschnitten über die Tragödie beschrieb, wirkt gegen Becketts Dramen wie eine einseitige, an einem bestimmten Realitätsaspekt haftende Kunst-Arbeit. Von Schopenhauers Metaphysik her gesehen sind *Warten auf Godot* und *Endspiel* Stücke, die die Formen von Raum und Zeit (also auch *Individuation*) zwar in der Bühnentechnik und der Schauspielerei benutzen, sich aber in der Logik des dramatischen Ablaufs nicht mehr, oder höchstens noch auf unredliche Weise an sie halten. So werden die Inhalte der Stükke, wenn man ihrem Gang aus Schopenhauers Perspektive folgt, zur bildlichen Übersetzung für ein ›Wesen des Lebens‹, das Schopenhauer für nicht darstellbar, aber auch in seiner illusionslos zur Kenntnis genommenen Gestalt für ›wahrer‹ als jede herkömmliche Tragödie gehalten hätte.

61. »Schopenhauer neu gewendet«

Zu Beginn wurde die Vermutung ausgesprochen, daß der ästhetische Entwurf von Becketts *Proust*-Schrift als ein Ausgangspunkt genommen werden könne, auf dem der Autor beim Anfang seiner schriftstellerischen Arbeit stand, von dem er sich aber auch schrittweise entfernte. Daß sich, ähnlich wie bei Nietzsche (dessen *Geburt der Tragödie* gleichfalls ein ästhetisch-metaphysischer Entwurf auf der Basis von Schopenhauers Philosophie ist) die Veränderung der frühen Themen und Behauptungen bis in Arbeiten verfolgen ließe, die zeitlich sehr weit davon entfernt liegen.
Es war leicht, die Veränderungen anzugeben, die Beckett schon in der *Proust*-Schrift gegenüber Schopenhauers Theorie anbrachte. Diese Veränderungen hatten selbst den Status theoretischer Maßnahmen. Vieles an ihnen war auf erkenn-

bare Weise veranlaßt durch Prousts Werk. Einiges wahrscheinlich auch durch Prousts Selbst-Deutungen. Die wichtigste Veränderung dürfte das Umstellen der ästhetischen Theorie auf ein anderes Konzept von *Idee* gewesen sein. Beckett nahm »die Idee« weiterhin, wie Schopenhauer, als ein Wort für das außerzeitliche, außerräumliche Wesen oder Urbild von Teilen der Erfahrungswelt. Aber er dachte nicht mehr an Gattungs-Urbilder, sondern eher an Situations-Urbilder; und zwar so, daß zu dem Urbild ein bestimmtes, als wesenhaft aufgefaßtes Verhältnis zwischen einer Person und der Welt, in der sie zu leben hat, gehört. Ich versuchte, dem gerecht zu werden mit der Wendung, für den Beckett der *Proust*-Schrift sei die Idee »die wahre Weise des Lebewesens, in seiner Welt zu sein«.

Die wichtigeren Veränderungen gegenüber dem historischen Orientierungspunkt Schopenhauer hat der Autor Beckett augenfällig durch die literarische Arbeit selbst vollzogen. Einiges an der Literatur, die wir besprachen, kann in bestimmten Hinsichten gelesen werden wie das wörtliche Einlösen von Aussagen aus Schopenhauers Philosophie. Aber es ist ein Einlösen, das Schopenhauer selbst punktuell für unmöglich gehalten hätte, weil es andere Hinsichten gibt, in denen Beckett sich an Schopenhauers Kunsttheorie nicht mehr hält. Doch er läßt Schopenhauers Philosophie nicht zurück in der Weise des Wegwerfens, sondern er läßt sie zurück, indem er *die Grenzen des Machbaren erweitert.* Die Erweiterung geht entschieden über das, was die *Proust*-Schrift der Ästhetik Schopenhauers an ›Modernisierung‹ hinzufügte, hinaus.

Murphy als eine Person, die sich dem quid pro quo der Erfahrungswelt mit ihren Pensen, Zensuren, Begehrensobjekten verweigert und hofft, seinen Willen in Staub fallen zu sehen, kann auf Ähnlichkeiten und Unterschiede zu Schopenhauers Philosophie noch ziemlich einfach abgefragt werden. Es entstehen keine grundsätzlichen Schwierigkeiten bei dem Versuch, ihm eine Liste von Eigenschaften zuzuordnen, einschließlich derer seines Geistes und der selbstvergessenen Visionen, in die er sich dort verlieren kann. Es ist nicht im Prinzip schwierig, diese Liste mit Schopenhauers Beschreibung des herausgesetzten Anschauens wahrer Realität zu vergleichen, sowie mit seinen Aussagen über die Lebensweise derer, die den Einfluß ihres Willens zurückzudrängen und nur noch für ihren Kontakt mit jener Realität da zu sein versuchen. Beim Gegenüberstellen würde man Unterschiede und Gemeinsamkeiten finden und namhaft machen können. Und einiges bliebe unentscheidbar, weil Becketts Arbeit keine Dissertation in Charakterologie, sondern ein Roman ist. Diese Lage beim Sprechen über eine literarische Figur ist *epistemisch normal.*

Schon Moran, wie ähnlich er dem Künstler der *Proust*-Schrift und etwas entfernter auch Schopenhauers ›Genie‹ sein mag, ließe ein so direktes Verfahren, wollte man es betreiben wie ein Stück vergleichender Persönlichkeitsbetrachtung, nicht mehr ohne weiteres zu. Er hat seinen Bericht vom Ende her in den Status des bewußt Widersprüchlichen gesetzt. Es heißt am Schluß des Romans *Molloy,* in Morans Niederschrift: »Dann ging ich in das Haus zurück und schrieb: ›Es ist Mitternacht. Der Regen peitscht gegen die Scheiben.‹ Es war nicht Mitternacht. Es regnete nicht.« Es ist oft wahrgenommen worden, daß diese Wendung, zusammen mit dem Kontext und dem Anfang von Morans Aufzeichnungen, den ganzen Bericht zu einem Fall der Lügner-Antinomie macht. Damit hat *Molloy II* als Ganzes die Seinsweise dessen, das nicht real, auch nicht als real ›fingiert‹ sein kann, weil es sich schon in der Fiktion selbst für logisch unmöglich erklärt. Man kann also wohl Morans Eigenschaften zur Kenntnis nehmen und den Versuch machen, sie gegen die Eigenschaften dessen, der in der *Proust*-Schrift ›Künstler‹ und bei Schopenhauer ›Genie‹ heißt, zu halten. Man wird auf diese Weise einige von Morans dunkelsten Behauptungen über sich selbst besser verstehen und vor allem seine Rolle als sogenannter Agent durchschauen können. Doch

die Situation beim Sprechen über diesen Teil des Romans *Molloy* ist *epistemisch anormal,* weil es ein endgültiges Festlegen Morans auf die von ihm selbst berichteten Eigenschaften, gleich wie deutlich er sie aussprechen mag, nicht gibt. Immer kann ein Einwand sich die proklamierte Lügenhaftigkeit des Berichts zunutze machen und daran erinnern, daß wir aus dem Buch etwas *Unumstößliches* über einen gewissen Moran, *wie fiktiv dessen Figur auch sei,* nicht erfahren. Diese Lage dürfte es in einem Werk, das seinen ontologischen Ort mit Schopenhauers Kunstphilosophie definieren wollte, nicht geben. Denn es hätte sich, wenn es ein Stück Literatur wäre, zu verstehen als das Wiederholen von Teilen des wahrhaft Seienden – als ein möglichst verläßliches Wiederholen. Eine Erzählung wie *Molloy II* wäre von diesem Gesichtspunkt her betrachtet entweder nicht verläßlich, oder sie unterstellte dem wahrhaft Seienden, daß man einer *›Wiedergabe‹* seiner sich nur durch Verwenden widersprüchlicher Strukturen nähern kann. Das letztere scheint Beckett im ganzen (wie immer er sich über wahrhaft Seiendes erklären möchte) zu denken. Und Schopenhauer könnte ihm dabei nicht folgen, trotz seiner eigenen gewagten Deutung der künstlerischen *Erlebnisse.*
Der Autor hat sich mit dem *Unnennbaren* in geringer zeitlicher Entfernung von Moran eine Figur genommen, die nicht nur einmal, sondern beständig ihr Sprechen (*das* Sprechen) als ein Sagen der Unwahrheit verwirft. Ich denke, es handelt sich nicht um ein unzuverlässiges Berichterstatten (einen wirklichen ›Bericht‹ des Unnennbaren gibt es nicht mehr), sondern um das in metaphysischer Absicht unternommene Erkunden einer Situation, die sich herstellt, wenn man auf einen personalen Erzähler verzichtet, auf einen stabilen Gegenstand, auf die Unterscheidung zwischen Subjekt und Objekt des Erzählens und auf die Ordnungsformen der Erfahrungswelt, welche Schopenhauer den *Schleier der Maja* nannte.
»Erkunden in metaphysischer Absicht« meine ich hier als

eine Forschungstätigkeit, die eine begrenzte Ähnlichkeit mit derjenigen hat, die Beckett in *Proust* dem Künstler überhaupt zuschrieb. Was mit der ›Geschichte‹ des Unnennbaren erkundet wird, der Gegenstand dieser Forschungsarbeit, ist nicht irgendeine allgemeine Struktur menschlichen oder sonstigen Daseins, sondern die Situation des *Erzählenden*, die der eines ›Künstlers‹ vergleichbar, vielleicht sogar mit seiner illusionslos anerkannten Lage identisch ist – das mindestens scheinen Becketts Dialoge mit Duthuit wie ein Kommentar auszusagen. *Neu gewendet* würde Schopenhauers Philosophie der künstlerischen Existenz dann in diesem Buch so, daß das Heraustreten aus Raum, Zeit, Kausalität, das Sich-Auflösen des Individuums in der reinen Anwesenheit seiner *Sache*, wiederkehrte als das bewußt kontradiktorische Ineinanderfallen von ›ich‹, ›Stimme‹, ›Hören‹, ›Sprechen‹ und allem, was das Sprechen sich zum Gegenstand nimmt. Daß Beckett dieser Situation die Form der Lügner-Antinomie gibt und sie dadurch explizit unmöglich macht, erscheint nur als einfaches Anerkennen der Tatsache, daß man ihr mit der klassischen Logik nicht mehr beikommen kann. (Die Logik sah Beckett in *Proust*, ähnlich wie Schopenhauer und anders als die meisten Philosophen heute, als die Basis des Kausalprinzips an. Und dieses wieder betrachtete er als den Inbegriff einer falschen Ordnung von solchem, das nur Oberfläche und Karikatur dessen ist, was als das Wahre gelten muß.)

Warten auf Godot und *Endspiel* unternahmen ebenfalls das Entfalten einer charakteristischen Situation außerhalb der Ordnungsstrukturen Raum, Zeit, Kausalität. Obwohl es auf der Bühne räumliche, zeitliche und ursächliche Zusammenhänge gibt, läßt sich doch am ›Handeln‹ der Personen und an ihren Verständigungsversuchen erkennen, daß sie sich selbst und andere nicht als Teile einer gesicherten Erfahrungswirklichkeit zu nehmen wissen. Wie Schopenhauers Philosophie in diesen Dramen neu gewendet wird, ist schon gesagt: Sie liefern dramatische Bilder von Formen des Daseins und Verhaltens, die jener Philosoph als überraschend akkurate Erfüllungsfälle für ein von ihm nur mit Begriffen beschriebenes ›*Wesen des Lebens*‹ hätte nehmen können. Nur hätte er die angemessene Darstellung dieses Wesens auf dem Theater für unmöglich gehalten, weil er sich eine Bühnenkunst, in welcher jene Ordnungsformen auf den Punkt der Korruption getrieben sind, nicht ausmalte. Er hätte auch in seiner Systematik der dramatischen Gegenstände, die für ihn allemal Ideen sind, keinen Platz für ein solches Theater gewußt. Denn in den betrachteten Dramen geht es nicht um Ideen als Gattungstypen oder Urbilder individueller Charaktere, sondern um die ursprüngliche Situation von Daseiendem in einer nicht-erfahrungsmäßigen Welt.[1]

62. Ohne Boden, um sich darauf zu legen

In *Warten auf Godot* und *Endspiel* tritt etwas der Lügner-Antinomie Verwandtes (wenn auch nicht Strukturgleiches) wieder auf. Es gibt Punkte, an denen einzelne Personen direkt oder durch Implikation ihre eigene Existenz verleugnen. Damit verleugnen sie zuletzt auch den Akt, in welchem sie dies aussprechen. Der selbe Akt wird aber mit dem Aussprechen vollzogen und belegt zugleich, daß die Personen doch *sind.* Sie leugnen ihre Existenz, indem sie einen Satz sagen, und affirmieren sie durch den Akt des Sagens. Estragon spricht einmal zu Wladimir: »Wir finden doch immer was, um uns einzureden, daß wir existieren, nicht wahr, Didi?« Wladimir antwortet: »Ja, ja, wir sind Zauberer.«[2] In seinem letzten Monolog bezweifelt Wladimir die Wahrheit

1 Für *Endspiel* gilt, daß seine Welt nicht-empirisch sei, nur mit der Erinnerung, daß hier die von den Spielenden selbst *dargestellte* Welt gemeint ist. Sie spielen eine Art Stück und wissen es. Der bare Vorgang, in einem Wohnblock gleichartiger Zimmer immer wieder *als Spiel* vollzogen (Clovs Berichte über die Außenwelt *als Spiel* vorgelogen) wäre empirisch möglich. (Oben S. 356 Anm.).

2 *Warten auf Godot* 72

augenfällig zutreffender Sätze über das, was den beiden an diesem Tag zugestoßen ist.[3] In *Endspiel* gibt es den wiedergegebenen Abtausch zwischen Hamm und Clov:

HAMM Clov!
CLOV *vertieft:* Hmm.
...
HAMM Ich bin nie dagewesen. *Pause.* Clov!
...
CLOV Du hast Schwein gehabt.[4]

Die harmloseste Lesart für diese Aussagen ist das Unterstellen einer bloßen Unsicherheit im Erleben. Die Personen könnten an der Kontinuität ihres Bewußtseins so sehr geschädigt sein, daß sie ihre eigene Existenz nicht mehr sicher festzustellen wissen (nicht genau so, aber aus der Entfernung ähnlich wie jene Frau, die 1972 in den Londoner Zeitungen einen Aufruf veröffentlichte und um Zeugen bat, die ihr sagen könnten, wer sie sei). Das würde zu ihrer verlotterten Erinnerung passen und zu ihrer Unfähigkeit, die Ereignisse der ›Welt‹ in Raum und Zeit sicher anzuordnen sowie nach kausalen Regeln sicher zu verknüpfen.
Eine etwas weniger oberflächliche Lesart kommt zustande, wenn man die Stücke als Darstellungen dessen ansieht, was Schopenhauer einem ›metaphysischen Blick‹ zum Gegenstand gab. Dann wären die Existenzverleugnungen das durch die Figuren selbst vorgenommene Abstreiten ihres Daseins *als Individuen.* Als Individuen sind die Personen dem metaphysischen Blick nach Schopenhauer *nichtig.* Sie sind bloße Erscheinungsweisen eines ›Lebens‹, das genau ge-

3 *Warten auf Godot* 95: WLADIMIR: Habe ich geschlafen, während die anderen litten? Schlafe ich denn in diesem Augenblick? Wenn ich morgen glaube, wach zu werden, was werde ich dann von diesem Tage sagen? Daß ich mit meinem Freund Estragon an dieser Stelle bis in die Nacht auf Godot gewartet habe? Daß Pozzo mit seinem Träger vorbeigekommen ist und daß er mit uns gesprochen hat? Wahrscheinlich. Aber was wird wahr sein von alledem?
4 *Endspiel* 145

nommen von der Individuenform unabhängig ist; deshalb kann es sich der Tröstungen dieser Form, zu denen vor allem anderen der persönliche Tod gehört, auch nicht bedienen. Becketts konsequentes Sich-Entfernen von der Individuenform, das schon in Murphys Vorstellung angelegt ist, ein Stäubchen im Dunkel absoluter Freiheit zu sein, kann als Anzeichen dafür genommen werden, daß die Figuren mit dem Nichtig-Setzen ihrer Existenz zumindest *auch* ihre Form der Individualität leugnen. Insofern hat diese Lesart alles für sich, was man für die Vermutung anführen kann, daß *Warten auf Godot* und *Endspiel* etwas auf die Bühne bringen, was dem wahren Gegenstand eines von Schopenhauer so bezeichneten ›metaphysischen Blickes‹ entspräche – wenngleich mit den Resten der Theaterkonvention zum Zweck des *Darstellens* bekleidet.

Wir wissen, daß Schopenhauer ein solches Bekleiden in seiner Kunsttheorie nicht vorsah. Denn dem zeitlichen Organismus der Personen gehört der zeitliche Tod, dem räumlichen Blick der Wartenden gehört das Einordnen des Erblickten in ein räumliches Bezugssystem, das nicht ein Coupé der Bühnentechnik, sondern, wie bei Kant[5], Teil des *einen*, unabsehbar ausgedehnten Raumes sein muß, der alle denkbaren Teilräume in sich enthält. Und dem Verstand des Zuschauers wie der Handelnden gehört in Schopenhauers Philosophie die kausale Ordnung – eine Ordnung, die für erfahrende Lebewesen nicht zu verfehlen und nicht zu verrotten ist, weil ›Erfahrung‹ in jener Philosophie unter anderem bedeutet: ein ohne Absicht des Subjekts kausal organisiertes Wahrnehmen. Sogar die Tiere haben das nach Schopenhauer und werden daran nicht irre.

Von Schopenhauer her gesehen gibt es für Estragons und Hamms Negieren der eigenen Existenz deshalb noch eine weiter reichende Deutung, die etwa so viel sagt wie: *Das hier*

5 Es sind gerade Kants ›Raumargumente‹, die Schopenhauer als eine seiner größten und bleibenden Leistungen preist. Zu denen gehört das Argument über das Enthaltensein aller denkbaren Räume in *einem* Raum.

ist nicht und kann gar nicht sein. Wie *Der Namenlose* ein Roman ist, dessen Sache der Ontologie wie der Logik nach *nicht existieren kann*[6], ist der Bühnenvorgang der Dramen nicht bloß fiktiv; sondern es könnte die dargestellte Sache als Teil der Welt (für Schopenhauer wie für andere) auch nicht geben. Der Autor tut sein Bestes, um seinen ›Gegenstand‹ der Ontologie nach unmöglich zu machen.[7]

Daran zeigt sich etwas: Beckett wendet Schopenhauers Philosophie nicht nur an, er gibt ihr nicht überdies nur eine neue Richtung, sondern *er bricht ihr System auch auf.* Beckett ist nicht der poetische Wachsbildner Schopenhauers. Seine Arbeiten passen, als wären sie so kalkuliert, auf Schopenhauers Metaphysik des Daseins. Und Schopenhauers Philosophie war *objektiv* an ihrer gedanklichen Geschichte steuernd beteiligt. Aber Becketts Arbeiten, mindestens die jetzt genannten, geben sich selbst einen ontologischen Standort, der, wollte man ihn mit den Mitteln jener Philosophie nach Planquadraten in Besitz nehmen, die Mittel selber zur Mutation zwänge.

In *Proust* war auch eine Tendenz Becketts angelegt, die sein Verhältnis zum Kern von Schopenhauers Metaphysik, dem Willen als Ding an sich, betrifft. Er nahm ein Ding an sich zwar noch als ›einfangbares‹, aber nicht mehr wörtlich als den einen transzendenten Welt-Willen in Anspruch. Und er versuchte, zusätzlich zu Schopenhauers Argumenten für die Unmöglichkeit wahrer Befriedigung eigene Argumente (oder solche aus Prousts Werk) zu finden. Dasselbe gilt für die These von der unausweichlichen, bestenfalls durch soziale Hilfseinrichtungen wie Polstermöbel und das Verteilen von Mülleimern dekorierbaren Einsamkeit der Personen.

6 Das gilt auch und sogar mit ausgezeichneter Gewißheit, wenn man Becketts Dialoge mit Duthuit aus dem Entstehungsjahr beim Lesen als Führer nimmt.

7 Für *Endspiel* gilt unter *einer* möglichen Deutung die Kautel von vorhin (S. 372 Anm.). Immer noch bliebe aber die von den Spielenden *gespielte* Realität selbst-widersprüchlich.

Ein Außerzeitliches, Außerräumliches, Nicht-Individuelles, dessen Essenz zuletzt Leiden ist, kann man an vielen Vorgängen in Becketts Romanen und Dramen im metaphorischen Bild wiedererkennen. Daß dieses Wesen partout in einem begrifflichen System die gleiche Position haben müßte wie bei Schopenhauer, und daß man seine Annahme vor allem genau so zu *begründen* hätte, ist nicht mehr belegbar. Schon in *Proust* ging Becketts Neigung darauf, die prinzipiell transzendenten, nur in der Theorie zu erreichenden Stücke von Schopenhauers System nicht mehr nur als *bloße Denkgegenstände* aufzufassen.[8]

So findet man sich, wenn man die Ontologie des *Unnennbaren,* von *Warten auf Godot* und *Endspiel* ernst nimmt, in dieser Lage: Der Autor gibt das Bild eines sich selbst als nicht seiend setzenden, manchmal sogar als logisch unmöglich ausweisenden Daseins. Es trägt mit auffälliger Deutlichkeit die Züge, die Schopenhauer unter dem Titel ›Nichtigkeit und Leiden des Lebens‹ zusammenfaßte. Aber unter anderem weil ›Nichtigkeit‹ auf diese Arbeiten Becketts noch in einem erkennbar stärkeren Sinn zutrifft, als Schopenhauer das Wort nahm, passen sie nicht mehr ohne Rest zu Schopenhauers ästhetischen Grundbegriffen. Obwohl Schopenhauers Philosophie in ihnen mit zentralen Stücken stets ge-

8 Die Annahme eines *Willens* als Ding an sich hat bei Schopenhauer wegen dessen Unzerstörbarkeit auch etwas Tröstliches: Bekanntlich macht sich Thomas Buddenbrook durch Lektüre der gleichen Teile von Schopenhauers System, die auch Beckett gelesen haben dürfte, beim Empfinden seines bevorstehenden Todes den tröstlichen Aspekt zu eigen. Und Nietzsche sah in der Tragödie außer Grausen und Verzückung über dem Zerbrechen des Individuationsprinzips auch einen »metaphysischen Trost« angeboten. Es war nicht der Trost, den Clov am Schluß des *Endspiel* in der Distanz sehen kann (durch freiwillig angenommenes Übermaß an Leid sich selbst zu verneinen und frei zu werden). Sondern es war der Trost, »daß das Leben im Grunde der Dinge, trotz allem Wechsel der Erscheinungen unzerstörbar mächtig und lustvoll sei«. (Nietzsche, W I, 47) Davon ist bei Beckett nicht die Rede. (Freilich ist es auch bei Nietzsche schon eine eigenwillige Deutung.)

genwärtig ist, hat doch Schopenhauers *System als Ganzes* gegenüber diesen Arbeiten die Position von Wittgensteins Leiter, auf welche sich der, der über sie hinaufgestiegen ist, nicht mehr zu stützen braucht. Becketts spätere Arbeiten *ruhen nicht mehr* auf einer theoretischen Grundlage, wie die Schopenhauers oder einer anderen klassischen Philosophie es wäre. Sie stehen vielmehr als bewußt entworfene Paradoxa in der offenen Luft. Oder auch: Sie halten sich frei in einem logisch und ontologisch unbefestigten und normalerweise für unmöglich erachteten Nirgendwo und Überall. Der Unnennbare versucht einmal, wer er ist und wo er ist, mit diesem Sprechfragment zu sagen:

»... wo immer ich gehe, finde ich mich wieder, gebe ich mich auf, gehe ich auf mich zu, komme ich von mir, immer nur ich, ein Bröckchen von mir, wiedergefunden, wieder verloren, fehlend, Worte, ich bin all diese Worte, all diese Fremden, dieser Wortstaub, ohne Boden, um sich darauf zu legen, ohne Himmel, um sich darin zu zerstreuen ...«[9]

63. Ohne Himmel, um sich darin zu zerstreuen

Der Unnennbare gebrauchte die Zeile, die ich als den Titel dieses Abschnitts nehme, für seine Unfähigkeit, sich selbst einen Ort zu geben oder einen solchen Ort auch nur namhaft zu machen.

Die darin benutzten Wörter führen wegen der Mehrdeutigkeit von »Zerstreuen« (»dissiper«) zunächst auch etwas mit sich, was zum Anlaß genommen werden kann, an einen weiteren Zug zu erinnern, durch den sich Becketts Arbeit mit Schopenhauers Kunstphilosophie trifft, aber sie auch selbständig abwandelt. Es ist, vorsichtig gesagt, nicht ganz sicher, ob die Personen, die den *Namenlosen* lesen oder Becketts Dramen ansehen, noch das empfinden, was Schopenhauer mit den Erlebnissen des gelungenen Aufnehmens von Kunst verband. Dieser Philosoph erwartete sich vom ange-

9 *Der Namenlose* 527 (Übersetzg. verändert)

messenen Erfahren der Werke das gleiche selbstvergessene Erlebnis wie das, welches ihrem Hervorbringen zugrundelag; und auch dieselbe herausgerückte Gemütsstimmung, auf die er das Wort ›Seligkeit‹ münzte. Daß die Aufnehmenden bei Beckett nicht ›selig‹ sein werden, ist gewiß sehr schnell geschlossen und mit dem prompt-billigen Amüsement bei dem bloßen Gedanken daran auch sofort des Falschen überführt. Denn Schopenhauer erhoffte sich ›Seligkeit‹ nicht von den Inhalten der Kunst, sondern von der Fähigkeit des Werkes, die Personen aus den Willensbezügen ihrer beständig angetriebenen Normalexistenz freizusetzen. Die Seligkeit war keine Befriedigung durch ansprechende Inhalte, sondern, im Gegenteil, das Glück darüber, solchem, das ›anspricht‹ (den Willen ›anspricht‹), nicht mehr übereignet zu sein. Also sollte das Erlebnis eines Freiwerdens, das sich Schopenhauer in viel umfassenderer Weise als Kant von der Kunst erwartete, auch beim adäquaten Aufnehmen von Becketts Arbeiten zustandekommen können. (Wenn man Clovs letzten Monolog und Krapps letzte Sätze nachvollzieht, ist etwas Verwandtes fast vorgesprochen. Denn einige von Becketts überzeugendsten Figuren sind in ihrer Sehnsucht und Hoffnung *Willensverneiner*.[10] Und die Ruhe des Nichts, die Clov wie auch der Unnennbare anstreben, nannte Schopenhauer, wie wir wissen, gleichfalls *›selig‹*.[11])

Trotzdem ist das gelingende Lesen oder Zuschauen bei diesen Arbeiten in anderer Hinsicht *nicht* mehr dasselbe wie bei Schopenhauer. Denn der Gegenstand der ursprünglichen Vision ist anders beschaffen. Die Stimmen des Unnennbaren nach-hören, und sei es noch so vollkommen, bringt die lesende Person nicht so in Einheit mit ihrem ›Gegenstand‹, daß sie einer festen Gegebenheit innewürde. Was immer den

10 Vielleicht ist Krapp es auch dem Faktum nach. Die Figur Becketts, in der ein Sich-Wenden des Willens zur Resignation nach erfahrenem Übermaß an Leid am deutlichsten hervortritt, scheint mir aber der ›Held‹ von *Acte sans paroles I* zu sein.

11 Wie angeführt: W V, 352

›Gegenstand‹ des Romans ausmachen mag und nach Schopenhauers Kunstphilosophie vom Leser ebenso ›rein‹ wie ursprünglich vom Künstler wahrgenommen werden soll: Bei Beckett enthält (mindestens im Fall *einiger typischer* Werke) das ›Dargestellte‹ in sich die angeführten Widersprüche und kann, wenn man die Texte ernst nimmt, nicht ohne beständig erneuerte Unsicherheit wieder ›heraufgerufen‹ werden. Wie zur Struktur des Dargestellten das Preisgeben der Logik gehört, gehört zum Erfahren dieser Kunst die *Irritation.* Beckett hat schon in *Proust* die Frage, wie der Lesende ›die Idee‹ als ein Wesentliches nachvollziehen werde, hintangestellt. Proust selber gab darauf klarere Antworten als sein Kommentator. Bei Becketts eigenen Arbeiten ist der Leser, Hörer oder Zuschauer noch ein Stück weiter vom befriedeten Anschauen eines jenseitigen Bildwerks entfernt, als er es in des Autors Proust-Deutung schon war. Er hat, wenn er das ›Dargestellte‹ so nimmt, wie Schopenhauer es zu fordern hätte, in seiner Kunst-Wahrnehmung selber so sehr ein Spiel der Widersprüche zu sein wie die wahrgenommenen Personen, Sachen oder Stimmen auch.

Jetzt kann ein besserer Grund genannt werden, dessentwegen Becketts Figuren und Sachen ein *Himmel* fehlt, *in dem sie sich einen Ort geben könnten.* Der Grund ist ein Seitenstück zu der systematischen Unsicherheit, welche die Adressaten bei dem Versuch empfinden, das Werk richtig anzunehmen oder aufzunehmen. *Es gibt keinen Deutungskosmos* mehr, in dem das Dargestellte einen festen Platz beanspruchen könnte. Von dessen Ordnung es auch so etwas wie Verbindlichkeit (manche würden sagen Gültigkeit oder Wahrheit) einfach geliefert bekäme. Wenn die Werke ›richtig‹ oder ›wahr‹ sind – und viele Personen glauben, etwas dieser Art über Becketts Texte sagen zu können –, dann sind sie es nicht mehr durch schlichte Gleichsinnigkeit mit einem anderen gedanklichen System, das seinerseits ›richtig‹ oder ›wahr‹ wäre. Diejenigen unter den klassischen Ästhetiken, die die Kunst zu den metaphysischen Haupt-Tätigkeiten des

Menschen rechneten (zum Beispiel die Schellings, Hegels[12], am weitesten gehend die Schopenhauers), glaubten, was an den Werken ›wahr‹ heißt, durch das Übereinstimmen mit solchem begründen zu können, das auch in der Philosophie für das ›Wahre‹ befunden wird. Die Philosophie und die Kunst wurden aufgefaßt als verschiedene Zugangsweisen zu dem *einen* Wesen der Welt; Zugangsweisen, die ihrer Beschaffenheit und Leistung nach von diesen Philosophen je anders beschrieben wurden; aber doch so, daß das Wahre an den Werken in angebbarem Sinn dem, was in der Philosophie für wahr befunden werden kann, *entsprach*. Das Wort ›Spekulation‹ ist bekanntlich genommen von ›speculum‹ und bezeichnet dem ursprünglichen Wortsinn nach eine Tätigkeit, in der die Erscheinungen der Welt als Spiegel des Welt-Wesens genommen werden – aus welchem Spiegel man über das Wesen selber sich indirekt ins Bild setzen könne. Die spekulativen Ästhetiken, so kann man jene metaphysischen Kunstphilosophien auch nennen[13], hofften, Philosophie und Kunst als verschiedenartige metaphysische Tätigkeiten vergleichen und den Wahrheits- oder Verbindlichkeitsanspruch von Kunst (wo er zugestanden wurde) mit der Philosophie selber belegen zu können. In der Philosophie

12 Hegel erscheint in dieser Reihenfolge vor Schopenhauer, weil man die historische Anordnung gewöhnlich so trifft. Aber Hegels ›Ästhetik‹ entstand in ihrer maßgeblichen Gestalt später als die Schopenhauers, und man kann auch annehmen, daß Hegel das dritte Buch der *Welt als Wille und Vorstellung* kannte, als er im Oktober 1820 die »durchgängig neue Umarbeitung« seiner Unterlagen begann, aus der das hervorgegangen ist, was wir als ›Vorlesungen über die Ästhetik‹ kennen (vgl. Hothos Editionsbericht in der Ausgabe des ›Vereins von Freunden des Verewigten‹). Im Wintersemester 1819/20 hatte sich Schopenhauer an Hegels Fakultät habilitiert. Zu diesem Zeitpunkt war Hegel der einzige philosophische Ordinarius; Solger war im Oktober 1819 gestorben.

13 Ich habe keinen Passus in Erinnerung, in welchem Schopenhauer das mit seiner Ästhetik täte; aber in dem jetzt bezeichneten Wortgebrauch von ›spekulativ‹ dürfte seine Ästhetik auch so heißen – gleich wie vieles er gegen die spekulativen Systeme des ›Deutschen Idealismus‹ sonst einzuwenden hatte.

wurde der Status der Kunst bestimmt, und durch Vergleich mit den zentralen Inhalten der Philosophie wurde gesagt, worum es in der Kunst eigentlich geht. (Daß dabei sogar ein Vorrang der Kunst in bestimmten Hinsichten eingeräumt werden mußte, steht dazu nicht in Konflikt.)
Das an solchen Leistungen sich ausweisende Verhältnis zwischen Philosophie und Kunst besteht augenfällig nicht mehr. Die wissenschaftlich gewordene Philosophie hat nicht mehr die Absicht, einen begrifflichen Sternenhimmel aufzuspannen, an dem die Position zeitgenössischer Kunst (der Becketts wie vieler anderer) durch eine Art Winkelmessung präzise und *vollständig* bestimmt werden könnte – dergestalt, daß eine metaphysische Rolle der Kunst (oder auch nur das Verbindliche einzelner Werke) erklärt würde durch Anvisieren eines ›Wahren‹, auf das sich zuletzt auch, wenngleich in anderer Weise, die zeitgenössische Philosophie bezöge.
Im Erfahren der Arbeiten selber hat man ein Gefühl, daß die klassischen Statuswörter ›Kunst‹, ›Künstler‹, ›ästhetisch‹, ›Ästhetik‹ und andere linkisch geworden sind und unausweichlich auch Verlegenheit erzeugen. Daß das so ist, mag ein Zeichen dafür sein, daß das Erfahrene selbst unter das gegebene Dachwerk sprachlicher Mittel sich nur noch behelfsmäßig einstellen läßt.

64. Metaphysische Tätigkeit

»Den Menschen ausgenommen, wundert sich kein Wesen über sein eigenes Dasein; sondern ihnen allen versteht dasselbe sich so sehr von selbst, daß sie es nicht bemerken.«[14] Das ist Schopenhauers erster Satz zu dem Kapitel *Über das metaphysische Bedürfnis des Menschen.* Kurz darauf leitet er nach einer knappen Verständigung über dieses Bedürfnis daraus eine Begriffsbestimmung des Menschen ab. Er sei im Unterschied zu allen anderen Lebewesen ein *animal metaphysicum.* In ihm komme das innere Wesen der Natur zur

14 Schopenhauer, W II, 206

Besinnung über sich: »Dann wundert es sich über seine eigenen Werke und frägt sich, was es selbst sei.«
Es ist bekannt, daß Schopenhauer in jenem Kapitel des zweiten Bandes der *Welt als Wille und Vorstellung* vor allem Philosophie und Religion als metaphysische Tätigkeiten einander gegenüberstellt. An den Beginn beider setzt er, wie Aristoteles an den des Philosophierens, das thaumázein; sein häufigstes Übersetzungs-Wort dafür ist *Verwunderung*. Wo er später über Ästhetik spricht, unter dem Titel *Über das innere Wesen der Kunst*, ergänzt er seinen Katalog metaphysischer Verhaltensweisen durch den Satz, den wir kennen: »Nicht bloß die Philosophie, sondern auch die schönen Künste arbeiten im Grunde darauf hin, das Problem des Daseins zu lösen.«[15]
Damit stellt sich Schopenhauer in die Reihe derjenigen Philosophen, denen drei große Gruppen deutender oder erkennender Anstrengung als *metaphysisch* gelten: Religion, Philosophie, Kunst. Wir haben gesehen, daß beim konsequenten Anwenden seines eigenen philosophischen Systems der Kunst zugestanden werden muß, sie habe von diesen drei metaphysischen Unternehmungen die sicherste und (im Fall der Musik) auch die umfassendste Erkenntnisgrundlage. In diesem Sinn ist unter den Voraussetzungen von Schopenhauers Denken die Kunst die eigentlich metaphysische Tätigkeit dieses Lebens. So legte Nietzsche es aus, und die Prüfung am Argument zeigte, daß seine Auslegung Schopenhauer nicht verfälscht, sondern das Verhältnis zwischen Philosophie und Kunst in dessen System nur klarer macht.
Daß Beckett in *Proust* der aktiven intellektuellen Anstrengung nicht zutraut, die Karikatur der Erscheinungsoberfläche zu durchdringen und in Kontakt mit einer wahren Realität zu kommen, haben wir gelesen. Er hält es vor allem für unmöglich, durch Gebrauch von Begriffen das ohne Kalamität zu fassen, was er *das Reale* nennt. Die Philosophie, so weit sie aktive intellektuelle Anstrengung ist und sich be-

15 W II, 521

grifflicher Mittel bedient, setzt der Autor durch diese Stellungnahmen mit aller Unnachgiebigkeit hinter die Kunst oder sogar unter sie.

Über die Religion als eine Form metaphysischer Sehweise wird in *Proust* nicht sehr lange gesprochen. Wieder ist es aber so, daß ein Stück bündiger Auseinandersetzung stattfindet. Vielleicht am literarischen Gegenstand abgelesen, doch mit der resolutesten Bekräftigung durch Beckett erscheint in dem Essay der Satz:

»Und jetzt, an der äußersten Grenze dieser Vergeblichkeit ... wird er den Orakelspruch empfangen, welcher der höchsten Spannung seines Geistes unweigerlich versagt geblieben ist, den sein Verstand nicht aus den seismischen Rätseln von Baum und Blume und Geste und Kunst herausziehen konnte, und er wird eine religiöse Erfahrung in dem einzigen einsehbaren Sinn dieses Epithetons durchmachen, ein Aufgenommenwerden und eine Verkündigung zugleich, so daß er zuletzt ... die unendliche Vergeblichkeit – für den Künstler – alles dessen verstehen wird, was nicht Kunst ist.«[16]

Wie man »Aufgenommenwerden« und »Verkündigung«[17] in den Details von Prousts siebtem Buch auch sonst wiederfinden mag: Eine religiöse Erfahrung in einem einsehbaren Sinn, dem *einzigen* einsehbaren Sinn dieses Adjektivs, ist für den Beckett der *Proust*-Schrift allein in den *künstlerischen* Erlebnissen gegeben, durch die der Erzähler zu den wahren Gegenständen seines Werkes (zu *der Idee*, zum wahrhaft Realen) eingelassen wird. Die ihn auch fähig machen, den Plan des Werkes zu entwerfen und sich selbst die Vollendung zuzutrauen; sich die Geburt des Werkes gleichsam anzukündigen. Das heißt, daß der Autor Beckett mit der Parteinahme für Prousts Zugangsweise zum Wesentlichen der Erfahrungswelt die Religion in ihrer Rolle als metaphysische Erfahrung *durch die Kunst ersetzt.* Aus der überkommenen Dreiergruppe *Kunst, Religion, Philosophie,* mit deren Reihenfolge einige Philosophen auch eine Ordnung zunehmen-

16 *Proust* 68/69

17 »at once an assumption and an annunciation.« ›Assumption‹ ist gewöhnlich die Aufnahme Marias in den Himmel und das Fest Mariä Aufnahme. ›Annunciation‹ ist die Verkündigung.

der metaphysischer Darstellungskraft gegeben sehen, hätte Beckett zum Zeitpunkt der *Proust*-Schrift Philosophie und Religion in Frage gezogen und allein die Kunst ohne Vorbehalt bestehen lassen. Philosophie und Religion wären ihm nur unvollkommene und der Täuschung ausgesetzte Weisen, das zu verstehen, was das metaphysische Tier eigentlich verstehen will, wenn es sich über sein Dasein wundert.

Es ist nicht sinnvoll, am Ende dieses Buches noch im Detail über Religion zu diskutieren. Ihre Art von Metaphysik bleibt hier zurückgestellt. Was aber die *Philosophie* und ihr Weiterleben angeht, so kann man an Becketts Arbeiten ein Kennzeichnendes wahrnehmen. Der Platz von Becketts dichterischem Werk in der Geschichte metaphysischer Versuche scheint zu sein, daß es mit der Art, wie viele Personen es *erleben,* den von Beckett selbst behaupteten Vorrang der Kunst vor der Philosophie bestätigt – wenn wohl auch nicht einen Vorrang in genau identischem Sinn. Unfraglich bestätigt den gleichen Vorrang ebenfalls die Art, wie eine Anzahl anderer Kunstwerke aufgenommen werden. Es scheint, als sei die Philosophie in ihrer Rolle als Verständigungsmittel über das Stutzigmachende am Dasein der Personen zurückgetreten; die Kunst habe ihren Anteil und ihre Kraft in einem Maß vergrößert, das auch die klassischen metaphysischen Kunsttheorien ihr *in Konkurrenz mit der Philosophie* nicht zugetraut hätten.[18] Wo Personen ihre Existenz in der Weise des Verwunderns vollziehen, wie Schopenhauer das Wort verstand, wo sie demnach als animalia metaphysica zu leben versuchen, richten sie in der Periode der Gegenwart sich erkennbar öfter auf die Kunst als auf ihre zeitgenössi-

18 Das gilt trotz der gebetsmühlenhaften Klagerei über das Sich-Abschließen und Esoterischwerden der Werke (eine sich mit der Geschichte falsifizierende Klage: Was an Trakl, Kafka, Max Ernst, Magritte, Celan vor ein paar Jahrfünften noch ›esoterisch‹ hieß, ist in einem Zeitraum, der vor dem Ganzen der metaphysischen Verständigungsversuche wie nichts wirkt, zur akzeptierten, sogar von neuer Produktion erwarteten Eindeutigkeitsweigerung geworden).

sche Philosophie. Das hat zahlreiche Gründe. Einige davon dürften historischer, andere sachlicher Art sein. Ich mache den Schluß dieser Betrachtungen damit, daß ich aus beiden Gruppen verschwindend knappe und *der Sache nach bekannte* Teile in Erinnerung rufe. (Es ist auch eigentümlich, daß Schopenhauer trotz aller Mißerfolge bei den Fachkollegen an einer Schlüsselstelle in der Philosophiegeschichte unseres Jahrhunderts gegenwärtig war. Er war gegenwärtig in der Rolle eines Autors, der bestimmte Denkweisen vorgab, von welchen sich die neuere philosophische Entwicklung an jener Schlüsselstelle *trennte.* Aber trotz typischer Differenzen bleibt zwischen Schopenhauer und dem, was an dem besagten Punkt neu begann, ein Gemeinsames durch eine bestimmte Möglichkeit der Koppelung von Kunst und Metaphysik.)

Die Philosophie hat sich in diesem Jahrhundert über weite Strecken selber als Kampf gegen die Metaphysik verstanden. ›Metaphysik‹ war dabei benutzt als Wort für ein philosophisch klingendes Reden, das sich auf ›sinnlose‹ Ausdrükke stützt und deshalb gar nichts mitteilen kann; mindestens aber Sätze über die Welt behauptet, die sich prinzipiell nicht an dieser ausweisen, noch sonstwie in einen bestätigenden Kontakt zur Erfahrung bringen lassen. Fast zwangsläufig, bei einigen Autoren aber auch mit einem spürbaren Gefühl, daß etwas verloren gehe, trafen die in diesem Kampf ausgeteilten Knüppelhiebe zugleich eine ›Metaphysik‹, wie Schopenhauer das Wort nahm: Als Versuch der Personen, sich über das zu verständigen, was das Wesen ihres Daseins und der sie umgebenden Welt ausmacht. Dabei war ›Wesen‹ gedacht als etwas nicht in den Kategorien normaler Erfahrung Faßbares. Bestenfalls in einem Zustand, der *mystisch* heißen kann, in welchem die erlebende Person für sich selbst nicht mehr Individuum und Teil der Erfahrungswelt ist, sollte nach Schopenhauer eine ›unmittelbare Objektität‹ des Wesens zugänglich werden. Das deutlichste Bewußtsein davon, daß es einen Bereich aufs äußerste relevanter Probleme und Erlebnisse gibt, über den ein streng wissenschaftliches (=

nicht-metaphysisches) Sprechen sich selber den Mund verbietet, zeigte, wie jeder weiß, der Haupt-Pionier eben solchen Sprechens, der Autor der Sätze: »Wir fühlen, daß selbst, wenn alle *möglichen* wissenschaftlichen Fragen beantwortet sind, unsere Lebensprobleme noch gar nicht berührt sind.«[19] Und: »Es gibt allerdings Unaussprechliches. Dies *zeigt* sich, es ist das Mystische.«[20] Genauso bekannt ist, daß der gleiche Autor, fast wörtlich wie Schopenhauer, von der *Lösung* des Rätsels des Lebens in Raum und Zeit (= *unseres* Lebens) sagte, sie liege »*außerhalb* von Raum und Zeit«.[21] Ein bißchen weniger bekannt ist, daß Ludwig Wittgenstein in ungefähr der Zeit, in der er diese Thesen aufgeschrieben haben muß, in seinem Tagebuch die Gedanken über einen Sonderbereich von Kunst und metaphysischer Daseinsdeutung in ständiger Konfrontation mit Schopenhauer entwickelte.[22] Besonders Wittgensteins Vorstellungen über die Eigenart eines nicht-wissenschaftlichen (eher *mystischen*) Zugangs zu bestimmten Aspekten der Welt zeigen mit der Annahme eines Standpunkts, auf dem der Blick nicht mehr in die Orientierungsmuster von Raum und Zeit gebunden ist, eine Ähnlichkeit mit den Beschreibungen für den Standpunkt des metaphysischen Philosophen in Schopenhauers System.[23]

Wittgensteins historisch enorm wirksamer Schritt war das

19 Wittgenstein, *Tractatus* 6.52

20 *Tractatus* 6.522

21 *Tractatus* 6.4312

22 Vgl. Wittgenstein, *Tagebücher*, etwa Mitte bis Ende 1916. Zur Debatte mit Schopenhauer gehören die Reflexionen über Wille, Ich, Gut, Böse, Kunst, Ethik, metaphysische Philosophie und ein ›Wesen der Welt‹. Daß Sätze eines mit Schopenhauer sympathisierenden Philosophen für Wittgenstein streng genommen nicht Teile eines wissenschaftlichen *Sprechens* sind, sondern *an einen anderen Platz gehören*, tritt z. B. heraus in der Notiz vom 2. 8. 16: »... Man könnte (Schopenhauerisch) sagen: Die Welt der Vorstellung ist weder gut noch böse, sondern das wollende Subjekt. Die völlige Unklarheit aller dieser Sätze ist mir bewußt.«

23 Vgl. neben den bekannten Aussagen über das »Rätsel des Lebens« diejenigen über einen möglichen »Sinn der Welt« (der raumzeitlichen nämlich!) und ein Betrachten der Welt »sub specie aeternitatis«.

Trennen einer weltdeutenden Metaphysik von der wissenschaftlichen Philosophie.[24] Mit den Reflexionen, die diese Trennung begründeten, trat Wittgenstein im gleichen Zug einen Haupt-Anteil[25] jener Metaphysik *an die Kunst ab*. So wurde es am Beginn der großen anti-metaphysischen Selbstreinigung, der sich die Philosophie in unserem Jahrhundert *(wieder einmal)* unterzog, entworfen: Und die Weise, wie das metaphysische Tier *heute* dem allein ihm eigenen Verwundern nachzugehen sucht, *hat Wittgensteins Beschluß mit Schuhen und Strümpfen ratifiziert.*

Das geschichtlich vollzogene Abtreten großer Stücke metaphysischer Forschung (wie Schopenhauer das Wort gebrauchte) an die Kunst war vielleicht nicht *nur* ein Akt der wissenschaftlichen Selbstabgrenzung und Geländesicherung. Einen Hinweis auf sachliche Gründe, die über das alte Bedürfnis, die Philosophie endlich auf die sichere Heerstraße der Wissenschaft zu bringen, hinausgehen, erhalten wir wieder von dem Mann, welcher dem von uns noch im Ermattungsstadium miterlebten letzten Schub dieses Bedürfnisses die größte Kraft lieh. In dem Material, das unter dem Titel *Lectures & Conversations on Aesthetics, Psychology and Religious Belief* publiziert ist, wird Wittgenstein diese Äußerung zugeschrieben: »Ich zeichne für jemanden ein Gesicht. Danach zeichne ich ein anderes Gesicht. Er sagt: ›Das ist

24 Daß der Wittgenstein des *Tractatus* seine eigene Philosophie noch zuletzt ›metaphysisch‹ nennen würde, ist unwichtig: Sein historischer *Beitrag* hat zu tun mit dem Anregen und – vielleicht dann schon ungewollten – Stützen der Bewegung, die die Philosophie durch ein Sinnkriterium wissenschaftlich machen wollte.

25 Den anderen Haupt-Anteil delegierte Wittgenstein an etwas, das er *Ethik* nannte. Faktisch ist bei ihm *Ethik* aber eine auf Handeln orientierte metaphysische Gesamtdeutung des Daseins und der Welt, ähnlich wie die praktische Philosophie im vierten Buch von Schopenhauers *Welt als Wille und Vorstellung*. Davon wiederum hat das, was heute *philosophische Ethik* heißt, fast nichts zurückbehalten. Statt dessen hat Beckett tragende Stücke der Daseinsdeutung aus jenem Buch des Arthur Schopenhauer *in die Kunst geholt*.

nicht das gleiche Gesicht.‹ Aber er kann nicht sagen, ob die Augen enger beieinanderstehen, ob der Mund breiter ist oder etwas Ähnliches. ›Irgendwie sieht es anders aus.‹ Das ist ungeheuer wichtig für die ganze Philosophie.«[26] Unsere Unfähigkeit, mit der Sprache, wie sie ist, die Unterschiede zwischen physiognomisch verschiedenen Eindrücken oder auch nur das Charakteristische einzelner davon wirklich zu bezeichnen, notiert Wittgenstein in späteren Arbeiten nicht nur einmal. Ich denke, es verzerrt seine Position nicht, wenn man seine frühe Unterscheidung zwischen solchem, das *gesagt werden kann* und solchem, das sich nur *zeigt* (die er in deutlichem Hinblick auf einige Gegenstände von Schopenhauers Metaphysik entwickelte), hier wieder anwendet: Einiges über die Wirklichkeit kann gesagt werden; anderes paßt nicht in unsere eingespielten Erfassungsweisen; es kann nicht gesagt werden, sondern *zeigt sich.* Was jemand als das Wesentliche einer Sache ansehen mag, kann zu dem letzteren gehören.

Was das metaphysische Tier sein ›Dasein‹ oder seine ›Existenz‹ nennt, ist, in einem nicht-formalen Sinn, sondern seinen ›wesentlichen Bestimmungen‹ nach genommen, etwas deutlich Komplexeres und weniger Greifbares als die Strichzeichnung einer Physiognomie. Wenn jenes Lebewesen schon bei einfachen Zeichnungen in die Lage kommt, was ihm ›wesentlich‹ erscheint, nicht sagen zu können, sondern darauf verwiesen zu sein, daß es sich zeigt: wieviel öfter bei diesem Komplexen.

Die Ästhetiken der Tradition, die der Kunst die größte metaphysische Reichweite zutrauten, nahmen zugleich an, daß die Gehalte von Kunst und metaphysischer Philosophie ›im Innersten‹ (wie Adorno es noch sagt) zusammenfallen. Verschieden seien allein die Zugangsweisen, Ausdrucksmittel, Erkenntnisformen, Erscheinungsweisen des Wahren – oder

26 Wittgenstein, *Vorlesungen und Gespräche über Ästhetik, Psychologie und Religion,* hg. v. Cyrill Barrett, übers. v. Eberhard Bubser, Göttingen 1968, S. 59.

wie man den Unterschied markieren mag. Diese Annahmen müssen nicht richtig, mindestens können sie unvollständig sein. Es könnte sein, daß mit der künstlerischen Metaphysik ein Bereich des Seienden oder Eigenschaften des Seienden in den Blick gebracht werden, für welche *auch* die philosophische Metaphysik wie eine unzulässige Festlegung wirkt. Ein ungeschicktes Fassenwollen von solchem, das auf diese Weise nicht zu fassen ist. Und solche Eigenschaften möchten die Personen, die sich über ihr Dasein verwundern, vielleicht gerade ›wesentlich‹ finden.

Sollte sich das so verhalten, dann könnte man in der metaphysischen Philosophie zwar auch über Gegenstände sprechen, die mit solchen der Kunst als identisch behauptet werden. So wie Schopenhauer behauptete, die Musik habe zum Gegenstand das Ganze der Welt, und die Philosophie auch. Aber die Identitätsbehauptung wäre nicht voll einlösbar. Denn die Philosophie sagte solches, das gesagt werden kann, die Kunst zeigte solches, das dazu gebracht werden kann, sich zu zeigen.[27] Worin mehr vom ›Wesentlichen‹ übermittelt wäre, könnte ebenfalls, wegen der inkommensurablen Teile beider Tätigkeiten, nicht entschieden werden.

Unter der Voraussetzung eines solchen Verhältnisses zwischen metaphysischer Philosophie und Kunst darf man wahrscheinlich auch annehmen, daß es Überschneidungen gibt.[28] Bei einer Kunst wie der Literatur wären sie, weil

27 Es ist mir bewußt, daß es eine neuere philosophische Diskussion über die Brauchbarkeit von Wittgensteins Unterscheidung zum Kennzeichnen des Status' von Kunst gibt. Ich muß diese Debatte hier vernachlässigen.

28 Das ist vermutlich eine Annahme, die Wittgensteins Differenz anders verwendet als er selber; es würde aus ihr nämlich folgen, daß solches, das gesagt werden kann und solches, das sich zeigt, nicht immer zu einander ausschließenden Klassen gehören. Natürlich ist mit dem jetzt ins Auge Gefaßten auch das Verhältnis zwischen Kunst und metaphysischer Philosophie anders bestimmt, als Schopenhauer es zulassen könnte. Aber die Verbindung zwischen der Kunst und einem ›Wesentlichen‹ an der Welt kann auch ohne Belastung durch eine bestimmte Denktradition neu betrachtet werden.

Sprache benutzt wird, besonders groß. So, denke ich, ist, *auch* wenn man der Kunst eine allein ihr eigene metaphysische[29] Erschließungsleistung zutraut, das philosophische Lesen der Arbeiten zu verstehen: Mit der Philosophie kann man einiges an einem literarischen Werk sich besser zurechtlegen, indem man es *sagt*. Das habe ich in diesem Buch mit einigen Stücken von Becketts Literatur zu tun versucht, aus der Perspektive von Schopenhauers Philosophie und Becketts umformender Aneignung ihrer in *Proust*. Anderes, Wesentliches kann man nicht sagen; es *zeigt* sich. Zu behaupten, man hätte mit etwas Gesagtem aus den Arbeiten ihre Substanz herausgezogen, wäre nicht nur anmaßend, sondern machte sie auch unwürdig.

Wenn Wittgenstein richtig beobachtet hat, ist einiges der Philosophie, da sie sprechen muß, nicht zugänglich; der Kunst, da sie ein Ding sich zeigen lassen kann, erreichbar. Selbst wenn die Philosophie es anders wollte, indem sie sich mit Absicht metaphysisch und nicht wissenschaftlich verhielte, bliebe das so. Beckett stellt in *Proust* die Kunst einmal selber auf eine Stufe mit den Rätseln, die der Erzähler an einzelnen isolierten Wahrnehmungen hat. Nicht genau so, aber in einer entscheidenden Hinsicht ähnlich könnte der Status seiner eigenen Kunst sein. Sie brächte in diesem Fall

29 Meta-physisch wäre diese Leistung auch in einem bestimmten Verständnis von: Etwas erschließend, was jenseits der Erfahrungsoberfläche liegt. Man muß sich nur erinnern: Was wir ›Erfahrung‹ nennen, ist mit-strukturiert durch die sprachlichen Mittel, kraft deren wir uns über die Welt verständigen. Es ist auch mit-strukturiert durch das Bedürfnis nach Handhaben der Welt, nach ihrem Zurichten für die Ziele und Ängste des jeweils Wahrnehmenden wie seiner Gattung. Schopenhauer hätte gesagt: Strukturiert durch solches, das dem *Willen* dienstbar ist. Das von der Kunst Aufgedeckte läge nach den jetzt gemachten Annahmen aber mindestens teilweise außerhalb der Bereiche möglichen Sprechens und nach Schopenhauers wie Becketts Hinweisen mindestens teilweise außerhalb der Verbindungen, die der Wille den Wahrnehmungen der Personen aufdrängt. Natürlich wäre ein solcher Sinn von ›metaphysisch‹ qua ›jenseits der Erfahrung liegend‹ deutlich schwächer als der traditionelle. Aber eine Kunsttheorie, die sich seiner bediente, wäre auch deutlich realistischer.

etwas dazu, sich anschauen zu lassen, was am Dasein der Personen ›wesentlich‹ heißen kann; woran der Versuch, es samt und sonders auszusprechen, aber auch immer verunglücken müßte. Ähnlich mit einigen anderen Arbeiten, die wir ernsthaft der Kunst zurechnen. Darf man das so auffassen, dann kann man verstehen, weshalb den metaphysischen Tieren die Kunst so wichtig ist, daß viele von ihnen ohne Zögern das Beiwort unterschreiben würden, das Beckett (sich an Proust orientierend) ihr zulegt. Er sagt, sie sei *notwendig*.

Zitierte Ausgaben und Weise des Zitierens

A Zur Philosophie

Schriften von Philosophen, auf die ich mich öfter beziehe werden zitiert nach den hier aufgelisteten Werkausgaben und zwar in der Regel durch den Namen des Autors, W (füı »Werke«), eine römische Zahl (für die Nummer des Bandes) und eine arabische Zahl (für die Seitenangabe). Bei Schopenhauer, auf den ich mich sehr oft beziehe, stehen gewöhnlich *nur* die römische Zahl und die arabische Zahl.

Hegel, Georg Wilhelm Friedrich, *Werke*, hg. v. Eva Moldenhauer und Karl Markus Michel, auf der Grundlage der Ausgabe durch einen Verein von Freunden des Verewigten (1832-1845), 20 Bde., Frankfurt 1970

Kant, Immanuel, *Werke* in sechs Bänden, hg. v. Wilhelm Weischedel, Darmstadt und Wiesbaden 1960 ff.

Nietzsche, Friedrich, *Werke* in drei Bänden, hg. v. Karl Schlechta, ²München 1960

Schelling, Friedrich Wilhelm Joseph von, *Sämtliche Werke*, hg. v. K. F. A. Schelling, I. Abtlg. 10 Bde., II. Abtlg. 4 Bde., Stuttgart und Augsburg 1856 ff.
(Bei Verweisen auf Schelling werden statt einer römischen Zahl zwei verwendet, die durch einen Schrägstrich getrennt sind: Die erste gibt die Abteilung dieser Ausgabe, die zweite den Band an.)

Schopenhauer, Arthur, *Sämtliche Werke*, hg. v. Wolfgang Frhr. von Löhneysen, 5 Bde., Stuttgart und Frankfurt/M. 1962

Wittgenstein, Ludwig, *Schriften*, Frankfurt 1960 ff. (Die Zitate aus frühen Arbeiten Wittgensteins werden, wie üblich, durch die Zählung des *Tractatus* und die Daten der *Tagebücher* nachgewiesen.)

B Zu Samuel Beckett

Becketts literarische Arbeiten werden zur leichteren Handhabung für den deutschen Leser in der Regel so zitiert, daß die Seitenzahlen nachgewiesen sind in der bisher einzigen deutschen Werkausgabe:

Beckett, Samuel, *Werke*, hg. v. Elmar Tophoven und Klaus Birkenhauer, 4 Bde., Frankfurt (Suhrkamp) 1976

Der Nachweis geschieht durch Werk-Titel und Seitenangabe; wo eine Arbeit zum ersten Mal angeführt ist, steht zur Orientierung auch die Band-Nummer.
Ich habe mich nicht immer der Übersetzung dieser Ausgabe anschließen können. Gelegentlich habe ich einzelne Wörter, manchmal auch Satzteile anders übersetzt. Trotzdem sind die Zitate, weil die Übertragung dieser Edition gewöhnlich als Basis genommen wurde, auch in solchen Fällen mit den Seitenzahlen dieser Ausgabe nachgewiesen. Wo ich die Übersetzung (manchmal nur punktuell) verändert habe, steht hinter der Seitenzahl der Vermerk: Übersetzg. verändert. Die Kontrolle der Übersetzung geschah, wo ich sie vorgenommen habe, für Prosa-Arbeiten an den englischen und französischen Texten bei John Calder, London und Les éditions de minuit, Paris. Für Dramen habe ich die dreisprachige Edition: S. Beckett, *Dramatische Dichtungen*, 2 Bde., Frankfurt (Suhrkamp) 1963 f., herangezogen.

Arbeiten Becketts, die nicht (oder bisher nicht) in der deutschen Werkausgabe enthalten sind, werden zitiert nach folgenden Einzelausgaben:

Beckett, Samuel, *More Pricks Than Kicks*, London (Pan Books) 1974. (Übersetzungen der Zitate von mir; die geplante Übertragung von Christian Enzensberger lag mir noch nicht vor.)

– *Proust,* in einem Band gedruckt mit Beckett und Duthuit, *Three Dialogues,* London (John Calder) 1965. (Übersetzungen der Zitate von mir; in einzelnen Fällen diente mir als Ausgangspunkt die bisher einzige deutsche Übertragung von *Proust* durch Marlis und Paul Pörtner, Zürich 1960. Die Neubearbeitung dieses Textes durch Katharina Raabe lag mir noch nicht vor. Der Nachweis erfolgt immer an der englischen Ausgabe.)
– *Dante . . . Bruno. Vico . . . Joyce,* in: Beckett, S., *Auswahl in einem Band,* Frankfurt 1967. An einzelnen Punkten wurden die übersetzten Zitate durchgesehen an dem Original mit gleichem Titel in: Beckett u. a., *An exagmination of James Joyce,* Nachdruck New York (Haskell House) 1974, S. 1-22.
– und Georges Duthuit, *Drei Dialoge.* Zweisprachige Ausgabe (englisch – deutsch) in: Engelhardt, H. und Mettler, D. (Hg.), *Materialien zu Samuel Becketts Romanen ›Molloy‹, ›Malone stirbt‹, ›Der Namenlose‹,* Frankfurt (Suhrkamp) 1976, S. 10-27.

Personenregister

hergestellt von Achim Dobschall

(Aufgenommen wurden: Autoren, Künstler, literarische Figuren, mythologische Figuren, Herausgeber, Übersetzer)

Sachregister

hergestellt von Achim Dobschall

suhrkamp taschenbücher wissenschaft
Ästhetik, theoretische Texte zur Literatur, zur Kunst, zum Film und zum Theater

Adorno: Ästhetische Theorie. stw 2
– Einleitung in die Musiksoziologie. stw 142
– Die musikalischen Monographien. stw 640
– Noten zur Literatur. stw 355
– Philosophie der neuen Musik. stw 239
Materialien zur ästhetischen Theorie. Hg. von B. Lindner und W. M. Lüdke. stw 122
Baxandall: Die Wirklichkeit der Bilder. stw 442
Benjamin: Der Begriff der Kunstkritik in der deutschen Romantik. stw 4
– Benjamin über Kafka. stw 341
– Charles Baudelaire. stw 47
– Ursprung des deutschen Trauerspiels. stw 225
– siehe auch Schweppenhäuser
Bourdieu u. a.: Eine illegitime Kunst. stw 441
Briegleb: Opfer Heine? stw 497
Bürger, Chr.: Tradition und Subjektivität. stw 326
Bürger, Chr. / Bürger, P. (Hg.): Postmoderne: Alltag, Allegorie und Avantgarde. stw 648
Bürger, P.: Vermittlung – Rezeption – Funktion. stw 288
– Zur Kritik der idealistischen Ästhetik. stw 419
Cerquiglini/Gumbrecht (Hg.): Der Diskurs der Literatur- und Sprachhistorie. stw 411
Chvatík: Mensch und Struktur. stw 681
Dewey: Kunst als Erfahrung. stw 703
Eco: Das offene Kunstwerk. stw 222
Enzensberger, Chr.: Literatur und Interesse. stw 302
Frank, M.: Das individuelle Allgemeine. stw 544
– Das Sagbare und das Unsagbare. stw 317
Goldmann: Soziologie des Romans. stw 470
– Der verborgene Gott. stw 491
Gombrich: Aby Warburg. stw 476
– Meditationen über ein Steckenpferd. stw 237
Gumbrecht/Link-Heer (Hg.): Epochenschwellen und Epochenstrukturen im Diskurs der Literatur- und Sprachhistorie. stw 486
Gumbrecht/Pfeiffer (Hg.): Materialität der Kommunikation. stw 750
– Stil. stw 633
– siehe auch Cerquiglini/Gumbrecht
Hörisch (Hg.): Ich möchte ein solcher werden wie ... stw 283

204/1/6.88

suhrkamp taschenbücher wissenschaft
Ästhetik, theoretische Texte zur Literatur, zur Kunst, zum Film und zum Theater

Holenstein: Roman Jakobsons phänomenologischer Strukturalismus. stw 116
Jakobson: Poetik. stw 262
Jakobson/Pomorska: Poesie und Grammatik. Dialoge. stw 386
– *siehe auch Holenstein*
Jauß: Zeit und Erinnerung in Marcel Prousts »A la recherche du temps perdu«. stw 587
Kracauer: Der Detektiv-Roman. stw 297
– Geschichte – Vor den letzten Dingen. stw 11
– Theorie des Films. stw 546
– Von Caligari zu Hitler. stw 479
Lugowski: Die Form der Individualität im Roman. stw 151
Minder: Glaube, Skepsis und Rationalismus. stw 43
Richards: Prinzipien der Literaturkritik. stw 484
Segeberg (Hg.): Technik in der Literatur. stw 655
Szondi: Einführung in die literarische Hermeneutik. stw 124
– Das lyrische Drama des Fin de siècle. stw 90
– Poetik und Geschichtsphilosophie I. stw 40
– Poetik und Geschichtsphilosophie II. stw 72
– Schriften I. stw 219
– Schriften II. stw 220
– Die Theorie des bürgerlichen Trauerspiels im 18. Jahrhundert. stw 15
Warnke: Bau und Überbau. stw 468
Watt: Der bürgerliche Roman. stw 78
Weimann: Literaturgeschichte und Mythologie. stw 204
Wellmer: Zur Dialektik von Moderne und Postmoderne. stw 532
Wind: Heidnische Mysterien in der Renaissance. stw 697
– Kunst und Anarchie. stw 622
Wölfel: Jean-Paul-Studien. stw 742
Wollheim: Objekte der Kunst. stw 384

204/2/6.88

suhrkamp taschenbücher wissenschaft
Sprachphilosophie, Linguistik
Soziolinguistik, Semiotik

Apel: Der Denkweg von Charles Sanders Pierce. stw 141
Apel (Hg.): Sprachpragmatik und Philosophie. stw 375
Barthes: S/Z. stw 687
– Sade-Fourier-Loyola. stw 585
Bühler: *siehe Eschbach*
Chomsky: Aspekte der Syntax-Theorie. stw 42
– Reflexionen über die Sprache. stw 185
– Regeln und Repräsentationen. stw 351
– Sprache und Geist. stw 19
Coulmas: Über Schrift. stw 378
Ehlich (Hg.): Erzählen im Alltag. stw 323
– Sprache im Faschismus. stw 760
Eschbach (Hg.): Bühler-Studien. Bd. 1/2. stw 481/482
Goody/Watt/Gough: Entstehung und Folgen der Schriftkultur. stw 600
Grewendorf/Hamm/Sternefeld: Sprachliches Wissen. stw 695
Grewendorf (Hg.): Sprechakttheorie und Semantik. stw 276
Grewendorf/Meggle (Hg.): Sprache und Ethik. stw 91
Hörmann: Meinen und Verstehen. stw 230
Holenstein: Menschliches Selbstverständnis. stw 534
– Roman Jakobsons phänomenologischer Strukturalismus. stw 116
– Von der Hintergehbarkeit der Sprache. stw 316
Hymes: Soziolinguistik. stw 299
Jakobson: Poetik. stw 262
Jakobson/Pomorska: Poesie und Grammatik. Dialoge. stw 386
– siehe auch Holenstein
– siehe auch Schnelle
Lenneberg: Biologische Grundlagen der Sprache. stw 217
Martens (Hg.): Kindliche Kommunikation. stw 272
Morris: Pragmatische Semiotik und Handlungstheorie. stw 179
– Symbolik und Realität. stw 342
Peirce: Phänomen und Logik der Zeichen. stw 425
– siehe auch Apel
Schnelle (Hg.): Sprache und Gehirn. stw 343
Searle: Ausdruck und Bedeutung. stw 349
– Geist, Hirn und Wissenschaft. stw 591
– Sprechakte. stw 458
Seebaß: Das Problem von Sprache und Denken. stw 279
Tugendhat: Vorlesungen zur Einführung in die sprachanalytische Philosophie. stw 45

203/1/6.88

suhrkamp taschenbücher wissenschaft
Sprachphilosophie, Linguistik
Soziolinguistik, Semiotik

Wiggershaus (Hg.): Sprachanalyse und Soziologie. stw 123
Wunderlich: Studien zur Sprechakttheorie. stw 172

203/2/6.88